Michael Haase
DAS FELD DER TRÄNEN

Michael Haase

Das Feld der Tränen

König Snofru und die
Pyramiden von Dahschur

Ullstein

Für meine lieben Eltern
Erika und Heinz Haase

Bildnachweise:
Alle Fotos: Michael Haase

Alle Tabellen und Zeichnungen: Michael Haase
(Als Vorlage für die Zeichnungen der Dahschur-Nekropole dienten
die topographischen Karten: République Arabe d'Egypte,
Ministère de l'Habitat et de la Reconstruction,
Le Caire H-25, H-26 [von Consortium SFS/I.G.N. France 1978])

Der Ullstein Verlag ist ein Unternehmen der
Econ Ullstein List Verlag GmbH & Co. KG

ISBN 3-550-07141-8

Gesetzt aus der Sabon und Post Antiqua bei
Franzis print & media, München
Druck und Bindung: GGP Media GmbH, Pößneck

Inhalt

Einleitung 7

1. Geboren im Wüstensand 11
Das Zeitalter vor den Pyramiden

Am Beginn eines Mythos • Der frühe Kampf um den Nil
• Ein Zeichen der Erneuerung • Auf der Suche nach einem
Motiv • Geschichte beginnt in Abydos • Brennpunkt Sak-
kara • Legende und Wirklichkeit

2. Zielpunkt Meidum 43
König Snofru und das Ende der Stufen-Pyramiden

In Djosers Fußstapfen • Snofru – »Herr der Weltordnung« • Fragmente der Zeit • Snofrus erstes Königsgrab
• Das Kammersystem der Zukunft • Der Elitefriedhof
von Meidum • Auge in Auge mit Rahotep • Der Bauleiter des Königs • Jenseits von Meidum • Ein unbekanntes Bauprogramm

3. Die erste Baukatastrophe der Pyramidenzeit 83
Die Geschichte der Knick-Pyramide

Verbotenes Land • Organisation ist alles • Die erste Bauplanung • Im Felsen von Dahschur • Vom Steinbruch zur
Pyramide • Auf dem Weg zur Spitze • Wie auf Sand
gebaut • Das zweite Kammersystem • Der stabilisieren-
de Schutzmantel • Der Druck nimmt zu • Die Sache mit
dem Knick • Als Königsgrab ungeeignet • Die Modell-
pyramide • Die Knick-Pyramide als Kultstätte • Am Rand
der Nekropole

4. Das erste Weltwunder...................................... 147
Die Rote Pyramide von Dahschur

Standortbestimmung • Im Schatten von Dahschur • Die
»neue« Pyramide von Meidum • Entlang der ersten Steinlagen • Zeichen der Zeit • Inflation der Baurampen • Im
Schattenreich des Snofru • Im Visier des Sed-Festes • Die
Werkstatt der Arbeiter • Meisterhafte Steinmetze • Zah-
lenspiele • Die erste Grabpyramide Ägyptens • Unvollständiger Pyramidenkomplex • Auf dem Pfad der
Unsterblichkeit • Unbekanntes Terrain • Perspektiven

5. Die andere Seite von Dahschur.......................... 227
Die Nekropole im Sog der Pyramidenevolution

Die Dynastien der Superlative • Kultplatz Dahschur • Am
Ende der ersten Pyramidenzeit • Rückkehr nach Dahschur • Die zweite Baukatastrophe • Der Verlust des
königlichen Symbols

Anhang
Zeittafel Altägyptens 265

Die Königsgräber von Dahschur 269

Die Forschungsgeschichte der Nekropole
von Dahschur im Überblick 276

Anmerkungen 279

Literatur 337

Danksagung.. 357

Register 359

Einleitung

Noch immer bringen die Menschen den Pyramiden Ägyptens tiefe Bewunderung entgegen. Sie sind fasziniert von deren Monumentalität und erstaunt über das Leistungsvermögen der pharaonischen Hochkultur, die im Zeichen des Glaubens die größten und beständigsten Baudenkmäler der Menschheitsgeschichte schuf.

Wer heute an die gigantischen Steinberge am Nil denkt, hat dabei in erster Linie die »Weltwunderbauten« der Könige Cheops und Chephren und die Stufen-Pyramide des Djoser vor Augen. Die Errichtung von Djosers Mausoleum bei Sakkara markierte die Geburtsstunde des monumentalen Grabbaus in Ägypten; die beiden großen Pyramiden von Giza stellen den Höhepunkt des Gigantismus dar, der in der Anfangsphase des Pyramidenbaus vorherrschte. Doch kaum jemand weiß, dass der Übergang von den Stufen-Pyramiden zur geometrisch echten Pyramidenform auf einem anderen Gräberfeld mit einem Fehlschlag vonstatten ging. Der Beginn des »klassischen Pyramidenzeitalters«, mit dem eine beispiellose, etwa 800-jährige Bautradition im königlichen Totenkult eingeläutet wurde, war geprägt durch ein Baudesaster der ganz besonderen Art.

Vor etwa 4600 Jahren, zu Beginn der 4. Dynastie, regierte König Snofru, der als einer der bedeutendsten Pharaonen und großen Bauherren des alten Ägypten in die Geschichte eingehen sollte. Nach der unerwarteten Aufgabe seiner fertig gestellten Stufen-Pyramide bei Meidum und dem Nekropolenwechsel nach Dahschur kämpften Tausende Ägypter für ihn auf diesem gut 20 Kilometer südlich von Giza liegenden Wüstenplateau einen verzweifelten Kampf. Unter Aufbietung all ihrer Kräfte und mit großem Erfindungsreichtum versuchten sie Snofrus zweites Grabbauprojekt, die *Knick-Pyramide*, zu retten, die aufgrund eines instabilen Untergrundes »einzustürzen« drohte. Doch ihre Anstrengungen waren nur teilweise von Erfolg gekrönt. Durch umfangreiche bauliche Experimente und Neuerungen gelang es ihnen zwar, das Bauwerk weitgehend zu stabilisieren und – wenn auch nicht in der angestrebten pyramidalen Form – zu vollenden, aber die Schäden, vor allem im Kammersystem, machten seine Benutzung als Grabmal unmöglich. So blieb auf diesem »Feld der Tränen« nach über zehnjähriger Bauzeit eine »Grabruine« der Superlative zurück: fast 190 Meter breit, über 100 Meter hoch und etwa 3,6 Millionen Tonnen schwer.

Doch dieser Misserfolg und die bis zu diesem Zeitpunkt geleisteten enormen Anstrengungen waren für die Ägypter offenbar kein Grund zu resignieren. Motiviert durch ihren Glauben an die Allmacht des gottgleichen Königs und ihre neu gewonnenen Kenntnisse machten sie sich daran, ein weiteres, sogar noch größeres Grabmal für Snofru zu bauen: die *Rote Pyramide*. Diesmal mit Erfolg. Erstmals im Alten Reich war es damit gelungen, planmäßig eine geometrisch »echte« Pyramide als Königsgrab zu errichten. Die bautechnischen und architektonischen Konzepte, die beim Bau der beiden Pyramiden von Dahschur entwickelt und mit hohem Aufwand umgesetzt wurden, haben den Pyramidenbau der darauffolgenden Jahrhunderte nachhaltig beeinflusst.

Die Königsnekropole von Dahschur zeichnet sich historisch aber nicht nur durch die beiden gigantischen Grab-

8

mäler Snofrus aus. Ihr außergewöhnlicher Stellenwert wird auch dadurch belegt, dass sie in sehr viel späteren Zeiten wieder Schauplatz aufwändiger Grabbauprojekte war. Über sechseinhalb Jahrhunderte nach Snofrus Tod ließen sich hier Könige aus der 12. Dynastie (Mittleres Reich) bestatten. Ihre großen Pyramidenkomplexe sind wie Snofrus Bauwerke bis heute mit so manchem Geheimnis behaftet. Zu den königlichen Bauherren in Dahschur zählte auch Amenemhet III., der gegen Ende des Mittleren Reiches mit dem Bau einer der letzten großen Pyramiden Ägyptens begann. Ironie des Schicksals: Auch dieses Projekt sollte in einem baulichen Desaster enden.

Aufgrund des breiten Spektrums der aus verschiedenen Epochen erhaltenen Baudenkmäler des Pharaonentums ist die Königsnekropole von Dahschur auch aus archäologischer Sicht eine Besonderheit. Folglich ist dieses Pyramidenfeld in den letzten Jahrzehnten stärker in den Blickpunkt der Ägyptologen gerückt. Abseits aller Touristenwege und fast unbemerkt von der Öffentlichkeit finden hier umfangreiche Ausgrabungen statt, an denen unter anderem Wissenschaftler des Deutschen Archäologischen Instituts (DAI) beteiligt sind. Das Interesse der Forscher gilt dabei aber nicht nur den übermächtig wirkenden Königsgräbern, sondern richtet sich in zunehmendem Maße auch auf die vielen die Pyramidenkomplexe umgebenden Bauwerke, wie die Gräber der Beamten, die Arbeitersiedlungen und Pyramidenstädte. Deren Erforschung soll in den nächsten Jahren Lücken im Verständnis der Verwaltungs- und Gesellschaftsstrukturen Ägyptens zur Zeit des Pyramidenbaus schließen und das Gesamtbild der damaligen Kultur weiter abrunden. Ein Blick auf die archäologische Karte von Dahschur zeigt deutlicher als bei jeder anderen Königsnekropole am Nil, dass das Zeitalter der Entdeckungen in der Ägyptologie noch nicht vorbei ist und in einigen Bereichen sogar erst am Anfang steht.

Die Idee zu diesem Buch entstand vor etlichen Jahren an den Ufern des Dahschur-Sees, zu einem Zeitpunkt, als die Pyramiden von Dahschur noch in einem militärischen Sperrgebiet und somit für die Öffentlichkeit in unerreichbarer Ferne lagen. Ihre Realisierung ergab sich letztlich aus der seit nunmehr vier Jahren bestehenden Möglichkeit, den Ursprungsort wie auch die letzte Phase des klassischen Pyramidenzeitalters selbst in Augenschein nehmen zu können.

»Das Feld der Tränen« erzählt erstmals ausführlich die Geschichte der größten Baukatastrophe der Pyramidenzeit, die das Leben Snofrus prägte und zum Trauma einer ganzen Generation von pharaonischen Bauleitern wurde. Es stellte ausführlich die erst in den letzten Jahrzehnten gewonnenen Erkenntnisse um das Königsgrab dar, das das klassische Pyramidenzeitalter letztlich begründete: die Rote Pyramide. Das Buch zeigt zudem, wie sich der königliche Grabbau in Ägypten langsam von den frühdynastischen Mastabas bis zu den Stufen-Pyramiden der 3. Dynastie entwickelte und welche Rolle die Nekropole von Dahschur bis zum Ende des monumentalen Pyramidenbaus spielte. Dabei wird der Blick von den Pyramiden Dahschurs auch auf die Privatnekropolen aus der Snofru-Zeit gelenkt, um ein Gesamtbild von diesem historisch wichtigen Gräberfeld zu erhalten, auf dem die wohl interessantesten Baudenkmäler des Pyramidenzeitalters stehen.

1. Kapitel

Geboren im Wüstensand

Das Zeitalter vor den Pyramiden

*»Die Schöpfung trägt in sich den Keim des Verfalls,
aber nur so wird es möglich, daß sie sich regeneriert und verjüngt.
Dies ist eine tragende Idee der altägyptischen Kultur, aus der
sich viele ihrer schöpferischen Kräfte und Leistungen erklären.«*[1]
ERIK HORNUNG

Am Beginn eines Mythos

Die Stufen-Pyramide des Djoser bei Sakkara steht am
Beginn einer beispiellosen Baugeschichte königlicher
Begräbnisstätten.[2] Sie war der Prototyp, der die Entwicklung im monumentalen Grabbau Altägyptens einlei-
ten sollte. Modernen Berechnungen zufolge wurde dieses
epochale Bauwerk vor etwa 4700 Jahren errichtet, zu
Beginn des so genannten Alten Reiches. Dieser Zeitabschnitt umfasst innerhalb der heute geläufigen Chronologie Altägyptens die 3. bis 6. Dynastie (um 2700 – 2160

v. Chr.)³, die erste große – innenpolitisch und kulturell weitgehend stabile – über 500 Jahre währende Blütezeit des Pharaonenimperiums. Aufgrund der durch die größten pyramidalen Grabmäler der Welt eindrucksvoll dokumentierten enormen Aufwendungen im königlichen Grab- und Totenkult wird diese Epoche zusammen mit der 12. Dynastie des Mittleren Reiches (um 1990 – 1760 v. Chr.) heute im weitesten Sinne auch als das »Pyramidenzeitalter« Ägyptens bezeichnet.

Um an den Ort des pyramidalen Quantensprungs in der Grabbaugeschichte Ägyptens zu gelangen, braucht man aus Giza kommend heute mit einem Taxi nur etwa 30 Minuten. Schon lange bevor man das Wüstenplateau von Sakkara erreicht, ist die etwa 60 Meter hohe Stufen-Pyramide von weitem sichtbar. Der Rundgang um dieses Gebäude, das über 270 000 Kubikmeter Steinmaterial in sich vereint und heute als das älteste monumentale Steinbauwerk der Welt gilt, ähnelt einer Zeitreise in die Vergangenheit, zurück zu den Anfängen der altägyptischen Baukunst. Insbesondere an der Südostecke und an der Ostseite der Stufen-Pyramide kann man ihre komplizierte Baugeschichte nachvollziehen. Eindeutig zeichnen sich dort die Nahtstellen der einzelnen Bauphasen ab und man erkennt die schrittweise Erweiterung des Grabmals. An der Südseite lässt sich zudem gut die stufenweise Verwendung verschieden großer Steinformate studieren, die die immer bessere Beherrschung des neuen Werkstoffes während der Bauarbeiten dokumentiert. In der ersten Bauphase wurden nur kleinere, fast ziegelgroße Steine verwendet, während man später, bei der Umstrukturierung in eine Stufen-Pyramide, sehr viel größeres Steinmaterial verbaute.

Wie man heute unschwer erkennen kann, steht Djosers Grabbau nicht isoliert in der ägyptischen Wüste. Ganz

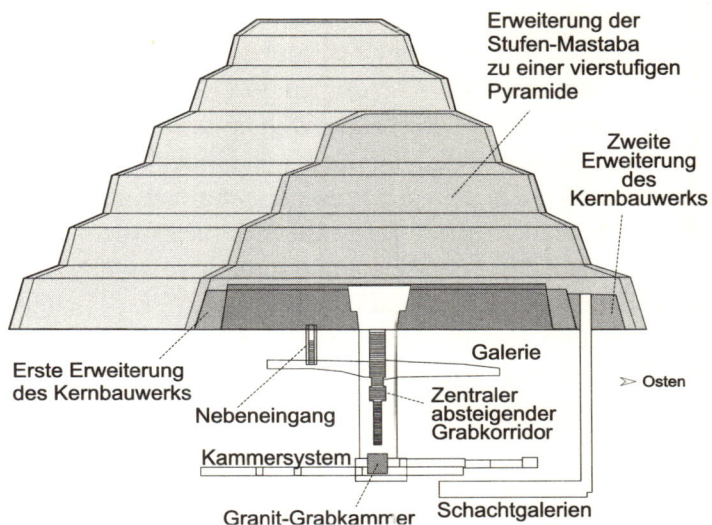

Erweiterung der
Stufen-Mastaba
zu einer vierstufigen
Pyramide

Zweite
Erweiterung
des
Kernbauwerks

Erste Erweiterung
des Kernbauwerks

Nebeneingang

Kammersystem

Granit-Grabkammer

Galerie

Zentraler
absteigender
Grabkorridor

Schachtgalerien

Osten

Abb. 1: Ostwestschnitt der Stufen-Pyramide des Djoser mit Darstellung der Erweiterungsphasen des Oberbaus und der zentralen Bereiche des Kammersystems. Blick von Süden. Das Kammersystem gleicht einem Labyrinth von Grabkorridoren, Galerien und Magazinräumen. Sein Zentrum bildet das massiv aus Granitsteinen gebaute Grabgewölbe, das sich in etwa 30 Metern Tiefe befindet und von Norden her über einen Korridor mit steiler Treppe zu erreichen ist (nach Lehner und Lauer).

im Gegenteil: Er stellt den Mittelpunkt eines großen, vollständig aus Stein gebauten Grabkomplexes dar, der als eine Art königlicher Jenseitspalast konzipiert war. Auch wenn man bislang nicht alle Bauwerke wieder vollständig rekonstruiert hat und noch Teile des Grabbezirks unter dem Wüstensand begraben liegen, erhält man dennoch – vor allem im südöstlichen Bereich des Komplexes – einen guten Eindruck von der Architektur dieser steinernen Komposition. So hatte das Zeitalter des monumentalen Steinbaus in Ägypten mit diesem Mausoleum wahrlich einen grandiosen Anfang genommen. Dem Alten Reich stand noch eine extrem bauintensive Zukunft bevor. Es konnte aber auch bereits zu Djosers Zeiten auf eine bewegte, etwa 300-jährige frühdynastische Geschichte zurückblicken, in der grundlegende bautechnische Entwicklungen und politische Ereignisse stattgefunden hatten, die letztendlich auch die Architektur der pyramidalen Königsgräber mit beeinflussen sollten. So ist die Entstehung der Stufen-Pyramide von Sakkara im Grunde genommen nur auf der Grundlage damaliger Traditionen zu bewerten und letztlich auch zu verstehen. Zeichnen wir die Entwicklung in diesem Kapitel kurz nach.

Der frühe Kampf um den Nil

Zu Beginn der 3. Dynastie befand sich Ägypten soziokulturell und wirtschaftlich im Auf- und Umbruch und am Übergang in ein neues Zeitalter. Wie Phönix aus der Asche erhob sich das Land aus den Wirren einer dunklen Epoche. Die Menschen versuchten, die tiefen Wunden der Vergangenheit zu schließen. Erst zwei Jahrzehnte zuvor hatte ein blutiger Bürgerkrieg – offenbar ein uralter »ethnischer« und sozialer Konflikt, der tief in der Frühzeit Ägyptens wurzelte – sein Ende gefunden. Was war geschehen?

Einige Ägyptologen neigen heute zu der Ansicht, dass sich die unterschiedlichen am Nil lebenden Volksgruppen in einem friedlichen, auf der Basis eines kulturellen Austausches vollzogenen Verschmelzungsprozesses vereinigt haben. Allerdings deutet auch einiges darauf hin, dass der ägyptische Pharaonenstaat vor über 5000 Jahren als Folge bzw. begleitet von kriegerischen Auseinandersetzungen zweier vordynastischer »Großreiche« entstand.[4] Die Kontrahenten um die Herrschaft am Nil hätten dabei nicht ungleicher sein können. Sie lebten in völlig verschiedener Umgebung und folgten unterschiedlichen religiösen Traditionen und Lebensweisen. Auf der einen Seite standen mehrere vom Ursprung her nomadenhafte, aber zentralistisch organisierte Volksstämme, die im langgezogenen Niltal des heutigen Mittel- und Südägyptens lebten. Ihre politisch-religiösen Zentren lagen u. a. in Nechen, der »Stadt des Falken«, das die Griechen Hierakonpolis nannten,[5] und bei Abydos. Den Oberägyptern stand offenbar ein sesshaftes, rege Handel treibendes, aber eher dezentral organisiertes und in größeren Siedlungen lebendes »bäuerliches« Volk gegenüber, das sich im fruchtbaren Nildelta und dessen Umgebung etabliert hatte.[6]

Nach einer anfänglich friedlichen, wohl handelspolitisch orientierten Koexistenz entwickelten sich zwischen beiden Kulturkreisen mit den Jahrhunderten offenbar Spannungen, die aufgrund der starken territorialen und wirtschaftlichen Expansionsgelüste der Oberägypter womöglich letztlich zu militärischen Konfrontationen im Delta führten. Nach vermutlich langen Auseinandersetzungen und der stetigen Machtausdehnung der Könige aus dem Südreich begann etwa um das Jahr 3200 v. Chr. ein mehrere Generationen dauernder Prozess der Assimilierung Unterägyptens in ein von den kulturellen Werten Oberägyptens geprägtes Großreich. Die letztendlich politische Vereinigung beider Landesteile dauerte ungefähr 150 Jahre – eine Zeitspanne, die in der Ägyptologie heute als »0. Dynastie« bezeichnet wird.[7] Diese Verschmelzung war anscheinend so weitreichend, dass an ihrem Ende bislang markante gesellschaftliche Unterschiede kaum mehr erkennbar waren; die Unterägypter verloren letztlich einen Großteil ihrer kulturellen Identität.[8] Und wie so oft in vergleichbaren Situationen in der Weltgeschichte wurde auch der Beginn der neuen ägyptischen Zivilisation in den späteren Überlieferungen personifiziert und mit einem Heroen der ersten Stunde in Verbindung gebracht. Die pharaonischen Chronisten sahen in einem gewissen König »Meni«, griechisch »Menes« genannt, den legendären Gründungsvater des ägyptischen Einheitsstaates. Menes ist jedoch bis heute eine eher mythische Gestalt geblieben, die archäologisch nicht richtig greifbar scheint. Lange Zeit konnten Ägyptologen ihn mit keinem geschichtlich nachgewiesenen König in Verbindung bringen, so dass sogar an seiner Existenz gezweifelt wurde.[9] Heute hingegen erkennen die meisten Fachgelehrten in dem historisch belegten König Aha den legendären Menes wieder und lassen mit ihm um das Jahr 3000 bis 3050 v. Chr. die 1. Dynastie und damit die ungefähr drei Jahrhunderte währende frühdynastische Epoche Altägyptens beginnen.[10] Dieser zwei Dynastien umfassende Zeitabschnitt bildete sozusagen die politisch-ideologische und kulturelle Lehrstube für das darauf folgende Alte Reich. Mit der endgültigen Konsolidierung des Staates gingen zukunftsweisende Entwicklungen in der Wirtschaft, in den Wissenschaften wie auch in der Architektur und Kunst einher. Viele Errungenschaften und Einflüsse aus dieser frühen Pharaonenepoche sollten die folgende Zeit prägen.

Doch auch in dieser Anfangsphase brodelte es unter der Oberfläche des neu formierten Staates. Der alte Nordsüdkonflikt blieb viele Jahrhunderte lang tief im Bewusstsein der unterschiedlichen Volksgruppen verankert. Die Bewohner des Deltas konnten sich offenbar nie richtig mit den politischen Idealen und religiösen Wert-

Abb. 2: Wichtige Kultzentren und Nekropolen im Pyramiden-zeitalter.

vorstellungen des Südens identifizieren. So war der offene, gewaltsame Konflikt vorprogrammiert. Nach mehreren kleineren, lokalen Aufständen kam es dann schließlich in der Mitte der 2. Dynastie zur erneuten Konfrontation zwischen Ober- und Unterägyptern. Diese führte dazu, dass sich die Deltabewohner dem Herrschaftseinfluss Oberägyptens kurzfristig entziehen konnten. Das künstliche Staatsgebilde brach auseinander und mehrere Jahrzehnte lang herrschten Könige mit Namen Neferkare, Neferkasokar und Hudjefa eigenständig in Unterägypten, während die Könige Peribsen und Chasechem das Südreich regierten.[11] Letztgenanntem gelang es schließlich, die Aufstände gewaltsam niederzuschlagen und das Land wieder zu vereinen. Die Kampfhandlungen waren dabei nicht nur auf die Deltaregion beschränkt, sondern dehnten sich bis weit nach Oberägypten aus.[12] Im Laufe der Auseinandersetzungen wurden auch die alten königlichen Nekropolen in beiden Landeshälften zerstört und geplündert. Mit den Spuren dieser Verwüstungen haben die Archäologen noch heute zu kämpfen.

Chasechem, der sich als glorreicher Triumphator später in Chasechemui umbenannte,[13] schuf auf den Schlachtfeldern am Nil am Ende der 2. Dynastie das Fundament für ein neues Pharaonenimperium, das im mediterranen Raum seinesgleichen suchte. Als erster bedeutsamer König dieser Epoche sollte sich aber Djoser ins Buch der ägyptischen Geschichte einschreiben.

Ein Zeichen der Erneuerung

Im Jahr 1995 fanden in der oberägyptischen, etwa 90 Kilometer nordwestlich von Luxor gelegenen Nekropole von Abydos Untersuchungen am Grab Chasechemuis statt. Als man in dessen Grabausstattung auf Gefäßverschlüsse mit Abrollungen vom königlichen Siegel des Djoser stieß, wurde den Ägyptologen schlagartig klar, dass der Bauherr der Stufen-Pyramide von Sakkara für Chasechemuis Bestattung verantwortlich gewesen sein muss.[14] Der damalige Grabungsleiter und heutige Direktor des Deutschen Archäologischen Instituts in Kairo, Günter Dreyer, ist deshalb davon überzeugt, dass Djoser der direkte Nachfolger Chasechemuis und eigentliche Begründer des Alten Reiches war. König Nebka hingegen, den man aufgrund der traditionellen Überlieferungen bislang stets als Gründer der 3. Dynastie und Amtsvorgänger Djosers ansah, siedelt Dreyer in der Chronologie einige Generationen später an und identifiziert ihn mit einem König namens Nebkare.[15]

Diese kleine Korrektur in der Thronfolge zu Beginn des Alten Reiches mag auf den ersten Blick unerheblich wirken. Doch sie besitzt eine interessante soziokulturelle Komponente, die die komplizierte und noch immer rätselhafte Baugeschichte der Stufen-Pyramide des Djoser in einem etwas anderen Licht erscheinen lässt. Vor allem die Diskussion um das Warum der ersten Pyramidenkonstruktion Ägyptens, mit der sich in der Vergangenheit schon zahlreiche Ägyptologen auseinander gesetzt und eine Reihe kontroverser Auffassungen hervorgebracht haben, bekommt vor dem historischen Hintergrund des erst kurz zuvor beendeten Bürgerkrieges und der erneuten Reichskonsolidierung einen neuen Stellenwert und motiviert zu einer veränderten Sicht der Dinge. Denn allem Anschein nach wurde Djosers Mausoleum nicht ohne tieferen Beweggrund gleich zu Beginn der 3. Dynastie gebaut.

Nachvollziehbar wird dies, wenn man bedenkt, dass eine kulturhistorische Bewertung der Stufen-Pyramide nicht unabhängig von den politischen Gegebenheiten durchgeführt werden kann, die während, aber auch vor ihrer Errichtung herrschten. Hierbei spielt der Aspekt der unmittelbaren Thronfolge Djosers auf Chasechemui, der dem Land wieder Ruhe und Stabilität beschert hatte, eine große Rolle. So kann Djosers erst kurz nach der erneuten Reichsvereinigung errichtetes Grabmal als Zeichen des wieder erstarkten zentralistischen Anspruchs des Königtums gesehen werden, als eine Art Machtsymbol der neuen Herrscherdynastie.[16] Womöglich war in diesem Zusammenhang die schrittweise Erhöhung der Stufen-Pyramide, so der deutsche Ägyptologe und Pyramidenexperte Dieter Arnold, »ein unübersehbares Zeichen der Steigerung des Monumentalitätsanspruches eines gottgleichen Herrschers«.[17] Letztendlich vermittelte diese Pyramide an der landespolitisch so wichtigen Schnittstelle zwischen Ober- und Unterägypten – hoch über den Dächern der Hauptstadt Memphis – der neuen Gesellschaft Ägyptens eine unübersehbare symbolische, für die Ewigkeit konzipierte, aber zugleich auch weltliche Botschaft. Hier setzte das Königtum ein monumentales Zeichen der wieder gewonnenen Stärke des Staates und läutete damit ein neues Zeitalter ein.

Ein anderer, nicht auf politischer Ebene angesiedelter Aspekt dürfte ebenfalls eine gewichtige Rolle bei der Konzeption von Djosers Grabmal gespielt haben. Die massive, stabile Bauweise und die extreme Monumentalität der Stufen-Pyramide resultierten sicherlich auch aus den

Erfahrungen der unsicheren Zeiten am Ende der 2. Dynastie und waren die Folge eines gesteigerten Sicherheitsbedürfnisses. Ein extrem tiefer Grabschacht, eine aus hartem Granitstein gebaute Grabkammer und ein pyramidaler steinerner Schutzwall sollten Djosers Leichnam für alle Ewigkeit schützen und es zukünftigen Grabräubern und Revolutionären schier unmöglich machen, ins heilige Totenreich des Königs vorzudringen. So gesehen mutet die Stufen-Pyramide wie eine bautechnische Antwort der Architekten auf die Zerstörung der königlichen Grabanlagen während des Bürgerkrieges an.[18] Wie beständig die »Symbole der Ewigkeit« letztlich waren, zeigen Jahr für Jahr die unzähligen Touristen in Ägypten, die fast ehrfürchtig vor diesem Vermächtnis der Pharaonen stehen.

Auf der Suche nach einem Motiv

Unabhängig von den politischen, kulttechnischen und baulichen Motiven und Sachzwängen knüpfte der erste pyramidale Steinbau Ägyptens offenbar auch an alte abydenische Grabbautraditionen an, die ihrerseits anscheinend durch ein noch älteres, mythisch verbrämtes Symbol, das Motiv des Urhügels, beeinflusst waren. Auf der Suche nach der Herkunft dieses Symbols gelangt man zurück zur uralten Metropole Hierakonpolis.

Dort stießen Archäologen auf einen künstlich angelegten, ringwallartigen Hügel, dessen früheste Spuren etwa in die Anfangszeit der »0. Dynastie« weisen. Er wurde direkt auf dem Wüstenboden aus Sand aufgeschüttet, an seinen Flanken mit groben Steinen befestigt und mit einer weitläufigen Umfriedung aus Lehmziegeln umgeben. Sein Durchmesser betrug über 49 Meter, seine Steigung etwa 45 Grad. Die ursprüngliche Höhe des abgeflachten Rundhügels ließ sich nicht mehr rekonstruieren. Heute ist die Anschüttung noch etwa 2,50 Meter hoch.[19] Die Hügelkonstruktion bildete die Basis für ein kleines Heiligtum in Leichtbauweise, das dem alten Reichsgott Horus geweiht war und den höchsten Punkt der Stadt als weithin sichtbaren Ausdruck der göttlichen Allmacht auf Erden und als direkte Kontaktstelle zur Götterwelt markierte. Da derartige Tempelhügel auch an anderen alten Siedlungsorten Ägyptens entdeckt wurden, war die Errichtung von Heiligtümern auf künstlichen Anhöhen vielleicht die älteste Form ägyptischer Kultstätten.[20] So manifestiert sich in der alten »Stadt des Falken« offenbar erstmals ein archäologisch greifbares altägyptisches Urmotiv. Es markiert vermutlich den Beginn einer in allen frühen Hochkulturen vorkommenden Tradition, auf künstlichen Steinsockeln, Hügeln und Bergen Kultstätten zu errichten.[21] Mythologisch verbarg sich hinter den Tempelhügeln, so vermuten Pyramidenforscher, das »Motiv des Urhügels«: jenes erste Stück festen Landes, das sich in den Glaubensvorstellungen der Ägypter am Anfang der Welt wie eine Insel aus dem raum- und zeitlosen, mit einer chaotischen Wasserflut verglichenen Urzustand erhob und auf dem der Schöpfergott Atum sein Werk verrichten konnte.[22] Für den amerikanischen Ägyptologen Mark Lehner symbolisiert der Hügel von Hierakonpolis letztlich auch ein »Grundkonzept, das hinter den größten heiligen Hügeln steht, welche die Ägypter jemals anlegten«, nämlich die Pyramiden des Alten Reiches.[23] Das führt uns wieder zurück nach Sakkara.

Zusammenfassend kann man sagen, dass möglicherweise in der Bauform der Stufen-Pyramide mannigfaltige Aspekte, Gedankenkonstrukte und Bedürfnisse des Königtums vereint werden sollten. Vielleicht wurde unter Djosers Herrschaft einerseits der Urhügel als abstrakte Grabform gewählt, um dem universellen Wunsch nach menschlicher Verbundenheit mit der Götterwelt nachzukommen. Zusätzlich dazu sollte andererseits das Grab aber offenbar auch den gesteigerten Sicherheitsansprüchen gerecht werden und ein unübersehbares Zeichen der königlichen Macht darstellen.[24]

Neben allen diesen Motiven, die zum Bau der ersten Steinpyramide der Welt geführt haben könnten, sollte man aber nicht übersehen, dass sich hinter diesem Grabbau auch ein architektonischer und bautechnischer Prozess verbarg. Immerhin bedurfte es mehrerer Bauabschnitte, ehe Djosers Grabmal, ursprünglich als flaches, kastenförmiges Bauwerk begonnen,[25] durch ständige Vergrößerungen schließlich zu einer mit sechs Stufen versehenen Pyramide emporwuchs. Die technischen Erkenntnisse und Fertigkeiten der Ägypter, die hinter dieser baulichen Leistung standen, fielen zu Beginn der 3. Dynastie nicht vom Himmel, sondern wurden über Jahrhunderte erworben und tradiert. Die Stufen-Pyramide von Sakkara steht zwar am Beginn des pyramidalen Grabbaus, sie ist aber auch Teil einer Evolution und markiert den Endpunkt einer langen Entwicklung der Architektur königlicher Gräber, deren erste Schritte man in den frühen Nekropolen nachvollziehen kann. Hier nahmen die Vorstellungen der Ägypter vom Leben im Jenseits erstmals bauliche Formen an, und hier liegt auch der eigentliche Ausgangspunkt des vorliegenden Buches. Denn nur wer zunächst auf den Spuren der frühen Königsgräber wandelt, hat eine Chance, die weitere Entwicklung des Pyramidenbaus in Ägypten wirklich zu verstehen. Dabei spielt insbesondere die bereits erwähnte Nekropole von Abydos eine wichtige Rolle.[26]

Geschichte beginnt in Abydos

Die modernen Feldforschungen haben gezeigt, dass Abydos zu den ältesten Kultplätzen Ägyptens gehört. Der Ort nahm schon im vierten vorchristlichen Jahrtausend eine herausragende Stellung im oberägyptischen Totenkult ein und war später die Begräbnisstätte der ersten Könige Ägyptens. Heute gehört das frühdynastische Friedhofsgelände, das im Arabischen aufgrund der Unmengen an dort gefundenen Tonscherben »Umm el-Qaab«, »Mutter der Scherben«, genannt wird, allein den Archäologen. Bereits seit 1977 sind Ausgräber des DAI unter der Leitung von Günter Dreyer in diesem Areal tätig und konnten bemerkenswerte Erkenntnisse über die frühdynastischen Bestattungspraktiken sammeln.

Fast blockweise aneinander gereiht erstrecken sich die Grabanlagen der Könige der 1. Dynastie von Norden nach Süden, flankiert von zwei Königsgräbern aus der 2. Dynastie. Noch weiter im Nordosten befinden sich einige Gräber der »0. Dynastie« (»Friedhof B«) und nördlich davon ein bislang kaum erforschtes Gräberfeld aus der späten prädynastischen Epoche Ägyptens, der so genannte »Friedhof U«. Hierbei handelt es sich um ein dicht gedrängtes, für den Laien unübersichtlich wirkendes Areal von Grubengräbern, von denen das größte mit der Kennung »U-j« erst im Jahr 1988 freigelegt und untersucht wurde. Hierbei kamen außergewöhnliche Befunde ans Tageslicht.

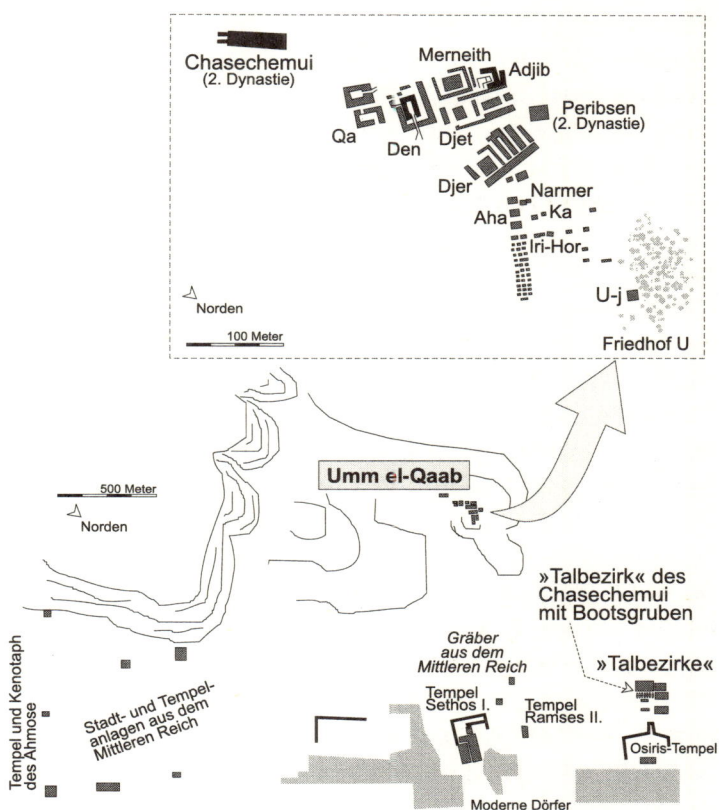

Abb. 3: Der Königsfriedhof von Abydos im Detail (nach Lexikon der Ägyptologie).

Das Grab »U-j« wird einem bislang noch nicht eindeutig identifizierten oberägyptischen Herrscher zugeordnet, der am Übergang zur »0. Dynastie« allem Anschein nach bereits auch über Teile Unterägyptens regierte.[27] Seine bauliche Konzeption zeigt eine klare Weiterentwicklung der vordynastischen Begräbnispraktiken in Oberägypten. Während es in der Mitte des vierten Jahrtausends v. Chr. üblich gewesen war, die Toten auf Wüstenfriedhöfen in einfachen, meist ovalen und mit Sandhügeln bedeckten Erdgruben beizusetzen, ähnelt das Grab »U-j« schon mehr einem Totenhaus aus Lehmziegeln, das mit seinen unterirdischen Kammern den Wohnstätten der Lebenden nachempfunden war.[28] Neben der mit einem Holzschrein ausgestatteten, im westlichen Bereich des unterirdischen Kammersystems liegenden Grabkammer weist das Grab zudem elf Wohn- und Vorratsräume auf. Aus ihnen brachten die Archäologen eine Vielzahl aus Kanaan importierter Keramiktöpfe und Weinkrüge ans Tageslicht, die deutlich zeigen, dass der Handel zwischen Oberägypten und Palästina bereits zu Beginn der »o. Dynastie« florierte.[29] Die Entdeckung von weit über hundert kleinen Elfenbeintafeln, die einst als Warenetiketten dienten und mit Nummern sowie einsilbigen hieroglyphischen Zeichen versehen waren, bewies zudem, dass schon um das Jahr 3200 v. Chr., also gut 150 Jahre früher als man bislang annahm, ein mit Lautzeichen ausgestattetes Schriftsystem in Ägypten existierte.[30] Somit hat die Diskussion, ob die Schrift, jenes unentbehrliche Medium der Kommunikation und Informationsbewahrung, in Ägypten oder in Mesopotamien »erfunden« wurde, wieder neuen Zündstoff erhalten.

Über die oberirdische Form von Grab »U-j« kann man ähnlich wie bei den später in der Umgebung errichteten Grabanlagen keine eindeutigen Aussagen treffen, da der abydenische Königsfriedhof bereits in altägyptischer Zeit geplündert und zerstört wurde.[31] Die Ägyptologen vermuten heute, dass sich über den Grubenkammern ein niedriger, ein bis zwei Meter hoher Sandhügel erhob, den eine Ziegelmauer umgab.[32] Zwei steinerne Stelen und eine Opferplatte standen vermutlich an der Ostseite des

Grabhügels und markierten den Platz, an dem der priesterliche Opferkult abgehalten wurde.

Im Laufe der Zeit änderten sich die Bedürfnisse und Ansprüche der Könige an die eigene Begräbnisstätte, wie der direkte Vergleich zwischen dem Grab »U-j« und dem letzten in Abydos errichteten Königsgrab, dem des Chasechemui, eindrucksvoll bestätigt. Das unterirdische Kammersystem des Galeriegrabs des letzten Königs der 2. Dynastie ist um ein Vielfaches größer und enthält neben der Grabkammer, die erstmals vollständig aus sorgsam bearbeiteten Steinblöcken gebaut wurde, 33 Vorratsräume. Noch weitaus eindrucksvoller als Chasechemuis Grabanlage ist die nischengegliederte Umfassungsmauer des vermutlich dazugehörigen »Talbezirks«, der etwa zwei Kilometer nordöstlich vom »Umm el-Qaab« am Übergang des Wüstenwadi zum Fruchtland liegt. Diese 5000 Quadratmeter große, hofartige Anlage ist mit ihrer teilweise noch gut elf Meter hohen, über fünf Meter dicken und aus Millionen von Ziegeln gebauten Umfriedung weithin sichtbar. Anscheinend besaß fast jedes königliche Grab der ersten beiden Dynastien eine derartige Anlage, doch sind von den meisten nur spärliche Reste erhalten geblieben.[33] Ihre Mauern wurden abgerissen, und die Ziegel in den umliegenden Dörfern neu verbaut. Lediglich kleinere Privatgräber, die die ersten »Talbezirke« aus der 1. Dynastie einst flankierten, zeugen noch von ihrer ursprünglichen Existenz und Lage. Ihre kultische Funktion ist bislang nicht wissenschaftlich gesichert. So mancher glaubt in ihnen aber die frühen Vorläufer der späteren Pyramidentempel zu erkennen, in deren Umfeld kultische Rituale oder Bestattungspraktiken abgehalten wurden. Untermauert wird diese Annahme durch die Entdeckung von zwölf bis zu dreißig Meter langen, im Wüstenboden vergrabenen Schiffen, die in

27

lehmverputzten Ziegelgruben östlich des »Talbezirks« des Chasechemui symbolisch als eine Art »Geisterflotte« für die Ewigkeit vor Anker lagen.[34]

Eine andere aufschlussreiche Entdeckung machten Archäologen bei einer Nachuntersuchung im Inneren der Umfassungsmauer. In der Mitte des Hofes legten sie »eine kurze, schräg verlegte Ziegelreihe« frei, die auf ein »aufsteigendes Gewölbe oder einen Tumulus« hindeutet.[35] Der Leiter der Ausgrabungen, der amerikanische Ägyptologe David O'Connor, vermutet, dass es sich hierbei um die Überreste eines Lehmziegeltumulus handelt, den er als »Protopyramide« bezeichnet und mit dem hügelartigen Tempelunterbau in Hierakonpolis und mit der ersten Baustufe der Djoser-Pyramide vergleicht.[36] Damit schließt sich der Kreis und führt uns wieder zurück nach Sakkara.

Bei genauerer Betrachtung weist Djosers Grabkomplex in seiner Grundstruktur gewisse Parallelen zu den Gebäudeelementen der weitläufigen Grabanlage Chasechemuis in Abydos auf. Es hat den Anschein, als ob in der ersten Bauphase von Djosers Totenpalast die abydenischen Grabkomponenten (Grabstätte und »Talbezirk«) zu einer in sich abgeschlossenen, zusammenhängenden Gesamtanlage kombiniert wurden.[37] Dies würde auch erklären, warum der Kern der Stufen-Pyramide – im krassen Unterschied zu den sonst rechteckig konzipierten Grabanlagen der früheren Könige – eine den Hügelkonstruktionen im »Talbezirk« Chasechemuis ähnelnde quadratische Form aufweist. Allem Anschein nach entsprang der über acht Meter hohe Kernbau der Djoser-Pyramide, dessen Erweiterungsphasen heute an ihrer Südseite noch zu erkennen sind, dem Motiv jenes stilisierten Urhügels, der in Hierakonpolis eine mythische Tradition begründete und in Abydos als jenseitsorientiertes Wahrzeichen Anwendung fand.[38]

28

Brennpunkt Sakkara

Neben dem königlichen Gräberfeld in Abydos spielte auch der Friedhof von Sakkara schon vor dem Bau der Djoser-Pyramide eine bedeutende Rolle im ägyptischen Totenkult.[39] Er entwickelte sich in der frühdynastischen Epoche zum zweiten großen Elitefriedhof des Landes und galt über viele Dynastien hinweg als exklusive Begräbnisstätte für die hochherrschaftlichen Ägypter. So fanden neben Djoser auch viele andere Könige des Alten Reiches auf dem etwa fünf Kilometer langen Friedhofsgelände, das sich heute zwischen den Dörfern Abusir im Norden und Sakkara im Süden erstreckt, ihre letzte Ruhestätte.

Der Ausbau der Nekropole begann am Anfang der 1. Dynastie, als unter König Aha auf den Ruinen einer alten unterägyptischen Festungsanlage die neue Haupt-

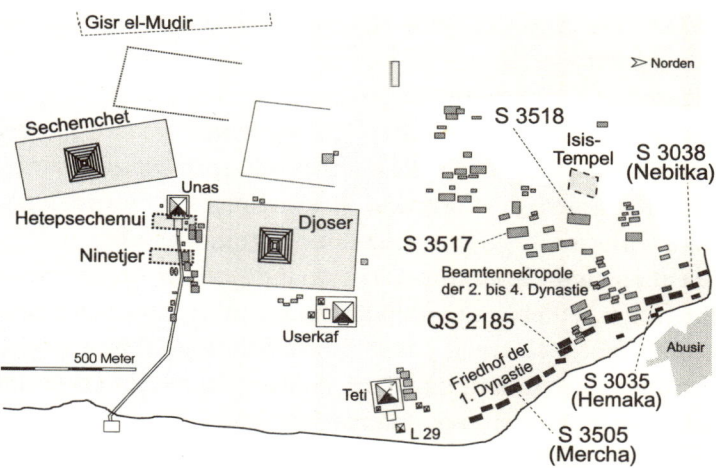

Abb. 4: Die nördliche Nekropole von Sakkara (nach Lexikon der Ägyptologie).

stadt »Inebu Hedj«, »die weißen Mauern«, gegründet wurde, die wir heute Memphis nennen.[40] Fast wie auf einer Perlenschnur aufgereiht wurden zumeist Grabanlagen für die höchsten Staatsbeamten aus der 1. Dynastie, die in der Regel aus den Königsfamilien stammten, am Rand des Wüstenplateaus errichtet.[41] Nur sie waren aufgrund ihrer hochherrschaftlichen und politisch einflussreichen Positionen in der Lage gewesen, Grabanlagen im »Stil der Pharaonen« errichten zu lassen, um sich ein ewiges Denkmal zu setzen.[42]

Trotz gewisser konzeptioneller Zusammenhänge zwischen den Königsgräbern in Abydos und den Beamtengräbern in Sakkara unterscheidet sich die äußere Form ihrer Grabanlagen. Schon früh wurde den Ägyptologen klar, dass beide Friedhöfe ganz »unterschiedliche Traditionen und religiöse Vorstellungen vom Leben nach dem Tode« repräsentierten,[43] die erst mit der Zeit verschmolzen und zu ähnlichen Architekturelementen im Grabkult führten. Im Gegensatz zu den abydenischen Grubengräbern, die anscheinend durch eine flache Sandhügelkonstruktion abgedeckt wurden, sind die großen rechteckigen Oberbauten der memphitischen Privatgräber aus Ziegeln errichtet und ihre Außenwände mit einer Nischengliederung versehen worden, die man verputzte und teilweise farbig dekorierte.[44] Aufgrund ihrer abstrakten Ähnlichkeit mit einer flachen arabischen Sitzbank werden solche kastenartigen Grabanlagen in der Ägyptologie heute typologisch als »Mastabas« (Mastaba, arab.: Bank) bezeichnet.[45]

Zieht man heute alte Grabungsberichte zu Rate, um sich ein Bild von den kaum noch erkennbaren Grabanlagen aus der »Gründerzeit« des pharaonischen Staates zu machen, lassen sich die frühe Evolution in der Grabbautechnik und die technischen Neuerungen in den Kammersystemen gut nachvollziehen. Daneben ist auch die langsame bautechnische Beherrschung des Werkstoffs Stein ablesbar. Zwei Beispiele zur Illustration: Ungefähr in der Mitte der lang gezogenen Gräberkette befindet sich die Grabanlage »QS 2185« aus der Regierungszeit des Königs Djer, des Nachfolgers von Aha. Hier stößt man auf den bislang ältesten Hinweis auf die umfangreiche Verwendung von Stein als Baumaterial im Grabbau. In die Sarkophagkammer des um 3000 v. Chr. errichteten Grabes wurde eine Decke aus großen Steinbalken eingebaut, die ihr Innenleben schützen sollte.[46] Stabile Deckenkonstruktionen sollten während der gesamten Pyramidenzeit eine enorme statische Bedeutung einnehmen und zum Dreh- und Angelpunkt bei der Errichtung der Kammersysteme werden. Zwei Generationen später, zur Zeit König Dewens, versahen die ägyptischen Architekten das Grab »S 3035« des »königlichen Sieglers« und »Leiters der Residenz« Hemaka mit einem von Osten kommenden und mit Stufen versehenen Eingangskorridor, in dem vor der Grabkammer eine Fallsteinvorrichtung mit einem großen Blockierstein installiert wurde. Damit waren Hemakas Grabräume einerseits während der gesamten Bauzeit der Mastaba zugänglich, anderseits konnten sie aber auch vor und nach erfolgter Bestattung gegen Plünderung gesichert werden.[47] Die grundlegende Konzeption der Grabsicherung mittels massiver Verschlusssteine sollte im Laufe der Jahrhunderte perfektioniert werden und sich zum Standard entwickeln.

Etwa 100 Jahre nachdem zum ersten Meißelschlag auf der Beamtennekropole angesetzt wurde, bewiesen die Architekten des Königs Adjib ihre Kreativität und konstruierten ein Grabmal für den Fürsten Nebitka (»S 3038«), dessen oberirdische Grundstruktur auf den ersten Blick wie ein Hinweis auf die folgende Evolution

im königlichen Grabbau wirkt. Über einem etwa vier
Meter tiefen Grabschacht errichteten sie einen künstlichen Hügel aus Ziegeln, der entfernt an einen stufenför-
migen Graboberbau erinnert. Drei Seiten der Grabanlage wurden mit acht niedrigen Stufen umgeben, so dass
der Gesamteindruck »einer flachen Stufenpyramide« entstand.[48] Doch obwohl es hier den Anschein hat, als ob
mit diesem Grab der konzeptionelle Grundstein zur Pyramidenform gelegt worden wäre, glauben Ägyptologen
heute, dass der erste Stufenbau Altägyptens nicht richtungsweisend für den königlichen Grabkult war. Die
Ausgrabungsergebnisse lassen vermuten, dass die Stufen-
konstruktion innerhalb einer nischengegliederten Umfassungsmauer vollständig unter Sand begraben war.[49]
Dieser auf den ersten Blick recht merkwürdige Befund
weist Parallelen zu den zeitgenössischen Königsgräbern
in Abydos auf, deren mehrteilige Grubenkammern auch
von einem Sandhügel gekrönt waren. Anscheinend war
das schon mehrfach angesprochene Motiv des »Urhügels« auch bei den Beamtengräbern von Sakkara gegenwärtig.

Einen weiteren wichtigen Schritt in der Evolution der
memphitischen Beamtengräber erkennt man an der
Mastaba »S 3505« des Priesters Mercha, der um das Jahr
2900 v. Chr. unter der Regentschaft des letzten Herrschers
der 1. Dynastie, König Qa, lebte. Merchas Grabanlage
wurde durch eine hohe, massiv gebaute Mauer von der
Außenwelt abgegrenzt und die Sarkophagkammer derart
tief in das Felsgestein gelegt, dass die Architekten gezwungen waren, den Zugangskorridor nach Norden umzulenken, um über eine nicht zu extreme Steigung für die
Anbindung an die Totenkultstätte zu sorgen.[50] So wurde
erstmals ein Grabkorridor nach Norden ausgerichtet –
eine Sitte, die bis zum Ende des Alten Reiches eines der

Hauptmerkmale der Kammersysteme königlicher Pyramiden darstellte.

Mit Beginn der 2. Dynastie wurde die alte Nekropole in Abydos aufgegeben und die Könige verlegten ihre Begräbnisstätte nach Memphis. Damit ging auch eine grundlegende Änderung des Gesamtkonzepts ihrer Grabanlagen einher, die sich vor allem in der Gestaltung der Kammersysteme ausdrücken sollte, wie die bislang einzigen bekannten Königsgräber aus jener Zeit belegen. Die ersten Könige Hetepsechemui und Ninetjer ließen ihre Grabanlagen etwa einen Kilometer südwestlich der Beamtengräber in Form von umfangreichen unterirdischen Galeriegräbern errichten, die vermutlich große, langgezogene Graboberbauten krönten, von denen heute jedoch jede Spur fehlt.[51] Die Ägypter arbeiteten sich von nun an tief in die Felsplateaus und legten riesige unterirdische Magazinkomplexe an. Sie taten dies mit einer bemerkenswerten Symmetrie und Geradlinigkeit, über die man heute nur staunen kann. Das nordsüdorientierte Kammersystem von Hetepsechemuis Grab beispielsweise besitzt eine Gesamtausdehnung von etwa 120 mal 45 Meter, reicht bis zu 8 Meter tief in den Fels hinab und enthält neben dem zentralen Grabkammerbereich gut 70 Magazine. Hier wird deutlich, dass die ägyptischen Arbeiter bereits in der 2. Dynastie Kalkstein nicht nur mit ihren Werkzeugen beliebig bearbeiten konnten, sondern auch die logistischen Fähigkeiten besaßen, diesen Werkstoff im großen Stil abzubauen. Die »industrielle Massenverarbeitung« des Steins war dann nur noch eine Frage der Zeit. Auf der anderen Seite wird hier das Bedürfnis der Könige jener Epoche erkennbar, viel Platz für die Grabbeigaben zur Verfügung zu haben. Die opulenten Grabausrüstungen umfassten eine Vielzahl von Möbelstücken, kostbares Geschirr, diverse Waffen und allerlei Nahrungsmittel – lauter Gegenstände, die es dem Verstorbenen ermöglichen sollten, im Jenseits ein vergleichbares Leben wie im Diesseits zu führen.

Insgesamt weisen die frühdynastischen Grabbauten auf dem memphitischen Friedhof neben den für den monumentalen Grabbau notwendigen handwerklichen Fähigkeiten und der unabdingbaren Planung ihrer Erbauer schon viele charakteristische Architekturmerkmale auf, die die späteren Pyramiden morphologisch auszeichnen sollten. Dies macht deutlich, dass die Pyramiden und die sie umgebenden Gebäudekomplexe einer nachvollziehbaren Evolution unterworfen und kein »Geschenk der Götter« oder das Resultat eines Geistesblitzes eines Genies waren. Ganz im Gegenteil: Die altägyptischen Königsgräber entwickelten sich nachvollziehbar, Stück für Stück und über viele Generationen hinweg, wobei die lokalen Grabbauten der ersten Dynastien auf dem Friedhof von Sakkara eine gewisse Vorbildfunktion für die späteren Stufen-Pyramiden hatten. So gründet sich die bautechnische Meisterleistung einer monumentalen Pyramide zu Beginn der 3. Dynastie wohl weder auf die umfangreiche Verwendung des Baumaterials Stein noch auf eine konzeptionelle Neuerung im Grabbauwesen. Vielmehr ist es das Verdienst von Djosers oberstem Baumeister, Imhotep, eine neuartige architektonische Komposition auf der Grundlage abydenischer und memphitischer Traditionen entworfen zu haben.[52]

Legende und Wirklichkeit

Während Djosers steinerner Jenseitspalast mit seinem alles überragenden Grabmal noch heute einen sichtbaren Bezug zu diesem König herstellt, ist Imhoteps Erbe mehr oder weniger im Dunkel der Geschichte verloren gegangen. Bislang besitzen die Ägyptologen kein einziges zeitgenössisches Bildnis vom Bauleiter der Djoser-Pyramide. Zwar befinden sich in vielen ägyptischen Museen kleine Statuen, die Imhotep in steifer Haltung sitzend mit einer Papyrusrolle auf den Knien zeigen, doch stammen alle diese Konterfeis aus späteren Epochen. Aus der Zeit Djosers belegt nur eine Inschrift auf dem Kalksteinsockel einer Königsstatue namentlich seine Existenz; der Sockel wurde im Jahr 1926 bei Ausgrabungen nördlich der Stufen-Pyramide entdeckt und befindet sich heute im Ägyptischen Museum von Kairo.[53] Auf ihm finden sich Titel wie »Siegler des unterägyptischen Königs«, »Iripat« oder »Der den Großen schaut«, die allesamt die dominierende Stellung bezeugen, die Imhotep zu Lebzeiten innehatte. So besaß er beispielsweise als »Iripat« den höchsten Rangtitel, der am königlichen Hof zu vergeben war, und fungierte damit offenbar als Stellvertreter des Regenten.[54] Neben seiner Tätigkeit als Baumeister könnte Imhotep aufgrund seines ebenfalls sehr hohen Hofrangtitels »Siegler des unterägyptischen Königs« noch administrativ für die Versorgung des Palastes zuständig gewesen sein.[55] Die für die 3. Dynastie noch unklare Bezeichnung »Der den Großen schaut« wird für spätere Zeiten mit der Ausübung eines hohen religiösen Amtes (»Hoherpriester von Heliopolis«) und mit der einer leitenden Funktion im königlichen Expeditionswesen in Verbindung gebracht.[56] Der zeitliche Rahmen von Imhoteps Wirken lässt sich

35

heute nicht mehr genau bestimmen, nur grob eingrenzen. Seine Geburtsstunde fiel allem Anschein nach in die Zeit der innenpolitischen Unruhen, die das geteilte Land am Ende der 2. Dynastie heimsuchten. Glaubt man einem vagen Hinweis aus dem Turiner Königspapyrus, dann starb Imhotep in der Regierungszeit des letzten Königs der 3. Dynastie, Huni, um 2640 v. Chr.[57] Unter Berücksichtigung der überlieferten Regierungszeiten der Könige dieser Dynastie muss Imhotep demnach ein hochbetagter Mann von etwa 80 Jahren gewesen sein, als er seine Reise ins Jenseits antrat. Demnach wäre es möglich, dass er nach Djosers Tod noch in den Diensten der nachfolgenden Könige Sechemchet, Chaba und womöglich Nebka(re) stand, während er auf der anderen Seite bereits unter Djosers Vater Chasechemui tätig gewesen sein soll.[58]

Imhoteps Lebensgeschichte entwickelte postum mit den Jahrhunderten eine Eigendynamik, über die man heute nur staunen kann. Vermutlich schon gegen Ende des Mittleren Reiches wurde er als Weiser des Volkes verehrt. Im Neuen Reich machte man ihn zum Patron der Schreiber und Gelehrten und schrieb ihm die ersten Weisheitslehren zu. Über 1500 Jahre nach seinem Tod wurde Imhotep schließlich als eine Art Halbgott verehrt; man betitelte ihn als »Sohn des Ptah«, des alten Schöpfergottes und Schutzheiligen der Handwerker und Künstler. In der spätägyptischen Epoche steigerte sich seine Verehrung immer weiter; es entwickelte sich zuerst in Memphis, später dann im ganzen Land ein eigenständiger Imhotep-Kult mit Tempel und Priesterschaft.[59] Mit der Zeit entstand die Legende, der nun »Vergöttlichte« habe auch etliche medizinische Wunder vollbracht. Er wurde im ganzen Land als »Heiler« gepriesen, der imstande gewesen war, fast alle Krankheiten zu kurieren. So wurde Imhotep am

Ende des Pharaonenimperiums von den Römern und Griechen als »Patron der Ärzte und Heiler« mit dem Gott Asklepios gleichgesetzt und damit in die europäische Gedankenwelt integriert. Damit war ein Mythos geboren, der bis heute lebendig ist. Doch weder zeitgenössische Quellen noch die erst viele Jahrhunderte später aufkommenden Kulte um Imhotep geben einen Hinweis auf seine medizinischen Fähigkeiten. Sein Wirken als Arzt bleibt spekulativ, ist wohl nur eine Erfindung aus der Spätzeit Ägyptens. Wie schrieb doch der Direktor des Ägyptischen Museums in Berlin-Charlottenburg Dietrich Wildung über Imhotep: »Großen Gestalten folgt die Legende. Sie bemächtigt sich ihrer zu Lebzeiten, hält sie über den Tod hinaus im Gedächtnis der Umwelt fest und läßt mündliche, schriftliche und bildliche Traditionen entstehen, die vom einst historischen Ansatz ausgehend ihre eigenen Wege einschlagen.«[60]

Kommen wir zum derzeit wohl größten Rätsel um Imhotep, nämlich zum Verbleib seiner sterblichen Überreste. Seit Jahrzehnten sind die Ägyptologen seinem Grab auf der Spur, doch bislang ohne Erfolg. Wo genau sollen sie ihre Spaten ansetzen? Eine überregionale Suche fernab von Sakkara erscheint wenig erfolgversprechend. Es gibt bislang keine archäologischen oder inschriftlichen Hinweise darauf, dass Imhotep sich außerhalb des memphitischen Friedhofs beisetzen ließ. Sehr wahrscheinlich hat er bereits zu Beginn seiner Karriere Vorbereitungen für die Errichtung einer eigenen Grabstätte getroffen. So konzentriert sich die Spurensuche auf die Nekropole von Sakkara.

Zuerst einmal muss der Grabkomplex des Djoser selbst in Betracht gezogen werden. Da Imhotep womöglich zur königlichen Familie gehörte,[61] wäre es denkbar, dass er sich in unmittelbarer Umgebung seines bedeutendsten Bauwerks begraben ließ. Doch weder in den elf nebeneinander liegenden Grab- und Vorratsgalerien, die sich unter der Stufen-Pyramide befinden und offenbar eine Art »Grabdepot« für die Familie Djosers darstellten,[62] noch im Umfeld des bislang zwar teilweise erforschten, aber nicht vollständig freigelegten nördlichen Bereiches des Djoser-Komplexes wurden Hinweise auf den Verbleib Imhoteps gefunden.[63]

Eine andere, allerdings ziemlich vage Spur führt in die westliche Wüste des Sakkara-Plateaus. Wie man Luftbildaufnahmen entnehmen kann, zeichnet sich gut 700 Meter südwestlich der Stufen-Pyramide ein großer rechteckiger Bezirk ab, dessen gemauerte Umfriedung vom Boden aus jedoch kaum erkennbar ist. Er ist mit 350 mal 650 Meter Umfang größer als der Djoser-Komplex und hat von den Einheimischen den markanten Namen »Gisr el-Mudir«, »Bezirk des Chefs«, erhalten. Bereits im 19. Jahrhundert lokalisiert, begann seine Erforschung erst in den letzten Jahren.[64] Analysen der dort aufgefundenen Keramik deuten darauf hin, dass diese Anlage vor der Regierungszeit Djosers errichtet wurde. Aufgrund gezielter Grabungen an der teilweise noch über vier Meter hohen, aber völlig unter Sand begrabenen Mauer mutmaßen Ägyptologen, dass man es hier mit der tatsächlich ältesten umfangreichen Steinkonstruktion Ägyptens zu tun hat. Dabei kommt insbesondere Djosers Vater Chasechemui als Bauherr dieser Anlage in Frage. Sollte hier womöglich noch eine zweite Grabanlage für ihn begonnen worden sein?[65] Manche Pyramidenforscher hingegen schreiben den Komplex König Ninetjer aus der frühen 2. Dynastie zu und glauben, in ihm Ähnlichkeiten mit den »Talbezirken« von Abydos zu erkennen.[66] Andere Ägyptologen wiederum halten es für denkbar, dass sich dort ein König der 3. Dynastie bestatten ließ.[67] Eine definitive Zuordnung kann letztlich erst nach weiteren Ausgrabungen getroffen werden. Doch falls Imhotep tatsächlich bereits unter Chasechemui in Amt und Würden gewesen sein sollte, so könnte man spekulieren, dass er sein eigenes Grab in der Umgebung dieses Komplexes erbauen ließ, an dessen Errichtung er möglicherweise beteiligt war. Auch ein anderer, diesmal inschriftlicher Hinweis deutet indirekt auf den Bereich westlich der Djoser-Pyramide hin, wo neben dem »Gisr el-Mudir« noch weitere Spuren großer Umfriedungen lokalisiert wurden. In einer biographischen Inschrift des hochrangigen Hofbeamten Uni aus der 6. Dynastie ist im Zusammenhang mit einer »nördlichen Festung« von einem »Tor des Imhotep« die Rede. Dietrich Wildung hält es für denkbar, dass diese Bezeichnung für einen Teil einer memphitischen Festungsanlage stand, die sich hinter einem der großen Mauerwälle von Sakkara verbergen könnte. Der Name bezieht sich laut Wildung wahrscheinlich auf ein konkretes Erinnerungsstück aus Imhoteps Lebenszeit, vielleicht auf sein Grab.[68]

Die dritte und wohl wahrscheinlichste Möglichkeit führt hingegen zum großen Beamtenfriedhof der 3. Dynastie, der sich nördlich der Stufen-Pyramide befindet. Dort wurden auch die zeitgenössischen Kollegen Imhoteps begraben. In diesem Gebiet forschte zwischen 1965 und 1970 bereits der britische Ägyptologe Walter Emery nach der legendären Grabanlage und legte eine Reihe großer Beamtengräber frei.[69] Das Grab Imhoteps konnte er darunter jedoch nicht zweifelsfrei lokalisieren, wenngleich zwei der Mastabas – »S 3517« und »S 3518« – als vielversprechende Kandidaten für den »jenseitigen Wohnort« des großen Bauleiters angesehen wurden. Das erstgenannte Grab, das sich bei seiner Entdeckung in einem stark zerstörten Zustand befand, liegt knapp 600 Meter nördlich der Umfassungsmauer des Djoser-Komplexes. Es ist mit seinen Abmessungen von 56 mal 25 Metern das größte seiner Art auf dem Beamtenfriedhof und soll einer hochrangigen, aber nicht näher bestimmbaren Persönlichkeit aus der 3. Dynastie gehört haben. Die zweite Grabanlage befindet sich noch etwa 200 Meter weiter nördlich auf einer kleinen Anhöhe, an deren Westseite sich die Ruinen eines Isis-Tempels erstrecken. Sie war einst 52 mal 19 Meter groß und besaß eine Doppelkapelle. In deren unmittelbarer Umgebung wurden zerbrochene Steingefäße und Siegelabdrucke gefunden, von denen einer den Horus-Namen des Djoser enthält. Diese Befunde sowie die Tatsache, dass die Orientierung der Grabanlage im Gegensatz zu den anderen Gräbern mit der Nordsüdausrichtung des Djoser-Komplexes übereinstimmt, sind Gründe dafür, dass »S 3518« von manchen als mögliches Grab Imhoteps angesehen wird.[70]

Neben diesen archäologischen Anhaltspunkten gibt es noch einen spätzeitlichen Hinweis auf das nördliche Friedhofsgelände Sakkaras als Ort der letzten Ruhestätte Imhoteps. In der dreizeiligen Inschrift auf der Rückseite einer Granitstele des Ischmes aus der 27. Dynastie (um 500 v. Chr.) wird dessen Priestertätigkeit im »Tempel des Imhotep« erwähnt, der sich im Norden von Sakkara auf einem »Bergvorsprung« befunden haben soll. Diese Ortsbezeichnung entspricht laut Dietrich Wildung auf dem memphitischen Friedhof am ehesten dem nördlichen Areal, »das steil gegen Abusir abfällt und vom Tal aus als ausgeprägter Hügel in Erscheinung tritt«.[71] Gezielt gesucht wurde nach dieser Tempelanlage aber anscheinend bislang noch nicht.

In den letzten Jahren ist ein polnisches Archäologenteam unter der Leitung von Karol Myśliwiec auf einer Forschungsmission in Sakkara unterwegs und damit indirekt auch wieder auf der Suche nach Imhoteps Grabmal.

Die Ägyptologen haben ihre Aktivitäten dabei vorerst auf den Bereich westlich der Stufen-Pyramide konzentriert und bereits bemerkenswerte Funde gemacht.[72] Man darf deshalb auf die zukünftigen Ergebnisse der polnischen Ausgrabungen gespannt sein.

Durch die Suche nach Imhoteps Grabmal wird der große archäologische Forschungsbedarf auf dem memphitischen Friedhofsgelände erkennbar, das die Ägyptologen vermutlich noch Jahrzehnte lang beschäftigen wird. Nur weitere gezielte Ausgrabungen werden die offenen Fragen klären können und vermutlich die eine oder andere tief greifende Erkenntnis bringen. Man ist gut beraten, die Aktivitäten der Archäologen auf diesem Wüstenplateau nicht aus den Augen zu verlieren. Die Vergangenheit hat mehr als einmal gezeigt, dass die Nekropole von Sakkara für Überraschungen gut ist.

2. Kapitel

Zielpunkt Meidum

König Snofru und das Ende der Stufen-Pyramiden

*»In ihrer massiven Bauweise ist die Stufenpyramide
Ausdruck und Schöpfung einer inzwischen auch kulturell
geeinten Gesellschaft und ihres Staates.«*[73]
RAINER STADELMANN

In Djosers Fußstapfen

Die 3. Dynastie war die Epoche der Stufen-Pyramiden.
Nach Djosers Jahrhundertbauwerk ließen sich in den darauf folgenden 60 Jahren nach heutigem Kenntnisstand
vermutlich noch fünf weitere Könige einen solchen Prototypen der geometrisch wohlgeformten Pyramide als
Grabmal errichten. Und so wie sich die Königsgräber vom
abydenischen Grubengrab und der memphitischen
Nischen-Mastaba mit den Jahrhunderten entwickelten
und schließlich im ersten pyramidalen Steinbau der Welt
kulminierten, stellte auch die Form der Stufen-Pyramide

nur einen weiteren Schritt in der Evolution des königlichen Grabbaus im alten Ägypten dar. Hierbei war es wiederum nur eine Frage der Zeit, wann bautechnische Entwicklungen und Notwendigkeiten, kultische Bedürfnisse und Veränderungen sowie womöglich auch das berühmte Zufallsmoment zu einem erneuten Quantensprung im Grabbauwesen führen würden.

Man weiß heute erst sehr wenig über die Epoche der Stufen-Pyramiden, kennt weder die genaue Reihenfolge und Identität der Könige der 3. Dynastie noch alle ihre Grabanlagen. Zieht man die archäologischen Untersuchungen zu Rate, ist der Umstand auffallend, dass anscheinend keiner von Djosers Nachfolgern in der Lage war, seinen Grabkomplex vollenden zu lassen.[74] Als ob ein Fluch auf den königlichen Stufenbauten läge, kamen die Grabmäler teilweise nicht einmal über die erste Bauphase hinaus. Vermutlich beeinträchtigten zu kurze Regentschaften, technische Probleme und andere bislang unbekannte Sachzwänge die Bauprojekte jener Zeit und rissen eine archäologische Lücke in die Evolution des königlichen Grabbaus. Der Weg von Djosers Jenseitspalast bis hin zum »echten« Pyramidenbau zu Beginn der 4. Dynastie war demnach steinig und äußerst schwierig. Nichtsdestotrotz liefern die wenigen Bauruinen der 3. Dynastie den heutigen Ägyptologen wichtige Erkenntnisse über die Entwicklung in der Grabarchitektur jener Epoche; sie offenbaren interessante architektonische Details, die im massiven Steinverbund der Stufen-Pyramide von Sakkara oftmals unsichtbar verborgen liegen. Einige wesentliche Aspekte sollen hier kurz zusammengefasst werden.

Der Leidensweg der Stufen-Pyramiden beginnt in unmittelbarer Nähe des Djoser-Komplexes. Knapp 200 Meter südwestlich entdeckte der ägyptische Archäologe

Zakaria Goneim im Jahr 1951 die Überreste der letzten Ruhestätte des Königs Sechemchet, einen Grabkomplex, der bis heute nicht vollständig erforscht wurde und noch viele offene Fragen beinhaltet. Djosers Nachfolger plante hier eine monumentale Grabanlage, die vom Aufbau her ihrem Vorgängerbau ähnelte. Doch während sich die Stufen-Pyramide Djosers aufgrund der Planänderungen auf einer rechteckigen, 121 mal 109 Meter großen Fläche erhebt und eigentlich korrekterweise »Stufen-Mastaba« heißen müsste, weist Sechemchets Grabbau den für die Pyramidenform üblichen quadratischen Grundriss auf. Die Pläne sahen vor, dass die neue Stufen-Pyramide ausgehend von einem breiten, zentralen Kernbau durch mehrere Meter dicke, ringförmig aneinander liegende Steinschalen errichtet werden sollte, deren jeweilige Steinlagen sich zur Pyramidenmitte hin neigten.[75] Diese spezielle Konstruktionstechnik, von der sich die Ägypter vermutlich eine größere Stabilität des Bauwerks und eine »gewisse Arbeitsersparnis« versprachen und die ansatzweise auch bei der Erweiterung von Djosers Grabmal erkennbar ist,[76] wurde bis zum Ende der Ära der Stufen-Pyramiden zu Beginn der 4. Dynastie angewandt und ist ein bautechnisches Charakteristikum dieser Königsgräber. Mit einer Seitenlänge von 120 Metern und sechs oder sieben Stufen sollte die Pyramide Sechemchets eine Höhe von etwa 70 Metern erreichen und somit ihre Vorgängerin um einige Meter überragen. Doch bislang ungeklärte Gründe führten anscheinend zum abrupten Ende der Bauarbeiten. Der Pyramidenstumpf dürfte nach Ansicht der Ägyptologen nicht einmal eine Höhe von acht Metern erreicht haben. Die Spuren einer von Nordwesten herangeführten Baurampe konnten bei den Ausgrabungen sogar noch nachgewiesen werden.[77] Warum die Pyramide nicht fertig gestellt wurde, bleibt rätselhaft.[78] Man

schließt heute nicht aus, dass der Pyramidenkomplex not-
gedrungen »in eine riesige Mastaba umgewandelt wurde,
deren Außenwände die ursprüngliche Umfassungsmauer
gebildet hätten«.[79] Von einigen wird sogar die Möglichkeit erwogen, dass Sechemchet überhaupt keine Pyramide, sondern nur eine Art Mastaba im Stil der ersten Baustufe der Djoser-Pyramide geplant hatte.[80] Die Bewertung
derartiger Hypothesen fällt schwer, solange die Ausgrabungen an diesem Grabkomplex nicht beendet sind. Ähn-
liches gilt auch für das Innenleben der Pyramide. Es weist
erhebliche Unterschiede zum Kammersystem der Djoser-
Pyramide auf und war schon relativ weit gediehen, wenngleich die über 30 Meter tief im Felsgestein liegende Grabkammer sich noch im Rohzustand befand.[81] Ein
umfangreicher Magazintrakt aus 132 Räumen umgibt die
Stufen-Pyramide U-förmig an der Nord-, West- und Ostseite; bis heute ist jedoch offenbar erst ein Teil dieser Räume wissenschaftlich untersucht. Dieser Grabkomplex
birgt sicher noch einige Überraschungen.

Unter Sechemchets Nachfolger Chaba, der um 2660
v. Chr. wohl nur etwa sechs Jahre lang auf dem Thron
gesessen hat, wurde die Tradition der geographisch fest-
gelegten Königsfriedhöfe aufgegeben. Es begann eine
Zeit, die durch den ständigen Wechsel der königlichen
Nekropolen gekennzeichnet war. Fast wie auf einer ziel-
losen Odyssee entlang der westlich vom Nil gelegenen
Wüstenplateaus ließen die Könige der darauf folgenden
Dynastien ihre Pyramidenkomplexe zwischen den Dörfern Abu Roasch im Norden und Meidum im Süden
errichten. Hierfür werden in erster Linie geologische,
wirtschaftspolitische und religiöse Gründe den Ausschlag
gegeben haben.

Zunächst führte der Weg von Sakkara aus nach Norden: Chaba ließ seine Nekropole in etwa sechs Kilome-

ter Entfernung am Rand eines Wüstenplateaus beim heutigen Dorf Zawjet el-Aryan errichten. Ähnlich wie im Fall Sechemchets steckt auch die Erforschung dieses Grabkomplexes teilweise noch in den Kinderschuhen. Die letzten Grabungen wurden in den fünfziger Jahren des 20. Jahrhunderts durchgeführt, jedoch nicht auf die gesamte Nekropole ausgedehnt. Bedingt durch die unmittelbare Nähe einer Militärbasis, die bis an die Ruine der Stufen-Pyramide heranreicht, haben die Ägyptologen in den letzten Jahrzehnten kaum mehr die Möglichkeit gehabt, die begonnenen Forschungen fortzusetzen.

Heute wird vermutet, dass Chabas Stufen-Pyramide ebenfalls nicht fertig gestellt werden konnte. Im Gegensatz zu Sechemchets unvollendetem Grabbau muss sie allerdings vor Einstellung der Bauarbeiten schon beachtliche Ausmaße erreicht haben. Noch heute ist die Ruine etwa 16 Meter hoch, und zwei ihrer vermutlich fünf geplanten Stufen sind nach wie vor zu erkennen. Offensichtlich planten die Ägypter ein Grabmal mit einer Seitenlänge von etwa 84 Metern und einer Höhe von knapp 45 Metern. Damit wäre es allerdings erheblich kleiner ausgefallen als seine Vorläufer in Sakkara. Interessanterweise wurden bei den Ausgrabungen an allen Flanken der Stufen-Pyramide noch »umfangreiche Überreste von Ziegelmauerwerk« gefunden, die man für Reste von Baurampen hält, die »nach der vorzeitigen Beendigung des Baus nicht mehr beseitigt worden sind«.[82] Demzufolge hat man es hier offenbar mit der Momentaufnahme einer im Bau befindlichen Stufen-Pyramide zu tun. Gezielte Nachuntersuchungen könnten hier vielleicht neue wichtige Erkenntnisse zum vertikalen Materialtransport beim Bau hoher, pyramidaler Königsgräber im Alten Reich bringen; über die damalige Lösung dieses Problems wird nach wie vor gerätselt.

47

Chabas unterirdisches Totenreich ähnelt dem des Sechemchet, ist aber einfacher strukturiert. In etwa 25 Meter Tiefe, exakt unter dem Zentrum der Pyramide, liegt die unvollendete Grabkammer, die keinerlei Bestattungsspuren, insbesondere auch keinen Steinsarkophag aufwies. Sie wurde genauso leer vorgefunden wie die 32 Magazinkammern, die sich wieder U-förmig von Norden aus um das Grabmal gruppieren. Ebenso ungewöhnlich erscheint der Umstand, dass der Eingang ins Kammersystem offenbar nicht wie sonst üblich in direkter Verbindungslinie mit der Grabkammer liegt, sondern sich abseits auf der Höhe der Nordostecke der Stufen-Pyramide befindet.[83] Wieso Chabas Architekten von der traditionellen, streng linearen Ausrichtung des Eingangskorridors nach Norden abwichen, ist unbekannt. Vielleicht spielten topographische Gründe eine Rolle, möglicherweise war auch die Orientierung des gesamten Grabkomplexes dafür verantwortlich, der im Gegensatz zu der ersten beiden königlichen Nekropolen der 3. Dynastie vermutlich erstmals in ostwestlicher Richtung angelegt war.[84] Dieses geographische Prinzip der Ausrichtung der Pyramidenbezirke sollte sich durchsetzen, wie die nachfolgenden Grabkomplexe des Alten Reiches zeigen. So gewinnt man hier den Eindruck, dass unter der Regentschaft Chabas – vielleicht durch bautechnische und ortsabhängige Faktoren, womöglich auch durch modifizierte religiöse Sichtweisen und kultische Sachzwänge – Bewegung in das Grundkonzept der Königsgräber kam. In diesem Zusammenhang ist vermutlich auch die Reduktion der Magazinräume zu sehen, deren Anzahl man in den nachfolgenden Gräbern noch weiter verringerte, bis in der 5. Dynastie ein fast kanonisch wirkendes Raumprogramm entwickelt wurde. Weitere Aufschlüsse über derartige Fragen können nur genauere Sondierungen des Pyramidenbezirks

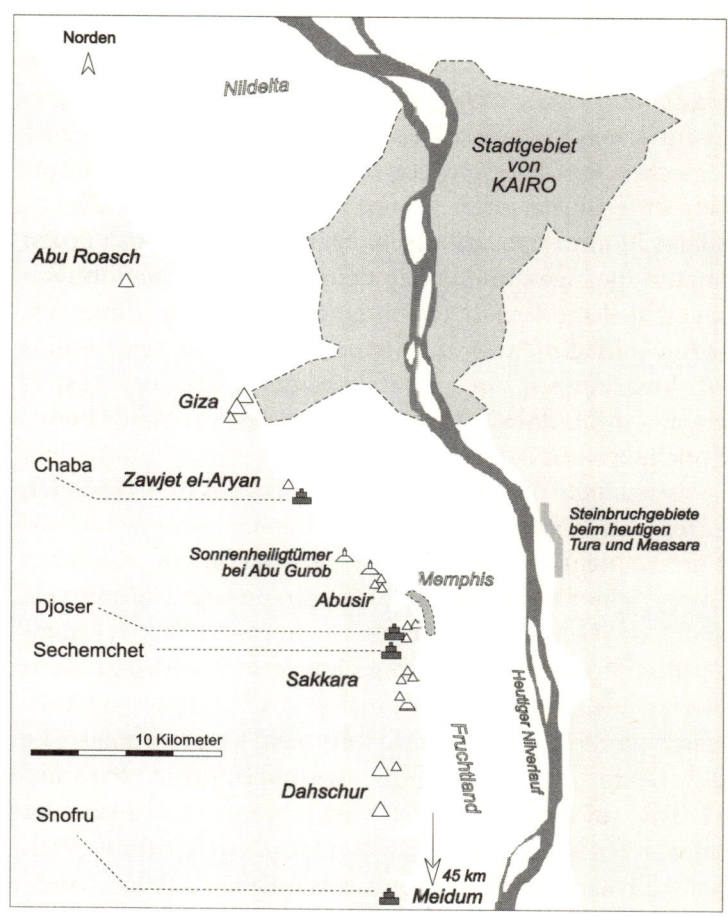

Abb. 5: Die Stufen-Pyramiden der 3. Dynastie im Überblick (nach Jones).

bringen, die hoffentlich bald in Angriff genommen werden.

So lebendig wie sich das pharaonische Grabbauwesen um die Mitte der 3. Dynastie gestaltete, so chaotisch und

49

undurchsichtig scheinen die Verhältnisse am Ende der Dynastie gewesen zu sein. Die kaum gesicherten chronologischen Daten, die wenigen durch Inschriften belegten historischen Ereignisse und die äußerst spärlichen archäologischen Funde erschweren es heute ungemein, der Spur der Stufen-Pyramiden weiter zu folgen. Man ist hier an einem Punkt innerhalb der langen Geschichte des Pharaonentums angekommen, zu dem die entsprechenden Passagen der modernen Fachliteratur ungemein dünn ausfallen und die Autoren mit Erklärungen geizen. Folgen wir kurz einigen Interpretationen der modernen Ägyptologie – ohne dabei alle Facetten dieser problematischen Epoche zu beleuchten.

Vermutlich übernahm nach Chaba ein gewisser Nebkare, den Günter Dreyer mit Nebka gleichsetzt, den Thron. Nebkare wird in der so genannten »Sakkara-Liste«, einer Chronik hoher memphitischer Würdenträger, vor Huni, dem letzten König der 3. Dynastie, geführt.[85] Es gibt nur wenige inschriftliche Belege seiner Herrschaft und bislang konnte sein Grabbau nicht lokalisiert werden. In Fachpublikationen wurden manchmal die heute fast vollständig verschwundene Pyramide »L 29« auf dem Sakkara-Plateau und sogar die nur sehr schwer bestimmbare »pyramidale« Ziegelstruktur »L 1« bei Abu Roasch als mögliche königliche Grabbauten der 3. Dynastie angesehen und damit indirekt auch mit Nebka(re) in Verbindung gebracht.[86] Aufgrund ihrer ruinösen Zustände und noch ausstehender Nachuntersuchungen konnten beide Anlagen bislang nicht genau datiert und zugeordnet werden. Nebka(re)s letzte Ruhestätte bleibt somit vorerst ein Phantom der Pyramidenforschung, das archäologisch nicht zu fassen ist.

Es scheint fast so, als ob das Grabbauwesen am Ende der 3. Dynastie sogar für mindestens zwei Generationen geruht hätte, denn auch für König Huni ist heute kein Grabmal bekannt. Dabei soll gerade dieser König nach den alten Chroniken 24 Jahre lang regiert haben, länger als irgendeiner seiner unmittelbaren Vorgänger. Es gibt bislang keine sichere Spur, die auf sein Grab weisen könnte. Lange Zeit zog man in Betracht, ihm die erste Baustufe der Pyramide von Meidum zuzuordnen, doch diese Spekulation ließ sich durch nichts belegen.[87] Die Meidum-Pyramide wird in Planung und Ausführung heute König Snofru, dem Begründer der 4. Dynastie, zugeschrieben. Mittlerweile gehen führende Pyramidenforscher wie Rainer Stadelmann davon aus, dass Hunis Grabbau »im Großraum von Sakkara bis Zawjet el-Aryan« gelegen haben muss[88] – an jenen Orten, wo sich auch die Würdenträger seiner Zeit beisetzen ließen. Ein plausibles Argument, wobei die Unauffindbarkeit von Hunis Stufen-Pyramide wohl nur so gedeutet werden kann, dass sie fast bis auf die Grundmauern abgetragen wurde und ihre Überreste heute unter Schutt- und Sandmassen verborgen auf ihre Entdeckung warten. Dies könnte sich indirekt mit den Überlegungen Wolfgang Helcks decken, für den das überraschende Fehlen von Denkmälern aus der langen Regierungszeit Hunis auf eine Schwächeperiode der endenden Dynastie hindeutet, die erst unter seinem Nachfolger Snofru beendet wurde. In diesem Zusammenhang sprach Helck von Gegenkönigen, »deren Grabbauten unvollendet liegen blieben«.[89] Sein Blick fiel dabei insbesondere auf die großen Umfriedungen westlich des Djoser-Komplexes, von denen eine seiner Meinung nach auch Huni zuzuordnen ist. Auch in dieser Frage können nur künftige Grabungen in diesem Gebiet die Fundlücke am Ende der 3. Dynastie schließen und noch das eine oder andere Rätsel dieser Epoche lösen.

Snofru – »Herr der Weltordnung«

Um das Jahr 2620 v. Chr. betrat ein neuer, ungemein mächtiger König die ägyptische Bühne, der unter dem Namen Snofru (Seneferu, »der Vollkommenheit erzeugt«)[90] in die Geschichtsschreibung einging. Unter seiner Herrschaft wurde der königliche Grabbau revolutioniert und das umfangreichste Bauprogramm des gesamten Pyramidenzeitalters durchgeführt. Motiviert durch den Glauben an die Göttlichkeit von Snofrus Herrscheramt, vor allem aber bedingt durch bauliche wie vermutlich auch politisch-religiöse Sachzwänge, errichteten die Ägypter für diesen Pharao drei, teilweise über 100 Meter hohe Pyramiden in Meidum und Dahschur. Innerhalb von etwa vier Jahrzehnten gelang es den Architekten dabei, die erste, im strengen mathematischen Sinne echte Pyramide Ägyptens in den Wüstensand zu setzen. So hatten die Pharaonen nach mehreren Jahrhunderten königlichen Grabbaus endlich die ideale Form für ihre Grabmäler gefunden, die in den nächsten tausend Jahren das Aussehen ihrer Nekropolen bestimmen sollte. Aber wer war dieser König Snofru, der als größter Pyramidenbauherr in die Geschichte einging? Welche Persönlichkeit verbirgt sich hinter dieser Lichtgestalt des frühen Pharaonentums, für die die Ägypter mehr als neun Millionen Tonnen Stein über die Wüstenplateaus schleppten und zu Monumenten ihres Glaubens auftürmten?

In den ägyptischen Überlieferungen gilt Snofru als ein wohltätiger Herrscher, als das »Idealbild des Königtums«.[91] Sein Horus-Name »Neb-Maat«, »Herr der Weltordnung«, scheint dies schon vorwegzunehmen. Der deutsche Ägyptologe Rolf Gundlach vermutet darin zusammen mit Snofrus Eigennamen dessen politisch-ideologisches Regierungsprogramm (»die Welt ›vollkommen zu machen‹«).[92] Als Inhaber des göttlichen Herrscheramts sollte er für Kontinuität sorgen sowie Stärke und Schöpferkraft des Königtums beweisen, durch sein religiöses und politisches Wirken in der Rolle des Stellvertreters des obersten Reichsgottes Horus für Ordnung, Gerechtigkeit und Vervollkommnung in der ägyptischen Welt sorgen. Dieses idealistische Herrschaftsprinzip, das Streben nach Vollkommenheit auf allen Ebenen und Schauplätzen der Gesellschaft, drückt sich indirekt auch im Umgang mit seinem Erbe aus. Sein Totenkult hatte ohne Unterbrechung bis ans Ende des Alten Reiches Bestand, wurde selbst nach dessen Untergang in den unruhigen Zeiten der so genannten 1. Zwischenzeit anfänglich nicht vollständig aufgegeben und erfuhr in der 12. Dynastie des Mittleren Reiches eine bemerkenswerte Renaissance. Während seine Person im Mittleren Reich fast zur Legende avancierte, gerieten die Totenkulte der großen Giza-Könige Cheops und Chephren nahezu in Vergessenheit. Sogar noch bis in die Spätzeit des alten Ägyptens hielt man Snofrus Andenken am Leben und brachte seiner Herrschaft und seinen monumentalen Bauwerken tiefe Bewunderung entgegen.[93]

So weitreichend die Erinnerung an Snofrus Erbe in der Geschichte Ägyptens auch gewesen sein mag, so unklar ist seine Herkunft. Snofrus direkte Zugehörigkeit zur Königsfamilie der alten Dynastie läßt sich nicht eindeutig belegen und wird in der Ägyptologie kontrovers diskutiert.[94] Unruhige Zeiten am Ende der 3. Dynastie werden nicht ausgeschlossen, der Übergang in die 4. Dynastie verlief aber anscheinend friedlich und war nicht von innenpolitischen Umwälzungen überschattet.[95] Snofrus Hauptgemahlin war Hetepheres I., die Mutter des späteren Thronfolgers und Erbauers der »Großen Pyramide von Giza«, Cheops. Mit den Kindern aus einer zweiten, schon früher geschlossenen Ehe mit einer bisher nicht identifizierbaren Gemahlin hatte Snofru wohl noch mindestens sechs weitere Söhne und zwei Töchter.[96] Besonders von Snofrus männlichen Nachkommen wird in diesem Buch noch des öfteren die Rede sein.

Fragmente der Zeit

Auch wenn die in diesem Buch bislang erwähnten Jahreszahlen auf den ersten Blick den Eindruck erwecken, dass die Geschichte Altägyptens chronologisch problemlos zu erfassen ist, können sie bei genauerer Betrachtung nicht darüber hinwegtäuschen, dass man sich auf ziemlich schwammigem Boden bewegt. Denn es existieren keine mit unserer Zeitrechnung eindeutig korrelierbaren Jahreszahlen aus der Frühphase des Pharaonentums und des Alten Reiches. So stellen die hier gemachten Zeitangaben genau genommen nur Richtwerte dar, die mit der notwendigen Vorsicht zu betrachten sind. Sie können durchaus um einige Jahrzehnte, im Fall der ersten Dynastien offenbar sogar um weit größere Zeitspannen, von den korrekten Datierungen abweichen.[97]

Das Fehlen von zeitlich exakt definierten Meilensteinen, die eine genaue Zuordnung der überlieferten Ereignisse des Pharaonentums erlauben und seine Geschichte eindeutig strukturieren, stellt die moderne Ägyptologie beim Vorstoß in die Anfangsphase Altägyptens vor fast ebenso große Probleme wie die Kosmologen bei ihren Versuchen, das genaue Alter unseres Universums zu bestimmen. Doch während sich unser Raumzeit-Kontinuum aus physikalischen Gründen nicht in die Karten schauen lässt und seinen primordialen Zustand fernab der messbaren Physik hinter einem »Ereignishorizont« vor den Augen der Forscher verbirgt, ist das Chronologie-Problem in der Ägyptologie von Menschenhand gemacht.

Die altägyptischen Chronisten benutzten für ihre Jahreszählung keine fortlaufende Zeitrechnung im modernen Sinne, um ein Ereignis der Gegenwart mit der Vergangenheit in Zusammenhang zu bringen.[98] Im Gegensatz dazu besaßen sie eine Art »lokale Zeitrechnung«, die ausschließlich auf die Regentschaften der Könige zugeschnitten war. Diese orientierte sich im Alten Reich an den turnusmäßigen, landesweiten Steuerzählungen,[99] die das zeitliche Raster bildeten, in dem erwähnenswerte Vorkommnisse aus den jeweiligen Regierungszeiten schriftlich festgehalten wurden. Um dabei ein konkretes Ereignis zu fixieren, wurde es mit der Angabe »Jahr des x. Mals der Zählung« versehen und zusätzlich mit der Monats- und Tagesangabe spezifiziert. Jahre ohne Zählungen wurden hingegen durch die Bezeichnung »Jahr nach dem x. Mal der Zählung« ausgewiesen.[100] So begann mit dem Regierungsantritt jedes neuen Königs auch die ägyptische Zeitrechnung aufs Neue.[101] Offensichtlich bestand aber aus verwaltungs- und kulttechnischen Gründen auch die Notwendigkeit, Buch über frühere Herrscherperioden zu führen und somit einen Bezug der Gegenwart zur Vergangenheit zu schaffen. Man fasste hierzu markante Ereignisse aus den Regierungszeiten der Pharaonen zusammen, listete sie nacheinander auf und hielt sie in speziellen Annalen wie auf dem Palermo-Stein für die Nachwelt fest.[102] Zusätzlich wurden auf der Grundlage solcher Annalen vermutlich auch vereinfachte Königslisten wie etwa der aus dem Neuen Reich bekannte Turiner Königspapyrus geführt, die neben den

Namen der Regenten auch die Länge ihrer Regierungszeiten enthielten.[103] Doch unglücklicherweise wurden die zeitgenössischen Aufzeichnungen und späteren Abschriften größtenteils zerstört. Ihr Inhalt ist nur bruchstückhaft überliefert, so dass sich historische Zusammenhänge oftmals nicht mehr rekonstruieren lassen.[104] Erschwerend kommt noch hinzu, dass die Ägyptologen heute nicht mit Bestimmtheit sagen können, ob die Steuerzählungen im Alten Reich in einem festen Rhythmus abgehalten wurden. Während man sich darüber einig ist, dass in den ersten Dynastien die Zählungen durchgängig alle zwei Jahre stattgefunden haben, wich man ab der 4. Dynastie offensichtlich davon ab und zählte gelegentlich auch in aufeinander folgenden Jahren.[105] Als markantes Beispiel sei hierfür der Palermo-Stein angeführt, aus dem hervorgeht, dass unter Snofrus Herrschaft die 7. und 8. Zählung in direkt aufeinander folgenden Jahren stattfanden. Als Ursache für die im Alten Reich offenbar immer häufiger auftretenden jährlichen Zählungen wird in der Regel ein steigender Finanzbedarf des Staates vermutet.[106] Es wird jedoch auch nicht ausgeschlossen, dass mit Beginn des monumentalen Pyramidenbaus in der 4. Dynastie eine jährliche Zählung vorherrschend gewesen sein könnte.[107] Diese Unsicherheit, der äußerst fragmentarische Zustand der Annalen wie auch die widersprüchlichen Daten in den späteren Überlieferungen machen es heute oftmals unmöglich, einzelne Ereignisse in den Regentschaften der Könige mit konkreten Regierungsjahren in Zusammenhang zu bringen oder exakte Aussagen über die Länge der Regierungszeiten zu treffen.

Dieses Problem gilt natürlich auch für Snofru, wie der markante Eintrag der aufeinander folgenden Zählungen auf dem Palermo-Stein verdeutlicht. So schreibt der Turiner Königspapyrus Snofru beispielsweise eine 24-jährige

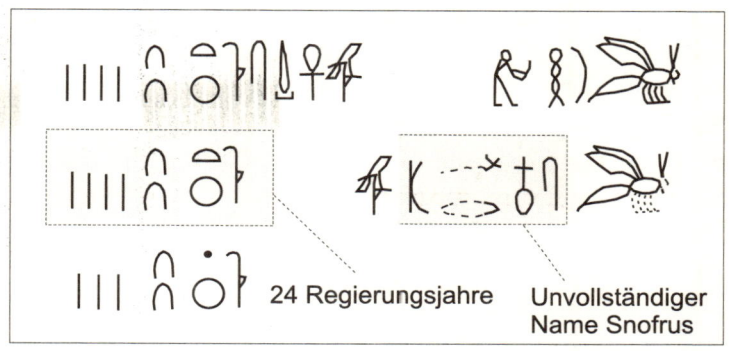

24 Regierungsjahre   Unvollständiger
Name Snofrus

*Abb. 6: Der »Königspapyrus von Turin« ist eine aus vielen Frag-
menten bestehende Königsliste, die offenbar aus der Zeit der
Ramessiden (etwa um 1200 v. Chr.) stammt. Sie enthielt wohl
einst über 300 Königsnamen, die als Abschrift fein säuberlich
in hieratischer Schrift auf der Rückseite eines Verwaltungsdo-
kuments festgehalten wurden. Die Abbildung zeigt die unvoll-
ständige Stelle im Papyrus, die sich auf die Regierungszeit
Snofrus bezieht. Die Jahresangaben darüber und darunter
beziehen sich auf Huni (Name unvollständig) und Cheops
(Name verloren).*

Herrschaftsperiode zu, während der um etwa 280 v. Chr.
lebende Hofpriester Manetho in seiner Chronologie eine
29 Jahre dauernde Regentschaft für den Begründer der
4. Dynastie festhielt. Doch beide Angaben werden von
heutigen Ägyptologen als zu niedrig eingestuft. Aufgrund
eines Beleges für ein »Jahr des 24. Mals der Zählung«
wird je nach unterschiedlicher Einschätzung der Häufig-
keit der Steuererhebungen letztlich eine Regierungszeit
zwischen 32 und 46 Jahren vermutet.[108] Hierbei besteht
die Gemeinsamkeit beider Schätzungen lediglich in der
Annahme, dass bis zum »Jahr des 7. Mals« die Zählungen konsequent alle zwei Jahre stattfanden.
    Ohne eine Bewertung der unterschiedlichen Auffassun-

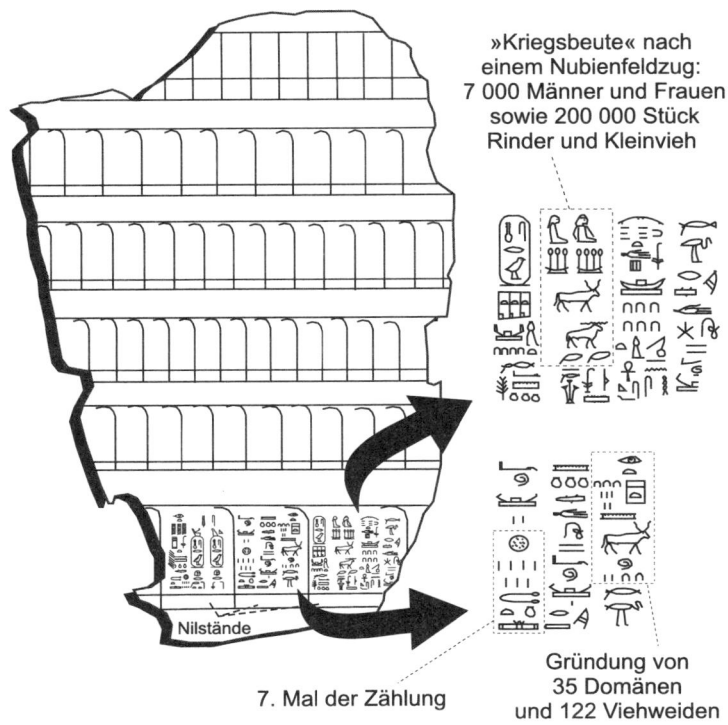

»Kriegsbeute« nach
einem Nubienfeldzug:
7 000 Männer und Frauen
sowie 200 000 Stück
Rinder und Kleinvieh

Nilstände

7. Mal der Zählung

Gründung von
35 Domänen
und 122 Viehweiden

*Abb. 7: Der Palermo-Stein ist ein etwa DIN A3 großes Frag-
ment einer einst über 2 Meter breiten, gut 60 Zentimeter hohen
und beidseitig beschrifteten Annalentafel, die in der Regierungszeit des Königs Neferirkare (5. Dynastie, um 2460 v. Chr.)
vermutlich im Königspalast oder in einem Tempel stand. Auf
seiner Vorder- und Rückseite wurden in mehreren Registern die
Regierungsjahre und erwähnenswerte Ereignisse von Königen
aus der vordynastischen Zeit bis zu Neferirkare sowie die für
die Festlegung der königlichen Steuern maßgeblichen Nilstände aufgezeichnet. Zusammen mit weiteren Fragmenten, die sich
in Kairo (Fragment »K 1« ist noch etwas größer als der Palermo-Stein) und im Petrie-Museum des Londoner University Col-
lege befinden, sind nur etwa 25 Prozent der ursprünglichen
Informationen erhalten geblieben. Die Abbildung zeigt Ereignisse aus der Regierungszeit Snofrus (Inschriften nach Schäfer).*

gen vornehmen zu wollen, erscheint es aufgrund der enormen Bautätigkeit in der Regierungszeit Snofrus durchaus plausibel, in der Regel von Zählungen in zweijährigem Abstand auszugehen, die aber vermutlich insbesondere zum jeweiligen Baubeginn der beiden Pyramiden in Dahschur durch mehrere direkt aufeinander folgende Zählungen unterbrochen wurden. Dafür liefert der Eintrag auf dem Palermo-Stein einen Hinweis. Ein Einjahres-Abstand ist auch für das 15. und 16. Mal der Zählung wahrscheinlich, wenn man die Arbeitsleistung an der Roten Pyramide in Betracht zieht; dazu aber mehr im 4. Kapitel. Demnach könnte man die Länge der Regentschaft Snofrus auf rund 40 Jahre schätzen, was uns im Weiteren als ungefährer Richtwert dienen soll.[109] Es bleibt zu hoffen, dass in Zukunft weitere aussagefähige Funde aus der Ära Snofrus ans Tageslicht kommen, die dieses Problem lösen werden.

Exakter als die Regierungsdauer Snofrus lassen sich einige konkrete Ereignisse aus der Anfangsphase seiner Regentschaft wiedergeben und zeitlich einordnen. So erfährt man beispielsweise wieder vom Palermo-Stein, dass offenbar im »Jahr nach dem 6. Mal der Zählung« (etwa 12./13. Regierungsjahr) eine Militärexpedition in Nubien beendet wurde, im Zuge derer man 7000 nubische Gefangene und 200 000 Stück Vieh nach Ägypten verschleppte.[110] Die Gefangenen wurden, sofern es sich bei diesem Eintrag nicht um ein propagandistisches, fiktives Ereignis handelt, vermutlich als Zwangsarbeiter und Kolonisten in den Randgebieten des Reiches, insbesondere im östlichen Nildelta, eingesetzt. Im gleichen Jahr baute man außerdem neue Schiffe für die ägyptische Flotte und ließ auf 40 Schiffen Zedernholz aus dem Libanon importieren. Für das »Jahr des 7. Mals der Zählung« (etwa 13./14. Regierungsjahr) schließlich informiert der Annalenstein über die Gründung von 35 Gütern und von der Einrichtung von 122 Viehweiden.[111] Wie im Alten Reich üblich, begann Snofru also bereits während der Errichtung seiner Grabanlage damit, die wirtschaftlichen Grundlagen für die Sicherung seines ewigen Lebens und für sein unsterbliches Andenken zu schaffen, und ließ große Opferstiftungen in Form von landwirtschaftlichen Domänen für seinen späteren Totenkult einrichten.

Snofrus erstes Königsgrab

Nach dem Regierungsantritt Snofrus wurde das gesamte Staatsgebilde bis in die letzte Provinz hinein zu einem mächtigen, gut organisierten und effektiv funktionierenden Machtinstrument, das einzig und allein auf den König ausgerichtet war. Snofrus Regierungsmannschaft griff dabei auf alte Strukturen aus der 3. Dynastie zurück, organisierte die Wirtschafts- und Verwaltungsstrukturen des Landes noch straffer und bündelte das wirtschaftliche Potential des Staates durch ein Netz von untergeordneten Verwaltungsorganen im ganzen Land mit Blick auf die Machtzentrale Memphis. Parallel zum Ausbau der ausländischen Handelsbeziehungen führte man eine wirtschaftspolitische Umstrukturierung der Provinzen durch und baute den staatlichen Verwaltungsapparat aus, der wegen der hochgesteckten Ziele der Snofru-Regierung für einen enormen Bedarf an Berufsbeamten sorgte. Aus ihren Reihen rekrutierte sich auch die intellektuelle Elite des Landes – z. B. Architekten, Mathematiker, Astronomen und Steinkundler –, die die Geschicke des Pyramidenzeitalters maßgeblich bestimmen sollten. So waren relativ schnell nach Snofrus Machtübernahme aus organisatorischer, logistischer und bautechnischer Sicht alle Voraussetzungen geschaffen worden, damit die königlichen Architekten und Arbeiter darangehen konnten, erneut riesige steinerne Monumente für die Ewigkeit zu errichten, die ihrem König und letztlich auch ihnen selbst Unsterblichkeit verleihen sollten. Das »klassische Pyramidenzeitalter« warf seine Schatten voraus und wurde an einem ungewöhnlichen Platz eingeläutet.

Die Geschichte der Snofru-Pyramiden beginnt östlich der großen Oase Faijum. Ungefähr 50 Kilometer südlich von Sakkara in der Nähe des kleinen Dorfes Meidum steht heute inmitten eines flachen Wüstenabschnittes am Rand der Nilebene die Ruine von Snofrus erstem Pyramidenprojekt. Unwirklich und scheinbar planlos in die karge Landschaft gesetzt, ragt das etwa 65 Meter hohe, an einen Turm erinnernde Kernmauerwerk des Grabmals majestätisch in den Himmel. »El-Haram el-Kaddad«, »die falsche Pyramide«, wurde dieses Bauwerk in früheren Zeiten offenbar aufgrund seiner ungewöhnlichen Form von den einheimischen Bauern genannt.[112]

Lange Zeit ließen sich die ursprünglichen Ausmaße der Pyramide durch den etwa 20 Meter hohen Schutthügel, der ihre Basis noch heute in weiten Bereichen verbirgt, und durch den starken Materialverlust im mittleren und oberen Bereich nur erahnen. Erst nachdem die Archäologen damit begannen, die Flanken der Pyramide an der Nordwestecke großräumig freizulegen und unter dem Abraum ihre Verkleidung zum Vorschein kam, offenbarte das Bauwerk dem Betrachter seine wahren Dimensionen. Heute gewährt die Ruine vor allem an der Abbruchstelle zwischen der unteren Verkleidungsschicht und dem Kernmauerbau Einblicke in ihr Innenleben und damit in ihre interessante Baugeschichte.

Man geht davon aus, dass die Pyramide von Meidum

in drei Schritten gebaut wurde, wobei ihre letzte Erweiterung bauhistorisch und architektonisch eng mit der Errichtung der beiden anderen Pyramiden des Snofru in Dahschur in Verbindung stand. In der ersten Phase plante man eine siebenstufige Pyramide mit einer Basislänge von etwa 110 Metern im Baustil der Königsgräber der 3. Dynastie. Doch noch vor der Fertigstellung – die Pyramide hatte wohl maximal ihre fünfte Stufe erreicht – erweiterte man das Bauwerk um eine weitere Steinschale, so dass letztlich eine achtstufige Pyramide mit einer Basislänge von etwa 121 Metern und einer Höhe von fast 85 Metern entstand.[113]

Die Stufen-Pyramide von Meidum überragte nach ihrer Fertigstellung das Djoser-Grabmal um gut 20 Meter. Mehr als 400 000 Kubikmeter Stein hatten die Bauarbeiter für ihren König in einer vermutlich bis zu zehnjährigen Bauzeit zu einem Götterberg aufgetürmt.[114] Alle archäologischen Befunde deuten darauf hin, dass die Stufen-Pyramide funktionstüchtig und von allen nötigen Kultbauten umgeben an Snofru übergeben wurde. Die gesamte Nekropole, das neue für die Ewigkeit gebaute Symbol der Allmacht des Königs, erhielt den bezeichnenden Namen »Djed Seneferu«, »Snofru ist dauerhaft«.[115] Doch der König hatte wohl schon ganz andere Pläne, als er das Innenleben seines Grabmals erstmals inspizierte.

Das Kammersystem der Zukunft

Das äußere Erscheinungsbild der Stufen-Pyramide von Meidum entsprach der traditionellen Form der Königsgräber der 3. Dynastie, doch der Aufbau des Kammersystems hatte sich grundlegend geändert. Es scheint, dass eine Generation nach Imhoteps Tod ein Jahrgang andersdenkender Bauleiter in Erscheinung trat, denn zu Beginn der 4. Dynastie wurden völlig neue Maßstäbe in der Gestaltung der königlichen Grabkammersysteme gesetzt. Die genauen Ursachen für diese Entwicklung sind bislang nicht geklärt, werden aber in der Regel im religiösen oder »kultpraktischen« Bereich gesehen.

Der Eingang ins Kammersystem der Meidum-Pyramide wurde im Gegensatz zu allen früheren Stufen-Pyramiden nicht mehr ebenerdig angelegt, sondern über 16 Meter hoch an der Nordseite des Grabmals installiert. Von dort aus führt ein fast 50 Meter langer Korridor schräg abfallend durch das Kernmauerwerk der Pyramide bis einige Meter unterhalb des Basisniveaus. Im Anschluss daran folgt ein über zehn Meter langes horizontales Gangstück, in dem sich links und rechts roh behauene Nischen befinden, deren Funktion bislang unklar ist. Man interpretiert sie als »Vorkammern«, hält es aber auch für möglich, dass sie zur Aufnahme von Blockierungssteinen vorgesehen waren.[116] Am Ende dieses Korridorabschnitts führt schließlich ein senkrechter Schacht hinauf in die Grabkammer, die sich auf der Höhe der Pyramidenbasis befindet. Spuren eines Steinsarkophages konnten in der beengt wirkenden, etwa 17 Quadratmeter großen und gut 5 Meter hohen Grabkammer nicht gefunden werden. Allerdings entdeckte der englische Archäologe Flinders Petrie Reste eines Holzsarkophags, ohne ihn jedoch zeitlich einordnen zu können.[117] Womöglich diente die Meidum-Pyramide in der Spätzeit Ägyptens als exponierter Ort der Nachbestattung eines hohen Würdenträgers.

Besonders auffällig in der Grabkammer ist ihre ungewöhnliche Deckenkonstruktion. Das hier erstmals in einem Königsgrab eingebaute Kraggewölbe, eine Art Sat-

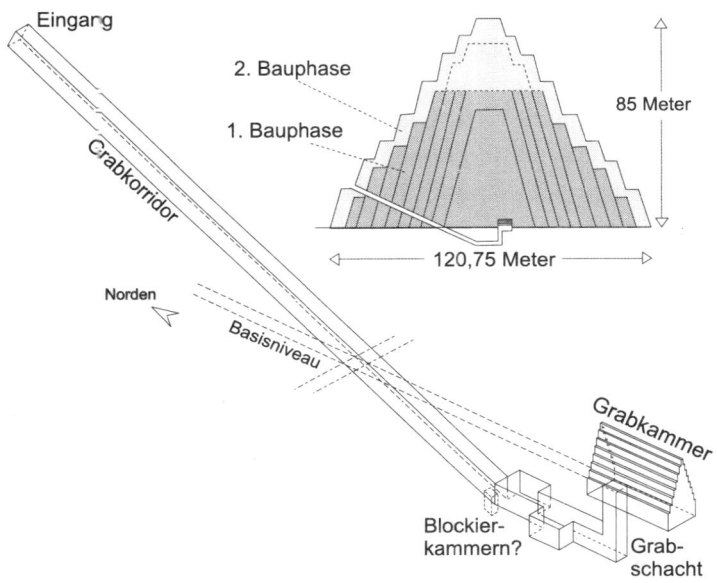

Abb. 8: *Das Kammersystem der Stufen-Pyramide von Meidum (nach Stadelmann).*

teldach mit stufenförmig aufgebauten Seitenwänden, wird zu einem beherrschenden Strukturelement in den Grabbauten von Snofru und Cheops sowie in einigen ausgewählten Privatgräbern. Hinter dieser Konstruktionsweise verbarg sich eine Sicherungsmaßnahme, die statisch begründet war. Da die Grabkammer der Stufen-Pyramide von Meidum auf Höhe des Bodenniveaus konstruiert wurde, verfolgte man mit dieser Gewölbebautechnik offensichtlich die Absicht, die von oben lastenden Druckkräfte des Pyramidenkörpers seitlich in die Horizontale umzulenken, um der Kammer die nötige Stabilität zu geben. Kraggewölbe konnten sich jedoch im Grabbauwesen langfristig nicht durchsetzen. Sie wurden bereits nach wenigen

64

Generationen durch eine noch effektivere Baukonstruktion, das richtige Satteldach, abgelöst, das bereits parallel zu ihnen in den Privatgräbern jener Zeit auftauchte.[118]

Zuordnung	Nekropole/ Grabanlage	Kraggewölbe in ...
Snofru	Meidum-Pyramide	Grabkammer
Snofru	Meidum / Kultpyramide	Grabkammer
Nefermaat	Meidum / Mastaba 16	Grabkammer
Rahotep	Meidum / Mastaba 6	Grabkammer
Ranefer	Meidum / Mastaba 9	Grabkammer
?	Meidum / Mastaba 1	Grabkammer
Snofru	Dahschur / Knick-Pyramide	Korridor-erweiterung, untere (Grab-) Kammer, obere Grabkammer
Snofru	Dahschur / Kultpyramide	Grabkammer
Snofru	Dahschur / Rote Pyramide	1.+2. Vor- und Grabkammer
?	Dahschur / Mastaba II/1 (Lepsius-Friedhof)	Grabkammer
?	Dahschur-Nord / Mastaba 1	Grabkammer
Cheops	Giza / Cheops-Pyramide	Große Galerie

Liste ausgewählter Gräber, in denen sich ein Kraggewölbe befindet.

An der Technik der Kraggewölbe wird erkennbar, dass die Ägypter zu Beginn der 4. Dynastie neben ihren umfangreichen handwerklichen Fähigkeiten auch in der Lage waren, schwierige statische Probleme bautechnisch zu lösen. Ein weiterer wichtiger Schritt in Richtung des monumentalen Pyramidenbaus war getan, die Wunderbauten von Dahschur konnten in Angriff genommen werden. Doch bevor wir uns der Entwicklung der echten Pyramidenform zuwenden, die auch viel mit dem vergeblichen Kampf um Snofrus zweites Grabbauprojekt, die

Knick-Pyramide, zu tun hat, noch ein kurzer Blick auf jene Grabanlagen, die meist im Schatten der Meidum-Pyramide übersehen werden. Gemeint sind die Mastabas der königlichen Familie. An ihnen kann man bautechnische und kulturelle Tendenzen oftmals besser und genauer ablesen als an den großen, kompakten und in jener Zeit inschriftslosen Pyramiden. Die Nekropole von Meidum bietet hierfür ein hervorragendes Studienfeld.

Der Elitefriedhof von Meidum

Der unterschiedliche Totenkult der Könige und ihrer hochrangigen Höflinge im Alten und Mittleren Reich ist markant durch die krassen architektonischen Unterschiede ihrer Gräber dokumentiert. Die Grabform der Pyramide blieb während dieser Epochen ausschließlich den Königen vorbehalten. Lediglich ab der Regentschaft des Cheops wurden auch Königinnen in kleinen Pyramiden beigesetzt. Im Gegensatz dazu war die Mastaba der Grabtyp der sonstigen königlichen Angehörigen sowie der einflussreichen und vom Staat ausgezeichneten Ägypter. Der Anspruch an das eigene Grabmal in Sachen Dauerhaftigkeit und Sicherheit war jedoch bei allen sozialen Gruppen gleich. Es sollte den Toten eine dauerhafte und geschützte letzte Ruhestätte und ein Stück monumentaler Unsterblichkeit im Gedächtnis der Nachfahren bieten.

Das weiträumige Gräberfeld von Meidum stellte einen neuen Typ von Elitefriedhof dar, dessen Aufbau und Ausrichtung der Grabanlagen ein Spiegelbild der hierarchischen Gesellschaftsordnung ist. So streng wie die Abgrenzung zwischen dem König und einer Gruppe auserlesener

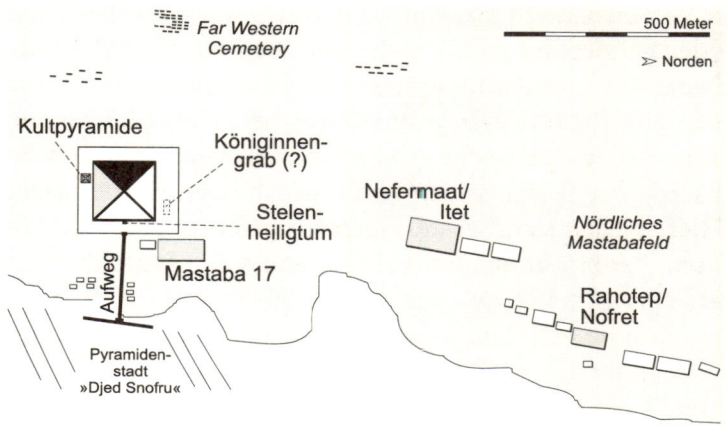

Abb. 9: Die Nekropole von Meidum (nach Reisner).

Untertanen zu Lebzeiten war, wurde auch das Gräberfeld
um die Stufen-Pyramide Snofrus herum konzipiert.

Eines der größten Gräber in Meidum ist die Mastaba
Nr. 17. Sie liegt nordöstlich der Pyramide dicht am inneren Grabkomplex und gehörte vermutlich einem schon
sehr früh verstorbenen Kronprinzen, dessen Name im
Lauf der Jahrtausende verloren gegangen ist.[119] Der Granitsarkophag, in dem die ersten Ausgräber die Reste einer
Mumie fanden, steht noch in der Grabkammer, die man
heutzutage auf recht abenteuerliche Weise durch einen
Grabräubertunnel erreichen kann. Gut 500 Meter weiter
nördlich des Prinzengrabes beginnen zwei unregelmäßig
angeordnete Reihen von Mastabas, die der königlichen
Familie und hohen Beamten zugeordnet werden. Unter
ihnen befindet sich auch das Grab von Nefermaat, einem
Sohn des Snofru und seines Zeichens Bauleiter der Meidum-Pyramide. Westlich und östlich der Pyramide gibt es
weitere kleine Gräberfelder, deren Grabanlagen sich heu-

67

te in einem teilweise stark zerstörten Zustand befinden oder bei denen man oftmals über die Ausschachtungsarbeiten für die Grabkammern nicht hinauskam.[120] Sie waren für verdiente Beamte und Arbeiter vorgesehen, die vom König das Recht erhalten hatten, sich in unmittelbarer Umgebung seines Grabmals bestatten zu lassen. Hier spiegelt sich, wie auf anderen großen Pyramidenfeldern, die Hoffnung der nichtköniglichen Ägypter auf ein gesichertes »Leben nach dem Tod« im Wunsch nach unmittelbarer Nähe zur königlichen Nekropole und Anteilnahme am königlichen Totenopfer wider. Durch die vom König bewilligte Errichtung ihrer Grabstätten im direkten Umfeld seines Grabes wurden die Beamten und Arbeiter »in die Vorstellungswelt des königlichen Jenseits einbezogen«.[121] Sie waren dem verklärten Pharao so »auf ewig verfügbar und dienstbar«; sein Verehrungskult ließ ihnen im Gegenzug die notwendigen Opfergaben für ihren Totenkult zukommen, so dass ihre Jenseitsexistenz auf »ewig« gesichert war.[122] Dieser Dualismus prägte letztlich den Aufbau aller Pyramidenfriedhöfe des Alten Reiches und wurde zum Credo einer ganzen Gesellschaftsschicht.

Auge in Auge mit Rahotep

Das Erbe des alten Ägypten wäre den meisten Menschen heute geschichtlich fast ebenso fern wie geographisch, gäbe es da nicht die kleinen Portale in die pharaonische Vergangenheit. Gemeint sind jene weltweit verstreuten Museen, in denen unzählige einzigartige Exponate der frühen Nilkultur aufbewahrt und präsentiert werden. Der

Mittelpunkt aller auf das pharaonische Ägypten spezialisierten Sammlungen liegt, wie sollte es auch anders sein, im Mutterland der alten Kultur selbst: das Ägyptische Museum von Kairo. Im Kontrast zu den gigantischen, aber leblosen Grabanlagen und Tempelgebäuden, die die Wüstenareale entlang des Nils säumen, findet man hier auch die Bildnisse jener Menschen, die einst hinter der enormen Bauleistung und der kulturellen Entfaltung des Pharaonentums standen. Nicht nur die in vielfältiger Form dargestellten Könige, sondern auch die für die Ewigkeit festgehaltenen Vertreter der intellektuellen und administrativen Elite, die neben den allmächtigen Pharaonen für die Geschicke des Reiches verantwortlich waren, sind hier zu sehen. Ihr Anblick macht die exorbitanten,

Abb. 10: *Titel auf der Statue des Rahotep (Übersetzungen nach Helck).*

69

für viele Menschen oftmals nur schwer nachvollziehbaren Leistungen im ägyptischen Grabbau menschlicher
und für so manchen damit ein Stück erklärbarer. Zu den
beeindruckendsten plastischen Darstellungen aus der
Frühphase des Pyramidenzeitalters gehören sicherlich
auch die Sitzstatuen des Rahotep und seiner Frau Nofret,
die im Jahr 1871 durch den französischen Archäologen
Auguste Mariette in der als Doppelgrab konzipierten
Mastaba Nr. 6 in Meidum entdeckt wurden.
  Die etwa 1,20 Meter hohe Kalksteinstatue Rahoteps
zeigt ihn in würdevoller Haltung auf einem stilisierten
Thron mit hoher Rückenlehne sitzend. Die rötlichbrau-
ne Farbe des Körpers, das getünchte Weiß des kurzen
Schurzes, mit dem er bekleidet ist, sowie das Schwarz der
Haare und des kurzen Oberlippenbartes wirken selbst
nach über 4600 Jahren noch ungemein frisch. Die sorg-
sam eingelegten Augen aus weißem Quarz und gläsernem
Bergkristall verleihen der Statue eine Lebendigkeit, die
ihre Wirkung beim Publikum nicht verfehlt. Ebenso
bemerkenswert wie die handwerkliche Ausführung des
Bildhauers sind die Inschriften, die sich auf beiden Seiten
von Rahoteps Kopf auf dem weißen Sitzpodest befinden:
Biographische Daten, die für das Leben im Jenseits und
den Verehrungskult des Verstorbenen von unschätzbarem
Wert waren, da sie hier im wahrsten Sinne des Wortes
»Schwarz auf Weiß« die zu Lebzeiten erworbenen Titel
und Funktionen für alle Ewigkeit dokumentierten. Aus
ihnen geht aber auch hervor, dass Rahotep – wie schon
die Lage seines Grabes in Meidum andeutet – zur königlichen Familie gehörte, dass er als »Sa nesut«, »Sohn des
Königs von Oberägypten«, ein Bruder des Nefermaat und
vermutlich des unbekannten Grabinhabers der Mastaba
17 in Meidum gewesen ist.
  Die auf der Statue aufgeführten Titel spiegeln Raho-

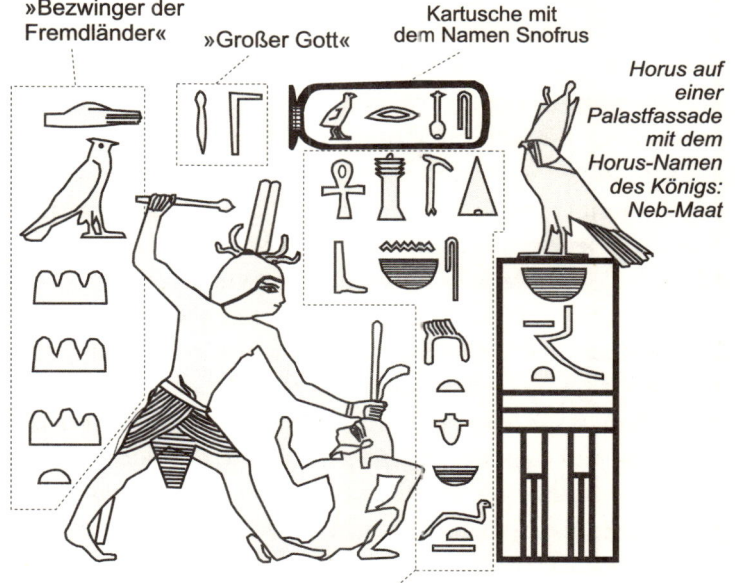

»Bezwinger der Fremdländer«

»Großer Gott«

Kartusche mit dem Namen Snofrus

Horus auf einer Palastfassade mit dem Horus-Namen des Königs: Neb-Maat

"Begabt mit Wohlergehen, Dauer, Leben, Gesundheit und aller Herzensweite ewiglich"

Abb. 11: Zentrales Motiv des Sandsteinreliefs (über einen Meter hoch, gut 1,30 Meter breit), das sich ursprünglich an einer Felswand nahe der Türkisminen im Wadi Maghara (Sinai) befand und heute im Ägyptischen Museum von Kairo steht. Die Gedenktafel zeigt Snofru beim »Erschlagen des Feindes«, der als bärtiger, asiatisch aussehender Nomade dargestellt ist. Dieser im Pharaonentum oftmals verwendeten symbolischen Darstellung einer Eroberung liegt vermutlich keine historische Kampfhandlung zugrunde, sondern sie sollte wohl lediglich die Inbesitznahme und Sicherung sowie die ewige politische und religiöse Präsenz des Königs in dieser Region dokumentieren (nach Gundlach).

teps außergewöhnliche Stellung am königlichen Hof wie auch in der Administration wider.[123] Die Bezeichnung »Der den Großen von Heliopolis schaut« weist ihn als königlichen Expeditionsleiter aus. Sie beinhaltete vermutlich auch schon die Funktion eines Hohepriesters von Heliopolis,[124] ein Priesteramt, das zu Beginn der 4. Dynastie zum Atum-Kult gehört haben könnte, der sein Zentrum in Heliopolis hatte. Weitere Titel wie »Erster der Großen der Halle«, »Magazinältester« und »Einziger der Großen der Krüge« beziehen sich auf die Leitung des königlichen Palastmagazins. Neben dem Rang- und Versorgungstitel »Großer von Buto« tauchen auch einige Bauleitungs- und Militärränge wie etwa »Vorsteher der Lastträger«, »Vorsteher der Soldaten« und »Leiter der Bogenschützen« in der Inschrift auf. Sie runden das Hauptaufgabengebiet Rahoteps ab, da die staatlichen Handels- und Steinbruchexpeditionen stets unter Einbeziehung von Miliz- oder Heereseinheiten vonstatten gingen, die die aufwendigen und teilweise langwierigen Wüstenunternehmungen sichern sollten.

Rahotep war demnach für die landesweite Materialbeschaffung zum Bau der Meidum-Pyramide und wohl auch noch zur Errichtung der Knick-Pyramide in Dahschur verantwortlich. Somit unterstand ihm bei seinen Expeditionen – ähnlich wie seinem Bruder und Bauleiter Nefermaat – ein großes Heer von Arbeitern und Soldaten. Die Organisation und der Aufwand derartiger Unternehmungen standen sicherlich in nichts den logistischen Aufgabenstellungen beim Bau der monumentalen Königsgräber nach.

Der Bauleiter des Königs

Prinz Nefermaat trug den für das Alte Reich üblichen Bauleitertitel »Vorsteher aller Bauarbeiten des Königs«, der ihn als Kopf des Planungsbüros und Chef der gesamten Baustelle auswies. In der Hierarchie der Bauverwaltung unterstanden ihm der »Königliche Baumeister«, der als Oberbaumeister die Arbeiten vor Ort an der Pyramide koordinierte und überwachte, sowie alle weiteren Führungskräfte der einzelnen Arbeiter- und Künstlerkategorien, die auf der Baustelle tätig waren.[125] Keine der Personen aus dem Stab Nefermaats ist bislang zweifelsfrei identifiziert worden. Die inschriftliche Erinnerung an sie wird vermutlich noch in so manchem unerforschten Grab der weitläufigen Nekropole von Dahschur schlummern oder aber durch die Grab- und Steinräuber auf ewig verloren sein. Die Grabanlage des Nefermaat ist hingegen wohlbekannt und erforscht. Sie wurde als Doppel-Mastaba für ihn und seine Frau Itet in Meidum (Grab Nr. 16) konzipiert und enthielt eine außergewöhnlich aufwändig gestaltete und künstlerisch hochwertige Kultausstattung. Werfen wir einen kurzen Blick in die Jenseitswelt des großen Baumeisters der Meidum-Pyramide.

Die Mastaba besitzt eine enorme, relativ ungewöhnliche Größe, die die Bedeutung Nefermaats am Königshof für alle Ewigkeit auch optisch dokumentierte. Mit einer Grundfläche von 68 mal 121 Meter ist sie weitaus größer als die Mastaba Nr. 17, ihre Länge ist sogar fast identisch mit dem Basismaß der Stufen-Pyramide. Das aus Nilschlammziegeln aufgebaute Grab besaß eine Höhe von etwa zehn Metern und umfasste damit ein Bauvolumen von über 82 000 Kubikmetern. Von ihrer einst weiß getünchten Außenverkleidung, die im Stil der Pyramidenkomplexe der 3. Dynastie mit einer Nischenfassade dekoriert war, ist kaum noch etwas erhalten. Umso eindrucksvoller wirkten die Überreste in den Kulträumen. Die zentrale Kultstätte der Mastaba war ursprünglich eine kreuzförmige Kapelle, die im Laufe der Zeit jedoch einige Umbauten erfuhr. Sie wurde an der Ostseite der Mastaba über zehn Meter in das Kernmauerwerk hineingebaut, mit Kalksteinen ausgekleidet und reich dekoriert. Als Auguste Mariette Nefermaats Grab im Jahr 1871 freilegte, stieß er in den Kulträumen auf ungewöhnliche Wandreliefs. Der Bauleiter hatte sich allem Anschein nach auch als »Erfinder« hervorgetan und versucht, eine neue Technik der Grabdekoration zu entwickeln. Ein Teil der Inschriften und Darstellungen war nicht wie sonst üblich als erhabene Reliefs oder Malereien ausgeführt, sondern »aus dem Stein herausgeschnitten und die so entstandenen Vertiefungen [waren] mit Farbpasten gefüllt«.[126] Durch diese Methode konnten sie weder abgewischt noch abgerieben werden. Auf einem Wandrelief rühmt sich der Bauleiter diesbezüglich mit folgenden Worten: »Königssohn Nefermaat, der seine Gottesworte in einer Schrift schuf, die nicht getilgt werden kann.«[127] Nefermaats innovative Idee wird kurzfristig sicherlich für Aufsehen am Königshof gesorgt haben. Immerhin spielte die Hieroglyphenschrift in der Vorstellungswelt der Ägypter eine außerordentliche Rolle, da man den durch sie wiedergegebenen Inhalten reale Bedeutung zuschrieb. Doch auf Dauer konnte sich seine Technik nicht durchsetzen und stellte nur eine kurze Episode in der Grabkunst dar, die schon bald durch das vertiefte Relief verdrängt wurde.[128]

Die Dekorationen in Nefermaats Mastaba zeigen, dass im ersten Jahrzehnt der 4. Dynastie unter Snofrus Regentschaft eine beachtliche Freizügigkeit und Variationsbreite im Umfang wie auch in der Art der Gestaltung der Grabräume erlaubt war. Die Bildprogramme waren relativ großzügig angelegt und umfassten Szenen des täglichen Lebens in Form von sehr naturalistischen Darstellungen. Die berühmten »Gänse von Meidum«, eine meisterhafte Wandmalerei, die in den Kulträumen der Itet gefunden wurde und heute im Museum in Kairo ausgestellt ist, sind ein gutes Beispiel hierfür. Andere Darstellungen, von Jagd, Fischfang und Feldarbeit, allesamt Pastenreliefs aus Nefermaats Kapelle, runden diesen Eindruck ab.[129] Doch die aufwändige Art und Weise der Dekorationen wie auch die Bereitstellung opulenter Grabausstattungen sollten sich unter Snofrus Herrschaft bald ändern. Eingeläutet wurde diese Entwicklung durch einen Nekropolenwechsel, den der König unverhofft anordnen ließ.

Jenseits von Meidum

Etwa um das Jahr 2610 v. Chr. geschah etwas Merkwürdiges und Unerwartetes in Ägypten. Snofru gab sein bezugsfertiges Grabmal in Meidum auf und wies seinen Verwaltungsstab an, eine neue königliche Nekropole auf dem etwa 45 Kilometer weiter nördlich gelegenen Wüstenplateau beim heutigen Dorf Dahschur zu errichten. Ein in der ägyptischen Pyramidengeschichte wohl einmaliges Ereignis, das womöglich auch Erwähnung in den königlichen Annalen fand. Für das »Jahr nach dem 6. Mal der Zählung« (etwa 12./13. Regierungsjahr) ist auf dem Palermo-Stein vom »Bau einer Festung von Ober- und Unterägypten namens ›Haus des Snofru‹« die Rede. Für

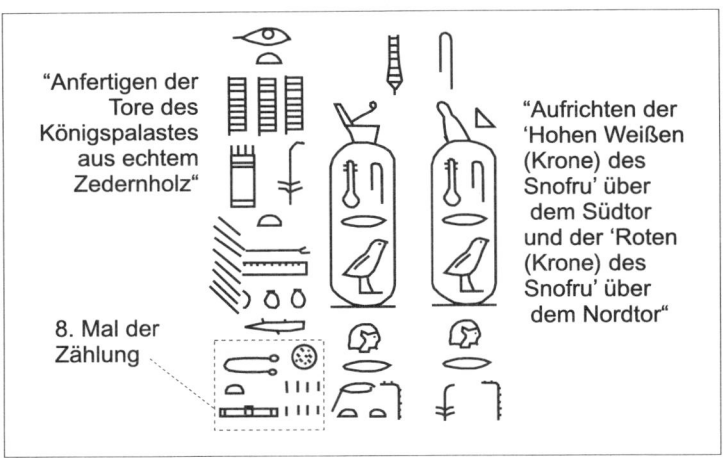

| "Anfertigen der Tore des Königspalastes aus echtem Zedernholz" | | "Aufrichten der 'Hohen Weißen (Krone) des Snofru' über dem Südtor und der 'Roten (Krone) des Snofru' über dem Nordtor" |

8. Mal der Zählung

Abb. 12: Auf dem Palermo-Stein festgehaltene Bautätigkeiten im »Jahr des 8. Mals der Zählung« unter König Snofru (nach Schäfer und Stadelmann).

das »Jahr des 8. Mals der Zählung« (etwa 14./15. Regierungsjahr) wird vom »Aufrichten der ›Hohen Weißen (Krone) des Snofru‹ über dem Südtor und der ›Roten (Krone) des Snofru‹ über dem Nordtor« sowie vom »Anfertigen der Tore des Königspalastes aus echtem Zedernholz« berichtet.[130] Für einige Ägyptologen liegt es nahe, diese Angaben mit der Verlegung der Königsnekropole nach Dahschur, dem Bau einer neuen »Königsresidenz« in deren Umgebung und dem Baubeginn der neuen Pyramide, der Knick-Pyramide, in Verbindung zu bringen.[131]

Was aber veranlasste Snofru zu diesem ungewöhnlichen Schritt? Über diese unerwartete Verlegung der Nekropole mit dem dazugehörigen Bau einer neuen Pyramide wurde in den letzten Jahrzehnten viel spekuliert. Schlüssige Erklärungen sind allerdings eher Mangelware. Die meisten Lösungsansätze gehen von weltlichen Motiven aus.

76

Oftmals werden hierbei wirtschaftliche, politische, logistische oder verwaltungstechnische Aspekte beider Nekropolenorte miteinander verglichen. Ein Vergleich, der aus Sicht der Ägyptologen zugunsten von Dahschur ausfällt und den Ortswechsel legitimierte.[132] Gleichzeitig können aber auch religiöse oder kultpraktische Beweggründe nicht ganz ausgeschlossen werden, wenngleich man auch in dieser Richtung zur Zeit nur spekulieren kann. Es scheint fast so, als ob die Präsenz des königlichen Grabmals im Umfeld von Memphis – unabhängig von den wirtschaftlichen und logistischen Vorteilen in der Nähe der Landeshauptstadt – unerlässlich für den Jenseitskult war. Denn immerhin konnte sich kein weiterer König des Alten Reiches dazu entschließen, sein Grabmal in größerer Entfernung von der Landeshauptstadt errichten zu lassen. Die Pyramidenfelder dieser Epoche, zwischen Abu Roasch im Norden bis Dahschur im Süden gelegen, gehörten allesamt zum memphitischen Einflussbereich, d.h. sie wurden gezielt um das Machtzentrum des Staates gruppiert. Erst Könige des Mittleren Reiches entfernten sich mit ihren Grabanlagen wieder von der alten Hauptstadt und gingen zurück in Richtung der Oase Faijum, wo noch heute die Ruinen ihrer Pyramiden bei Lischt, Hawara und Illahun stehen.

Die Situation zu Beginn der 4. Dynastie wird noch verworrener, da die »Akte Meidum« nach diesem Umzug nicht geschlossen wurde, sondern die Stufen-Pyramide gut ein Jahrzehnt später wieder in den Mittelpunkt der königlichen Bautätigkeit rückte. In diesem Zusammenhang wurden auch deutliche Veränderungen an den Kulträumen der dortigen Mastabas durchgeführt, die den Privatkult offenbar massiv einschränkten.[133] Ein Phänomen, von dem in den nächsten Kapiteln noch die Rede sein wird.

Dies alles zeigt mehr als deutlich, dass das Bild vom

Beginn der 4. Dynastie ebenso unvollständig ist wie die Überlieferungen der Ereignisse, die eine Dynastie zuvor zur Errichtung der ersten Stufen-Pyramide geführt haben. Letztlich bleibt nur zu hoffen, dass künftige Grabungen im Gebiet des alten Memphis wie auch an den Privatgräbern der Snofru-Dynastie in Dahschur mehr Licht in diese Angelegenheit bringen.

Ein unbekanntes Bauprogramm

In die frühe Regierungszeit des Snofru datiert noch ein weiterer bislang ungeklärter archäologischer Befund, der bereits unter Hunis Regentschaft monumentale Formen angenommen zu haben scheint. Die Rede ist von kleinen Stufen-Pyramiden, die – völlig untypisch für diese Bauform in jener Zeit – weder ein Kammersystem noch irgendwelche für pyramidale Grabmäler charakteristische sakrale Umgebungsbauten aufweisen. Die Ägyptologen kennen bislang sieben derartige Bauwerke bei Edfu, El-Kula, Ombos, Sinki, Zawjet el-Meitin und Seila sowie auf der Nilinsel Elephantine. Aufgrund eines inschriftlichen Hinweises wird die Stufen-Pyramide auf Elephantine heute mit ziemlicher Sicherheit König Huni zugeordnet. Im Jahr 1987 durchgeführte Ausgrabungen an der Stufen-Pyramide von Seila, die nur etwa zehn Kilometer von Meidum entfernt am Rand der Oase Faijum liegt, brachten Stelen zum Vorschein, die Snofrus Namen tragen.[134] Alle weiteren Pyramiden werden aufgrund ihrer zwar individuell leicht voneinander abweichenden, aber doch sehr ähnlichen und damit vergleichbaren Bauausführungen vorrangig in die Regierungszeit Hunis datiert.

78

Stufen-Pyramide von	Basislänge [Ellen]	Erhaltene Höhe [m]	Böschung [Grad]	Baumaterial	Stufen
Elephantine	35,23	5,10	13	Granit	3
Edfu	35–36	5,50	~ 13	Sandstein	(3)
El-Kula	35,5	8,25	~ 11	Kalkstein	3
Ombos	35,09	4,50	10	Kalkstein	3 (?)
Sinki	~ 35	~ 4,00	> 10	Kalkstein	(3)
Zawjet el-Meitin	43	4,75	10	Kalkstein	3-4
Seila	48	6,80	~ 14	Kalkstein	4

Liste der kleinen Stufen-Pyramiden (nach Dreyer/Kaiser).

Über die einstige Funktion dieser kleinen Stufen-Pyramiden scheiden sich dagegen die Geister. Die deutschen Ägyptologen Günter Dreyer und Werner Kaiser stellten Anfang der 8oer Jahre die Vermutung auf, dass es sich bei ihnen womöglich um »Kenotaphe«, also um Scheingräber der Könige, oder um königliche, in Sichtweite hochherrschaftlicher Wohnsitze in den Provinzen errichtete und an die Gegenwart des allmächtigen Pharao erinnernde Machtsymbole gehandelt haben könnte.[135] Andere Ägyptologen haben in den letzten Jahrzehnten weitere Vorschläge gemacht und brachten die Stufen-Pyramiden mit dem Mythos des Urhügels, mit uralten heiligen Orten der Vorzeit oder mit dem Sonnenkult in Verbindung. Vor wenigen Jahren formulierte schließlich der Berliner Ägyptologe Stephan Seidlmayer eine Hypothese, die dem einheitlichen Verwendungszweck dieser kleinen Pyramiden eine völlig neue Dimension gab.[136] Seidlmayer vermutet, dass es sich bei ihnen einst um Knotenpunkte eines komplexen, vom Staat landesweit organisierten Wirtschaftsnetzes handelte, das die Wirtschaftskraft der Provinzen abschöpfen und der Zentrale in Memphis gezielt verfügbar machen sollte. Die Pyramiden seien seiner Meinung nach Königskultstätten gewesen, an die Wirtschaftsanlagen angeschlossen waren, so dass eine Verquickung von ökonomisch-administrativen Funktionen (»Verwaltung und Verarbeitung wirtschaftlicher Güter«) mit ideologischen Aspekten (»loyalitätsbindende Leistung des Kults«) zum materiellen Wohle des Staates erfolgte.[137] Dabei diente die Form der Königsgräber wohl nur als Mittel zum Zweck. Denn gerade in der »Anfangsphase einer nachdrücklichen Abschöpfung der ökonomischen Energie des Landes«, so Stephan Seidlmayer, »könnte auch die legitimatorische Leistung der vor Ort sichtbaren (und nicht nur aus der fernen, nie gesehenen Residenz von Hörensagen bekannten) königlichen Kultanlage von Bedeutung gewesen sein«.[138] Um diese Situation zu verstehen, so Seidlmayer weiter, »ist es wichtig sich klarzumachen, dass das Königsgrab nicht nur rituelle, sondern auch ökonomische und organisatorische Bedeutung hatte: Um die Kultanlage war ein Netz von Gütern und ökonomischen Verpflichtungen organisiert, das die materielle Grundlage des Königskults sicherte. Die ausgehende 3. und beginnende 4. Dynastie ist die Zeit, in der in einem expansiven Prozeß das ganze Land zur ökonomischen Fundierung des Königskultes herangezogen wurde, und daher kann man vermuten, dass mit den kleinen Stufenpyramiden ein Projekt realisiert wurde, den königlichen Totenkult in einer dezentralen Organisation über das ganze Land zu verteilen. Im Laufe der Regierung des Snofru steuerte das Alte Reich dann wieder einen strikt zentralistischen Kurs, der dazu führte, den Totenkult des Königs und die Leistungen des Landes dafür ausschließlich in der Residenz zu konzentrieren. Daher blieb der Bau der kleinen Stufenpyramiden Episode. Die ökonomische Erschließung des Landes zugunsten der staatlichen

Wirtschaftsinteressen wurde freilich unabhängig davon weiter vorangetrieben.«[139]

Diese Ausführungen laufen letztlich darauf hinaus, dass vermutlich zu Beginn der 4. Dynastie in jedem Gau eines dieser »Profitcenter«, eine kleine Stufen-Pyramide mit angeschlossenem Kult- und Wirtschaftsbetrieb, gestanden haben könnte. Über die baulichen Dimensionen dieses Pyramidenprogrammes kann man sich eine ungefähre Vorstellung machen, wenn man sich die damalige Verwaltungsstruktur des Landes vergegenwärtigt. Dazu muss man sich vor Augen führen, dass es nach allen bisherigen Erkenntnissen zu Snofrus Zeit vermutlich 38 Gaue gab, 22 oberägyptische und 16 unterägyptische. Einige von ihnen, wie etwa der 21. oberägyptische Gau, in dessen ehemaligem Territorium heute Seila liegt, und die eine oder andere Provinz an den Randgebieten des Deltas wurden dabei erst unter Snofru gegründet. So geht eine Handvoll der kleinen Stufen-Pyramiden auf Snofrus Konto, während ihr Gros in der Regierungszeit des Huni, womöglich sogar noch in der Zeit des Nebka(re), entstanden sein dürfte. Theoretisch ließe sich damit das Bauvolumen der 38 im Schnitt wohl über zwölf Meter hohen Provinzpyramiden auf über 50 000 Kubikmeter Steinmaterial schätzen, was immerhin etwa dem halben Volumen der Stufen-Pyramide des Chaba entspricht.

Dies wirft natürlich die Frage auf, ob das System der landesweiten Pyramiden in Zusammenhang mit dem offensichtlichen Fehlen einiger Königsgräber am Ende der 3. Dynastie stehen könnte. Dazu wieder Stephan Seidlmayer: »Die Tatsache, dass zum Ende der 3. Dynastie die Grabanlagen von zwei Königen (davon einer, Huni, mit beträchtlicher Regierungszeit) unbekannt sind, lässt zumindest den Schluss zu, dass diese Bauten in ihrer Größe deutlich unter den bekannten Stufenpyramiden der

3. Dynastie und der ursprünglichen Stufenpyramide des Snofru in Meidum blieben. Diese Verkleinerung des memphitischen Königsgrabes lässt sich mit der Hypothese einer Dezentralisierung des königlichen Totenkults zum Ende der 3. Dynastie verbinden. Die Energien für den Bau des Königsgrabes wären in dieser Periode nicht an einem Punkt, in der Residenz, sondern verteilt über das ganze Land investiert worden.«¹⁴⁰

Das System von Wirtschaftsanlagen, die ausschließlich den Interessen der Zentralregierung dienten, war offenbar eine der Quellen, aus denen Snofru fast vier Jahrzehnte lang uneingeschränkt schöpfen konnte, um seine gigantischen Bauprojekte relativ problemlos durchführen zu lassen. Auf der anderen Seite macht die Diskussion über die kleinen Stufen-Pyramiden auch deutlich, dass das moderne Bild vom Pyramidenbau am Ende der 3. Dynastie unvollständig ist. Zwar können die kleinen Stufen-Bauwerke nicht mit den riesigen Grabmälern in Sakkara, Meidum oder auch später in Dahschur, Giza oder Abusir konkurrieren, doch sie repräsentieren ganz eindeutig eine neue Kategorie von Pyramiden. Sie wurden nicht als Bauwerke für das Jenseits entworfen, sondern dienten in ökonomischer Hinsicht dem Kult des Königs wie auch den weltlichen Belangen des Staates. So erhoben sich die »Wahrzeichen von Memphis« am Übergang in die 4. Dynastie auch in den entlegensten Winkeln des Reiches und zeugten als Zeichen der Allmacht vom göttlichen Herrschaftsanspruch des Pharaos und dessen wirtschaftlicher Stärke.

3. Kapitel

Die erste Baukatastrophe der Pyramidenzeit
Die Geschichte der Knick-Pyramide

»Die Knickpyramide von Dahschur stellt ein wichtiges Bindeglied in der Entwicklungsgeschichte der Pyramiden zwischen der 3. und 4. Dynastie dar.«[141]
JOSEF DORNER

Verbotenes Land

Am Anfang der 4. Dynastie waren die Augen aller Ägypter auf das karge, weitläufige Wüstenplateau von Dahschur gerichtet. Alle Wege im königlichen Totenkult führten im zweiten Jahrzehnt von König Snofrus Regentschaft zu diesem »Feld der Tränen«. Dieses lag in Sichtweite der etwa neun Kilometer entfernten Stufen-Pyramide Djosers, die die Ägypter stets an den glorreichen Beginn des monumentalen Grabkults erinnerte. Die Gegend um Dahschur gehörte zum memphitischen Einflussbereich, befand sich in unmittelbarer Reichweite der Landeshauptstadt und

83

sollte für einige Jahrzehnte zum religiösen Mittelpunkt der ägyptischen Welt werden.

Das architektonische Zentrum dieser Nekropole bildet heute eines der wohl eindrucksvollsten Bauwerke der altägyptischen Geschichte: die Knick-Pyramide. Diesen Namen erhielt Snofrus zweites Pyramidenprojekt erst in moderner Zeit, und zwar aufgrund der fast auf halber Höhe auftretenden und weithin sichtbaren Reduktion des Neigungswinkels. Diese Pyramide fasziniert die Menschen aber nicht nur durch ihre ungewöhnliche Gestalt, sondern auch durch den Umstand, dass sie noch in weiten Bereichen ihre originale Verkleidung aufweist. Sie ist die am besten erhaltene Pyramide Ägyptens, ein einmaliges Zeugnis pharaonischer Baukunst und architektonischen Erfindungsreichtums. Zugleich ist ihre Entstehungsgeschichte ebenso spannend wie schicksalhaft und vermutlich mit vielen menschlichen Tragödien verwoben. Denn wie ihre eigentümliche Form schon vermuten lässt, ging ihre Errichtung nicht wunschgemäß vonstatten; man hat es hier mit einem misslungenen Pyramidenbauprojekt zu tun. Die Knick-Pyramide ist bei all ihrer Großartigkeit, die sie dem Betrachter heute vermittelt, eigentlich nur eine Bauruine, ein aufgegebenes königliches Grabmal. Sie war nicht der erste Problembau im frühen Pyramidenzeitalter, aber sie stellte ein Desaster der ganz besonderen Art dar.

Die Geschichte der Knick-Pyramide beginnt vermutlich um das Jahr 2605 v. Chr. Bereits parallel zur Verlegung der Nekropole von Meidum nach Dahschur hatten Nefermaat und seine Leute die Pläne zu ihrer Errichtung ausgearbeitet und dem König vorgelegt.[142] Das Wüstenplateau von Dahschur, das neue königliche Tor ins Jenseits, wurde sofort zum »verbotenen Land«, zum hochherrschaftlichen Sperrgebiet, erklärt. Nur wenige Auserwählte aus dem unmittelbaren Umfeld des Königs durften sich auf dem Plateau eine Grabanlage errichten lassen.[143]

Der Bauplan für den Pyramidenkomplex erscheint aus heutiger Sicht eher ungewöhnlich, denn die Knick-Pyramide liegt ziemlich weit vom Fruchtland, der Nilebene, entfernt in der Wüste. Doch wie ein Blick auf die topographische Landkarte oder ein längerer Spaziergang durch das Gelände zeigt, war die Wahl des Standortes der Pyramide wohlbegründet. Die Ägypter verstanden es, den Grabbezirk und die Infrastruktur den natürlichen Gegebenheiten optimal anzupassen. Südöstlich des Wüstenplateaus befand sich ein großer, noch heute existierender See, der zusammen mit einigen Kanälen ideale Voraussetzungen für die verkehrstechnische Anbindung der Nekropole an den Nil und damit den Rest des Landes gewährleistete. Das unebene Gelände westlich des Binnengewässers ist durchsetzt von kleineren Senken und Hügeln und steigt im Mittel um gut 30 Meter an, um dann nach etwa 1,5 Kilometern in ein massives Kalksteinplateau überzugehen. Die einzelnen Anhöhen, von denen sich womöglich die eine oder andere nahe am See gelegene während der Überschwemmungszeit zu einer kleinen Halbinsel entwickelte, boten exponierte Standorte für die großen Privatgräber des Snofru-Clans und wurden vor allem entlang des Fruchtlands dicht bebaut. Im Norden wird dieses Gebiet durch das so genannte »Snofru-Tal« begrenzt, eine breite wadiartige Senke, die sich vom Fruchtland aus über einen Kilometer fast geradlinig nach Westen erstreckt, um dann nach Nordwesten abzuknicken und nach weiteren gut eineinhalb Kilometern auf Höhe der Roten Pyramide zu enden.[144] Die Ägypter bezogen den östlichen Abschnitt des Wadis in die Gestaltung des Pyramidenkomplexes mit ein, da er sich als Weg für den Lastentransport zwischen dem Fruchtland und der Baustelle bestens eignete. Von der Stelle aus, an der das Wadi nach Nordwesten abknickt und wo heute die Ruinen eines Tempels stehen, führte der Transportweg geradlinig in südwestlicher Richtung weiter bis zum Baugrund auf der Hochebene. Am östlichen Rand des Kalksteinplateaus steckten die Ägypter das Steinbruchgebiet ab, aus dem sie das Material für das Kernmauerwerk der Knick-Pyramide gewannen.[145] Noch heute ist das versandete Areal als markante Senke in der Landschaft gut zu erkennen. Die Lage des Steinbruches bestimmte letztlich auch den ungefähren Standort der Pyramide. Ihr Baugrund wurde nur etwa 200 Meter weiter westlich eingemessen. Die unmittelbare Nähe der Baustelle zum Steinbruch gewährleistete, dass die Schleppbahnen relativ kurz und die Transportzeiten für das benötigte Steinmaterial gering waren. Damit hatten die Ägypter das Koordinatensystem des neuen Pyramidenkomplexes abgesteckt, in dessen Raster es nun galt, eine Infrastruktur aufzubauen, die einen ungehinderten Ablauf der Arbeit auf der zukünftigen Großbaustelle gewährleistete.

Organisation ist alles

Hoch motiviert durch die gelungene Fertigstellung der Stufen-Pyramide von Meidum hatten sich die Ägypter im Süden von Dahschur viel vorgenommen. »Chai Seneferu«, die »Erscheinung des Snofru«,[146] so der Name des neuen Pyramidenprojektes, sollte zu einem Meilenstein in der Grabarchitektur werden und die Ausmaße des ersten Grabbaus weit übertreffen. Die ersten Pläne sahen

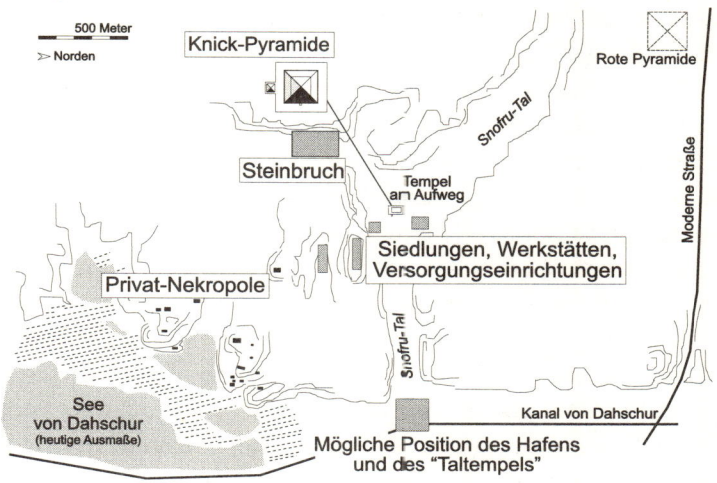

Im Bild enthaltene Beschriftungen:

500 Meter
Norden
Knick-Pyramide
Rote Pyramide
Snofru-Tal
Steinbruch
Tempel am Aufweg
Moderne Straße
Siedlungen, Werkstätten, Versorgungseinrichtungen
Privat-Nekropole
Snofru-Tal
See von Dahschur (heutige Ausmaße)
Kanal von Dahschur
Mögliche Position des Hafens und des "Taltempels"

Abb. 13: Das Logistikkonzept für den Bau der Knick-Pyramide (nach Stadelmann/Alexanian und Klemm/Klemm).

vor, mehr als doppelt so viel Steinmaterial wie in Meidum zu verbauen. Doch bevor man dieses Vorhaben in die Tat umsetzen konnte, bevor der erste Block im Steinbruch gebrochen und per Schlitten zum Bauplatz gebracht werden konnte, musste auf dem Bauareal eine umfangreiche Infrastruktur und Logistik eingerichtet werden. Ein aufwändiger verwaltungstechnischer Akt stand bevor, der den Planern Höchstleistungen abverlangte.[147] Die Verantwortlichen kannten die Schwierigkeiten und Engpässe eines solchen Mammutunternehmens und mussten für das neue Projekt und die neue Umgebung vermutlich nur alte Konzepte anpassen. Hierbei erscheinen für viele Pyramidenforscher gerade die den »Pyramidenbau erst ermöglichende Planung und Organisation und vor allem die Willenskraft und das Durchhaltevermögen aller Beteiligten bei der Ausführung solcher gigantischen Projekte«[148] weitaus erstaunlicher als der Bau der Grabmäler selbst. Die wichtigste Voraussetzung für den Pyramidenbau war schnell an Ort und Stelle, nämlich die Arbeitskräfte. Den Kern des Arbeiterheeres bildete eine gut ausgebildete und eingespielte, vermutlich nur wenige Tausend Personen umfassende Truppe, sozusagen die Elite der damaligen »Grabbauindustrie«, bestehend aus erfahrenen Bauarbeitern, den unterschiedlichsten Handwerkern und Künstlern. Viele von ihnen hatten sich bereits in Meidum ihren Lebensunterhalt verdient und kamen nun in Dahschur wieder zum Einsatz. Die Fluktuation war wohl eher gering, Ausbildung und Rekrutierung gingen vermutlich Hand in Hand und gründeten auf der jeweiligen Familientradition. Alle für das Bauprojekt notwendigen Hilfsarbeiter wie etwa einfache Steinschlepper, Laufboten oder Wasserträger wurden oftmals per Königserlass aus der arbeitsfähigen Bevölkerung vor Ort rekrutiert.[149] Unter diesen »Zwangsverpflichteten« waren sicherlich auch viele Saisonarbeiter, die nur zeitweise auf der Baustelle zum Einsatz kamen. Während die meisten nach getaner Tagesarbeit am Abend vermutlich wieder in die umliegenden Dörfer zurückkehrten, wurden für die Fachkräfte spezielle Unterkünfte in einer eigenen Siedlung am Rand der Nekropole gebaut.[150] Manchmal finden sich größere Arbeiterkasernen in unmittelbarer Umgebung des Baugrundes inmitten der Wüstenplateaus, wo oftmals auch die zentralen Werkstätten und Magazintrakte gelegen haben. Spuren solcher Siedlungs- und Versorgungsstrukturen lassen sich offenbar auch am Rand des Grabbezirks der Knick-Pyramide nachweisen. Etwa auf halber Strecke zwischen der Pyramide und dem Fruchtland stießen die Ägyptologen in einem kleinen Nebenwadi, im so genannten »Tal Amenemhets III.«, neben Scherben von Ge-

brauchskeramik, auch auf Doleritfragmente, Tierkno-
chen, Flintabschläge, Kalksteinsplitter und Lehmziegel-
reste.[151] Ähnliche Fundstellen wurden auch nördlich und
südöstlich des Tempels im Snofru-Tal lokalisiert. Auch
die dort gefundenen Relikte lassen sich nach Experten-
meinungen »insgesamt am ehesten als Reste von Werkstätten und Versorgungsstrukturen interpretieren, die
vielleicht im Zusammenhang mit dem Tempel (...) und
den ihn umgebenen Bauten zu sehen sind«.[152]

Parallel zum Aufbau der Baustellenlogistik erging der
königliche Befehl, die für die Errichtung des Pyramidenkomplexes notwendigen Arbeits- und Baumaterialien zu
beschaffen. Alsbald lief die Produktion in den Schmieden
und Manufakturen in der nahen Hauptstadt Memphis
und in anderen Landesteilen auf Hochtouren, um den
großen Bedarf an Werkzeugen und sonstigen Gerätschaf-
ten bereitzustellen, ohne die der Bau der Knick-Pyramide nicht hätte bewerkstelligt werden können. Auch auf
der Baustelle selbst wurden sehr schnell Produktionsstätten eingerichtet, die den täglichen Bedarf an Nahrungs-
mitteln decken und den hohen Verschleiß der Arbeitsmaterialien kompensieren konnten. Daneben erteilte man
diverse Fernaufträge; womöglich wurden sogar sehr aufwändige Expeditionen unternommen, um spezielle
Gesteinsarten wie etwa Granit aus Assuan oder das kostbare Zedernholz aus Phönizien (Libanon) zu beschaffen.
Ebenso musste das wichtige Werkzeugmaterial Kupfer,
das u. a. in Minen auf dem Sinai abgebaut wurde, in
großen Mengen bereitgestellt werden. Durch ein straff
organisiertes, sich über das ganze Land erstreckendes Ver-
waltungsnetz gelenkt und auf ihrem Weg ständig kon-
trolliert, kamen die ersten Ferntransporte mit den kostbaren Rohstoffen nach relativ kurzer Zeit wohl
problemlos in Dahschur an. Da diese Transporte

hauptsächlich auf dem Wasserweg erfolgten, spielte die Hafenanlage, die am Rand des Plateaus errichtet wurde, eine zentrale Rolle für die Logistik der Baustelle. Sie wird vermutlich im nördlichen Bereich des Seebeckens oder östlich am Eingang des Snofru-Tals gelegen haben und von stattlicher Größe gewesen sein,[153] so dass mehrere Lastenschiffe gleichzeitig manövrieren und an den Kais entladen werden konnten. Vom Hafen und seinen Aufbauten sind heute keinerlei Spuren mehr erkennbar. Eine gezielte archäologische Suche nach ihren Überresten hat jedoch bislang noch nicht stattgefunden.

Kaum waren die benötigten Arbeitsmaterialien und Baustoffe in Dahschur angekommen, begann die Verteilung auf die jeweiligen Arbeitsbereiche, die mit den Produktionen in den Steinbrüchen und Werkstätten abgeglichen werden musste. Die verkehrstechnische Anbindung zwischen Hafen und Baustelle wurde dabei hauptsächlich über das Snofru-Tal und den westlichen Verlauf des späteren Aufweges realisiert.[154] Wie bei nachfolgenden Pyramidenprojekten dienten vielleicht auch hier die ersten groben Fundamente der Aufwege als Transportstraßen für die angelieferten Baumaterialien, ehe sie nach Beendigung der Bauarbeiten zu den sakralen, fest zum Kanon der Pyramidenkomplexe gehörenden Verbindungswegen zwischen den Tal- und Totentempeln umfunktioniert wurden.[155] Erst durch den Aufbau eines reibungslosen und effizienten Lastentransportsystems zwischen Hafen, Werkstätten, Steinbruch und Baustelle konnten die einzelnen Arbeitsabläufe optimiert und eine hohe Produktivität beim Bau der Pyramide gewährleistet werden.

Die erste Bauplanung

Das, was wir heute von der Knick-Pyramide sehen, ist lediglich ein Abbild ihrer chaotischen Baugeschichte. Ihr markantes, durch das Abknicken der Seitenflächen geprägtes Äußeres resultiert aus den verzweifelten Versuchen der Ägypter, der Instabilität der Pyramide entgegenzuwirken, insbesondere ihren drohenden Einsturz durch eine solide Erweiterungskonstruktion zu verhindern. Demnach war die Knick-Pyramide ursprünglich ganz anders konzipiert worden und besaß laut erstem Bauplan kleinere Ausmaße. Folglich verbirgt sich unter ihrem dicken, äußeren Steinpanzer mit seiner noch erhaltenen großflächigen Verkleidung eine »innere Struktur«, der Rest eines Pyramidenstumpfes, aus dem das ursprüngliche Königsgrab erwachsen sollte. Wollte Snofru hier nochmals eine Stufen-Pyramide im Stil der 3. Dynastie errichten lassen? Oder war sein zweites Grabbauprojekt womöglich bereits von Anfang an als erste geometrisch wohlgeformte Pyramide der Welt geplant gewesen?

Die Sachlage scheint in der Ägyptologie heute ziemlich eindeutig. Aufgrund der Vermessung des Kammersystems der Knick-Pyramide, insbesondere der Untersuchungen an den klar erkennbaren Nahtstellen zwischen der ersten Bauphase und ihrer Erweiterung in den Korridoren, geht man davon aus, dass die Ägypter hier tatsächlich den Evolutionssprung von der Stufen-Pyramide zur »echten« Pyramide vollzogen haben.[156] Die Ergebnisse vermitteln den Ägyptologen sogar eine konkrete Vorstellung von den Dimensionen der geplanten »inneren Pyramide«. Der Pyramidenstumpf besaß eine Seitenlänge von 156,90 Metern (300 Ellen) und vermutlich einen Neigungswinkel von etwa 57,3 Grad.[157] Mit diesen Vorgaben hätte

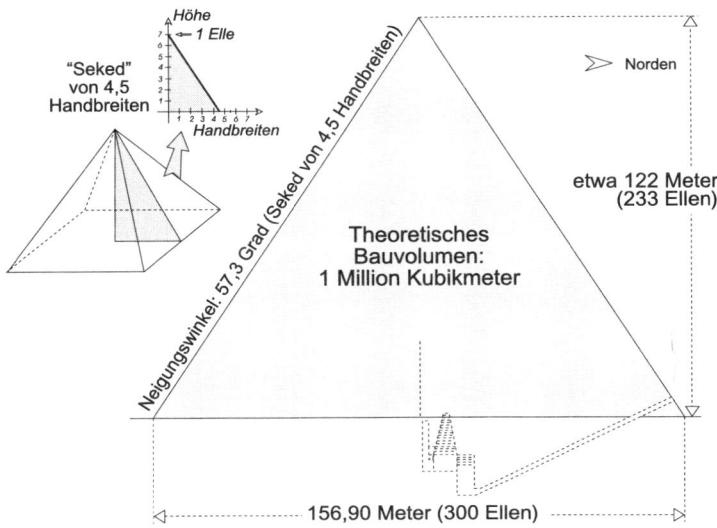

Höhe
← 1 Elle

"Seked"
von 4,5
Handbreiten

Handbreiten

Neigungswinkel: 57,3 Grad (Seked von 4,5 Handbreiten)

Norden

etwa 122 Meter
(233 Ellen)

Theoretisches
Bauvolumen:
1 Million Kubikmeter

156,90 Meter (300 Ellen)

Abb. 14: Die erste Bauplanung der Knick-Pyramide (nach Dorner).[158]

die Pyramide eine Höhe von etwa 122 Metern erreicht und damit den ersten Grabbau Snofrus in Meidum um ca. 37 Meter überragt.

Sicherlich standen dem König die enormen Ausmaße seines neuen Bauprojektes klar vor Augen, als er bei der als Ritual gefeierten Grundsteinlegung diverse Opfergaben in der Gründungsgrube der Pyramide versenkte und damit den »offiziellen Startschuss« für den Bau seines Grabmals gab. Snofru gab sich trotz der geleisteten Mammutarbeit in Meidum offenbar nicht mit einem vergleichbaren Bauwerk zufrieden, sondern wollte sein erstes Projekt mit dem neuen Grabmal vor den Toren von Memphis in den Schatten stellen. Ein Unterfangen, das lange Zeit auf Messers Schneide stand, letztlich aber doch – wenn auch nicht im geplanten kultpraktischen Sinne, sondern nur aus rein monumentaler Sicht – eindrucksvoll gelang.

Doch was veranlasste die Bauleiter, in Dahschur erstmals ein Königsgrab zu errichten, das glatte Außenseiten aufwies? Steckte dahinter ein architektonischer Entwicklungsschritt? Handelte es sich um ein bautechnisches Experiment? Oder existierte ein religiöser Hintergrund? Eigentlich lässt sich so unmittelbar nach dem Bau der Stufen-Pyramide von Meidum kein wirklich logisch nachvollziehbarer, weder religiös noch bautechnisch motivierter Grund für den Schritt von der Stufen-Pyramide zu einer echten Pyramide erkennen. Man begibt sich auch hier in die noch offene Diskussion über die Gründe des Nekropolenwechsels und kann nur vermuten, dass beide Aspekte in Zusammenhang gestanden haben. Viele Pyramidenforscher halten sich in dieser Frage eher bedeckt.

Rainer Stadelmann beispielsweise glaubt im Schritt von der Stufen-Pyramide zur Pyramide »keineswegs eine logische, zwangsläufige Weiterentwicklung« zu erkennen, sondern vermutet dahinter einen »Vorgang höchster Abstraktion«.[159] Er nimmt an, dass sich hinter der neuen Form der Königsgräber, deren Realisierung »in einem einzigen, kühnen Schritt gewagt worden« ist, Einflüsse des zu jener Zeit »zum Durchbruch kommenden Glaubens an den alles beherrschenden Sonnengott Re« verbergen könnten.[160] Ganz ähnlich sieht das auch sein Kollege Dieter Arnold: »Die Bedeutung und Herkunft der reinen Pyramidenform ist nicht bekannt. Wir können nur vermuten, dass es in Heliopolis schon vor der 4. Dynastie ein architektonisches, mit dem Sonnenkult verbundenes Vorbild gegeben hat.« Für ihn ist die erste Pyramide unter Snofru aus religiösen Gründen entstanden, ohne dass heute jedoch nähere Einzelheiten darüber bekannt wären. Seiner Meinung nach muss es »in dieser

Zeit zu einer umwälzenden Veränderung im Kult des Königs und seines Fortlebens gekommen sein«.[161] Und auch für Mark Lehner, ebenfalls ein ausgewiesener Fachmann der modernen Pyramidenforschung, hat diese Form einen symbolisch-religiösen Charakter, die er mit dem Motiv des Urhügels wie auch mit der Symbolik des Sonnenkultes in Zusammenhang bringt.[162] Zugleich gibt Lehner zu bedenken, dass der Beginn der 4. Dynastie eine »Zeit des großen Experimentierens« war, etwa mit der »vergleichbar, als Djosers Architekt Imhotep die Stufenpyramide« konzipierte. So stellt er die Vermutung auf, dass es noch keine expliziten Pläne für den Bau einer richtigen Pyramide gab, als Snofru seine Stufen-Pyramide in Meidum aufgab und nach Dahschur umzog.[163]

Fazit: Heutzutage vermuten viele Ägyptologen, dass die Einführung der echten Pyramidenform wie auch die Neuorientierung der Grabbezirke auf bedeutende Verschiebungen in den religiösen Vorstellungen über das königliche Jenseits basierten, die am Übergang von der 3. zur 4. Dynastie zum Tragen kamen.[164] Dies ist gut möglich, aber derzeit weder zu beweisen noch zu widerlegen. Auf der anderen Seite stellt sich in diesem Zusammenhang folgende zweiteilige Frage:[165] Gab es schon in der 3. Dynastie eine mythisch-religiöse Motivation – entweder im Sinne eines real existierenden Vorbildes oder auf der Basis eines abstrakten Schemas –, für den Bau einer »echten« Pyramide? Oder waren es womöglich erst die fertig gestellten Grabmäler selbst gewesen, die durch ihre markante äußere Form bestimmte Glaubensvorstellungen hervorriefen oder alte religiöse Doktrinen modifizierten, so dass daraufhin der königliche Totenkult des Alten und Mittleren Reiches die architektonisch-kultischen Formen und Prägungen annehmen konnte, wie sie die Ägyptologen heute vorfinden?

Im Felsen von Dahschur

Nach der gründlichen Vorbereitung des Baugrundes konzentrierten sich die ersten Arbeiten am Grabmal auf die
Ausschachtung des unterirdischen Kammersystems. Im
Gegensatz zur Stufen-Pyramide von Meidum sollte das
Innenleben der Knick-Pyramide ähnlich wie bei den
Königsgräbern der 3. Dynastie wieder tief in den Felsuntergrund reichen. Die Ägypter schlugen hierfür entlang
der Mittelachse der Basisfläche eine über 60 Meter lange Trasse in den felsigen Untergrund, in der das Kammersystem aus einzelnen Steinblöcken aufgemauert werden sollte.[166] Als die Arbeiten beendet waren, führte von
der Nordseite des Baugrundes aus ein enger,[167] absteig-
gender Grabkorridor geradlinig nach Süden bis in eine
Tiefe von etwa 23 Metern und bildete den Zugang zu
dem in der Ausschachtung aufgebauten Kammerbereich.
Die Genauigkeit, mit denen die ägyptischen Bauleiter insbesondere bei der Errichtung des Korridors zu Werke gingen, ist aus heutiger Sicht verblüffend. Der österreichi-
sche Ingenieur und Ägyptologe Josef Dorner hat Anfang
der 80er Jahre die Knick-Pyramide neu vermessen und
dabei festgestellt, dass der nördliche Grabkorridor von
der exakten Nordrichtung nur eine Bogenminute nach
Westen abweicht.[168] »Genauer geht es nicht«, kommen-
tierte der Berliner Ägyptologe Rolf Krauss diesen Befund,
denn immerhin stellt eine Bogenminute gerade »das Mini-
mum dessen dar, was man am Horizont mit dem bloßen
Auge unterscheiden kann«.[169] Die Vermessungsspezialisten unter Snofru hatten demnach eine praktisch fehler-
freie Arbeit abgeliefert, die offenbar auch bei späteren
Pyramidenprojekten nicht mehr überboten werden konnte.[170]

95

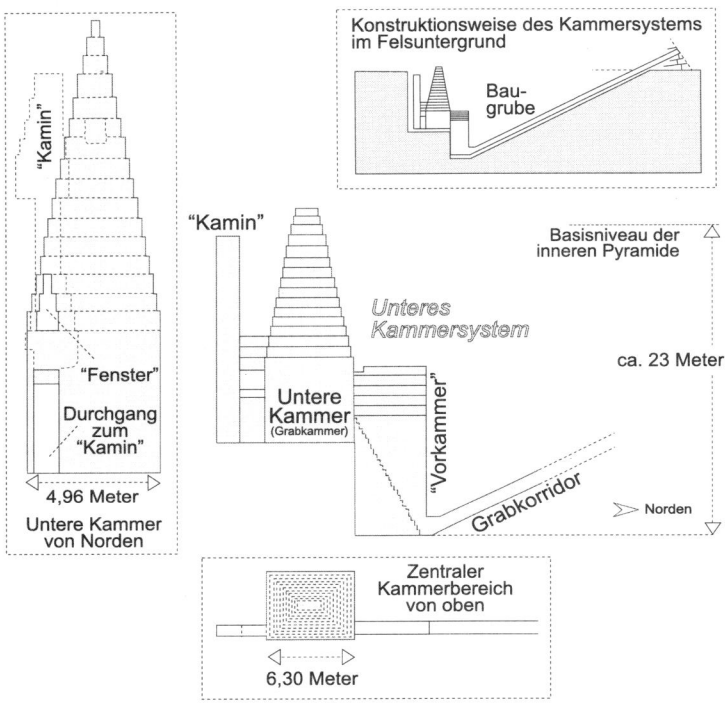

Abb. 15: Das untere Kammersystem der Knick-Pyramide. Verschiedene Ansichten des zentralen Kammerbereichs (nach Maragioglio/Rinaldi).

Der absteigende Grabkorridor geht in eine manchmal als »Vorkammer« bezeichnete Gangerweiterung über, die über zwölfeinhalb Meter hoch ist und mit einem kleinen, längsseitigen Kraggewölbe ausgestattet wurde. Sie kann architektonisch durchaus als eine Weiterentwicklung des engen und für den Transport der Grabbeigaben wohl eher unvorteilhaften senkrechten Grabschachtes in der Meidum-Pyramide angesehen werden. Von der Südwand der »Vorkammer« aus gelangt man in einer Höhe von etwa sieben Metern zur nordöstlichen Ecke einer rechteckigen Kammer, die vermutlich einst über eine steinerne, mit hohen Stufen versehene Treppe erreicht wurde. Die Kammer wird von einem mächtigen Kraggewölbe überdeckt und hat eine Höhe von über 17 Metern; somit reicht sie etwa 2 Meter über das Basisniveau der Pyramide hinaus.[171] An ihrer Südwand befindet sich ein hoher, kurzer Durchgang und darüber ein gekragter fensterartiger Durchbruch zu einem schmalen senkrechten und mit Nischen versehenen Schacht, der oftmals in der ägyptologischen Fachliteratur einfach »Kamin« genannt wird. Messungen haben ergeben, dass er sehr nahe der Mittelachse der Pyramide konstruiert wurde und seine Decke sich etwa auf der Höhe des Basisniveaus befindet. Die wahre Bedeutung des »Kamins« konnte bis zum heutigen Tage nicht geklärt werden. Vielleicht besaß er irgendeine Servicefunktion, spielte womöglich einst eine messtechnische Rolle. Ägyptologen schließen auch nicht aus, dass er womöglich als eine Art Übergang in eine weitere Kammer vorgesehen war, die aber aufgrund der Bauprobleme nicht in der geplanten Form ausgeführt werden konnte.[172] Doch sieht man einmal von diesem Schacht ab, ist die architektonische Ähnlichkeit zwischen dem unterirdischen Kammerbereich der Knick-Pyramide und dem Kammersystem der Stufen-Pyramide von Meidum recht auffällig. So erweckt die erste Bauphase des Kammersystems der Knick-Pyramide durchaus den Eindruck, bereits ein vollständiges Raum- und Korridorprogramm beinhaltet zu haben. Dabei kam der nach Westen orientierten Kammer als Endpunkt eines in Nordsüdrichtung konzipierten Korridor- und Schachtsystems die Funktion einer Grabkammer zu. Auf den Einbau einer aufwändigen Blockiervorrichtung hatte man hier – wie interessanterweise auch später in der Roten Pyramide, wo Snofru letztlich begraben wurde – verzichtet. Vielleicht glaubten die ägyptischen Architekten durch die extreme Höhe des Durchgangs zwischen »Vorkammer« und Grabkammer sowie durch die massive Blockierung des gesamten absteigenden Korridors mit Steinblöcken ausreichend Schutz für die sterblichen Überreste des Königs gewährleisten zu können. Ebenso wenig fanden sich Spuren eines steinernen Sarkophags. Vermutlich war in der ersten Bauphase der Knick-Pyramide wie schon zuvor in Meidum geplant gewesen, nur einen aufwändig dekorierten Holzsarkophag mit der Mumie des Königs in der Grabkammer in Position zu bringen. Von hier aus sollte die unsterbliche Seele des Pharaos ihre Himmelsreise antreten. Doch dieser Platz sollte sich als denkbar ungeeignet erweisen.

Vom Steinbruch zur Pyramide

Parallel zur Fertigstellung des Kammersystems begannen die Arbeiten an der eigentlichen Pyramide. Stunde für Stunde, tagein, tagaus, kamen die schwer beladenen Schlitten am Baugrund an, wurde der Pyramidenstumpf mit ihren Steinladungen langsam, aber stetig in die Höhe gezogen. Aus der Vogelperspektive müssen die Ägypter wie ein Heer von Ameisen gewirkt haben, das Unmengen von Steinblöcken auf vorgegebene Bahnen durch die Wüste schleppte und Klotz an Klotz einen künstlichen Berg für den König, sein Land und die Ewigkeit formte.

Heute stehen viele Touristen ehrfürchtig vor den steinernen Kolossen der Vergangenheit, sind gebannt durch ihre Monumentalität und bestaunen die Größe der verbauten Steinblöcke. Doch kaum jemand macht sich ernsthaft Gedanken darüber, wie die Steinquader einst im Steinbruch gewonnen und mit welchen Methoden sie passgenau ins Steinmassiv der Pyramiden eingesetzt wurden. Die moderne Forschung hat viele interessante Details ans Tageslicht gebracht, die es uns heute erlauben, auch ein wenig hinter die Kulissen einer derartigen Baustelle zu schauen und im Fall der Knick-Pyramide den Weg der Steine vom Steinbruch vor Ort bis zum Baugrund nachzuvollziehen.[173] Folgen wir also den Spuren der Steinbrecher und -schlepper, die vor 4600 Jahren in der Wüste schwitzen mussten.

Wie man an dem etwa 14 Meter tiefen »Geländeeinschnitt« am östlichen Rand des Kalksteinplateaus, auf dem die Knick-Pyramide steht, unschwer erkennen kann, wurde der Steinbruch, aus dessen Material sich die Hauptmasse der Pyramide zusammensetzte, im Tagebau ausgebeutet. Man brach zuerst die Steine an der Oberfläche und holte sie erst nach und nach aus den tieferen Felslagen.[174] Für diese Vorgehensweise war die spezifische geologische Struktur des Felsplateaus verantwortlich, das wie überall bei den Pyramidenfeldern im memphitischen Raum aus unterschiedlich dicken, horizontalen Kalksteinschichten besteht, die ihrerseits von unterschiedlich starken tonigen Zwischenlagen getrennt werden.[175] Dieser schichtartige Aufbau gewährleistete eine leichte Zugänglichkeit der Steinmassen und sorgte für einen schnellen Abbau. Die grundlegenden Arbeitsgänge bei der Steingewinnung waren denkbar einfach, aber auch ungemein mühselig und teilweise äußerst materialverschwendend.[176] Über ein rechtwinkliges Raster von ausreichend breiten Arbeitsrinnen, in denen die Steinbrecher mit einfachen Werkzeugen wie Kupfermeißel, Spitzhacken und Holz- oder Steinhämmern senkrecht in den

Felsen eindringen konnten, wurden die Steinblöcke separiert und an der tonigen Trennkante entweder von unten freigemeißelt oder mit Hilfe von Hebeln herausgetrennt. Die frisch gebrochenen Steine ließen sich leicht weiterbearbeiten und »in Form bringen«, ehe sie nach ein bis zwei Tagen aushärteten und ihre Oberfläche begann, spröde zu werden.[177] Auf sorgfältiges Polieren konnten die Ägypter in der Regel verzichten. Perfekt bearbeitete Steinblöcke benötigte man im Kernmauerwerk lediglich in besonders wichtigen, statisch relevanten Bereichen, in denen eine enge Fugenlage erforderlich war. So etwa im Umfeld des Kammersystems und direkt unter dem Verkleidungsmantel.[178] Derartige Feinarbeit wurde aber meist erst auf der Baustelle selbst durchgeführt.

Hinter den schwierigen Arbeiten im Steinbruch steckte natürlich auch wieder ein verwaltungstechnischer Akt; alle Aktivitäten unterlagen einem Plan, der mit den anderen Tätigkeiten auf der Baustelle abgestimmt werden musste. Hierfür wird es vermutlich so etwas wie ein logistisches »Verbundkonzept« zwischen Steinbruch, Hafen und Baustelle gegeben haben, das sicherstellte, dass die abgebauten Steinblöcke direkt und ohne größere Verzögerungen zur Baustelle transportiert und gezielt im Pyramidenstumpf verlegt werden konnten. Nur so war die plan- und überprüfbare Errichtung eines derart großen Grabmals, das aus schätzungsweise bis zu zwei Millionen Steinblöcken zusammengesetzt werden sollte, überhaupt möglich.[179] Der Weg der Steine vom örtlichen Steinbruch zur Baustelle der Knick-Pyramide war dabei ziemlich kurz, nach Schätzungen kaum 400 Meter. Für eine optimale Anbindung an den Transportweg, der den Hafen mit der Baustelle verband, dürften die Steine in nördlicher Richtung aus dem Steinbruch geschafft und über den letzten, westlichen Abschnitt des zukünftigen

Aufweges gebracht worden sein.[180] Am Baugrund mussten die Steine am Schluss in eine Höhe von über 100 Metern transportiert werden. Dies erforderte eine spezielle Rampenkonstruktion, von deren genauem Aussehen die Ägyptologen aber nur vage Vorstellungen haben.

Auf dem Weg zur Spitze

Stellt man sich in Gedanken das Anwachsen des Pyramidenstumpfes vor, so kommt man nicht umhin, sich auch mit der schwierigsten Aufgabe bei der Errichtung derartig groß dimensionierter Bauwerke zu beschäftigen. Seit Beginn der Ägyptologie widmen sich die Gelehrten der Frage, mit welchen Methoden und Hilfsmitteln es den Ägyptern gelungen sein mag, das Problem des Materialtransports bis zur Spitze ihrer hohen Pyramiden zu lösen.

Im Gegensatz zu den antiken Überlieferungen hat die moderne Feldforschung eine Vielzahl von wichtigen Erkenntnissen zu einzelnen Bearbeitungspraktiken und bautechnischen Vorgehensweisen im Pyramidenbau ans Tageslicht gefördert.[181] Vor allem wurden Reste geradliniger Rampenkonstruktionen an kleineren Pyramiden und einige beim Bau verwendete Hilfsmittel und Werkzeuge entdeckt.[182] Doch all diese Befunde konnten bislang nicht die Errichtung der großen Pyramiden von Giza oder Dahschur hinreichend erklären. Zwar sind die naturwissenschaftlichen Rahmenbedingungen für die meisten Pyramidenprojekte heute klar abgesteckt, das Aussehen der Transportwege für die Steine hingegen ist nicht schlüssig rekonstruierbar.[183]

Zumindest deuten alle bisherigen Erkenntnisse darauf

hin, dass die prinzipielle Verwendung von rampenartigen Konstruktionen im ägyptischen Bauwesen an der Tagesordnung gewesen ist. Doch hierbei, und dies macht die grundsätzliche Klärung der Frage nach dem Aussehen der einzelnen Baurampen so schwierig, gab es vermutlich wegen der unterschiedlichen Größen der Pyramidenprojekte wie auch wegen der individuellen topographischen und infrastrukturellen Vorgaben auf den Baustellen verschiedene Konstruktionsmöglichkeiten. Die Rampen werden sich vom Grundprinzip her zwar geähnelt haben, variierten aber wohl von Pyramide zu Pyramide in Form und bautechnischer Ausführung. Demzufolge gab es offenbar keine Patentlösung und die Rampenproblematik muss heute für jedes Projekt neu bewertet und untersucht werden.[184] Ganz ähnlich schätzt auch Dieter Arnold die Sachlage ein: »Welche Rampen im einzelnen Fall verwendet wurden, können nur Untersuchungen an den betreffenden Pyramiden zeigen. Vermutlich waren es ad hoc erfundene Kombinationen verschiedener Methoden. Wir haben zum Beispiel an der Pyramide Sesostris' I. [12. Dynastie, Mittleres Reich, Anm. d. V.] deutliche Spuren von Rampen gefunden, die einen Hinweis darauf geben, wie *diese* Pyramide gebaut wurde. Es ist unzulässig daraus zu schließen, dass alle Pyramiden auf diese Weise gebaut wurden.«[185]

Und wie könnte ein plausibles Rampenmodell im Fall der Knick-Pyramide ausgesehen haben? Ausschlaggebend waren sicherlich die Bedingungen im direkten Umfeld der Baustelle. Nähe des Steinbruches, Position des Endpunktes des Transportweges und Ausmaße des Arbeitsplatzes im unmittelbaren Umfeld des Baugrundes sind durchaus mit denen des Giza-Plateaus bei Kairo vergleichbar. So erscheint es zulässig, die bereits für diese Pyramiden berechneten Rampenmodelle auch auf Snofrus Bauprojekt zu übertragen.[186]

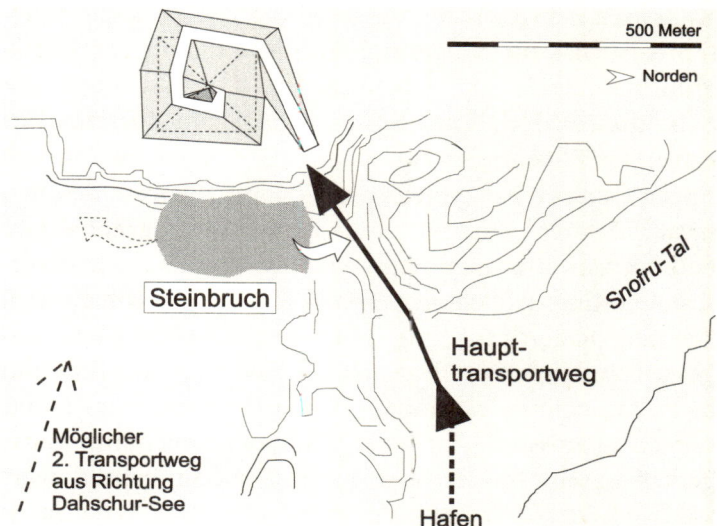

500 Meter

⪢ Norden

Steinbruch

Snofru-Tal

Haupt-
transportweg

Möglicher
2. Transportweg
aus Richtung
Dahschur-See

Hafen

Abb. 16: Hypothetisches Spiralrampenmodell zum Bau der Knick-Pyramide (nach einer Idee von Lehner). In Richtung des Schnittpunktes zwischen dem Aufweg, der als Transportweg der vom Hafen angelieferten Baustoffe diente, und den Schleppbahnen, die aus dem Steinbruch kamen, könnte die Spiralrampe etwa 150 Meter von der Nordostecke der Pyramide entfernt begonnen haben. Die Länge des Rampentransportweges, der sich vielleicht im Gegenuhrzeigersinn um den Pyramidenstumpf wand, betrug vermutlich gut 700 Meter.

Einer dieser Entwürfe, den Mark Lehner in den achtziger Jahren auf den Bau der Cheops-Pyramide anwendet, geht von einer befestigten, um den Pyramidenstumpf liegenden Rampenkonstruktion aus, auf der sich ein spiralförmig nach oben verlaufender Transportweg befindet.[187] Diese »Spiralrampe« wuchs mit dem Pyramidenstumpf in die Höhe, lehnte sich an jeder Pyramidenseite an und umgab das Bauwerk in der Endphase fast vollständig. Auf den unterschiedlich langen Teilstrecken der

Konstruktion stieg der Transportweg mit variablen Werten von gut 6 bis 14, vermutlich sogar maximal 16 Grad an.

Ist dieses Modell nur graue, mit Hilfe des Computers errechnete Theorie? Kam es vor 4600 Jahren nicht zum Einsatz, da es die Ägypter vor unlösbare Aufgaben gestellt hätte? Manche Ägyptologen halten aus vermessungstechnischen Gründen nichts von Pyramiden umhüllende Rampen und propagieren andere Lösungen, wie am Beispiel der Roten Pyramide im nächsten Kapitel noch dargelegt wird.[188] Und dennoch sei hier bemerkt, dass das Spiralrampenmodell alle wichtigen Voraussetzungen für den reibungslosen Transport und das problemlose Verlegen der Steine bis in diese großen Höhen erfüllt. Man kann es derzeit wohl zu den viel versprechendsten Lösungsansätzen des Pyramidenbauproblems zählen.[189] Es ist nicht ausgeschlossen, dass weitere Untersuchungen im Umfeld der Knick-Pyramide oder auch an ihrem Verkleidungsmantel Anhaltspunkte für ein Bauszenario à la Lehner liefern bzw. andere Spuren zutage fördern, die Hinweise auf die Art und Weise des vertikalen Materialtransports geben. Die Knick-Pyramide hat ihre letzten Geheimnisse noch lange nicht preisgegeben.

Wie auf Sand gebaut

Mit dem langsamen Anwachsen des Pyramidenstumpfes nahm das Unheil seinen Lauf. Völlig unerwartet traten im unterirdischen Kammersystem erste Risse und Verschiebungen auf, schien das Bauwerk aus den Fugen zu geraten. Nefermaat und seine Crew müssen sichtlich geschockt gewesen sein und vor einem Rätsel gestanden haben. Was war geschehen? Woher kam die Strukturschwäche des Kammersystems?

Ohne spürbare Konsequenzen für die laufenden Bauarbeiten ging man auf Spurensuche. Die Polierer und sonstigen Arbeiter, die von den Schäden Kenntnis hatten, wurden angewiesen, Stillschweigen zu bewahren. Die sichtbaren Risse wurden eiligst ausgebessert und kaschiert, der König wurde vielleicht anfangs gar nicht über die Sachlage informiert. Steinkundige Fachleute, die zuvor die Schäden im Kammersystem genau in Augenschein genommen hatten, inspizierten nun aufmerksam die Bodenverhältnisse in der Umgebung des Baugrundes. Dabei statteten sie auch dem nahe gelegenen Steinbruch einen Besuch ab und weiteten ihre Feldbegehungen sogar bis zum Dahschur-See aus, in dessen Umfeld bereits die ersten Ausschachtungsarbeiten für die Grabkammern einiger großer Mastabas hoher Hofbeamter angelaufen waren. Dort ergaben sich weitere informative Einblicke in den Felsuntergrund, die es den Fachleuten erlaubten, die Struktur des Dahschur-Plateaus besser zu verstehen. Als sie schließlich nach einigen Tagen ihre Bestandsaufnahme der Bauschäden und ihre Recherchen nach den möglichen Ursachen abgeschlossen hatten und der Bauleitung einen Bericht vorlegten, verfinsterten sich die Mienen der verantwortlichen Architekten. Und dies aus gutem Grund: Als Auslöser für die Beschädigungen machten die Inspektoren in erster Linie die strukturellen Bodenverhältnisse verantwortlich, ohne allerdings in diesem Stadium der Erkenntnissuche die gesamte Tragweite der Situation erkannt und eingeschätzt zu haben. Die Bewertung der Sachlage ging aber durchaus in die richtige Richtung. Doch noch war den Ägyptern nicht bewusst, dass sich die Wahl des Baugrundes letztlich als ein zwar nicht von vornherein absehbarer, aber in seinen Folgen katastrophaler Fehlgriff ihrer »Geologen« entpuppen und zu einem Baudesaster führen sollte. Aus heutiger Sicht stellt sich die Situation etwas überschaubarer dar, ohne dass allerdings nähere Einzelheiten bekannt wären. Der Untergrund der Pyramide erwies sich als nicht so stabil wie es für die Errichtung eines derart gigantischen Bauwerks notwendig gewesen wäre.[190] Dafür kommen mehrere Gründe in Frage. Vielleicht gab es in einer gewissen, nicht näher bestimmbaren Tiefe mindestens eine tonige Schicht zwischen den horizontal gelagerten Kalksandsteinbänken, die so groß war, dass es durch den enormen auf ihnen lastenden Druck zu Rissen, Brüchen und schließlich zu Deformationen und Senkungen des Untergrundes kam. Auch die Münchner Ägyptologin Rosemarie Klemm schließt ein solches Szenario nicht kategorisch aus: »Man kennt den spezifischen Untergrund der Knick-Pyramide nicht, wohl aber den ihrer geologischen Umgebung. Kalkstein ist ein Sedimentgestein, d.h. die Kalksteinbänke bestehen überwiegend aus ehemaligen Meeresablagerungen von Carbonatschlämmen mit fossilen Resten von Meereslebewesen, wobei härtere und weichere, meist tonige Schichten abwechseln können. Durch eine geologische Störung im Untergrund der Pyramide, die einen Versatz dieser Kalksteinschichten zur Folge hätte, könnten Tonlagen plastisch deformiert worden und dadurch eine Absenkung entstanden sein.« Alternativ dazu kann sie sich aber auch vorstellen, dass unter der Pyramide zufällig ein für die Ägypter nicht erkennbarer Karsthohlraum im Felsuntergrund existierte, der unter dem Druck des Bauwerks in sich zusammenbrach und so zu einer Instabilität geführt hat.[191] Auf alle Fälle hatte offenbar das Fundament unter dem wachsenden Gewicht des Pyramidenstumpfes langsam nachgegeben, so dass das massive Kernmauerwerk an einigen Stellen um mehrere Zentimeter absackte. Unglaubliche Spannungen bauten sich auf, die das Steingefüge auf das Äußerste belasteten und zu den ersten Rissen und Senkungen in den Wänden und Decken des Kammersystems führten.

Hinzu kam aber wohl noch ein ganz anderes Problem: Es erwies sich als zusätzlicher, vermutlich für die Baukatastrophe sogar mitverantwortlicher Fehler, eine offene Trasse für den Aufbau des Kammersystems ausgehoben und die Pyramide darüber errichtet zu haben.[192] Zwar hatten sich die Ausschachtungsarbeiten und die Konstruktion der Kammer und des Grabkorridors als relativ leicht erwiesen, doch dadurch wurde der zusammenhängende Steinverbund des Untergrundes aufgebrochen und eine zusätzliche Instabilität geschaffen. Somit konzentrierte sich der Druck des massiven Baukörpers auch gezielt auf die im Felsuntergrund aufgemauerte Kammerkonstruktion. Hätten die Ägypter dagegen das unterirdische Kammersystem zwar mühsamer und wohl zeitaufwändiger, aber auch strukturell stabiler in den Fels gemeißelt, wären seine Schäden vermutlich geringer gewesen und zudem auch erst zu einem weit späteren Zeitpunkt der Bauarbeiten aufgetreten.[193]

Über den genauen zeitlichen Ablauf der Baukatastrophe und die damit zusammenhängenden baulichen Maßnahmen im Kammersystem wie auch über den exakten Zeitpunkt der Aufgabe des Projektes haben die Ägyptologen nur vage Vorstellungen. Nach allen bisherigen Erkenntnissen lassen sich heute drei Rettungsversuche an der Pyramide nachweisen. Einer im Inneren des Grabmals, durch die Errichtung eines zweiten, eigenständigen oberirdischen Kammersystems, und zwei sehr aufwändige Baumaßnahmen am beschädigten Pyramidenstumpf: Einerseits durch eine architektonische Zusatzkonstruktion, eine Art stabilisierenden Steinmantel, den man wie ein Korsett um den mit Rissen durchsetzten Pyramidenstumpf legte. Andererseits durch die drastische Verminderung des Neigungswinkels, wodurch das Gesamtgewicht des Baukörpers reduziert werden sollte und letztlich auch die markante Form der Knick-Pyramide zustande kam. Diese Reihenfolge der baulichen Modifikationen entsprach offenbar auch dem groben zeitlichen Ablauf der Geschehnisse und bildet die Grundlage für das folgende Szenario, das sich im Einzelnen an den vorhandenen architektonischen Befunden im Kammersystem wie auch an den erkennbaren bautechnischen Besonderheiten des Pyramidenkörpers orientiert. Es erhebt aufgrund der teilweise noch unsicheren Faktenlage nicht den Anspruch auf Vollständigkeit. Noch längst sind nicht alle Fragen gelöst; es gibt Spielräume bei den Interpretationen und Schlussfolgerungen, so dass mancher Ägyptologe vermutlich seine eigenen Vorstellungen von der Baugeschichte der Knick-Pyramide hat, die nicht unbedingt mit dem hier Dargelegten übereinstimmen. Insbesondere was den planungstechnischen Zusammenhang der Errichtung der unterschiedlichen, übereinander liegenden Kammerbereiche anbelangt, sind kontroverse Diskussionen »vorprogrammiert«. Hier sind Ägyptologen und Naturwissenschaftler gleichermaßen aufgefordert, den ungelösten Fragen mit wissenschaftlicher Akribie und interdisziplinärem Verständnis nachzugehen. Zwar sehen beide Fraktionen manchmal die Dinge unterschiedlich, doch verstehe ich dies als Bereicherung der Forschung, nicht als ausschließendes Element in einer kontrovers geführten, aber fundierten Debatte.

Es bleibt zu hoffen, dass eine für die nahe Zukunft geplante archäologische Nachuntersuchung im Inneren der Knick-Pyramide eine Fülle neuer Messdaten und

Erkenntnisse ans Tageslicht befördert.[194] Vielleicht wird dieser erneute Vorstoß in eine 4600 Jahre zurückliegende Vergangenheit zu Beginn des neuen Jahrtausends sogar den fast undurchsichtigen Schleier der eigentlichen Pyramidenentstehung ein wenig lüften können. Warten wir gespannt ab, was die Archäologen auf den Spuren der alten Baumeister finden werden, die zu Beginn des klassischen Pyramidenzeitalters Architekturgeschichte geschrieben haben.

Das zweite Kammersystem

Die ersten Schäden im Kammersystem haben die Ägypter vermutlich schon sehr früh bemerkt, die drohende Gefahr aber anfangs unterschätzt. Vielleicht machte sich kurzfristig ein Hauch von Panik unter den Verantwortlichen breit, aber sie ließen sich nicht von ihrem Konzept abbringen. An eine Aufgabe des Bauprojektes hatten sie zu diesem Zeitpunkt noch keinen Gedanken verschwendet – oder womöglich nicht verschwenden dürfen. Immerhin stand bereits eine gigantische Stufen-Pyramide, die man vor Jahren aufgegeben hatte, gut 40 Kilometer weiter südlich »verwaist« in der Wüste. Die Schäden im Kammersystem wurden infolgedessen als bedenklich, aber nicht als bedrohlich eingestuft und ließen sich durch diverse Ausbesserungsarbeiten noch gut kaschieren. Doch dies war eine weitere Fehleinschätzung der Situation, wie sich schon bald herausstellen sollte. Denn die zerstörerische Saat war unwiderruflich gelegt, die Zeitbombe im Untergrund tickte mit jedem Meter, den die Pyramide in die Höhe wuchs, schneller. Als die Ägypter die Tragwei-

te des Problems letztlich erkannten, war es aber bereits
zu spät.

So traten vermutlich mit dem langsamen Anwachsen
des Pyramidenstumpfes schon bald weitere, diesmal
bedrohlichere Risse und Senkungen im Kammersystem
auf, so dass die Bauleiter schweren Herzens den Entschluss fassten, es aufzugeben. Das Gewicht des Pyramidenstumpfes erwies sich in dieser Phase demnach bereits
als zu schwer für den Kammerbereich. Unter Zeitdruck
entwarf man daraufhin schnell ein neues Kammersystem,
das oberirdisch angelegt werden und eine völlig andere
Orientierung aufweisen sollte.[195] Zu welchem genauen
Zeitpunkt dieses Vorhaben in die Tat umgesetzt wurde,
wie hoch der Pyramidenstumpf damals schon war, ob erst
drei, fünf oder womöglich sogar schon zehn Meter, lässt
sich nicht mehr bestimmen.[196] Möglicherweise mussten
die Ägypter Teile des Kernmauerwerks wieder abreißen,
um die neue Grabkammer so im Pyramidenmassiv zu
positionieren, dass sie nach ihren Vorstellungen eine statisch sichere und bautechnisch praktikable Anbindung an
den neuen, mit ihr konstruierten Eingangskorridor
bekam.[197]

Das zweite Kammersystem ist gegenüber dem unterirdischen Kammerbereich einfacher strukturiert, aber
durchaus ähnlich. Die neue Grabkammer wurde etwa 13
Meter südöstlich der unteren Kammer, aber gut 3 Meter
über dem Basisniveau errichtet. Dies ist ein sicheres Indiz
dafür, dass die Ägypter den labilen Bereich der Ausschachtung, in die das untere Kammersystem gebaut
worden war, unbedingt umgehen wollten. Die obere
Grabkammer besitzt größere Abmessungen als die unterirdische Kammer und wurde wieder mit einem hohen,
walmdachartigen Kraggewölbe ausgestattet, das jedoch
im Laufe der weiteren Bauarbeiten nicht mehr akkurat

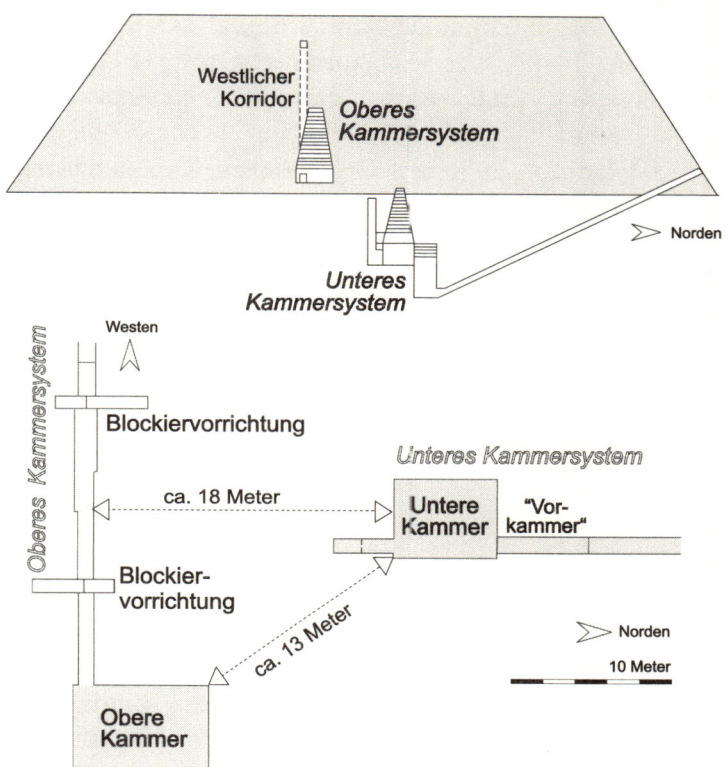

Abb. 17: Die Kammersysteme der Knick-Pyramide. Oben: Die Lage der beiden Kammerbereiche im Pyramidenstumpf von Westen aus gesehen. Unten: Die Lage des zentralen Kammerbereichs von oben (nach Maragioglio/Rinaldi und Dorner).

ausgearbeitet werden konnte. Mit einer Höhe von 16,50 Metern reicht die Kammer weit ins Kernmauerwerk des Pyramidenstumpfes bis in einen Bereich hinauf, in dem bereits über 40 Prozent des Gesamtvolumens des Grabmals verlegt waren und infolgedessen das auf ihr lastende Gewicht erheblich reduziert werden konnte. Noch waren die Architekten der Auffassung, durch diese Konstruktion einen im Vergleich zur tiefer gelegenen Kammer stabileren und damit besser geschützten Grabraum errichtet zu haben.

Die Position der neuen Grabkammer legte auch den Weg ihres Zugangskorridors fest, der diesmal aus baulicher Notwendigkeit nicht die übliche Nordsüdausrichtung aufweist und somit als Ausnahmefall in der Geschichte des Pyramidenbaus im Alten Reich gilt. Von der Kammer führt er zuerst horizontal durch das Kernmauerwerk in Richtung Westen, ehe er dann zur Westflanke hin ansteigt. Die neue, auf einen hohen Zugangsschacht verzichtende Konzeption der Grabkammer machte es dabei notwendig, dass in der horizontalen Passage des Grabkorridors zwei Blockiervorrichtungen installiert wurden, die von ihrer Funktionsweise her nicht den sonst üblichen Fallsteinvorrichtungen, wie man sie heute etwa aus der Cheops-Pyramide kennt, entsprechen. Die Versiegelung sollte an zwei Stellen – einige Meter vor der Grabkammer und am Übergang zur ansteigenden Passage – durch große Steinblöcke erfolgen, die aus zwei schräg angelegten Blockierkammern von der Seite her in den Korridor geschoben werden konnten. Während der gesamten Bauzeit wurden die mächtigen Blockiersteine in den Seitenkammern durch einfache Seilzugvorrichtungen und Stützhölzer in Position gehalten.

Die überarbeiteten Baupläne sahen in dieser Phase vor, dass der neue Grabkorridor etwa in einer Höhe von 26 Metern über dem Basisniveau an der Westwand ins Freie treten und somit fünfmal höher als sein ursprünglich nördliches Pendant liegen sollte.[198] Nach Beendigung der Arbeiten am zweiten Kammersystem und Erreichen dieser Höhenmarke waren schon über 50 Prozent des Gesamtvolumens der »inneren Pyramide« verbaut.

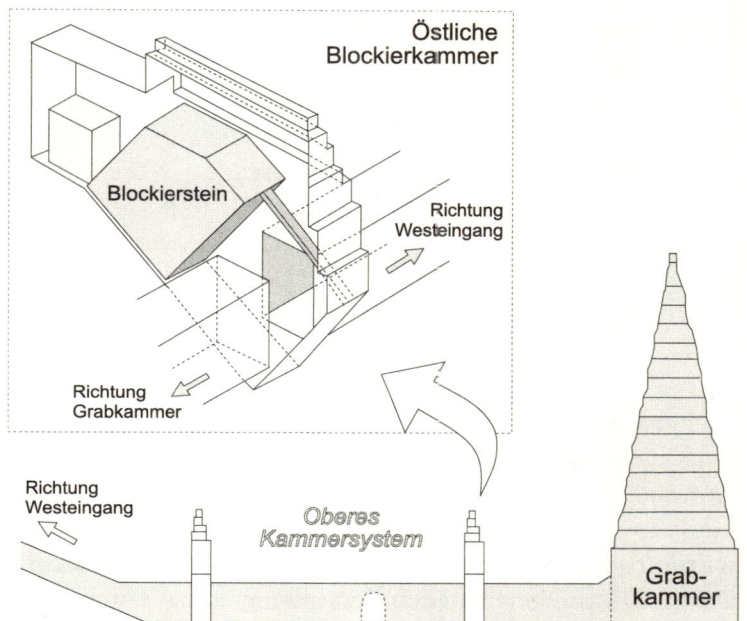

Abb. 18: Das obere Kammersystem mit seinen Blockiervorrichtungen. Blick von Süden (nach Maragioglio/Rinaldi und
Fakhry).

Doch wiederum währte die Freude über den vermeintlichen Baufortschritt nur kurz. Zum Entsetzen der Ägypter traten mit dem weiteren Wachsen des Pyramidenstumpfes auch in der neuen Grabkammer erste kleine
Risse und Verschiebungen auf, die sich offenbar sogar
durch das Kernmauerwerk bis zur Pyramidenaußenseite
erkennbar fortpflanzten. Ratlosigkeit machte sich breit.
Was war zu tun? Nur äußerst zögerlich fuhren die Verantwortlichen daraufhin mit der Ausarbeitung des Kraggewölbes in der Grabkammer fort. Gleichzeitig suchten
sie wieder nach Auswegen, diskutierten Planänderungen.

Noch wehrten sich die Architekten gegen die drohende Baukatastrophe und zogen alle Register ihres Könnens. Sie entwarfen einen neuen Plan, der dem Mammutprojekt in seiner Gesamtheit gerecht werden sollte und noch heute die Fachleute in Erstaunen versetzt.

Der stabilisierende Schutzmantel

Irgendwann nach Errichtung des zweiten Kammersystems, vermutlich zu einem Zeitpunkt, der sich mit dem Auftauchen der ersten größeren Schäden in der Grabkammer und an der Verkleidung synchronisieren lässt, wurde der Entschluss gefasst, den von Rissen durchzogenen, instabil gewordenen Pyramidenstumpf von außen zu befestigen.[199] Diese Stabilisierungsmaßnahme mutet aus heutiger Sicht wie eine echte Verzweiflungstat an, doch vergegenwärtigt man sich die baustatische Situation, vor der die Architekten standen, wird die ungewöhnliche Aktion durchaus verständlich. Denn im Gegensatz zu den Druckkräften, die bei einem gut gegründeten und sorgsam verlegten Mauerwerk hauptsächlich senkrecht nach unten wirken, wurde der Druck in der Knick-Pyramide durch die im Steingefüge auftretenden Risse teilweise horizontal umgelenkt. Diese Kräfte wirkten nach außen in Richtung der Verkleidung weiter und hatten zur Folge, dass das Bauwerk langsam »in Bewegung geriet«. Die Steinlagen an den Außenseiten wurden also extremen zentrifugalen Druckkräften ausgesetzt, die sogar drohten, den Verkleidungsmantel »zu sprengen« und ein Zusammensacken des Pyramidenstumpfes weiter zu begünstigen. Man kann sich leicht ausmalen, wie der

Pyramidenstumpf sich in diesem Baustadium langsam zu verformen drohte. Dies muss offenbar auch den erfahrenen ägyptischen Baumeistern, angesichts von Rissen und Abplatzungen an der Verkleidung, bewusst geworden sein, denn auf die Bekämpfung dieser horizontalen Scherkräfte konzentrierten sich ihre weiteren Aktivitäten.

Schnell auf Papyrus vorskizziert, immer wieder im Kreis des Baustabes diskutiert und modifiziert, wurde ein Notkonzept entwickelt und schließlich mit gigantischem Aufwand zügig umgesetzt. Zuerst wurden die bestehenden Baurampen abgetragen und das unmittelbare Umfeld des Pyramidenstumpfes gesäubert. Danach gingen die Feldvermesser eiligst daran, eine vergrößerte Basisfläche einzumessen und abzustecken. Ziel der ganzen Aktion war es, einen kompakten, stabilen Kalksteinmantel um den Pyramidenstumpf zu legen. Wie ein Korsett, das einen Bauch in Form zu halten vermag, sollte dieser Steinmantel sein »Ausbrechen« verhindern. Hierfür wurde offenbar rund um die Pyramide ein neues, etwa 75 Zentimeter tiefer liegendes Basisniveau geschaffen, auf dem ein anfangs 15,70 Meter (30 Ellen) breiter Verstärkungsmantel nach oben wachsen sollte.[200] Dadurch vergrößerte sich die Seitenlänge der Pyramide auf gut 189,40 Meter, was dem Grabprojekt eine völlig neue Dimension verlieh.

Von entscheidender Wichtigkeit schien den Bauleitern zu sein, den Schutzmantel nicht allein mit dem lokalen Kalkstein aufzubauen, sondern für die neue Verkleidung der Pyramide diesmal auch eine besondere Steinart zu verwenden. Dies war offenbar die Geburtsstunde des Tura-Kalksteins als Verkleidungsmaterial.[201] Die sehr helle, außerordentlich feinkörnige und wenig porös strukturierte Kalksteinsorte aus der Gegend des heutigen Tura, etwa 15 Kilometer nordöstlich von Dahschur gelegen,

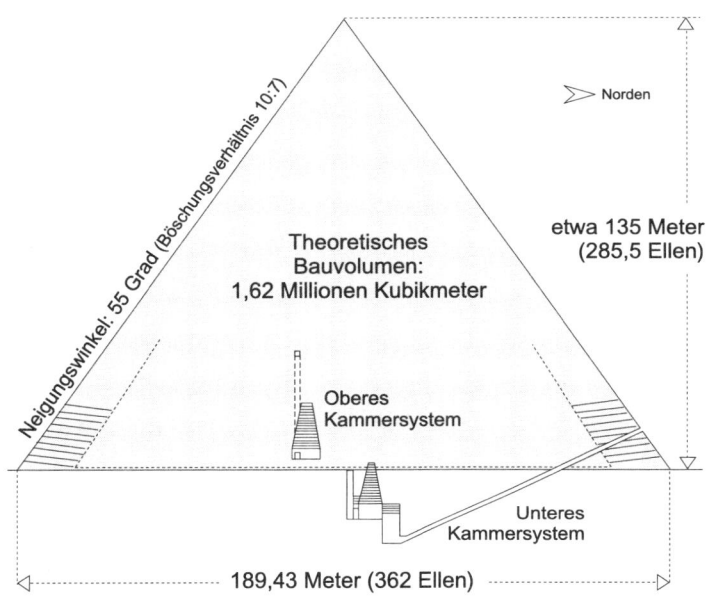

Abb. 19: *Die geplanten Ausmaße der erweiterten Bauphase der Knick-Pyramide (nach Dorner).*

wurde in altägyptischen Inschriften »schöner weißer Stein« genannt.[202] Das Material zeigt makroskopisch betrachtet ein sehr isotropes, also schichtfreies Korngefüge. Das erhöhte seine Festigkeit und Belastbarkeit gegenüber anderen Kalksteinsorten ungemein. »Wegen dieser Gefügeeigenschaften«, so die deutschen Experten auf diesem Gebiet, das Ehepaar Rosemarie und Dietrich Klemm aus München, »lassen sich aus den sehr mächtigen Kalken problemlos mehrere Meter große Werkstücke gewinnen«. Dieses Material, das oftmals in den Pyramidenkammern verbaut wurde, steht »trotz der großen Gewichtsbelastung bis heute stabil«.[203] Ergänzend weisen die beiden Wissenschaftler noch auf die ausgezeichnete Witterungsbeständigkeit des Tura-Kalksteins hin, die man besonders an der Knick-Pyramide erkennen kann, deren polierte Verkleidung seit fast 4600 Jahren »größtenteils lediglich eine leichte Verwitterung infolge von Winderosion, aber keine nennenswerte chemische Zersetzung« aufweist.[204] Eine wichtige Beobachtung und ein kleiner Fingerzeig auf die Motivation der Ägypter, gerade dieses Material bei der Stabilisierung des einsturzgefährdeten Kernmauerwerks zu benutzen. Mit der Verwendung des Tura-Kalksteins als Verkleidungsmaterial hatten die Rettungsarbeiten an der Knick-Pyramide zu einer Neuerung im Grabbau geführt, die zum Standard werden und das folgende Pyramidenzeitalter bautechnisch auszeichnen sollte.[205] Hier wird erstmalig deutlich, dass sich der Kampf um diese Pyramide zu einem Schlüsselereignis im königlichen Grabbau entwickelte, das nicht nur eine ganze Dynastie prägte, sondern auch als Motivation für eine Reihe bautechnischer Innovationen diente.[206]

Bei den Erweiterungsarbeiten führten die Ägypter noch zusätzliche Neuerungen ein, gingen aus Zeitgründen aber auch teilweise eher behelfsmäßig vor. Nur so ist es wohl zu verstehen, dass der Stabilisierungsmantel nicht auf einem durchlaufenden, gleichmäßig starken Fundament steht. Während die Seiten auf einem einfachen Steinsockel aufliegen, wurden die Ecken unabhängig gegründet und reichen unterschiedlich tief unter das Basisniveau. Josef Dorner erkennt hierin einen zusätzlichen Grund für die Setzungsschäden an der Knick-Pyramide.[207] Das Vorgehen muss wohl als ein weiterer Fehler in der Planung der Bauleiter eingestuft werden. Die allgemeine Ausführung des Steinmantels selbst entsprach vermutlich aus statischen Erwägungen noch der Bautradition der Stufen-Pyramiden, wobei jedoch die Steinlagen nur noch eine

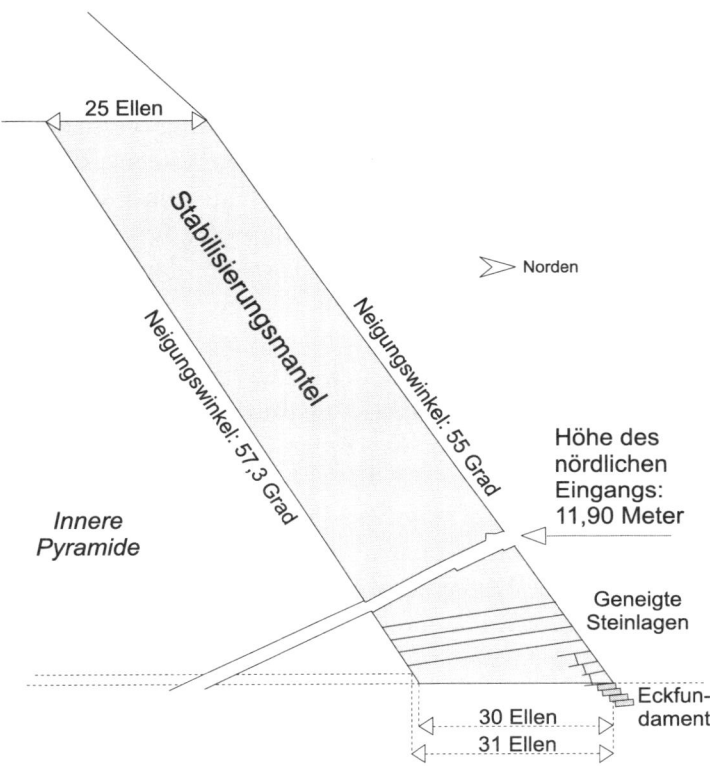

25 Ellen

Stabilisierungsmantel

Neigungswinkel: 57,3 Grad

Neigungswinkel: 55 Grad

Norden

Innere
Pyramide

Höhe des
nördlichen
Eingangs:
11,90 Meter

Geneigte
Steinlagen

30 Ellen

31 Ellen

Eckfun-
dament

*Abb. 20: Der Stabilisierungsmantel an der Nordseite der Knick-
Pyramide von Osten aus gesehen (nach Dorner).*

schwache Innenneigung von etwa sieben bis zwölf Grad
aufweisen.[208] Dagegen änderte sich der strukturelle Aufbau des äußeren Steinverbundes. Um für mehr Stabilität
zu sorgen, wurde der Neigungswinkel des Steinmantels
gegenüber der inneren Pyramide um über 2 Grad auf
55 Grad verringert und man verzahnte die Steine viel-
schichtiger miteinander, wie man noch heute an den abge-
tragenen Bereichen der Verkleidung erkennen kann. Die

äußeren Verkleidungssteine reichen teilweise tief in die dahinter liegenden Steinreihen hinein und bilden mit den sie umgebenden Blöcken einen festen Verbund. Der niedrigere Neigungswinkel sollte nicht nur einen kalkulierten Gegenpol zum inneren Pyramidenstumpf bilden, sondern auch dafür sorgen, dass die Arbeitsleistung am neu konzipierten Grabmal reduziert wurde.

Die Innenarbeiten am Grabmal wurden durch die äußere Modifikation kaum beeinflusst. Die Korridorsysteme ließen sich problemlos durch den äußeren Steinmantel weiterführen und endeten an der Nordflanke der Pyramide umgerechnet in einer Höhe von 11,90 Metern, an der Westflanke sogar in einer Höhe von fast 32,80 Metern. Lediglich die extreme Höhe des westlichen Einganges wird den Baumeistern vor dem Hintergrund der enormen Aufwendungen bei der zukünftigen, noch immer geplanten Begräbniszeremonie vermutlich Kopfschmerzen bereitet haben. Doch sie ließen sich von ihren Plänen nicht abbringen.

Mittlerweile peilten die Architekten eine Pyramidenhöhe von etwa 135 Metern an; damit umfasste das erweiterte Bauprojekt mehr als das 1,6-fache des ursprünglich geplanten Pyramidenvolumens. Wäre dieses Bauvorhaben in der geplanten Form letztlich ausgeführt worden, wäre Snofrus zweiter Grabbau nur etwa zehn Meter niedriger als die berühmte Cheops-Pyramide von Giza ausgefallen. Ähnlich wie man heute die wahre Höhendifferenz zwischen den beiden großen Pyramiden des Cheops und des Chephren auf dem Giza-Plateau nicht mehr objektiv unterscheiden kann, wäre auch einem antiken Beobachter wahrscheinlich kein Unterschied zwischen Snofrus Riesengrab und denen seiner Nachkommen aufgefallen. Die geistigen Väter der antiken »Sieben Weltwunder« hätten dann sicherlich bei der Einordnung der ägyptischen

Pyramiden in den exklusiven Kreis der besonders hervor-
zuhebenden Bauwerke der damaligen Welt nicht nur vorrangig an die Giza-Pyramiden gedacht, sondern auch stets
Snofrus Grabmal im Süden von Dahschur vor Augen
gehabt.

`Lässt man an dieser Stelle die bis hierher geschilderte
Rettungsaktion vor seinem geistigen Auge Revue passie-
ren, ist unübersehbar, zu was für enormen baulichen
Leistungen die Ägypter zu Beginn der 4. Dynastie fähig
waren. Wer weiß, wie die Pyramidenevolution im Alten
Reich verlaufen wäre, wenn dieses gigantische Grabmal
tatsächlich wie geplant errichtet worden wäre.

Der Druck nimmt zu

Die Errichtung der Knick-Pyramide war geprägt von
Hoffnungen und Rückschlägen. Vielleicht hatte sich die
Erweiterungskonstruktion eine Zeit lang als stabiles
»Gegengewicht« zum maroden Pyramidenstumpf
bewährt, vielleicht waren die Bauarbeiten zwischenzeit-
lich reibungslos weitergegangen. Doch die Euphorie der
Architekten sollte zum wiederholten Male nur kurz
währen und bald der endgültigen Ernüchterung und Re-
signation weichen.

Vermutlich irgendwann zwischen dem 35. und 45.
Höhenmeter mussten sie einsehen, dass es zur Rettung des
Königsgrabes mit einer Schutzschale allein nicht getan
war. Auch diese monströse Baumaßnahme erwies sich als
nicht effizient genug, um den ruinösen Zustand der Pyramide zu stabilisieren. Ganz im Gegenteil: Die Mantelkon-
struktion entpuppte sich als kontraproduktiv, verstärkte

die bestehenden Bauschäden noch anstatt sie zu dämpfen und wurde selbst zum Sicherheitsproblem. Schuld daran war wohl in erster Linie das einfache, ungleichmäßige Fundament, auf dem der äußere Kalksteinmantel aufsaß, vermutlich aber auch die Bauweise der geneigten Steinlagen, die den Druck auf den Pyramidenstumpf anscheinend noch erhöhte.[209] Zwar konnten die tief gegründeten Ecken der Pyramidenverkleidung dem Kantendruck teilweise entgegenwirken, doch aufgrund ihrer unterschiedlichen Ausbildungen zusammen mit den einfachen Steinsockeln, auf denen die Seitenflächen saßen, weitere Senkungen nicht verhindern.[210] So wurden mit jedem Meter, den der Mantel in die Höhe wuchs, die schon vorhandenen Risse im Kammersystem länger, bedrohlicher und konnten kaum mehr mit Gipsmörtel gekittet und kaschiert werden. Erschwerend kam noch hinzu, dass schon recht früh auch erste Risse in der neuen Verkleidung entstanden; eindeutige Hinweise dafür, dass sich der gesamte Steinmantel wiederum leicht verformte. Bis zum heutigen Tage ist dies erkennbar, denn die Knick-Pyramide steht nach wie vor unter enormen Spannungen. Wie Josef Dorner im Jahr 1986 nachmessen konnte, ist die konvexe Krümmung der Außenflächen zum Teil so stark, dass die Basis in der Mitte der Nordseite etwa 50 Zentimeter nach außen drückt.[211] Die vielen Ausbesserungsarbeiten, die man heute an der Verkleidung der Knick-Pyramide erkennen kann, zeugen von den unverdrossenen Bemühungen der Ägypter, die Schäden in einem gewissen Rahmen zu halten. Doch ohne Erfolg. Die Liste der fehlgeschlagenen Rettungsversuche wurde immer länger, die Stimmung unter den Bauleuten immer angespannter. Die Architekten mussten erneut schnell handeln. Die Arbeiten wurden kurzfristig wieder eingestellt, Krisensitzungen abgehalten und die Baupläne zum wiederholten Male

121

überarbeitet. Nach vielen Jahren hektischer Aktivitäten herrschte nun für wenige Tage eine fast gespenstische Ruhe auf dem Wüstenplateau.

Vielleicht wurde in dieser Phase auch jener roh behauene, sehr schmale und fast 19 Meter lange Verbindungsschacht aus dem Kernmauerwerk geschlagen, der beide Kammersysteme noch heute miteinander verbindet. Nach Auffassung von Rainer Stadelmann nahm er zwischen den beiden Blockiervorrichtungen im oberen Kammersystem seinen Anfang und wurde nicht geradlinig, sondern mit zwei leichten Richtungskorrekturen gen Norden gemeißelt. »Von der Gangführung aus hat man durchaus den Eindruck«, so der deutsche Pyramidenexperte, »daß dabei der Kamin angepeilt, aber letztlich verfehlt worden ist«.[212] Der Tunnel endet schließlich in fast zwölf Metern Höhe an der Südwand der unteren Kammer, inmitten des Kraggewölbes. Offenbar wurde er eine Zeit lang als Zugang zur oberen Grabkammer benutzt, vielleicht als erkennbar wurde, dass die Schäden in diesem Bereich irreparable Formen annehmen würden und ohne weitere Sicherungsmaßnahmen mit dessen Aufgabe gerechnet werden musste. Mit Sicherheit spielte er aber eine wichtige Rolle bei den späteren Blockierungsarbeiten im westlichen Kammersystem.[213]

Am Ende ihrer Beratungen war den Verantwortlichen wohl endgültig klar, dass diese Pyramide nicht die Normen erfüllen würde, die für ein Königsgrab galten. Vielleicht war dies genau der Augenblick, in dem die Baumeister zum ersten Mal mit dem König offen über die Aufgabe des Projektes diskutierten oder diese Möglichkeit zumindest in ihren Notkonzepten nicht mehr kategorisch ausschlossen. So mancher Ägyptologe mutmaßt hingegen, dass die Aufgabe der Pyramide als Königsgrab zu diesem Zeitpunkt bereits praktisch beschlossene Sache

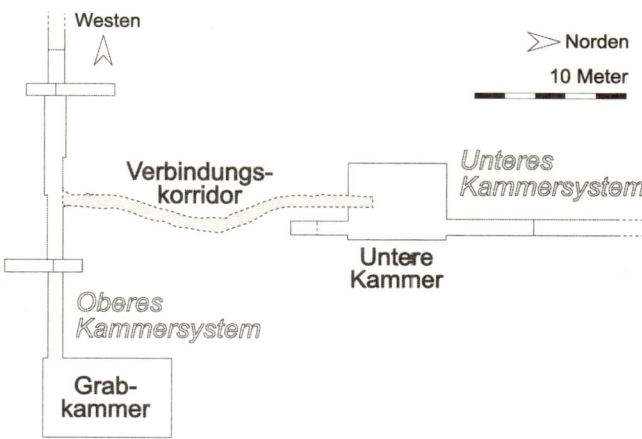

Abb. 21: Die Lage des Verbindungskorridors zwischen beiden Kammerbereichen von oben gesehen (nach Maragioglio/Rinaldi).

gewesen ist und es nur noch um eine Art Schadensbegrenzung ging, d. h. darum, den Bau mit eingeschränkten Mitteln rasch zu Ende zu führen.[214] Doch dies erscheint wohl eher unwahrscheinlich. Es ist sicherlich denkbar, dass die Architekten, auf alle Eventualitäten vorbereitet, in dieser Phase schon die Pläne für den dritten Grabbau in ihren Hinterköpfen entwickelten. Doch bis zur Grundsteinlegung der Roten Pyramide – das beweist die weitere Baugeschichte der Knick-Pyramide und ihrer Umgebungsbauten eindrucksvoll – war es noch ein langer, arbeitsintensiver Weg. So hat es eher den Anschein, als ob die Ägypter noch einen letzten Versuch unternommen hätten, ihr Jahrhundertwerk zu retten. Nur so kann man sich rückblickend den enormen Aufwand erklären, den sie sich mit der Fertigstellung der Knick-Pyramide aufbürdeten.

Die Sache mit dem Knick

Nach vermutlich langen Überlegungen und Berechnungen hatte man sich schweren Herzens dazu entschlossen, ab der Höhe von etwa 47 Metern auf die angestrebte Pyramidenform zu verzichten, um so das Gewicht der noch zu bauenden »Spitze« auf den mittlerweile schon 1,15 Millionen Kubikmeter umfassenden Pyramidenstumpf zu reduzieren.[215] Man verringerte den Neigungswinkel drastisch von 55 auf etwa 43 Grad, wodurch das Abknicken der Außenseiten zustande kam, das der Knick-Pyramide letztlich ihren modernen Namen einbrachte und heute als ihr Markenzeichen gilt.

Die Arbeiten im oberen Bereich der »geknickten« Pyramide liefen ohne größere Verzögerungen an und brachten eine weitere bautechnische Neuerung mit sich. Im Gegensatz zum unteren Verstärkungsmantel benutzte man in der oberen Pyramidenhälfte kleineres Material und verringerte die Innenneigungen der Steinlagen stufenweise, bis sie horizontal verlegt wurden.[216] Somit hatten die Architekten wohl letztlich doch einsehen müssen, dass die Verlegung von nach innen geneigten Steinlagen entgegen ihren ursprünglichen Vorstellungen keinen nennenswerten statischen Vorteil mit sich brachte, sondern sich im vorliegenden Fall sogar eher zum Schaden des Pyramidenstumpfs ausgewirkt hatte.[217]

Die überarbeiteten Baupläne sahen für den abgeflachten oberen Pyramidenabschnitt immerhin noch eine Höhe von fast 57,70 Metern vor. Damit wurde der neu anvisierte Gipfel der Knick-Pyramide auf 104,70 Meter festgelegt.[218] Die Gewichtsersparnis, die die Ägypter durch das Abknicken der Flanken erwarteten, war beachtlich und rechtfertigte diese eigentümliche Bau-

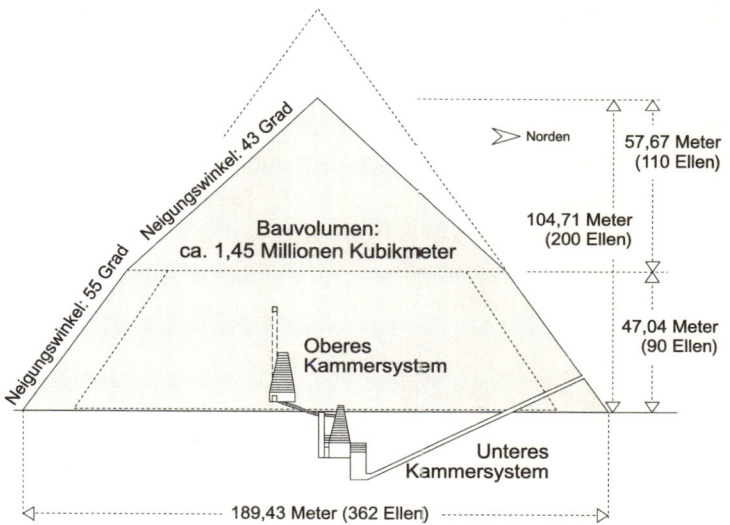

Neigungswinkel: 55 Grad

Neigungswinkel: 43 Grad

Norden

57,67 Meter
(110 Ellen)

104,71 Meter
(200 Ellen)

Bauvolumen:
ca. 1,45 Millionen Kubikmeter

47,04 Meter
(90 Ellen)

Oberes
Kammersystem

Unteres
Kammersystem

189,43 Meter (362 Ellen)

Abb. 22: Die endgültigen Maße der Knick-Pyramide (nach Dorner).

maßnahme. Anstelle der ursprünglichen etwa 453 000 Kubikmeter mussten nur noch knapp 294 000 Kubikmeter an Steinblöcken verlegt werden, was einer Volumenreduzierung von ansehnlichen 35 Prozent entsprach. Die Gewichtsersparnis lag dadurch immerhin bei fast 400 000 Tonnen.

Aus heutiger Sicht betrachtet sind die geplanten Abmessungen äußerst aufschlussreich, denn rechnet man sie in das altägyptische Maßsystem zurück, ergeben sie allesamt ganzzahlige Ellenwerte.[219] Aus ihnen wird somit deutlich, dass trotz der Probleme, mit denen die Ägypter bei der Errichtung der Knick-Pyramide zu kämpfen hatten – trotz all der unkonventionellen baulichen Improvisationen, die im Inneren wie auch am Verkleidungsmantel durchgeführt werden mussten –, die im oberen Bereich der Pyramide angepeilten Messpunkte weiterhin perfekt im Ellenraster der Baupläne lagen. Diese erstaunliche Tatsache zeigt, dass sich die Ägypter selbst im Angesicht eines bautechnischen Supergaus noch in der Lage wähnten, das marode Bauwerk, zumindest was seine Maße betraf, zu beherrschen. Eine eindrucksvollere Demonstration ihres damaligen Könnens kann man sich selbst nach heutigen Maßstäben nicht vorstellen. Nichtsdestotrotz war das Schicksal der Pyramide besiegelt.

Als Königsgrab ungeeignet

Der obere Bereich hatte vermutlich schon eine gewisse Höhe erreicht, als das definitive Aus für die Knick-Pyramide kam. Die letzten Hoffnungen des Bauherrn, sein Grabmal vielleicht doch retten und für seinen Weg ins Jenseits benutzen zu können, wurden während der letzten Bauphase endgültig und unwiederbringlich zerschlagen. Der stetige Prozess der Zerstörung hatte sich trotz aller getroffenen Gegenmaßnahmen fortgesetzt und nahm nun sogar katastrophale Ausmaße an. Die beiden Kammersysteme waren nicht mehr zu retten, drohten gar zusammenzubrechen. Besonders gravierend entwickelten sich die Schäden in der oberen Grabkammer. Mit Hilfe von Holzbalkengerüsten, die ursprünglich wohl für die Feinarbeiten an der Kammerdecke vorgesehen waren, unternahmen die Ägypter vermutlich noch eine gewisse Zeit lang Versuche, die Beschädigungen auszubessern: Einerseits indem sie die tiefen Risse mit Gipsmörtel kitteten, andererseits indem sie im Anschluss daran die Kammerwände verschalten und gegeneinander abstützten, um

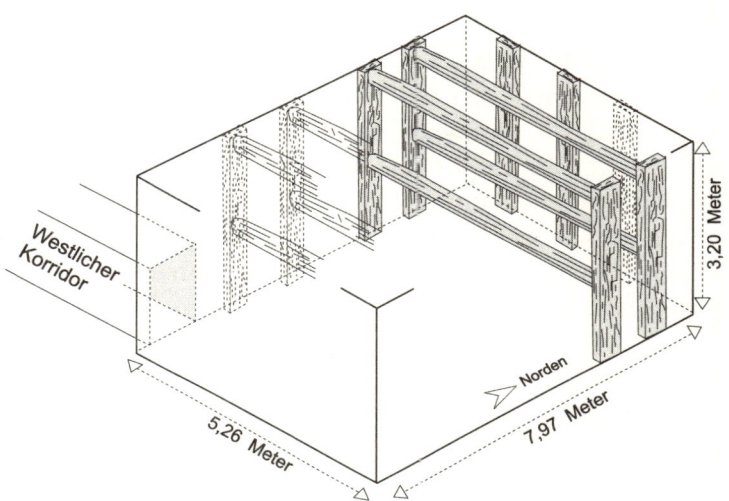

Westlicher
Korridor

5,26 Meter

7,97 Meter

Norden

3,20 Meter

Abb. 23: Die Position der Holzgerüste in der Grabkammer der Knick-Pyramide (nach Arnold und Lehner).

dem seitlichen Druck entgegenzuwirken.[220] Doch auch diese Bemühungen blieben ohne nachhaltigen Erfolg. Die Kammer wurde zum unkalkulierbaren Sicherheitsrisiko und musste nun endgültig aufgegeben werden. Noch heute befinden sich in ihr Teile der Holzkonstruktionen – stumme Zeugen der wohl letzten aussichtslosen Rettungsaktion im Allerheiligsten der Knick-Pyramide.

Ähnlich folgenschwer hatten sich die Schäden mit der Zeit auch im restlichen Innenleben der Pyramide entwickelt. Vor allem die Senkungen in den oberen Bereichen der Grabkorridore, die insbesondere auf das Absacken des äußeren Steinmantels zurückzuführen waren, machten den Baumeistern zu schaffen. Sie nahmen in der Endphase des Baus ebenfalls irreparable Ausmaße an, die bis heute unübersehbar sind. Wie Messungen ergaben, ist beispielsweise der nördliche Teil des

Stabilisierungsmantels aufgrund seiner unzureichenden Fundamentierung mittlerweile so tief abgesunken, dass an der Nahtstelle des Korridors mit der »inneren Pyramide« ein 23 Zentimeter hoher Deckenvorsprung aufgetreten ist.[221] Auch in diesem Bereich sind die Versuche der Bauleute, die Schäden in einem gewissen Rahmen zu halten, noch heute erkennbar, doch stellte man diese Bemühungen vermutlich schon bald wieder ein. So begann schließlich der letzte Akt der Baukatastrophe, der geordnete Rückzug.

Während die Bauarbeiten an der Pyramidenspitze trotz alledem weitergingen und die Pyramide zielstrebig, wenn auch nicht mehr akkurat zu Ende gebaut wurde, begannen die Vorbereitungen zur Verschließung des Kammersystems. In dieser Phase bekam nun der Verbindungstunnel eine wichtige, womöglich seine eigentliche Aufgabe zugewiesen. Ursprünglich vielleicht als separater Zugang zum oberen Grabkammerbereich gedacht, sollte er nach der auch von innen durchgeführten Versiegelung des westlichen Grabkorridors nun als Fluchttunnel dienen.[222] Nur so lässt sich schlüssig erklären, dass die Archäologen, die in den fünfziger Jahren des 20. Jahrhunderts in das obere Kammersystem vorstießen, den westlichen Blockierstein »heruntergelassen«, von beiden Seiten mit Gipsmörtel versiegelt und den absteigenden Korridor bis hin zum westlichen Eingang mit Kalksteinen aufgefüllt vorfanden.[223] Im Gegensatz dazu war die Blockierung vor der Grabkammer nicht aktiviert worden und der dortige Blockierstein befand sich noch in seiner ursprünglichen Halteposition.[224] Die Grabkammer selbst wurde massiv mit Steinblöcken, die offenbar noch vor der Versiegelung des westlichen Korridors in die Pyramide gebracht worden waren, »aufgemauert«, um sie damit als unbenutzbar zu erklären, vielleicht auch in der Hoffnung, weitere Risse zu vermeiden«.[225] Als diese Arbeiten beendet waren, die Grabkammer von außen vermauert und der westliche Zugangskorridor geschlossen worden waren, konnten die Arbeiter diesen Bereich ungefährdet über den Verbindungsschacht verlassen. Zu einem derzeit nicht näher bekannten Zeitpunkt wurde der nördliche Korridor ähnlich wie schon zuvor das westliche Gangsystem massiv mit Steinblöcken blockiert und die Knick-Pyramide somit hermetisch abgeschlossen.[226] Nach dem Abbau der Baurampe war damit das »Projekt Knick-Pyramide« offiziell beendet. Die Aufmerksamkeit war bereits auf den neuen Baugrund fast zwei Kilometer weiter nördlich gerichtet, wo Snofrus endgültiges Grabmal, die Rote Pyramide, entstehen sollte.

Als der missgestaltete Grabbau zur Erleichterung aller Beteiligten schließlich »vollendet« auf dem kargen Wüstenplateau stand, blieb er mit seiner Höhe von fast 105 Metern zwar etwa 17 Meter unter dem ursprünglich geplanten Soll, überragte aber die Stufen-Pyramide von Meidum noch um ca. 20 Meter. Obwohl die »Erscheinung des Snofru« nicht den Ansprüchen eines Königsgrabes genügte, muss das gigantische Bauwerk dennoch einen enormen Eindruck auf die Bevölkerung von Memphis gemacht haben, wenngleich die Meinungen über seinen ästhetischen Wert vielleicht geteilt waren. Insgesamt hatte man mit der geknickten Pyramide fast 1,45 Millionen Kubikmeter Kalksteinquader mit einem Gewicht von etwa 3,6 Millionen Tonnen aufgetürmt.[227] Damit war die Ruine im Süden von Dahschur zu diesem Zeitpunkt das mit Abstand höchste und mächtigste Bauwerk der ägyptischen Welt. Diesen Rekordstatus sollte die Knick-Pyramide aber nur etwa ein gutes Jahrzehnt innehaben.

Wie lange letztendlich insgesamt an der Knick-Pyramide gebaut wurde, lässt sich nicht mehr rekonstruieren.

Jedoch erscheint es plausibel, dass während der Fertigstellung der Knick-Pyramide bereits mit dem Bau der
Roten Pyramide angefangen wurde.[228] Man kann davon
ausgehen, dass die Sondierungen und Vermessungen des
neuen Baugrundes begannen, als klar war, dass die Knick-
Pyramide nicht als Begräbnisstätte taugte. In diesem Fall
dürfte ihre Fertigstellung erst während der ersten Bau-
jahre der Roten Pyramide erfolgt sein. Legt man den ver-
mutlichen Umzugstermin von Meidum nach Dahschur
und die frühesten überlieferten Baudatierungen an der
Roten Pyramide als vagen Maßstab an, kann man auf der
Grundlage einer stetigen Zweijahres-Zählweise für die
Errichtung eine Zeitspanne von ungefähr 15 Jahren ver-
anschlagen. Bei einer vermehrten oder zeitweise vorherr-
schenden Einjahres-Zählweise verkürzt sich die Bauzeit
dementsprechend.

Zum Abschluss kann man sich noch die Frage stellen,
ob Snofru das größte Baudesaster in der Geschichte des
Landes der Bevölkerung von Memphis erklären musste.
Sicherlich passte die missglückte Knick-Pyramide nicht so
ganz ins ideale Bild des Königtums. Aus moderner Sicht
wirkt die Bauruine wie ein unauslöschlicher Schandfleck
in der auf die Ewigkeit ausgelegten Biographie Snofrus.
Doch hält man sich vor Augen, was die Ägyptologen heute über die Stellung des Königs im Alten Reich wissen,
muss man diese Frage eher verneinen.[229] Seine Macht
war absolut und reichte uneingeschränkt bis in alle Bereiche der Gesellschaft. Seine kultische Rolle als oberster
Priester, der den Göttern Opfergaben darbringen und als
Lohn ihren Beistand für Land und Volk erlangen konnte, machte ihn zum Garanten der ägyptischen Weltordnung, dessen Wohlwollen man sich sichern wollte. Auch
wenn im Geheimen und hinter vorgehaltener Hand im
Volk sicherlich über den Problembau geredet wurde und

so mancher abergläubisch in ihm ein schlechtes Omen für die Zukunft sah, war man wohl eher vorsichtig mit seinen Bemerkungen und niemand äußerte explizit Kritik. Die Bauruine war als Symbol des göttlichen Königtums ebenso unantastbar wie der Pharao selbst.

Die Modellpyramide

Etwa 52 Meter südlich der Knick-Pyramide, direkt auf ihrer verlängerten Nordsüdachse, befindet sich noch eine weitere Pyramide, die zu Snofrus Grabkomplex gehört.[230] Sie besitzt eine Basislänge von 52,80 Metern und erreichte einst eine Höhe von 25 Metern. Nach dem gescheiterten Grabbauprojekt war sie die erste »echte« Pyramide Ägyptens, streng genommen der Prototyp für Generationen von Königsgräbern, die die Welt über vier Jahrtausende lang beeindrucken sollten.

Derartige kleine Nebenpyramiden gehörten in der Zeit des Alten Reiches zur Standardausstattung königlicher Grabbezirke. Sie wurden stets entlang der Südseiten der Königsgräber platziert, was ihnen im Fachjargon auch den Namen »Südgräber« eingebracht hat. Obwohl die Wissenschaftler der Auffassung sind, dass ihre innere Struktur für normale Bestattungen zu klein war, versah man ihre Kammersysteme teilweise mit aufwändigen Sicherungsmechanismen. Offenbar besaßen sie eine wichtige Kultfunktion, die sie aber bislang noch nicht preisgegeben haben. Weder archäologisch noch inschriftlich lassen sich eindeutige Belege für ihre einstige Bestimmung finden. Aufgrund indirekter Hinweise werden sie heute oftmals mit rituellen Bestattungen steinerner Königsstatuen, so

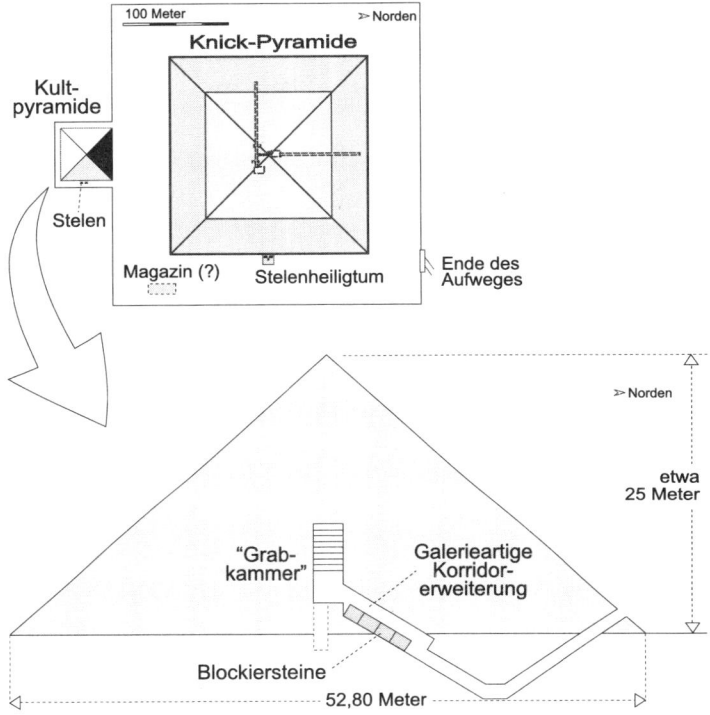

Abb. 24: Die Kultpyramide der Knick-Pyramide (nach Mara-gioglio/Rinaldi).

genannter Ka-Statuen, in Verbindung gebracht.[231] Derartige Kultstatuen galten als symbolische Doppelgänger der Verstorbenen, in denen nach den Vorstellungen der Ägypter ihre schöpferische Lebenskraft wohnte.

Der Neigungswinkel der Kultpyramide von etwa 43,5 Grad sowie ihre Bauweise aus kleinformatigen, in horizontalen Lagen verlegten Steinblöcken orientierten sich ganz offensichtlich an den bautechnischen und architektonischen Vorgaben des oberen Bereiches der Knick-Pyramide. Dies, wie letztlich auch ihre Existenz an sich, deutet darauf hin, dass sie zu einem Zeitpunkt errichtet wurde, als noch die vage Hoffnung bestand, der gesamte Grabkomplex könnte seiner eigentlichen Aufgabe zugeführt werden.[232] Die Flanken der Pyramide sitzen vollständig auf einem terrassenartigen Fundamentsockel auf, der aus genau gesetzten und sorgsam verlegten Kalksteinen aufgebaut ist. Damit hatte man aus den Fehlern der Vergangenheit gelernt und der Fundamentierung der Pyramidenbasis besondere Aufmerksamkeit geschenkt – eine Entwicklung, die auch an den folgenden Großbauprojekten im Norden von Dahschur und in Giza abzulesen ist.

Das Kammersystem der Kultpyramide ist heute unzugänglich, der Grabkorridor versandet. So erschließt sich ihr Innenleben dem Interessierten nicht aus eigener Anschauung, sondern nur über die Aufzeichnungen früherer Ausgräber. Insbesondere beim Studium der Forschungsergebnisse des ägyptischen Archäologen Ahmed Fakhry, der in den fünfziger Jahren die Knick-Pyramide eingehend untersuchte, erwacht das Kammersystem der kleinen Kultpyramide wieder zu neuem Leben und offenbart eine überraschende Architektur. Vermutlich in Anlehnung an die erste Bauphase der Knick-Pyramide wurde hier ein Kammersystem konstruiert, bei dem ein absteigender Korridorabschnitt direkt in einen ansteigenden übergeht. Die Grabkammer, die von einem Kraggewölbe überdeckt wird, liegt jedoch nicht mehr tief im Felsen, sondern wie die obere Kammer der Knick-Pyramide oberirdisch im Kernmauerwerk.[233] Der tiefere Sinn dieser Architektur basierte auf der Installation eines neuartigen Verschlusssystems, das von den Ägyptern hier anscheinend getestet wurde. Dabei ging es um eine zusätzliche Blockierung des unteren Bereichs des ansteigenden Grabkorridors mit mehreren Steinblöcken, die während der Bauzeit im oberen, erweiterten Gangabschnitt gela-

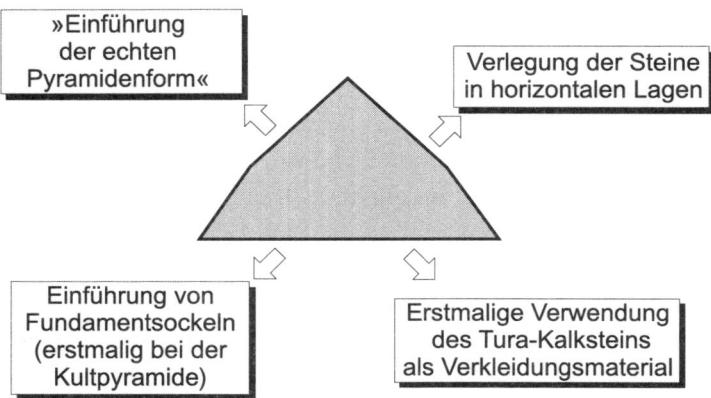

```
»Einführung                    Verlegung der Steine
der echten                     in horizontalen Lagen
Pyramidenform«

Einführung von                 Erstmalige Verwendung
Fundamentsockeln               des Tura-Kalksteins
(erstmalig bei der             als Verkleidungsmaterial
Kultpyramide)
```

Abb. 25: Neuerungen im königlichen Grabbauwesen im Zusammenhang mit der Baukatastrophe der Knick-Pyramide.

gert wurden.[234] Die Konstruktion erwies sich allerdings als zu aufwändig und kompliziert zu betätigen, als dass man sie in der Roten Pyramide erneut angewendet hätte. Erst unter König Cheops, in dessen Grabmal das obere Kammersystem einen ähnlichen Aufbau wie in der kleinen Kultpyramide aufweist, fand diese Verschlusstechnik erneut Verwendung. Allerdings geschah dies offenbar aus einer Zwangssituation heraus, nachdem sich die Errichtung eines unterirdischen Kammerbereichs als undurchführbar entpuppte und der Bau eines hoch im Kernmauerwerk gelegenen, zweiten Kammersystems mit sehr ähnlichem Zugangskorridor notwendig wurde. Da die Grabkammern der weiteren Pyramiden des Alten Reiches entweder fast ebenerdig oder wieder tief im Felsuntergrund angelegt wurden, tauchte dieses eigenwillige Patent im Pyramidenbau nicht mehr auf.

Für die Kultpyramide war eine kleine Opferstelle in Form eines Stelenheiligtums vorgesehen. Innerhalb einer steinernen Umfriedung wurden an ihrer Ostseite zwei etwa fünf Meter hohe, beschriftete Kalksteinstelen und ein Alabasteraltar aufgestellt. Von diesem Ensemble ist heute vor Ort kaum mehr etwas zu erkennen. Bei den Ausgrabungen von Ahmed Fakhry kam ein Fragment einer der Stelen zum Vorschein,[235] das seitdem leicht versteckt hinter einer kleinen Hecke an der Außenfassade des Ägyptischen Museums von Kairo ein unscheinbares Dasein fris-tet. Wer sich die Zeit nimmt, die Hieroglyphen auf der Stele in Augenschein zu nehmen, stellt fest, dass hier göttliche Prädikate einer Königstitulatur festgehalten wurden. Sie sollten den übermenschlichen Status Snofrus für alle Ewigkeit dokumentieren und holen ihn heute ein Stück weit aus der Tiefe der Vergangenheit ans Licht der Gegenwart. Für den Laien in unlesbaren Schriftsymbolen in Stein gemeißelt, steht innerhalb eines rechteckigen Registers, einer stilisierten »Palastfassade«, auf der ein Horus-Falke thront, die vollständige Titulatur des Königs: »Horus, Herr der Weltordnung, König von Ober- und Unterägypten, beide Herrinnen, Herr der Weltordnung, Goldhorus Snofru«. Der Pharao selbst ist ebenfalls mit der Doppelkrone auf dem Kopf und einer Geißel in der rechten Hand auf einem Thron sitzend in der linken unteren Ecke des Inschriftenfeldes abgebildet.

Interessant an der vorliegenden Titulatur ist die Tatsache, dass der Name Snofrus in einem ovalen Königsring, einer so genannten Kartusche, geschrieben wurde. Diese Neuerung in der offiziellen Darstellungsweise des Königsnamens wurde wahrscheinlich schon unter Huni am Ende der 3. Dynastie eingeführt und sollte zusammen mit der späteren ähnlichen Schreibung des Thronnamens bis zum Untergang des Pharaonenreiches beibehalten werden. Damit wurde zu Beginn der 4. Dynastie eine weitere Komponente in der königlichen Titulatur definiert, die im Lau-

Abb. 26: Die Titulatur Snofrus auf einer Stele, die einst an der kleinen Kultpyramide stand (nach Fakhry).

fe des Alten Reiches langsam standardisierte Formen annehmen und die weltliche wie die göttliche Stellung der Pharaonen charakterisieren sollte.

Die Knick-Pyramide als Kultstätte

Es ist heute schwierig zu entscheiden, welche Rolle die Knick-Pyramide auf dem Dahschur-Plateau gespielt hat. Bei der Komplexität der Baugeschichten der Snofru-Pyramiden, die eng miteinander verwoben sind, kann eine sinnvolle Aussage über ihre mögliche kultpraktische Verwendung letztlich erst dann getroffen werden, wenn man das gesamte Szenario kennt, also auch die Errichtung der Roten Pyramide und die Modernisierungsaktion an der Stufen-Pyramide von Meidum mit ins Kalkül zieht. Beide Themen sind Gegenstand des nächsten Kapitels, so dass an dieser Stelle lediglich eine kurze bauliche Bestandsaufnahme der Kultanlagen an der Knick-Pyramide folgt.

Die Ägypter hatten nicht die Absicht, das misslungene Bauwerk als peinliche Ruine unbeachtet in der Wüste stehen zu lassen, sondern gingen daran, es in den Königskult zu integrieren. So wurde der gesamte Pyramidenbezirk weiträumig mit einer hohen Kalksteinmauer umgeben, die auf der Südseite auch die Nebenpyramide mit einschloss. Der Zugang zum inneren Pyramidenkomplex lag nahe der Nordostecke, wo der Aufweg endete, der ebenfalls seine ursprünglich geplante Form bekam. Spuren der Umfassungsmauer haben sich kaum erhalten. In der Mitte der Ostwand der Pyramide errichtete man ähnlich wie an der kleinen Kultpyramide eine bescheidene Opferstätte in Gestalt eines Stelenheiligtums, das während des Alten und Mittleren Reiches offenbar noch einige Veränderungen erfuhr. Die Kultstätte war mit einer Steinmauer eingefasst und über einen kleinen Vorraum zugänglich, in dem Kultgeräte und Opfergeschirr aufbewahrt wurden.[236] Heute erkennt man von ihrer Gesamtstruktur nur noch wenig; doch man steht vor den Überresten eines Heiligtums, das über einen langen Zeitraum hinweg ein Zentrum der Verehrung des Königs Snofru darstellte. Von beiden einst etwa neun Meter hohen und wahrscheinlich ebenfalls mit der Königstitulatur Snofrus beschrifteten Kalksteinstelen existieren nur noch stark erodierte, gut zwei Meter hohe Stümpfe. Die Stelen wur-

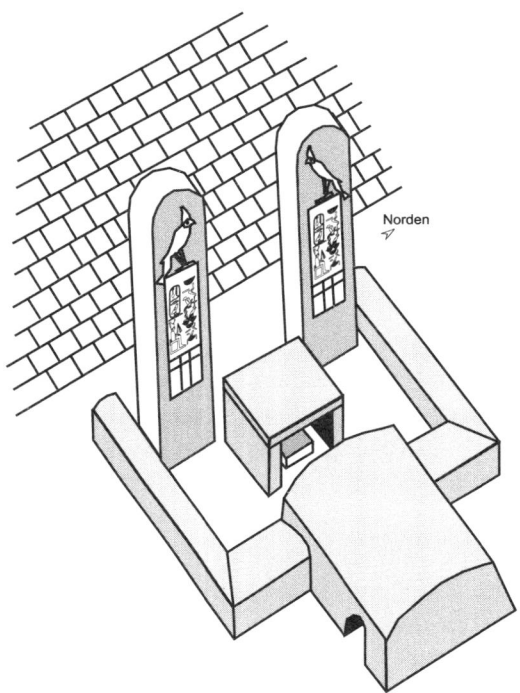

Norden

Abb. 27: Das Stelenheiligtum der Knick-Pyramide zur Zeit des Alten Reiches (nach Ricke und Fakhry).

den vermutlich bei der Demontage der oberen Verkleidungsschicht der Pyramide zerstört oder teilweise abgebaut und an anderer Stelle als Baumaterial wieder verwendet. Den eigentlichen Platz der Opferstelle, an dem man bei Ausgrabungen einen aus mehreren Steinen zusammengesetzten Altar in der Form der Opferhieroglyphe »hetep« fand, markiert heute ein versandeter steinerner Überbau.

Neben dem Stelenheiligtum existierte noch eine zweite, an der Nordseite der Knick-Pyramide installierte Kult-

stelle, von der jedoch heute kaum mehr Spuren auszumachen sind. Exakt auf der Nordsüdachse der Pyramide
entdeckte Ahmed Fakhry bei seinen Ausgrabungen die
Fundamente eines lang gezogenen Ziegelgebäudes,[237] das
aufgrund seiner Lage des öfteren mit den so genannten
»Nordkapellen« in Zusammenhang gebracht wurde. Derartige Kultstätten, die sich archäologisch erst ab dem
Ende der 5. Dynastie unter König Djedkare-Asosi nachweisen und bis in die 13. Dynastie stetig verfolgen lassen, waren vielleicht dazu bestimmt, die markanteste Stelle an der Außenseite eines Königsgrabes, nämlich den
Pyramideneingang, zu kennzeichnen, »an dem der König
während der Bestattungsfeierlichkeiten ›sichtbar‹ in das
Jenseits entschwand«.[238] Bei den Pyramiden der 4. Dynastie sind die archäologischen Befunde, so der öster-
reichische Ägyptologe Peter Jánosi, jedoch derart
»undeutlich, daß eine einwandfreie Interpretation nicht
möglich ist. Für diese Epochen gehen die meisten Rekonstruktionen überwiegend von Vermutungen und Annahmen aus.«[239] Demnach könnte die Kultstätte unterhalb
des Nordeingangs der Knick-Pyramide eine Funktion
innegehabt haben, die nicht ausschließlich auf die Bauruine ausgerichtet war. Rekonstruktionen zufolge stand
im südlichen Bereich des über zehn Meter langen, knapp
vier Meter breiten Ziegelbaus eine Statue des Königs mit
dem Rücken zur Pyramide, vor der ein Altar platziert
wurde, der nach Norden wies.[240] Es hat also den
Anschein, als ob das kleine Heiligtum auf die Rote Pyramide ausgerichtet war. Dies würde auch erklären, warum
an der entsprechenden Stelle von Snofrus letztem Grabbau bislang keine Spuren einer derartigen Kultstätte entdeckt wurden.

Am Rand der Nekropole

Während der Kampf um die Knick-Pyramide die königliche Bauleitung jahrelang in Atem hielt, gab es auf dem kargen Wüstenplateau von Dahschur, vor allem auf den vorgelagerten Hügelketten entlang des Seebeckens, noch eine Handvoll weiterer staatlich subventionierter Baustellen. Sie waren integraler Bestandteil der Königsnekropole und stellen ein in sich geschlossenes Abbild der hierarchischen Gesellschaft jener Zeit dar. Ihre Errichtung wird teilweise schon relativ früh, vermutlich parallel zur ersten Bauphase der Knick-Pyramide, begonnen und bis zu ihrer »Fertigstellung« angehalten haben, so dass vom Haupttransportweg durch das Snofru-Tal jahrelang Arbeitskräfte und Materialien abgezweigt werden konnten. Doch sicherlich war das Areal westlich des Sees auch nach der Verlagerung der königlichen Bauaktivitäten in den Norden von Dahschur noch Schauplatz weiterer Bautätigkeiten an Privatgräbern der Höflinge.

Wie schon in der Nekropole von Meidum galt es auch in Dahschur, die Familien- und Beamtengräber nach einem genau definierten System im Umfeld des Königsgrabes zu platzieren. Doch anders als auf der flachen Wüstenebene östlich der Faijum-Oase entstand der Elitefriedhof von Dahschur nicht nach einem bestimmten Ordnungsprinzip auf dem Reißbrett der Architekten, sondern wurde vorwiegend durch die Topographie des hügeligen Geländes bestimmt. Jede Anhöhe im Südosten des Plateaus bis hin zum See wurde in Beschlag genommen und für den Bau von Mastabas vorgesehen. Die Vorgaben für die Errichtung einer privaten, vom König genehmigten Grabanlage im Planungskonzept der Nekropole beschränkten sich primär auf die Einhaltung eines ange-

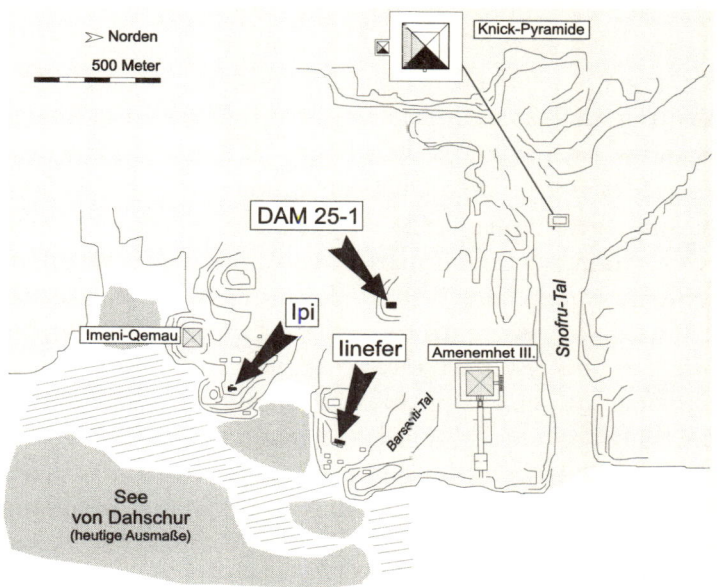

Abb. 28: Die Position einiger Privatgräber aus der Snofru-Ära im Süden von Dahschur.

messenen Abstandes zur Pyramide, betrafen aber auch ihre Größe und Lage im Gelände.²⁴¹

Heute kennen die Ägyptologen gut zwei Dutzend Mastabas, die sich vor allem entlang der Anhöhen am Schilfgürtel des westlichen Seeufers gruppieren.²⁴² Das Friedhofsgelände erstreckt sich im Süden von der kleinen Pyramidenruine des Imeni-Qemau, einem König der 13. Dynastie, bis hin zum so genannten »Barsanti-Tal« im Norden, an das sich die Überreste des Pyramidenkomplexes von Amenemhet III. aus dem Mittleren Reich anschließen. Unterbrochen wird die Mastaba-Kette nur durch ein lang gezogenes, nordwestlich orientiertes Wadi, das einst wohl teilweise zu den Ausläufern des Dahschur-

Sees gehörte und relativ weit nach Westen gereicht haben dürfte. Weitere Gräber finden sich auf den Hügeln in Richtung der Knick-Pyramide, wobei die Mastaba »DAS 25-1« von besonderem Interesse ist. Diese Grabanlage liegt auf einem der größten Hügel in dieser Region, gut 900 Meter von der Knick-Pyramide entfernt, und ist bislang nicht vollständig ausgegraben worden. Ahmed Fakhry untersuchte sie anscheinend am Rande seiner Ausgrabungstätigkeiten, ohne jedoch nachvollziehbare Ergebnisse vorweisen zu können.[243] Bislang gibt es keine Hinweise auf ihren ehemaligen Eigentümer, nur ein paar Indizien, die den Personenkreis zumindest eingrenzen. Da die Mastaba eine beachtliche Größe aufweist und von allen Privatgräbern der Snofru-Zeit der Knick-Pyramide am nächsten liegt, ist die Vermutung nicht von der Hand zu weisen, dass es sich um die letzte Ruhestätte eines Angehörigen der Königsfamilie handelt.[244] Besäße Nefermaat nicht bereits eine monumentale Grabanlage in Meidum, die er nach allen bisherigen Erkenntnissen auch genutzt hat, könnte man durchaus auf den Gedanken kommen, die Mastaba »DAS 25-1« dem Bauleiter des Königs zuzuschreiben. Auf der anderen Seite gibt es Indizien, die darauf hindeuten, dass dessen Bruder Rahotep womöglich gar nicht in Meidum, sondern in Dahschur beigesetzt worden ist.[245] Die Mastaba »DAS 25-1« wäre sicherlich auch ein geeignetes Grab für diesen Sohn Snofrus gewesen. Man darf also auf zukünftige Ausgrabungen gespannt sein, wann immer sie auch stattfinden werden.

Dagegen ist das Friedhofsgelände im Südosten von Dahschur, das in seiner Gesamtheit von der Feldforschung lange Zeit relativ wenig beachtet wurde, seit einigen Jahren mehr in den Mittelpunkt des Interesses gerückt. Spuren an einigen Mastabas lassen zwar eindeutig darauf schließen, dass sie in der Vergangenheit schon einmal das Ziel von Ausgrabungen waren,[246] doch haben deren Ergebnisse nicht Eingang in die wissenschaftliche Literatur gefunden. Eine archäologische Todsünde, der man in der Geschichte der Ägyptologie des öfteren begegnet und die die Arbeiten der Wissenschaftler heute immer wieder unnötig erschwert. In den letzten Jahren konzentrierten sich die Forschungen vor allem auf die dicht am Seeufer gelegenen Mastabas des Iinefer (»DAS 32–4«) und Ipi (»DAS 9«) sowie auf deren Umgebung. Beide Grabstätten gehören zu der ersten Generation von Privatgräbern, die mit dem kostbaren Tura-Kalkstein verkleidet wurden, und haben ebenso interessante architektonische Details wie aufregende Forschungsgeschichten.

So konnten beispielsweise erst jüngst anhand eines alten Grabungsfotos in einem Depot in Sakkara zwei Statuen des Ipi wiederentdeckt werden, die einst in den oberirdischen Kulträumen seiner Mastaba standen und bei Grabungen in den fünfziger Jahren freigelegt, abtransportiert und ohne erkennbaren Hinweis auf ihren Verbleib magaziniert wurden.[247] Über die auf den Statuen befindlichen Inschriften und die auf dem Foto erkennbaren architektonischen Strukturen gelang letztlich auch die eindeutige Zuordnung der Mastaba »DAS 9« zu Ipi, dem »Aufseher der Sänger und Tänzer« und »Vorsteher der Vergnügungen im Palast«. Das ist ein wichtiges Forschungsergebnis, da, nach Aussage der Berliner Ägyptologin Nicole Alexanian, »aus der Regierungszeit des Snofru kaum Gräber von Hofbeamten mittlerer Ranghöhe bekannt sind«.[248] Zudem beweist es, dass entgegen bisheriger Erkenntnisse auch in Dahschur Privatgräber existieren, die mit Kultstatuen bestückt waren.

Ganz ähnlich liest sich auch die Geschichte der Grabanlage des Iinefer, einem weiteren Sohn Snofrus. Auch sie ist geprägt von dokumentarischen Unzulänglichkeiten früherer Ausgräber, so dass die Zuweisung der Mastaba wiederum nur aus einer für die moderne Archäologie so typischen Detektivarbeit resultierte. In diesem Fall waren es jedoch keine Kultstatuen, sondern Scheintüren,[249] die einst am Grab erbeutet und ins Ägyptische Museum in Kairo verbracht wurden. Erst durch Vergleiche ihrer Abmessungen mit den Kultnischen an der Ostseite der Mastaba, aus denen sie stammten, war die Zuordnung möglich.[250]

Die Scheintüren Iinefers sind aber auch noch aus anderer Sicht von Interesse, zeigen sie doch, dass sich der Stil der Grabdarstellungen unter der Regentschaft Snofrus mit der Zeit verändert hatte. In Iinefers Grab war offenbar von der »Lebendigkeit der Bilder«, denen man in den Meidum-Gräbern begegnet, nicht mehr viel geblieben, so dass sich hier für Rainer Stadelmann der Eindruck »einer durchaus beabsichtigten Beschränkung« der Grabdekoration aufdrängt.[251] So wird in den Kulträumen des Iinefer erstmals das erkennbar, was Rainer Stadelmann heute als den »Strengen Stil der frühen 4. Dynastie« bezeichnet. Eine königlich verordnete Beschränkung der Grabdekoration auf das Wesentliche sowie die normierte architektonische Gestaltung der Kultstätte.[252] Dahinter verbarg sich, so vermutet Stadelmann, die totenkultpraktische Konzentration auf den Pharao als göttlichen Jenseitsherrscher, die seiner Meinung nach auch mit der Konzeption und Entstehung der »glatten, steilen Form der reinen Pyramide« in Dahschur korrespondierte.[253] Als Leitmotiv für diese Entwicklung glaubt er den wachsenden Einfluss des Sonnenkultes erkannt zu haben; er sieht in Snofru die »sichtbare Erscheinungsform des Sonnengottes, der durch seinen Tod und seine Bestattung in seiner Pyramide mit dem Sonnengott eins wird und damit auch die Opfer des Totenkultes an seinen Hofstaat garantiert und vergibt«.[254] Dieses religiöse Dogma, dem »alle Eigenentwicklungen im Bau- und Raumprogramm und der Dekoration der Privatgräber zum Opfer« fielen,[255] sollte seinen Höhepunkt eine Generation später auf den Beamten- und Familienfriedhöfen des Giza-Plateaus erreichen, die unter Cheops' Regentschaft nach strengen Richtlinien konzipiert wurden.[256]

Hier wird erkennbar, dass auch den Privatgräbern eine wichtige Rolle für das heutige Verständnis der soziokulturellen Entwicklung in der Pyramidenzeit zukommt. Erst durch ihre Erforschung werden wir in die Lage versetzt, besser zu verstehen und nachzuvollziehen, was vor Jahrtausenden im Land am Nil wirklich geschehen ist. Nicht nur die übermächtig wirkenden Pyramiden oder ihre sakralen Umgebungsbauten weisen uns den Weg zu den Menschen, die den exorbitanten Grabkult in Ägypten erst ermöglichten. Es sind auch die kleinen, oftmals von den Touristen übersehenen Privatgräber, in denen einst die Strategen und Denker begraben wurden, ohne die sich eine Hochkultur wie die der Pharaonen gar nicht hätte entwickeln können. Diese Gräber bestimmen sicherlich die Zukunft der Archäologie und ihnen sollte auch von Seiten der Öffentlichkeit mehr Aufmerksamkeit gezollt werden.

4. Kapitel

Das erste Weltwunder
Die Rote Pyramide von Dahschur

» Wenn auch die alten Ägypter den Begriff Weltwunder sicherlich nicht kannten oder verwendeten, so haben sie in ihrem über Jahrhunderte geschulten Gefühl für das ästhetisch Schöne und Großartige das Wunderbare der Pyramiden und Tempel des Alten Reiches wohl erkannt und respektiert.«[257]
RAINER STADELMANN

Standortbestimmung

Man schrieb mittlerweile etwa das Jahr 2595 v. Chr. Die Aktivitäten auf dem königlichen Friedhofsgelände bei Dahschur kamen nicht zur Ruhe, die Atmosphäre war nach wie vor geprägt von hektischer Geschäftigkeit. Snofru hatte schon ein fortgeschrittenes Alter erreicht und musste sich aufgrund des missglückten Grabbaus im Süden der Nekropole langsam ernsthafte Sorgen um seinen Einzug ins Himmelreich machen. Ein funktionstüchtiges Grabmal, ein Tor zur Götterwelt, muss her, lautete die oberste Devise, koste es, was es wolle. Die Rahmenbedingungen für einen weiteren Grabbau waren klar abgesteckt. Die Ägypter hatten keine Zeit, einen neuen Baugrund in einem anderen Wüstenareal zu suchen. Der Aufbau eines völlig neuen Transportnetzes hätte zu lange gedauert, derartige Ideen und Vorschläge wurden vom König und seinen Beratern schnell verworfen. Als Notlösung kam nur eine geeignete Stelle auf dem weitläufigen Dahschur-Plateau in Frage. Man benötigte einen Baugrund, der es erlaubte, die schon vorhandene Infrastruktur am Rand der Nekropole weiter zu nutzen und auszubauen. Zügig wurde ein neues Logistikkonzept entwickelt und in Einklang mit den topographischen Bedingungen des Geländes gebracht. Man hatte aus den Fehlern der Vergangenheit gelernt. Bereits in der Endphase der Bauarbeiten an der Knick-Pyramide, als klar war, dass dieser Grabbau nicht funktionstüchtig an den König übergeben werden konnte, waren geschulte Fachleute aufgebrochen, um die nähere Umgebung von Dahschur auf ihre geologische Eignung sorgsam zu untersuchen. Parallel dazu hatte ein Heer von Beamten alle Hände voll zu tun, die Ressourcen zu überprüfen und neue Versorgungspläne zu entwickeln, denn das neue Bauprojekt sollte natürlich wieder viele Arbeitskräfte benötigen und enorme Materialmengen verschlingen. Das Bauleiterteam stand unter immensem Zeit- und Erfolgsdruck und hatte sein Augenmerk schnell auf das Gelände nördlich der Knick-Pyramide gerichtet. Alle weiteren Planungen konzentrierten sich auf dieses Areal. Ob Nefermaat, der vom Pech verfolgte Bauleiter der beiden ersten Grabprojekte, in dieser Phase noch mit von der Partie war, ist nicht bekannt. Womöglich war er mittlerweile verstorben und auf dem Familienfriedhof in Meidum beigesetzt worden. Vielleicht hatte schon ein neuer, heute nicht eindeutig zu identifizierender Bauleiter seine Aufgabe übernommen und koordinierte die Bautätigkeiten im Norden von Dahschur.[258]

Die Wahl des neuen Baugrundes fiel letztlich auf einen leicht erhöhten, ebenen Bereich des Wüstenplateaus, der etwa 1,9 Kilometer nördlich der Knick-Pyramide oberhalb des Ausläufers des Snofru-Tals liegt. Die Position der neuen Baustelle brachte es mit sich, dass die Pyramidengrundfläche sogar noch einige hundert Meter weiter westlich in der Wüste abgesteckt werden musste als man dies bei der Knick-Pyramide getan hatte. Die Entfernung der neuen Grabstätte zum Fruchtland betrug ungefähr zwei Kilometer; so tief in der Wüste lagen im Alten Reich nur wenige Königsgräber. Wie ein Blick auf die topographische Karte zeigt, hätte man den Baugrund für das neue Projekt durchaus auch noch einige hundert Meter weiter nach Osten verlagern können. Doch dies war aus geologischen und logistischen Gründen nicht erwünscht.

Der neue Bauplatz wurde von den zuständigen Ägyptern als stabil und tragfähig eingestuft.[259] Vielleicht führten sie, sofern es die Zeit erlaubte, noch Probeausschachtungen durch, um den Untergrund bis in eine bestimmte Tiefe auf großlagige Tonschichten zu untersuchen. Gut 500 Meter weiter westlich machten sie ein Steinbruchgebiet aus, das als Materiallieferant für das Grabmal dienen konnte. Der rötliche Kalksandstein, den man in diesem hügeligen Areal abbaute, eignete sich aufgrund seiner Festigkeit für das Kernmauerwerk und gab dem Bauwerk seinen modernen Namen – »Rote Pyramide«. Auf Luftaufnahmen wie auch teilweise vom Boden aus erkennbar, führen noch heute zwei rampenartige Transportwege, auf denen die Schleppmannschaften einst die Steine transportierten, von Westen zur Pyramide. Der

Baugrund konnte nicht dichter an die Steinbrüche heran gelegt werden, da das dortige Gelände zu große Unebenheiten aufweist. So resultierte die Positionierung der Pyramide letztlich aus einem Kompromiss: Relativ gut geeignete Bodenverhältnisse auf der einen, relativ kurze Schleppwege für das Baumaterial des Kernmauerwerks auf der anderen Seite.[260] Die extreme Länge des geplanten Aufweges zum Fruchtland wurde dabei als notwendiges Übel hingenommen.

Nach Abschluss der vorbereitenden Arbeiten war es dann soweit: Zum zweiten Mal wurde auf dem Dahschur-Plateau die heilige Grundsteinlegung zu einem Königsgrab zelebriert. Ähnlich wie auf heutigen Baustellen wählten die Ägypter für ihre Gründungsgruben besondere Stellen aus, zum Beispiel die Ecken der Pyramiden. So wurden in der Regel beim Bau der Fundamente für die Basisfläche oder kurz vor der Verlegung der ersten Steinlage in einer feierlichen Zeremonie Weihgaben in eine, womöglich sogar mehrere Gründungsgruben gelegt, die man anschließend mit Sand auffüllte und mit einer Steinplatte verschloss. Bei der ersten Grabungskampagne des DAI im Jahr 1980 konnten die Archäologen eine knapp einen Meter tiefe Gründungsgrube an der Südostecke der Roten Pyramide lokalisieren. Nach Aussage von Rainer Stadelmann war sie nur mit Flugsand und Kalksteinbruchstücken gefüllt und wurde »wohl schon im Mittleren Reich, als die Pyramide ihrer Verkleidungsblöcke beraubt wurde, geöffnet und völlig ausgeräumt«.[261] Noch heute kann der aufmerksame Besucher ihre Umrisse erkennen und eine der markanten Positionen in Augenschein nehmen, von der aus die Bauarbeiten ihren Anfang nahmen.

Weitaus wichtiger war dagegen eine Entdeckung, die die deutschen Archäologen während einer weiteren Grabungskampagne im Jahr 1983 an der Südwestecke der

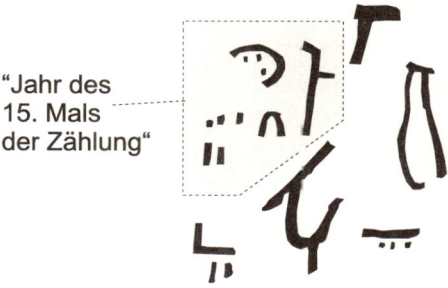

"Jahr des
15. Mals
der Zählung"

Abb. 29: Inschrift auf einem Steinfragment aus der Südwestecke der Roten Pyramide (nach Stadelmann).

Pyramide machen konnten. Auf einem zerbrochenen, aber zusammensetzbaren Fragment des Ecksteins (oder eines Eckfundamentsteins) fand sich die Inschrift: »Das Einbringen in die Erde des westlichen Ecksteins, Jahr des 15. Mals der Zählung«.[262] Auch wenn die Monats- und Tagesangaben verloren gegangen sind, stand damit dennoch der ungefähre Zeitpunkt der Ecksteinverlegung der Roten Pyramide fest. Da der Aufbau der Infrastruktur und die allgemeinen Vermessungen, Ausschachtungen und Fundamentierungsarbeiten an der Basis vermutlich einige Zeit in Anspruch nahmen, könnte demnach der eigentliche Baubeginn schon etwa ein bis zwei Jahre zuvor stattgefunden haben.

Dieser Befund ermöglicht es zusammen mit anderen Datumsangaben, die auf Verkleidungsblöcken in unterschiedlichen Höhen im unteren Bereich der Pyramide gefunden wurden, detaillierte Aussagen über den Baufortschritt zu machen. Doch bevor wir uns den Arbeiten am Pyramidenstumpf und am Kammersystem der Roten Pyramide widmen, werfen wir noch einmal einen Blick nach Meidum, wo fast zeitgleich zu den Aktivitäten in Dahschur die alte Stufen-Pyramide modernisiert wurde. Ein Umstand, der in der Ägyptologie für viel Verwirrung gesorgt hat und deshalb eine gewisse Aufmerksamkeit verdient.

Im Schatten von Dahschur

Aus Sicht der modernen Archäologen bescherten Snofru und seine Untertanen der Nachwelt nach einem bislang ungeklärten Nekropolenwechsel und einer pyramidalen Fehlkonstruktion noch eine weitere Überraschung. Anstatt nach dem Debakel an der Knick-Pyramide alle Arbeitskräfte und notwendigen Ressourcen ausschließlich auf den Bau der Roten Pyramide zu konzentrieren, nahm man parallel dazu diverse Umbauten an der alten Königsnekropole in Meidum vor. Das Hauptaugenmerk lag dabei auf der Stufen-Pyramide, die man zu einer echten Pyramide umfunktionieren, d. h. mit einem erweiterten Steinmantel und einer glatten Außenverkleidung versehen wollte.[263] Spuren dieser in der Pyramidengeschichte einmaligen Modernisierungsaktion konnten die ersten Ausgräber am Anfang des 20. Jahrhunderts noch vor Ort ausmachen und dokumentieren: die Überreste einer etwa 150 Meter langen, südlich des Aufweges schräg auf die Pyramide zulaufenden Transportrampe, auf der das angelieferte Material von der Hafenanlage zur Baustelle geschleppt wurde.[264] Die Sandsteinblöcke aus dem lokalen Steinbruch, mit denen die Stufen aufgefüllt wurden und die den Hauptbestandteil des Steinmantels ausmachen, kamen dagegen über einen zweiten Transportweg, dessen Überreste man gut 200 Meter südlich der Pyramide noch nachweisen konnte.

»Jahr des 13. Mals   »Jahr des 17. Mals   »Jahr nach dem 18. Mal
der Zählung«   der Zählung«   der Zählung«

Abb. 30: Beispiele für Datumsinschriften auf Verkleidungsstei-
nen der Meidum-Pyramide (nach Posener-Kriéger in: el-Khouli).

Den Zeitraum der Umbauarbeiten kann man heute
ungefähr datieren. Nachdem man bereits bei früheren
Ausgrabungen an der Pyramide Datierungen des 15. bis
17. Mals der Zählung entdeckte, wurden in den 80er Jahren bei Freilegungsarbeiten an der Nordwestecke etliche
herabgestürzte Verkleidungssteine mit Datumsinschriften
gefunden, die ebenfalls die Gleichzeitigkeit der Bautätigkeiten in Dahschur und in Meidum bezeugen. Hierbei
kamen Jahresangaben der Zählungen 15 (?), 16 bis 18,
aber auch zwei Graffiti, die allem Anschein nach ein 13.
Mal der Zählung belegen, zum Vorschein.[265] Etwas über-
raschend hingegen mutet ein nicht eindeutig zu identifi-
zierendes Graffito an, in dem die Zahl 23, allerdings ohne
das übliche vorangestellte Jahressymbol, und eine
Monatsangabe unmittelbar aufeinander folgen, aber
unterschiedlich ausgerichtet sind.[266] Sollte es sich hierbei
tatsächlich um das Fragment einer zusammenhängenden
Bauinschrift mit dem Datum des 23. Mals der Zählung
handeln, die nicht von späteren Ausbesserungen stammt,
würde das bedeuten, dass die Arbeiten an der Meidum-
Pyramide fast bis zum Ende der heute bekannten Regierungszeit Snofrus gedauert hätten. Bei einer überwiegend
zweijährigen Zählungsweise wäre dies mit einer Bauzeit
von bis zu 18 Jahren gleichzusetzen, was im Vergleich

153

zur Bauleistung etwas unglaubwürdig erscheint. Realistischer wird man bei den Umbauaktionen wohl eher eine Bauzeit in der Größenordnung von ungefähr acht Jahren vermuten dürfen. Um konkretere Aussagen treffen zu können, sollte man unter den noch vorhandenen Schuttmassen an der Basis der Pyramide nach weiteren Verkleidungsblöcken Ausschau halten, die mit großer Sicherheit zusätzliche Baudaten liefern würden.

Eine andere Frage, die sich in diesem Zusammenhang stellt, ist der Grund für die aufwändige Modernisierung der Meidum-Pyramide. Dieses Thema ist in Fachkreisen bislang noch nicht befriedigend erörtert worden und wird nicht zuletzt durch eine fortwährende Diskussion über das heutige Erscheinungsbild des Bauwerks »kaschiert«. Hierbei wird neuerdings wieder darüber debattiert, ob die Meidum-Pyramide überhaupt fertig gestellt worden ist. Ohne das Für und Wider beider Argumentationsketten hier im Einzelnen wiederholen zu wollen, dreht es sich im Kern der Kontroverse um die ursprüngliche Funktion der Schuttwälle an der Pyramidenbasis. Manche mutmaßen, es handele sich hierbei um ein Relikt früher Steinräuberaktivitäten. Andere glauben in ihnen Reste einer ursprünglichen Rampenstruktur zu erkennen, die einfach stehen gelassen wurde, als man die Arbeiten spontan aufgab.[267] Obwohl die Sachlage nicht eindeutig ist und eine eingehende Nachuntersuchung vor Ort im Rahmen einer interdisziplinären Studie erfordert, sprechen im Moment viele Argumente für die Fertigstellung der Pyramide.

Jüngst hat Miroslav Verner wieder darauf aufmerksam gemacht, dass die Schichtung der mächtigen Schuttwälle an der Basis der Pyramide ein Hinweis darauf ist, »daß die Erosion der Pyramide schrittweise während einer langen Zeit vonstatten ging«.[268] Ergänzend wies der tschechische Ägyptologe auch darauf hin, dass die Veränderung der Steinblockverlegung, also das Auffüllen der Stufen mit horizontalen Steinlagen, die keine enge Verzahnung mit der alten Stufen-Pyramide ermöglichten, den Steindieben sehr entgegengekommen sein musste und ihre zerstörerische Arbeit wesentlich erleichterte. So gesehen ist das ungewöhnliche, einmalige Erscheinungsbild der Pyramide von Meidum letztlich wohl nur auf die Art und Weise ihrer Erweiterung und den dadurch erleichterten späteren Steinraub zurückzuführen. Aber es gibt noch einen anderen Aspekt.

Vernachlässigt man einmal die unterschiedlichen Auffassungen der modernen Forscher und betrachtet nur die logistische Komponente des Problems, so gibt es keine zwingenden Gründe anzunehmen, dass die Umgestaltung der Stufen-Pyramide nicht auch vollendet werden konnte. Die notwendigen Arbeitskräfte und die Technik, um eine derart ungewöhnliche Umbauaktion durchzuführen, waren vorhanden. Der Hinweis auf die Teilung der Kapazitäten und die damit verbundene Verzögerung auf der Baustelle von Dahschur ist zwar durchaus berechtigt, er darf aber auch nicht überbewertet werden. Mehr als eine fest definierte Schar von Arbeitern und Spezialisten, vermutlich in der Größenordnung von etwa 20 000 Menschen, konnte beim Bau der Roten Pyramide nicht im Einsatz sein. Der Verwaltungs- und Versorgungsapparat des Landes lief ohnehin auf Hochtouren und hatte sicherlich noch genügend Ressourcen zur Verfügung, um eine zweite Großbaustelle zu unterhalten. Außerdem war in Meidum bereits die nötige Logistik vorhanden; die kleine, östlich der Nekropole liegende Pyramidensiedlung »Djed Snofru«, in der sich die Totenpriester der Snofru-Familie mit ihren Angehörigen und etliche Versorgungseinrichtungen niedergelassen hatten, war im Wachsen begriffen. Kurzum: Das Bauprojekt in der Provinz konnte vor Ort koordiniert und geleitet werden. In den Verwaltungsgebäuden um den alten Königspalast saß die lokale Bauleitung, die sich zwar in den Spitzenpositionen vermutlich wieder aus entfernten Mitgliedern der königlichen Familie rekrutierte und der staatlichen Bauorganisation in Memphis/Dahschur unterstellt war, aber ansonsten autark und autonom nach den aus der Hauptstadt vorgegebenen Richtlinien arbeiten konnte. Vermutlich werden der König oder sonstige hohe Baufunktionäre regelmäßig in Meidum vorbeigeschaut und die Arbeiten begutachtet haben. Die Nekropole lag schließlich nur wenige Tagesreisen mit dem Schiff von Memphis entfernt.

Noch ein weiterer Grund spricht für die Vollendung der Meidum-Pyramide: Ähnlich wie an der Knick-Pyramide wurde auch hier an der erweiterten Ostseite wieder ein kleines Stelenheiligtum errichtet, bei dem man allerdings auf die Beschriftung der beiden Kultstelen im Opferhof verzichtete. In diesem Heiligtum fand der englische Gelehrte Flinders Petrie Ende des 19. Jahrhunderts einige Besuchergraffiti aus der 6. und 12. Dynastie, die belegen, dass es in jener Zeit frei zugänglich gewesen sein muss und demnach nicht durch die Reste einer Rampenkonstruktion verdeckt gewesen sein konnte.[269] Der Abriss der Pyramidenverkleidung hat demnach vermutlich erst im Mittleren Reich begonnen und sich bis in die Zeit der Ramessiden (Neues Reich, 19./20. Dynastie) hingezogen.[270] Aus diesen Epochen dürften dann vermutlich auch die vermeintlichen Rampenreste stammen, die einige Forscher im Schutthügel zu erkennen glauben. Erst im Laufe des Neuen Reiches wurde der kleine Tempel dann langsam durch den Bauschutt überdeckt. Auf dem entstandenen Berg wurden in der 22. Dynastie sogar kleine Gräber angelegt.[271]

Die inschriftslosen Stelen ihrerseits belegen allerdings, dass das Grabmal seiner ursprünglichen Bestimmung nicht zugeführt worden ist und womöglich auch keine andere spezifische Funktion im Königskult innehatte.[272] Dies würde sich auch mit der Tatsache decken, dass weder ein Tempelmagazin noch umfangreiche Keramik aus der 4. Dynastie, die man im Zuge eines Kultbetriebes erwarten könnte, im Umfeld des Heiligtums gefunden wurden.[273] Außerdem sind bislang keine gesicherten Priestergräber bekannt, die ihre Grabherren als Tempeldiener an der Pyramide von Meidum ausweisen.[274] Allerdings gilt es hier zu bedenken, dass die meisten Beamtengräber in Meidum ihre Oberbauten verloren haben, so dass die biographischen Hinweise auf die Funktionen und Aufgabengebiete der dort Bestatteten verloren sind. Hier können wohl nur noch Zufallsfunde für mehr Transparenz sorgen.

Zur Modernisierung des alten Grabmals lässt sich abschließend noch Folgendes bemerken: Entweder fand an der alten Stufen-Pyramide eine Art »Laborversuch« zur Installation einer glatten Außenverkleidung mit horizontal verlegten Steinlagen statt; dann war die Nekropole von Meidum zu einem Experimentierfeld für die Architekten geworden. Oder, was wahrscheinlicher ist, man bereitete die Stufen-Pyramide parallel zu den langjährigen Bauarbeiten an der Roten Pyramide als Notgrab für den König vor, als rettenden Strohhalm auf seinem Weg ins Jenseits. Und zwar trotz der uns heute unbekannten religiösen oder kultpraktischen Gründe, die Snofru gut ein Jahrzehnt zuvor bewogen hatten, seine Grabstätte in Meidum aufzugeben und in den direkten Einflussbereich von Memphis zu verlegen. Im Vergleich dazu wirkt die Vermutung von Rainer Stadelmann, der Grund für den Umbau der Stufen-Pyramide hinge damit zusammen, »daß die Pyramide als Wahrzeichen der Königsnekropole (...) unbedingt die neu gefundene Gestalt der echten Pyramide erhalten mußte, die ja nicht nur modern war, sondern vielmehr symbolhaft das Abbild, die Idee des göttlichen Königtums darstellte«,[275] fast nebensächlich.

Denn man muss sich wohl zu Recht die Frage stellen, ob Snofru im Angesicht der riesigen Bauruine vor der Haustür seiner Residenz nicht mit ganz anderen Problemen zu kämpfen hatte als mit der strikten Umsetzung eines symbolischen Dogmas in Stein. Die Errichtung eines ästhetisch befriedigenden Königssymbols mag in der Endphase der Errichtung der Roten Pyramide durchaus ein bedenkenswerter Aspekt für die Ägypter gewesen sein, doch die frühesten Baudatierungen der Umgestaltungsaktion sprechen eine ganz andere Sprache: Sie deuten darauf hin, und das 15. Mal der Zählung belegt letztlich sogar, dass die Modernisierung der Stufen-Pyramide von Meidum in der schwersten Stunde der Grabbaugeschichte des Alten Reiches begann – zu einem Zeitpunkt, als bereits feststand, dass die Knick-Pyramide keine Verwendung als Königsgrab finden würde.

Die »neue« Pyramide von Meidum

Die ursprünglichen Dimensionen der Pyramide von Meidum lassen sich heute auf den ersten Blick nur noch schwer erkennen. Schuld daran sind vor allem der schon mehrfach erwähnte Schutthügel, der an der Basis des Grabmals in weiten Teilen noch meterhoch ansteht, sowie der fast vollständig abgetragene obere Bereich der Pyramide, der als Bezugspunkt für die vertikalen Ausmaße des Bauwerks fehlt. Allerdings hat der hohe Grad der Zerstörung auch eine positive Seite, erlaubt er doch einen einmaligen Blick in die verworrene Baugeschichte dieser

Pyramide. So erkennt man beispielsweise beim Besteigen des Bauwerks über die Nordwestkante wie auch auf der östlichen Seite des Hügels die Nahtstellen zwischen den beiden großen Bauphasen. Wie glänzende Diamanten im Sand kommen an einigen Stellen glatt polierte Stufenecken und Abbruchstellen der Verkleidung der älteren Stufen-Pyramide aus dem Schutt und Geröll zum Vorschein. Hier erhält man einen kleinen Eindruck davon, wie die Ägypter die Erweiterung der Stufen-Pyramide bewerkstelligten. Die bautechnische Vorgehensweise ähnelt prinzipiell der Methode beim Rettungsversuch des maroden Stumpfes der Knick-Pyramide, enthält aber auch bauliche Komponenten, die erst in deren oberem, abgeknicktem Abschnitt zur Anwendung kamen.

Die Baupläne sahen vor, eine Schale mit einer glatten Außenseite über die achtstufige Pyramide zu legen und dabei die bestehende Basislänge um fast 22,60 Meter auf über 144 Meter zu erweitern.[276] Aufgrund der Erfahrungen von Dahschur baute man dafür ein massives, stabil auf Sand gegründetes Steinfundament aus drei Schichten sorgsam bearbeiteter und miteinander verzahnter Kalksteinplatten.[277] Diese Konstruktionsweise wandte man auch bei weiteren großen Pyramidenprojekten an, so dass man die beim Umbau der Meidum-Pyramide gewonnenen Erfahrungen durchaus als richtungsweisend bezeichnen kann. In diesem Punkt diente diese Pyramide tatsächlich als Experimentierfeld der Architekten. Auch bei der Verlegung der einzelnen Steinlagen setzte man konsequent auf die Erkenntnisse, die man im oberen Bereich der Knick-Pyramide und bei der Errichtung der Kultpyramide gewonnen hatte. Von der Basis bis zur Pyramidenspitze wurden die Steinblöcke in horizontalen Lagen verlegt. Das Material setzte sich dabei im Inneren des Mantels aus vor Ort gebrochenen Sandsteinblöcken,

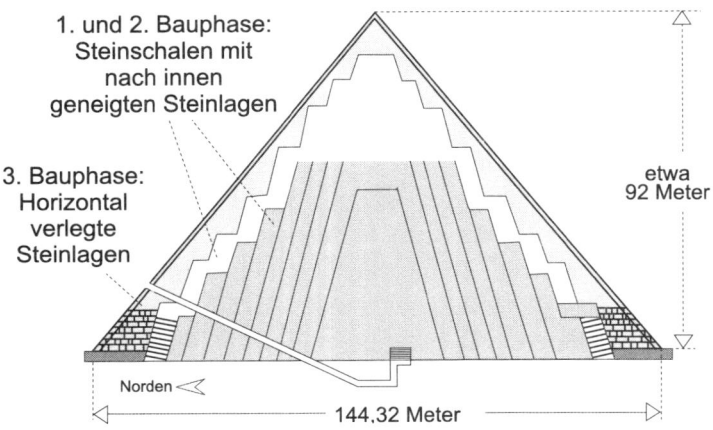

1. und 2. Bauphase:
Steinschalen mit
nach innen
geneigten Steinlagen

3. Bauphase:
Horizontal
verlegte
Steinlagen

etwa
92 Meter

Norden

144,32 Meter

Abb. 31: Die endgültigen Maße der Meidum-Pyramide (nach Stadelmann und Maragioglio/Rinaldi).

an der Verkleidung aus zwei Reihen von Tura-Kalksteinen zusammen. Der Winkel, unter dem die neu gestaltete Pyramide in die Höhe wuchs, betrug 51,84 Grad und ergab sich wohl zwangsläufig aus den Stufen der vorhandenen Pyramide.[278] Letztendlich erreichte das Bauwerk nach seinem Umbau eine Höhe von etwa 92 Metern; sein Volumen betrug nun ungefähr 640 000 Kubikmeter. Da diese Arbeiten an der Pyramide von Meidum höchstwahrscheinlich schon beendet waren, bevor die Rote Pyramide fertig gestellt werden konnte, war sie die erste geometrisch »echte« Pyramide Ägyptens in ihrer Größenordnung. Niemand hätte sich eine derartige Metamorphose bei ihrer Grundsteinlegung träumen lassen. Doch trotz ihres erweiterten, modernen Outfits konnte das »Wahrzeichen von Meidum« nicht mit der Bauruine von Dahschur mithalten. Ihr Gesamtvolumen betrug nicht einmal halb so viel wie das der Knick-Pyramide.

Mit dem Umbau der Pyramide erhielt auch der gesamte Grabkomplex sein endgültiges Aussehen: das Stelenheiligtum, ein Aufweg zwischen der Opferstätte und möglicherweise einem kleinen Tempelgebäude am Fruchtland sowie eine kleine Kultpyramide wurden errichtet.[279] Die topographisch und infrastrukturell bedingte Ausrichtung des Pyramidenkomplexes von Osten nach Westen sollte ähnlich wie bei der Knick-Pyramide das Bild aller späteren königlichen Grabbezirke prägen. Sie macht deutlich, dass es nicht immer ausschließlich religiöse Motivationen gewesen sein müssen, die den Aufbau der königlichen Nekropolen diktierten.

Falls man tatsächlich erwogen hat, den König in der modernisierten Pyramide von Meidum zu begraben, hatte man diesen Gedanken spätestens zu dem Zeitpunkt wieder verworfen, als das Stelenheiligtum an der Ostseite errichtet wurde. Diese unscheinbare Opferstätte hatte weder die Dimensionen noch den kultpraktischen Charakter eines monumentalen Totentempels wie wir ihn an der Roten Pyramide noch kennen lernen werden.

Im Zuge der »Modernisierung« des Grabbezirkes erfuhren auch die Prinzengräber eine kosmetische Veränderung, und zwar im Bereich ihrer Kultkapellen. So erreichte der »Strenge Stil der frühen 4. Dynastie« die Familiennekropole von Meidum. Ähnlich wie man die Dekorationen der Grabanlagen im Umfeld der Knick-Pyramide gezielt reduzierte, wurden nun auch die großzügig angelegten Kulträume in den Gräbern auf dem Nordfriedhof radikal umgestaltet und verkleinert. Das kann man heute beispielsweise noch an der Mastaba des Nefermaat nachvollziehen. Die mit lebendig wirkenden Darstellungen aufwändig und individuell dekorierten kreuzförmigen Kapellen wurden zusammen mit den darin befindlichen Grabstatuen vermauert und von der Außenwelt abgeschirmt. »Sie entsprachen«, so vermutet Rainer Stadelmann, nun »nicht mehr dem, was kultisch vorgeschrieben und gestattet war«.[280] Statt dessen wurden an den alten, mit Kalk verputzten Zugängen Kultnischen eingerichtet, denen kleine, in Ziegelbauweise errichtete Opferhöfe vorgelagert waren. In ihnen wurden entweder »Namensstelen vor einer Scheintür« aufgestellt oder man setzte einfach »eine Opferplatte in das Massiv der Mastaba« ein.[281] Diese recht merkwürdigen, bis heute nicht eindeutig interpretierbaren Befunde machen deutlich, dass die offenen Fragen in Meidum sich nicht auf das »Königsgrab« beschränken, sondern die gesamte Nekropole betreffen. In diesem Zusammenhang steht auch die bereits erwähnte, erst jüngst wieder von Rainer Stadelmann geäußerte Vermutung, wonach Rahotep gar nicht in seiner Mastaba bestattet wurde, sondern in Dahschur seine letzte Ruhestätte fand.[282] Er stützt sich dabei auf Ausgrabungsergebnisse von Flinders Petrie, der in der Mastaba keine Hinweise auf eine Bestattung nachweisen konnte. Wo Rahotep jedoch letztlich genau begraben ist, weiß auch Stadelmann nicht zu sagen. Da aber viele Mastabas in Dahschur noch nicht erforscht sind, stehen eine Reihe von Möglichkeiten zur Verfügung. Und dies auch im erweiterten Umfeld der Roten Pyramide, von deren Errichtung jetzt die Rede sein soll.

Entlang der ersten Steinlagen

Während die Neugestaltung der Meidum-Pyramide erste Formen annahm und ihr »Erweiterungsmantel« langsam in die Höhe wuchs, begannen die Arbeiten an der Basis der Roten Pyramide. Die grundlegenden Vorgaben der

Bauleitung waren klar, die Baupläne diesbezüglich illustrativ ausgearbeitet worden. Zum ersten Mal in der königlichen Grabbaugeschichte schlugen die Ägypter keine Stollen in den Felsboden und hoben keine tiefe Baugrube aus, um die Korridore und Kammern der Pyramide zu gestalten. Eine derartige Vorgehensweise wäre zwar traditionsgemäß und wohl auch im Sinne der Planer gewesen, konnte aber aus Zeitnot nicht realisiert werden. Diesmal sollte das gesamte Kammersystem oberirdisch ins Kernmauerwerk der Pyramide gebaut werden. Dies brachte neben einer Zeitersparnis auch eine gewisse Arbeitserleichterung mit sich, dürfte den baulichen Sicherheitsanforderungen entsprochen haben und sollte vor allem einen reibungslosen Verlauf der Bauarbeiten garantieren. Aufgrund der im oberen Bereich der Knick-Pyramide gewonnenen Erfahrungen wählte man einen flachen Neigungswinkel von 45 Grad und legte eine Basislänge von fast genau 219 Metern (418 Ellen) fest.[283] Mit diesen Maßzahlen gingen die Arbeiter daran, die ersten Steinlagen zu verlegen, und zwar auf einem womöglich die gesamte Basisfläche umfassenden stabilen Fundament aus Tura-Kalksteinen, einer Art »Bauplatte«, die im Bereich der Pyramidenkanten sogar mehrlagig gegründet wurde.[284] Erklärtes Ziel war es, die Höhe der Knick-Pyramide noch um knapp fünf Meter zu überbieten. Diese Vorgaben verdeutlichen das Bedürfnis, mit dem neuen Grabmal den misslungenen Bau der Knick-Pyramide zu überflügeln und damit auch ein Stück weit vergessen zu machen. Snofru und seine Bauleitung wollten der Nachwelt kein kleines »Sicherheitsgrab« hinterlassen. Trotz der schweren Hypothek, die ihnen in Gestalt der Bauruine im Süden von Dahschur täglich vor Augen stand, hatte man sich von Anfang an vorgenommen, den eingeschlagenen Kurs des Gigantismus weiterzuverfolgen. Dieses Vorhaben erscheint aus heutiger Sicht bemerkenswert, stützte sich aber womöglich auf die Gewissheit, im Notfall auf das modernisierte Grabmal in Meidum zurückgreifen zu können. Es spiegelt aber vor allem eine enorme Selbstsicherheit der neuen Bauleitung wider. Eine Rolle spielten dabei vermutlich auch die Erfahrungen aus zwei Grabprojekten und die daraus gewonnene Einschätzung, dass mit den neu entwickelten Bautechniken und den gewählten Abmessungen der Pyramide ein schneller und kontrollierbarer Baufortschritt erzielt werden könnte. Letztendlich sollte die Geschichte den Ägyptern hier Recht geben.

Einen kleinen Einblick in die Anfangsphase der Bauarbeiten kann man heutzutage vor Ort, einen viel ausführlicheren aus den Ausgrabungsberichten des DAI gewinnen, durch dessen Archäologen der Grabkomplex der Roten Pyramide in den achtziger Jahren erforscht wurde. Dabei wird besonders deutlich, wie die ägyptischen Steinleger hier gearbeitet haben.

Heute sind die Flanken der Roten Pyramide teilweise bis zu 18 Meter hoch mit Flugsand und Geröll bedeckt. Lediglich die Bereiche an den Ecken und ein etwa 30 Meter langer Abschnitt an der Mitte der Ostseite wurden in den letzten beiden Jahrzehnten freigelegt. Die Säuberung der Ecken diente der Vermessung der Kantenlänge, die Freilegung des zentralen Bereichs der Ostseite der Rekonstruktion des Totentempels der Pyramide. Dabei kamen an der Ostflanke fünf Lagen mit Verkleidungssteinen »in situ«, d. h. in originalen Positionen, zum Vorschein. Auf weiteren etwa einem Dutzend Steinlagen befinden sich Verkleidungsblöcke in gelockerten Positionen, die teilweise verschoben wurden oder aus höheren Lagen stammen. Wie man an diesem Abschnitt erkennen kann, haben die Ägypter das Kernmauerwerk wie auch die Verkleidungssteine in horizontalen Schichten verlegt. Die Verkleidung selbst besteht aus einem Verbund von meist zwei hintereinander liegenden Tura-Kalksteinen, die offenbar mit dem Kernmauerwerk »verzahnt« wurden: mit den an den Außenseiten im Neigungswinkel angeschrägten und sorgsam polierten, eigentlichen Verkleidungssteinen und den so genannten »backing stones«, der inneren Steinschicht, die am Kernmauerwerk anliegt. »Die Art, wie die ›backing stones‹ und teilweise sogar die Verkleidungssteine in das Kernmauerwerk eingreifen, verfugt und von diesem überlagert werden«, so der damalige Grabungsleiter Rainer Stadelmann, »bezeugt eindeutig und handgreiflich, daß die Verkleidungsblöcke in einem Zug mit dem Kernmauerwerk verbaut und verlegt worden sind.«[285] Dem Grabungsbericht kann man außerdem entnehmen, dass es beim Verlegen der Steine einen unterschiedlich hohen Verbrauch an Mörtel gab. »Während zwischen das Kernmauerwerk dicke Mörtelschichten aus Lehm und Kalksteinsplittern eingegossen worden sind«, so Stadelmann, »ist zwischen und auf den Verkleidungsblöcken jeweils nur eine hauchdünne Lage von sehr feinem, aus Kalksteinpuder gewonnenem Mörtel feststellbar«. Einkerbungen an den Verkleidungssteinen lassen darauf schließen, dass sie von Süden her verlegt wurden. Hierbei handelt es sich allem Anschein nach um Sägespuren, die beim Glätten aneinander liegender Blöcke entstanden sind. Die tadellos polierte Verkleidung kann nach Rainer Stadelmann schließlich als markanter Hinweis gewertet werden, dass die Pyramide fertig gestellt worden ist.[286]

Zeichen der Zeit

Aus den Ausgrabungsberichten geht hervor, dass etwa jeder zehnte Steinblock der Verkleidung an der Ostseite der Pyramide Beschriftungen aufwies, vorwiegend die »backing stones«, aber auch teilweise die Rückseiten der äußeren Verkleidungssteine. Darunter waren Datumsinschriften, Königsnamen und diverse Markierungen.[287] Insbesondere der Fund eines Steinfragmentes mit einem unvollständigen, aber lesbaren Graffito mit der Angabe eines 24. Mals der Zählung ist für die Länge der Regierungszeit und damit auch für die Chronologie der frühen 4. Dynastie von großer Bedeutung.[288] Zusammen mit einer zweiten, bereits im 19. Jahrhundert gefundenen Bauinschrift, die allem Anschein nach ebenfalls auf das Jahr des 24. Mals verweist,[289] liegen hiermit die bislang höchsten »Jahresangaben« zur Regierungsdauer Snofrus vor.

Jahresangaben / Zählungen	Fundorte
15. Mal, 2. Monat schemu, Tag 14	Rote Pyramide
15. Mal, 3. Monat schemu, Tag 10+x	Meidum-Pyramide
16. Mal, 1. Monat achet, Tag 13	Meidum-Pyramide
16. Mal, 3. Monat achet, Tag 30	Rote Pyramide
16. Mal, 4. Monat achet, Tag 14	Meidum-Pyramide
16. Mal (?), x. Monat peret, Tag 2	Rote Pyramide
16. Mal (?), 1. Monat peret	Meidum-Pyramide
17. Mal, 2. Monat peret, Tag 10+x	Meidum-Pyramide
17. Mal, 1. Monat peret, Tag 22	Meidum-Pyramide
17. Mal, 3. Monat peret, letzter Tag	Meidum-Pyramide
Nach dem 18. Mal, 4. Monat schemu	Meidum-Pyramide
23. Mal (?), 2. Monat schemu	Meidum-Pyramide
24. Mal, x. Monat peret	Rote Pyramide

Beispiele überlieferter Jahresangaben aus der Regierungszeit Snofrus, aufgefunden auf Verkleidungsblöcken der Meidum-Pyramide und der Roten Pyramide (nach Spalinger, Posener-Kriéger und Stadelmann).

Zugleich liefern aber vor allem die in verschiedenen Steinlagen gefundenen Datumsinschriften wichtige Hinweise auf den Baufortschritt im unteren Bereich des Grabmals und belegen, dass während des gesamten Jahres an der Roten Pyramide gearbeitet wurde. Zwei »Baudaten« sind hierbei von besonderem Interesse und bilden die Grundlage für die folgenden Abschätzungen, die einen Eindruck vom Leistungsvermögen der Ägypter vermitteln:

1. »Unmittelbar über der 12. Steinlage« wurde ein »backing stone« mit einem Datum des »15. Mals der Zählung, 2. Monat der ›schemu‹-Jahreszeit (Ernte/ Sommerzeit), Tag 14« gefunden, der, so Rainer Stadelmann, »aufgrund der Fundlage nicht sehr viel weiter von oben kommen kann«.[290]

2. Eine weitere Datumsinschrift entdeckte man auf einem versprengten Stein im Bereich der 16./17. Steinlage, der vermutlich ursprünglich nur ein oder zwei Lagen höher verbaut wurde.[291] Sie bezieht sich auf den letzten Tag des 3. Monats der »achet«-Jahreszeit (Überschwemmungszeit) im Jahr des 16. Mals der Zählung.

Auf der Grundlage dieser Jahresangaben und der in der Ägyptologie verbreiteten Auffassung, dass die Beschriftung der Steine direkt bei ihrer Verlegung angebracht wurden,[292] hat der Berliner Ägyptologe Rolf Krauss vor einigen Jahren Folgendes berechnet: Zwischen dem frühestmöglichen Zeitpunkt der Verlegung des südwestlichen Ecksteins der Pyramide (also: 1. Tag des 1. Monats der »achet«-Jahreszeit im Jahr des 15. Mals der Zählung) und dem Datum auf dem an der 12. Steinlage aufgefundenen »backing stone« können maximal 284 Tage vergangen sein.[293] Da der Verkleidungsstein in einer Höhe von etwa neun Metern lag, kann man daraus folgern, dass

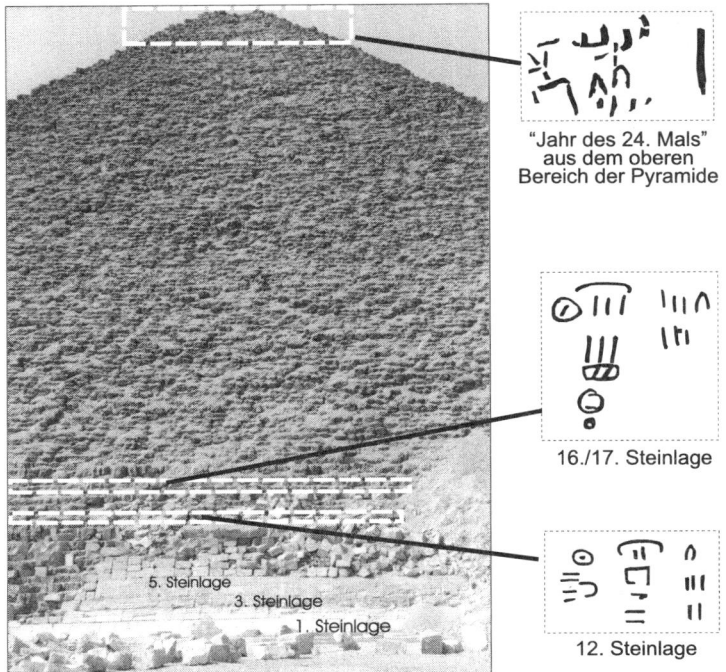

"Jahr des 24. Mals"
aus dem oberen
Bereich der Pyramide

16./17. Steinlage

12. Steinlage

Abb. 32: Die Ostseite der Roten Pyramide mit in verschiedenen Steinlagen gefundenen Datumsinschriften (Inschriften nach Stadelmann).

in diesen knapp 9,5 Monaten effektiver Bauzeit über 400 000 Kubikmeter des Pyramidenstumpfes, also bereits mehr als 22 Prozent des Gesamtvolumens, verlegt worden waren. Die durchschnittliche tägliche Arbeitsleistung beim Verlegen der zwölf Steinschichten lag demnach bei über 1400 Kubikmeter. Diese Zahl stellt allerdings nur einen groben Richtwert dar. Da die Steine in immer größere Höhen transportiert werden mussten, kann man nicht von einer gleichmäßigen Arbeitsleistung beim fortschreitenden Bau des Pyramidenstumpfes ausgehen. Das unterschiedliche Tempo des Baufortschrittes wird auch erkennbar, wenn man die Datierung aus der 16./17. Lage in die Berechnungen einbezieht. Sie wurde etwa in einer Höhe von zwölf Metern gefunden, in der der Pyramidenstumpf bereits über 510 000 Kubikmeter Baumaterial enthielt.[294] Das verbaute Volumen zwischen den Datierungen in der 12. und der 16./17. Steinlage betrug demnach ca. 110 000 Kubikmeter. Um aufgrund dieser Daten die Arbeitsleistung zwischen diesen Schichten abschätzen zu können, müsste man wissen, in welchem Turnus die Jahreszählungen in dieser Regierungsphase Snofrus durchgeführt wurden. Spielen wir die beiden Varianten kurz durch.[295]

Fanden die Zählungen alle zwei Jahre statt, dann lagen zwischen dem frühestmöglichen Datum, das auf dem Eckstein gestanden haben kann, und der Datierung aus der 16./17. Steinlage maximal 820 Tage. In diesem Fall hätten die Ägypter 536 Tage benötigt, um die 110 000 Kubikmeter zwischen der 12. und 16./17. Steinschicht zu verlegen, was einer durchschnittlichen täglichen Arbeitsleistung von etwa 205 Kubikmetern entsprechen würde. Die Bauzeitverzögerung, also die Minderung der Produktivität gegenüber den Arbeiten an den ersten zwölf Steinlagen, wäre in diesem Fall enorm groß ausgefallen. Die Ägypter hätten nur noch gut 14 Prozent der täglichen Durchschnittsleistung erbracht, die sie auf den unteren neun Metern erreicht hatten.

Legt man allerdings eine jährliche Zählweise zugrunde, dann hätte die Errichtung des zwölf Meter hohen Pyramidenstumpfes nur maximal 455 Tage, umgerechnet gut 15 Monate, gedauert. Das Teilstück zwischen der 12. und 16./17. Steinlage wäre damit in knapp einem halben Jahr verlegt worden, was einer mittleren Arbeitsleistung von mehr als 643 Kubikmetern pro Tag entspricht. Im Vergleich zur errechneten Leistung an der Basis des Pyra-

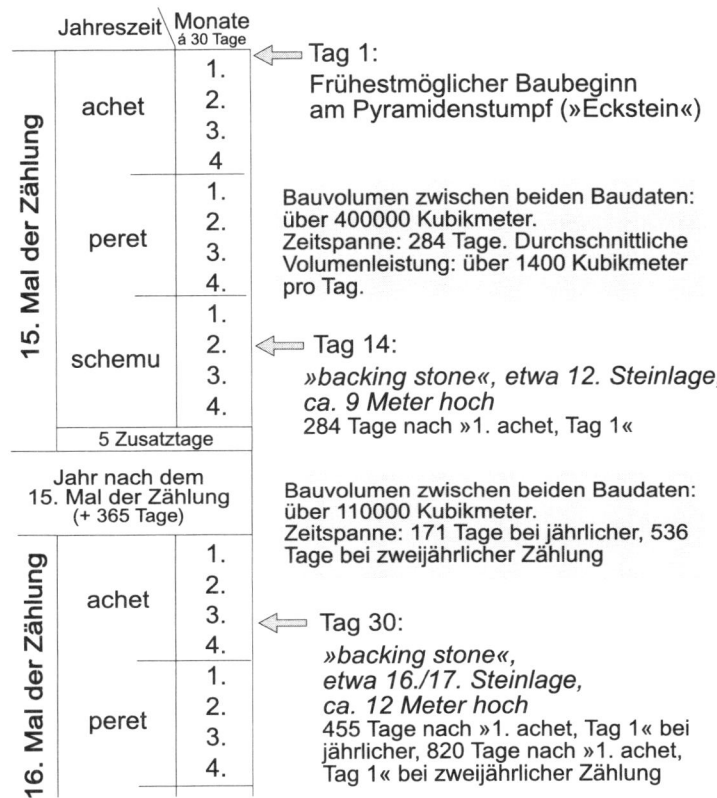

Abb. 33: *Der theoretische Baufortschritt am Pyramidenstumpf der Roten Pyramide auf der Grundlage der bekannten Datumsinschriften (nach einem Berechnungsmodell von Krauss).*

midenstumpfes reduzierte sich die tägliche Volumenleistung somit auf etwa 46 Prozent, was realistischer erscheint als die erste Variante.

Diese Vergleichsdaten haben Rolf Krauss bei seinen hier zugrunde gelegten Berechnungen letztendlich zu der weitreichenden Schlussfolgerung geführt, dass »die 16. Zählung unmittelbar auf die 15. Zählung folgte«, d. h. dass nur 171 Tage zwischen den Jahresdaten der beiden »backing stones« lagen.[296] In Anbetracht der vorgelegten Leistungsberechnungen und der berechtigten Vermutung, dass die auf dem Palermo-Stein belegten, aufeinander folgenden Zählungen des 7. und 8. Mals mit großer Wahrscheinlichkeit mit dem Baubeginn an der Knick-Pyramide korrespondieren, kann man sich diesem Ergebnis durchaus anschließen. Es erscheint sogar plausibel, dass aufgrund des gesteigerten wirtschaftlichen Bedarfs insbesondere zu Beginn der beiden Pyramidenprojekte von Dahschur eine Reihe von Zählungen in einjährigem Abstand stattfand. Hierauf deutet im Fall der Roten Pyramide auch der Umstand hin, dass bislang in Meidum und Dahschur insbesondere Baudatierungen der Zählung 15 bis 17 gefunden wurden, die sich auf das »Jahr der Zählung«, aber nicht auf das »Jahr nach der Zählung« beziehen.

Da die Freilegung der versandeten Flanken der Roten Pyramide noch lange nicht abgeschlossen ist, werden an anderer Stelle sicherlich weitere Verkleidungssteine mit aussagefähigen Baudaten zum Vorschein kommen, die weiterführende Detailstudien zur Arbeitsleistung erlauben.

Inflation der Baurampen

Wie wir gesehen haben, bauten die Ägypter bis zur gut zwölf Meter hohen 17. Steinlage vermutlich in einem Zeitraum von bis zu 15 Monaten (bis maximal zwei Jahren und drei Monaten) fast 30 Prozent des gesamten Pyramidenvolumens. Diese Zahlen machen deutlich, dass die Arbeitermannschaften am Ende der Snofru-Ära zu absoluten Höchstleistungen imstande waren. Doch wie erklären sich die Fachleute diesen schnellen Baufortschritt? Haben sie Hinweise gefunden, die womöglich auf das verwendete Rampenmodell schließen lassen? Rainer Stadelmann, der auch das Umfeld der Roten Pyramide in den letzten 20 Jahren intensiv erforschte, hat über die Errichtung dieses Grabmals relativ konkrete Vorstellungen gewonnen und ein Bauszenario entworfen.[297] Den Ausgangspunkt seines Modells bilden die bei seinen Ausgrabungen offenbar entdeckten, aber heute nicht mehr erkennbaren »Rampenspuren« an der Südwest- und Nordostecke der Pyramide. Sie sind laut Stadelmann wohl nur die Überbleibsel »einer Vielzahl von kleineren Rampen«, die einst geradlinig in nahezu rechtem Winkel an allen vier Seiten anlagen.[298] Mit diesem Rampensystem sei es möglich gewesen, das Steinmaterial problemlos bis auf eine Höhe von 15 bis 20 Metern zu transportieren und zu verlegen. »Dabei konnten zahlreiche Mannschaften mit Schlitten, selbst solchen von Ochsen gezogenen, zum Einsatz gebracht werden«,[299] beschreibt der deutsche Ägyptologe anschaulich die Vorgehensweise. Ab etwa 20 Metern waren die kleinen, linearen Rampen jedoch »nicht mehr funktionstüchtig, der Neigungswinkel wäre zu steil geworden«. Stadelmann geht in seinem Modell deshalb davon aus, dass für den weiteren Bau »zumindest drei Seiten und Ecken der Pyramide (...) zur Vermessung und zur Einhaltung des Neigungswinkels freigehalten« werden mussten.[300] An drei Seiten wurden die kleinen Rampen deshalb wieder abgerissen und an der vierten zusammen mit dem dortigen Rampensystem zu einer großen, entlang der gesamten Pyramidenflanke angelehnten, stabilen Baurampe umgebaut.[301] Diese angelehnte Rampe wurde in

Höhe, Länge und Neigungswinkel ständig dem größer werdenden Baukörper angepasst, so dass der Transportweg auf der Baurampe vernünftige Bedingungen zum Bewegen und Rangieren der Steinlasten erfüllte. Oberhalb der 20-Meter-Grenze gaben die Ägypter vermutlich auch die strikte, sukzessive Bauweise in horizontalen Lagen auf und zogen den Pyramidenstumpf von der Mitte aus über »würfelförmige Stufen, auf die wieder angelehnte oder schräge Materialrampen führten«, nach oben.[302] So erreichte man eine Höhe im oberen Viertel der Pyramide, ohne dass die Parameter der Baurampe unrealistische Dimensionen annahmen. Jenseits dieser nicht eindeutig bestimmten Grenze müssen jedoch »andere Methoden des Steintransportes angewandt« worden sein, die Rainer Stadelmann aber nur skizziert. So habe man den Kernbau im oberen Bereich beispielsweise stufenförmig errichtet, »wobei die vier Ecken schon mit Verkleidungsblöcken zu einer echten Pyramide ausgefüllt und gestaltet« wurden, »während in der Mitte noch angelehnte, flankierende Rampen zum Transport« dienten. Für die letzten Meter der Pyramide ist hierbei auch von »Stufenrampen mit Hebelgeräten« oder »flaschenzugartigen Geräten« die Rede, mit denen das Pyramidion und die letzten Steine transportiert und verlegt wurden.[303]

Eine abschließende, alle Aspekte umfassende Bewertung des vorgestellten Rampenmodells kann sich streng genommen nur auf den unteren und mittleren Bereich des Pyramidenstumpfes beziehen. Für eine Beurteilung sind in erster Linie die logistischen Rahmenbedingungen, genauer gesagt, die Transportwege im Umfeld der Pyramide wichtig, so dass man sein Augenmerk zuerst verstärkt auf die Schleppbahnen richten sollte, die von Westen aus den Steinbrüchen und von Osten vom Fruchtland auf die Pyramide zulaufen.

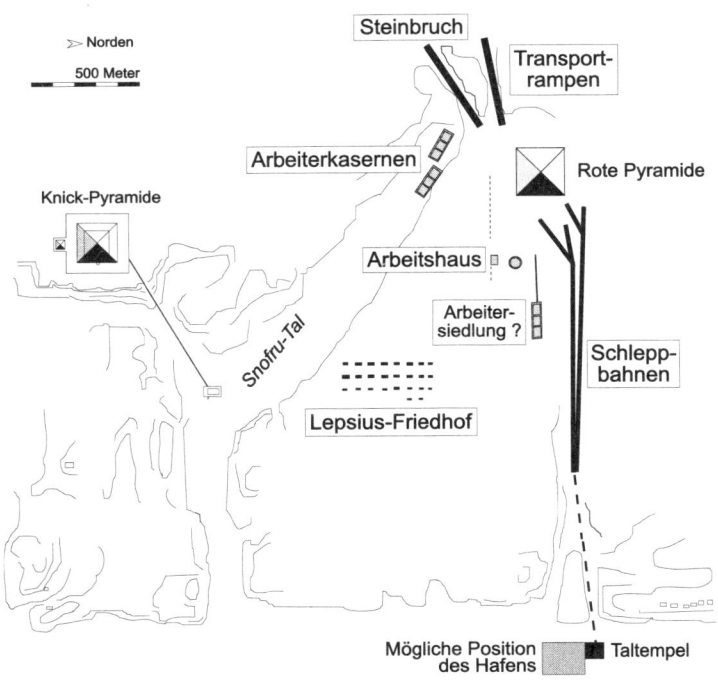

Steinbruch

Transport-
rampen

Arbeiterkasernen

Rote Pyramide

Knick-Pyramide

Arbeitshaus

Arbeiter-
siedlung ?

Snofru-Tal

Schlepp-
bahnen

Lepsius-Friedhof

Mögliche Position
des Hafens

Taltempel

Abb. 34: Die Lage der Transportwege, Arbeitersiedlungen und Werkstätten der Roten Pyramide (nach Lepsius und Arnold).

Aufgrund von Ortsbegehungen, Luftaufnahmen und Aufzeichnungen früherer Ausgräber hat man heute Kenntnis von vier Transportstraßen, die auf die Pyramide zuführten: Zwei breite, aus Sand aufgeschüttete, rampenähnliche Wege, die aus den südwestlich liegenden Steinbrüchen auf die Südwestecke und Südflanke der Pyramide zusteuerten und auf denen das gut eineinhalb Millionen Kubikmeter umfassende Steinmaterial des Kernmauerwerks herangeschafft wurde; und zwei vom Fruchtland im Osten kommende, nebeneinander verlaufende und schmaler ausgelegte Schleppbahnen, auf denen die Tura-Kalksteine und sonstige für den Pyramidenbau notwendige Ressourcen und Rohstoffe befördert wurden und die sich nordöstlich der Pyramide in jeweils zwei weitere Wege gabelten.[304] Die Transportwege endeten etwa 100 bis 200 Meter vor der Pyramidenbasis. Lediglich die »Abzweigung« der nördlichen Schleppbahn führte offenbar bis etwa 40 Meter an die Nordostecke der Pyramide heran.[305]

Angesichts der Lage der Transportstraßen erscheint die veranschlagte Höhe des durch ein System kleiner Rampen konstruierbaren Pyramidenstumpfes von maximal 20 Metern nachvollziehbar. Setzt man bei den kleinen Rampen beispielsweise eine Steigung von zwölf Grad an, so hätten sie eine Länge von 94 Metern aufgewiesen und lägen damit innerhalb des durch die meisten Endpunkte der Transportstraßen vorgegebenen »100-Meter-Radius'« um die Pyramide. Jede einzelne dieser Rampen besaß ein Volumen von schätzungsweise 8000 Kubikmetern, wenn man den Bauweg auf einer Breite von fünf Metern anlegt. Bei einem System von 16 Rampen, jeweils vier auf jeder Seite der Pyramide, erhöht sich das Volumen dieser Konstruktion auf bis zu 130000 Kubikmeter. Im Vergleich dazu betrug das Bauvolumen des 20 Meter hohen Pyramidenstumpfes bereits 810000 Kubikmeter. Die Relation zwischen verbautem Steinmaterial und dem Volumen des Rampensystems erscheint im Sinne einer modernen »Kosten-Nutzen-Analyse« vertretbar. Auch unter diesem Aspekt ist das Rampenmodell von Rainer Stadelmann bis hierher durchaus vorstellbar. Wie sieht es aber mit dem zweiten Bauabschnitt aus?

Die an einer Flanke lehnende Baurampe scheint auf den ersten Blick ein plausibles Modell zu sein und kam im klassischen Pyramidenbau vielleicht bei so manchem Projekt zur Anwendung.[306] Im Fall der Roten Pyramide kann

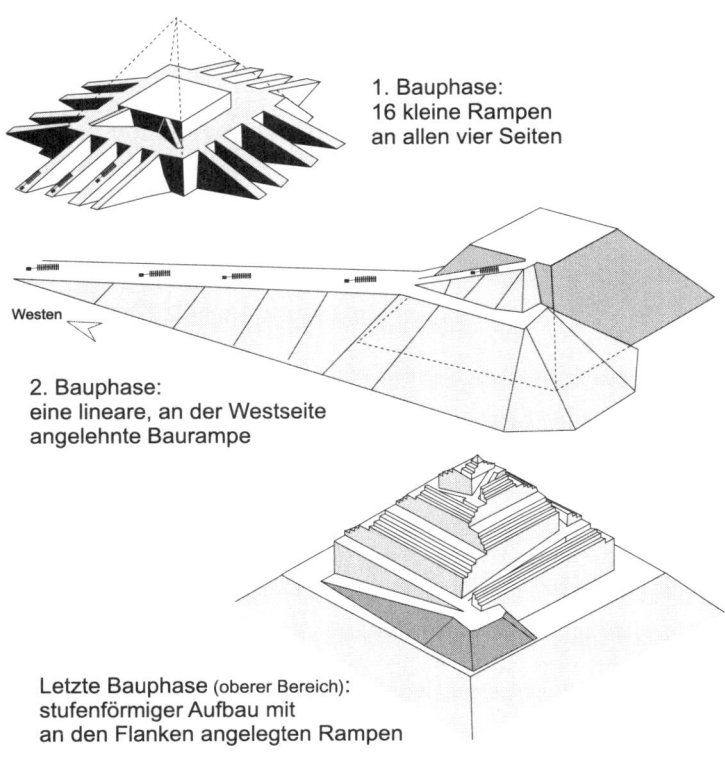

1. Bauphase:
16 kleine Rampen
an allen vier Seiten

Westen

2. Bauphase:
eine lineare, an der Westseite
angelehnte Baurampe

Letzte Bauphase (oberer Bereich):
stufenförmiger Aufbau mit
an den Flanken angelegten Rampen

Abb. 35: Modelle von unterschiedlichen Rampenkonstruktionen in den verschiedenen Bereichen der Roten Pyramide (nach Stadelmann und Hampikian).

man aufgrund der Lage der beiden Transportwege, die aus den Steinbrüchen auf das Grabmal zulaufen, die Möglichkeit in Betracht ziehen, dass die Steine über eine große Baurampe, die sich an der Südflanke der Pyramide befand, auf den Pyramidenstumpf befördert wurden.[307] Es lässt sich berechnen, dass eine derartige Rampe eine Länge von maximal 300 Metern besessen und bei Steigungen von sechs, zehn und zwölf Grad Höhen von etwa 31, 53 und 64 Metern erreicht hätte. Zu vergleichbaren

Zahlenwerten gelangt man, wenn man als Alternative von der Westseite der Pyramide als Stützflanke für eine Baurampe ausgeht. Bei einer Höhe von 64 Metern war diese Rampenkonstruktion offenbar ausgereizt. Der Pyramidenstumpf beinhaltete dann immerhin schon annähernd 93 Prozent des Gesamtvolumens, obwohl noch gut 45 Meter bis zur Spitze fehlten.

Problematischer erscheint hingegen der vertikale Transport der Tura-Steinblöcke. Denn die Schleppbahnen für das Verkleidungsmaterial enden allesamt im Umfeld der Nordostecke der Pyramide, also vom möglichen Startpunkt der tangierenden Rampe im Südwesten aus betrachtet auf der entgegengesetzten Seite.[308] Somit stellt sich die Frage, wie die Tura-Blöcke auf die jeweiligen Arbeitsplattformen des Pyramidenstumpfes gelangen konnten. Gab es eventuell zwei Rampen, die sich beispielsweise an der Süd- und Ostseite anlehnten und im Bereich der Südostecke trafen? Oder wurde die Pyramide doch mit einer »spiralförmigen Rampenkonstruktion« gebaut, die zwei Bauwege aufwies, die an gegenüberliegenden Seiten begannen? Man darf sicher sein, dass diese Fragen die Pyramidenforscher noch in den nächsten Jahren beschäftigen werden.

Sehr viel konkreter als diese theoretischen Überlegungen zur äußeren Form der Rampenkonstruktionen gestaltet sich das Innenleben der Roten Pyramide, das dem Betrachter einen profunden Einblick in die altägyptische Baukunst des 26. vorchristlichen Jahrhunderts erlaubt.

Im Schattenreich des Snofru

Aus Kairo kommend erreicht man den kleinen Ort (Minschat-)Dahschur heutzutage ungefähr nach einer gut halbstündigen Autofahrt. Hier wie auch in vielen anderen, abseits der Touristenwege liegenden Dörfern spürt man noch sehr deutlich das Erstaunen und die zögerliche Haltung der Einheimischen den Fremden gegenüber, die sich in diesen Winkel der Provinz verirrt zu haben scheinen. Die Bewohner von Dahschur werden sich mit der Zeit an die neue Situation, die der Rückzug des Militärs aus weiten Teilen der nahe liegenden Wüstenebene mit sich brachte, gewöhnen müssen. Auch wenn das Pyramidenfeld von Dahschur mit den großen Touristenattraktionen bei Giza und Sakkara noch nicht mithalten kann, wird die Zeit kommen, in der der Massentourismus die wahre Bedeutung dieser Nekropole erkennt und Taxis oder Busse zum alltäglichen Ortsbild gehören werden.

Jenseits des Dorfes sind es nur noch wenige Fahrminuten entlang weit ausgedehnter Felder, bis man das Tickethäuschen des Dahschur-Plateaus erreicht hat. Als Gegenwert für zehn ägyptische Pfund pro Person zuzüglich fünf Pfund für eine Fotoerlaubnis erhält man eine Eintrittskarte in die Vergangenheit, öffnet sich das Tor zur Nekropole von Dahschur. Mit Ausnahme des nordwestlichen Bereichs, der sich noch immer fest in der Hand des Militärs befindet, kann man sich auf dem Areal relativ uneingeschränkt bewegen. Doch während vereinzelte Reisegruppen und Individualtouristen zumindest noch den beiden großen Pyramiden des Snofru ihre Aufwartung machen, bleibt der Rest der weitläufigen und mit Grabanlagen durchsetzten Nekropole in der Regel unbehelligt. Das Hauptziel der meisten Touristen bildet derzeit jedoch die Rote Pyramide, genauer gesagt, ihr Innenleben.

Nach etwa zwei Kilometern auf einer asphaltierten Straße, die vom Ticketstand nach Westen führt, erreicht man die Nordseite des Grabmals. Der Weg in die Pyramide ist vorgezeichnet. Er führt auf einem kleinen, mit Stufen ausgebauten Pfad über die mit Schutt und Sand bedeckte Nordflanke hinauf bis zum etwa 30 Meter hoch gelegenen Eingang. Die extreme Höhe des Grabeinganges resultiert aus der Konstruktion des Kammersystems, das nach den chaotischen Erfahrungen mit der Knick-Pyramide diesmal sofort oberirdisch ins Kernmauerwerk gebaut worden war. Man sollte sich dort oben ruhig ein wenig Zeit nehmen, um die Umgebung, aber auch den Erhaltungszustand des Mauerwerks der Pyramide näher zu betrachten. Bei gutem Wetter kann man im Norden das Pyramidenfeld von Sakkara, wo die Pyramidenevolution ihren Anfang nahm, sehen.

Wie bei allen ägyptischen Pyramiden geht es vom Eingang aus erst einmal ziemlich steil bergab. Etwa 60 Meter lang ist der enge Grabkorridor in das Schattenreich des Snofru. Der Abstieg kann bei so manchem zur Belastung für Rücken und Knie werden und setzt ein wenig körperliche Fitness voraus. Zwar ist durch die fast 27-Grad-Neigung des gut 1,30 Meter hohen Korridors ein gebücktes Herabsteigen im Prinzip problemlos zu bewerkstelligen, doch spürt man im untrainierten Zustand schon recht bald seine Oberschenkelmuskulatur. Man sollte sich deshalb für dieses Nadelöhr Zeit nehmen, kleine Pausen einlegen und die Umgebung auf sich wirken lassen.

Wie schon in der Knick-Pyramide haben die altägyptischen Vermessungsspezialisten auch hier bei der Konstruktion des absteigenden Korridors hervorragende

Arbeit geleistet: Er weicht nur drei Bogenminuten von der exakten Nordrichtung ab. Dieser Wert, so hat Josef Dorner nachgerechnet, entspricht auf einer Strecke von zehn Metern einer Verschwenkung von neun Millimetern. Diese eindrucksvolle Genauigkeit macht deutlich, dass die Bauleiter die exakte Ausrichtung der Korridore als »besonders wesentlich« angesehen haben.[309] Sie bildeten anscheinend zusammen mit den Basiskanten die primären Referenzlinien in den Bauplänen der Königsgräber von Dahschur, deren Ausrichtung Steinlage für Steinlage akribisch genau einzuhalten war.[310]

Hat man den absteigenden Teil des Grabkorridors passiert, befindet man sich am tiefsten Punkt des Kammersystems, knapp drei Meter oberhalb des Basisniveaus. Ein Blick zurück auf das kleine »Licht am Ende des Tunnels« macht – sofern der Korridor nicht voller Menschen ist – auch dem Letzten bewusst, auf was für ein Abenteuer er sich hier eingelassen hat. Man steckt in einem kleinen, größenmäßig völlig unbedeutenden Hohlraumsystem inmitten einer gigantischen Pyramide, die mit ihren knapp 4,4 Millionen Tonnen Stein jeden Gedanken darüber fast zu erdrücken scheint. Das diese enorme Last tatsächlich ihre Spuren im Kammersystem hinterlassen hat, haben neueste Messungen bewiesen. Für das Auge fast unsichtbar, ist der Verlauf des Korridors nicht eben, sondern seine Decke und sein Boden sind im oberen Bereich »stark nach unten ausgebaucht«.[311] Bis zu 32 Zentimeter hat sich der Korridor in diesem Bereich wie ein durchhängendes Seil gegenüber seiner Ideallinie nach unten verlagert. Josef Dorner erkennt hierin eindeutige »Hinweise auf starke Vertikalverschiebungen innerhalb des Baukörpers«. Die Ursache für die Verformung des Korridorprofils erklärt er sich »nur durch größere Setzungen des Untergrundes«.[312]

An den absteigenden Korridor schließt sich eine über

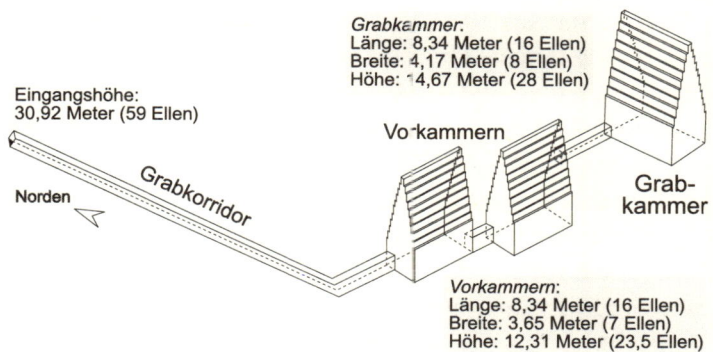

Eingangshöhe:
30,92 Meter (59 Ellen)

Norden

Grabkorridor

Grabkammer:
Länge: 8,34 Meter (16 Ellen)
Breite: 4,17 Meter (8 Ellen)
Höhe: 14,67 Meter (28 Ellen)

Vorkammern

Grab-
kammer

Vorkammern:
Länge: 8,34 Meter (16 Ellen)
Breite: 3,65 Meter (7 Ellen)
Höhe: 12,31 Meter (23,5 Ellen)

Abb. 36: Das Kammersystem der Roten Pyramide von Südwesten (nach Stadelmann und Dorner).

sieben Meter lange, horizontale Passage an, die an der Nordostecke einer Kammer endet.[313] Dieser nordsüdorientierte, über 8,30 Meter lange und 3,65 Meter breite Raum besitzt ein bis in eine Höhe von 12,30 Meter reichendes, perfekt ausgearbeitetes Kraggewölbe – ein wahres Meisterwerk altägyptischer Gewölbebautechnik. Ein Blick aus der Kammer zurück auf den Eingang führt jeden schnell wieder vor Augen, warum diese eigentümliche Deckenkonstruktion hier zur Anwendung kam. Der mächtige Steinquader, der über dem Zugang thront, weist einen großen, durchgängigen und an seinem Ende weit klaffenden Riss auf. Offenbar brachten die Druckkräfte und Verschiebungen diesen Stein zum Bersten. Josef Dorner hat bei seinen Untersuchungen feststellen können, dass der Boden vom unteren Ende des absteigenden Korridors aus bis in die erste Kammer hinein etwa elf Zentimeter tief abgesunken ist und erst in Richtung der nächsten Kammer wieder ansteigt.[314] Hierin muss wohl die Ursache für den ziemlich bedrohlich wirkenden Riss im Deckstein des Eingangs zu suchen sein.

An der Südwestecke des Raums erreicht man über einen drei Meter langen Durchgang eine zweite Kammer gleichen Ausmaßes, die exakt auf der Mittelachse der Pyramide liegt. Sie wurde gegenüber dem ersten Raum nach Westen verschoben und ebenso akkurat gebaut; alle Wände und das Kraggewölbe sind wieder sorgfältig poliert. Auch hier zeigt der große Steinquader über dem Durchgang eine unübersehbare Beschädigung in Form eines langen, tiefen Risses, der sich den ganzen Durchgang entlangzieht. Hingegen lassen sich an den Wänden der Kammern keine größeren Schäden feststellen. Das architektonische Highlight der zweiten Kammer entspringt jedoch nicht dem Baugenie der alten Ägypter. Die Aufmerksamkeit der Besucher richtet sich auf die stabile Holztreppenkonstruktion, die an der Südwand steht. Über diese erst in jüngster Vergangenheit errichtete Treppe gelangt man zum fast acht Meter hoch liegenden Korridor, der in die Grabkammer, das Herzstück der Roten Pyramide, führt. Auf Höhe des Überganges erkennt man paarweise angeordnete und genau gegenüberliegende Löcher in den Wänden des hervorragend erhalten gebliebenen Kraggewölbes. Sie dienten vermutlich einst dazu, die Enden runder Holzbohlen aufzunehmen, über die der kostbar dekorierte Holzsarkophag und die Grabbeigaben in die Grabkammer gehievt wurden. Bemerkenswerterweise existiert weder im Übergangskorridor noch an einem anderen Punkt des Kammer- und Gangsystems, eine Blockiervorrichtung im Sinne einer Fallsteinsperre, wie sie im oberen Kammersystem der Knick-Pyramide zur Anwendung kam oder wie man sie etwa aus den Pyramiden von Giza kennt. Vermutlich glaubten die Architekten, durch die Konstruktion des sehr hohen Einganges zur Grabkammer, den die ersten Ausgräber noch teilweise mit Kalksteinen vermauert vorfanden, sowie durch die massive Blockierung des absteigenden Korridors ausreichende Sicherheitsvorkehrungen für die sterblichen Überreste des Königs und seine Grabbeigaben getroffen zu haben. Da dieser Befund Ähnlichkeiten mit den Beobachtungen in Meidum und im unteren Kammersystem der Knick-Pyramide aufweist, könnte man es hierbei wohl mit einem »Phänomen« der Snofru-Zeit zu tun haben.

Der Weg in die Grabkammer ist kurz, nur gut sieben Meter lang. Viele mit schwarzer Farbe oder Ruß festgehaltene Besucherinschriften haben sich an der Decke des Übergangs bis heute erhalten. Hier verewigten sich so illustre Gestalten der frühen Ägyptologie wie etwa John Shae Perring, als er in den dreißiger Jahren des 19. Jahrhunderts in der Pyramide tätig war. Auch der bekannte Afrika-Forscher Richard Francis Burton hinterließ hier seine Visitenkarte.[315] Der Zugangskorridor endet in der Nordostecke der Grabkammer, die erstmals in der Pyramidengeschichte eine ostwestliche Orientierung aufweist. In der Regel schlägt einem ein beißender Geruch von Fledermauskot entgegen und man kann hier und da noch eines der scheuen Tiere entdecken. Nicht ohne Grund nennen die Einheimischen die Rote Pyramide im Volksmund »El-Haram el-Watwat«, die »Fledermauspyramide«.

Die Grabkammer besitzt wieder ein sorgsam bearbeitetes Kraggewölbe, das bis in eine Höhe von fast 14,70 Metern hinaufreicht. Damit erstreckt sich das Kammersystem etwa 26 Meter hoch in das Kernmauerwerk. Hinweise auf das Allerheiligste, den Sarkophag, sucht man allerdings vergeblich, da der Kammerboden vollständig herausgerissen worden ist. Man betritt heute die Grabkammer über einen Holzsteg, von dem aus man einen Blick auf die klaffende Lücke im Boden und das mehrlagige darunter befindliche Mauerwerk werfen kann. Mit ein bisschen Phantasie kann man sich vorstellen, dass an der Westwand einst der Sarkophag stand, der Snofrus Mumie enthielt. Es wird heute nicht ausgeschlossen, dass der Sarkophag womöglich teilweise in den Fußboden eingelassen worden ist, wie man es in ähnlicher Form heute noch in der Chephren-Pyramide auf dem Giza-Plateau sehen kann.[316] Bei Reinigungsarbeiten in der Grabkammer, die im Rahmen einer ägyptischen Grabungsmission im Jahr 1950 durchgeführt wurden, haben die Archäologen die vermutlich von Grabräubern herausgerissenen Steine des Kammerbodens mit heute unbekanntem Ziel aus der Pyramide entfernt.[317] Dabei kamen auch Überreste einer »teilmumifizierten Bestattung« zum Vorschein, in der man, so Rainer Stadelmann, »die des Snofru zu erkennen glaubt«.[318] Ob bei den Arbeiten der ägyptischen Archäologen weitere Entdeckungen gemacht wurden, ist leider nicht bekannt. Stadelmann beklagt diesbezüglich zu Recht, dass »von dieser Grabung keine Aufzeichnungen vorhanden sind«, so dass man leider nicht mehr in Erfahrung bringen kann, ob womöglich »Holzreste eines Schreines und der Grabausstattung gefunden worden sind«.[319] Vermutlich zeugen heute von ihnen nur noch die sichtbaren Brandspuren an den Wänden, hervorgerufen von den Grabräubern, die hier irgendwann am Werk waren. So teilen die sterblichen Überreste des Snofru das Schicksal fast aller großer Pyramidenkönige. Sie waren stets das Ziel von Plünderungen, wurden aus ihren Särgen gerissen und oftmals außerhalb ihrer steinernen Mausoleen pietätlos dem Wüstensand überlassen.

Die Stufen-Pyramide des Djoser in Sakkara. Blick von Südosten. Sie wurde etwa 2700 v. Chr. errichtet und gilt heute als der älteste monumentale Steinbau der Welt. Im Vordergrund die Rekonstruktionen von Kapellen, die zum Grabbezirk gehören.

Der Beamtenfriedhof der 3. Dynastie im Norden der Nekropole von Sakkara ist heute größtenteils von Sand und Schutt überdeckt. Vermutlich wurde in diesem Areal Imhotep, der »Bauleiter« der Stufen-Pyramide des Djoser (rechts) begraben. Links im Bild die Pyramide des Userkaf (5. Dynastie).

Die Pyramide von Meidum

Nach der Freilegung der Nordwestecke kamen Teile der Verkleidung wieder zum Vorschein. Etliche dort gefundene Steinblöcke wiesen Datumsinschriften auf, die über den Zeitpunkt der Umwandlung der älteren Stufen-Pyramide in eine echte Pyramide Auskunft geben.

Blick vom Fruchtland. An der Ostseite der Pyramide wurde ein kleines Stelenheiligtum errichtet. Unter den Feldern liegen vermutlich die Ruinen der Pyramidenstadt »Djed Snofru« verborgen.

An der Nordwestkante sieht man noch die Verkleidung der ursprünglichen Stufen-Pyramide.

Blick auf einen Teil der Nekropole von Dahschur mit der Knick-Pyramide (links), der Pyramide Amenemhets III. (Mitte) und der Roten Pyramide (rechts, hinter einem Hügel). Im Vordergrund Ausläufer des Dahschur-Sees.

Die Knick-Pyramide von Nordwesten. Sie besitzt noch in großen Bereichen ihre Verkleidung, die erstmals aus Tura-Kalkstein besteht. Ihr markantes Aussehen ist das Resultat einer baulichen Modifikation, die dazu diente, das instabil gewordene Bauwerk vor dem »Einsturz« zu retten. Der Knick befindet sich in einer Höhe von etwa 47 Metern. Die Knick-Pyramide wurde als Grabmal aufgegeben und fungierte möglicherweise als »Kultpyramide« der Roten Pyramide.

An der Knick-Pyramide

Am Nordeingang steht ein Holzgerüst, über das die Archäologen heute das Innere der Pyramide betreten können. Der Eingang befindet sich in einer Höhe von fast zwölf Metern.

Der zweite Eingang in die Pyramide befindet sich an der Westseite, in einer Höhe von fast 33 Metern und ist heute nicht erreichbar.

Die Verkleidung aus Tura-Kalksteinen wurde eng mit dem Kernmauerwerk »verzahnt«. Die einzelnen Steinlagen wurden mit einer leichten Neigung zur Pyramidenmitte verlegt.

An der Knick-Pyramide

Heute sind an vielen Verkleidungssteinen Risse zu erkennen, die andeuten, unter welchen Spannungen das Bau-
werk steht.

An der Ostseite wurde ein
kleines Heiligtum errichtet.
Von ihm sind heute nur noch
die unteren Bereiche der Stelen, die Überdachung für den
Altar und Spuren der Ziegel-
mauern erkennbar.

Südlich der Knick-Pyramide befindet sich eine kleine, einst etwa
25 Meter hohe »Kultpyramide«, deren Funktion bis heute unklar ist. Rechts im Hintergrund die Rote Pyramide.

Unweit der Nordostecke des Grabbezirkes der Knick-Pyramide findet man noch die Reste des Aufweges, der vom Snofru-Tal bis zum Grabmal führte, und die Fundamente der nördlichen Umfassungsmauer.

Die Mastaba des Ipi, eines Musikers am Hof von Snofru. Sein Grab befindet sich im Südosten der Nekropole von Dahschur und ist das Ziel aktueller Ausgrabungen.

Im Snofru-Tal liegen die Ruinen eines Tempels, der nach Norden ausgerichtet und offensichtlich während der Errichtung der Roten Pyramide gebaut wurde. Links im Hintergrund die Knick-Pyramide.

Die Rote Pyramide, das Grabmal des Snofru, von Südosten aus gesehen. Sie ist das erste Königsgrab Ägyptens in der »klassischen Pyramidenform« und war einst etwa 219 Meter breit und über 109 Meter hoch.

An der Roten Pyramide

An der Ostseite haben die Archäologen in den 80er Jahren die spärlichen Ruinen des Totentempels freigelegt und dabei die Überreste des Pyramidions entdeckt, das heute rekonstruiert auf einem Sockel steht (links). An der Pyramidenflanke erkennt man mehrere Lagen von Verkleidungssteinen in situ. Hier fand man auch einige mit Datumsinschriften versehene Steine, die Auskunft über den Baufortschritt an der Pyramide geben.

Blick auf die Nordseite mit dem etwa 30 Meter hoch liegenden Eingang ins Grabmal.

Im Kammersystem der Roten Pyramide

In der ersten Vorkammer. Blick nach Süden auf den Zugang in die zweite Vorkammer. Die Kammer wurde wie alle Räume mit einem hohen Kraggewölbe ausgestattet.

In der zweiten Vorkammer befindet sich ein Holzgerüst, über das man den in etwa acht Metern Höhe befindlichen Durchgang zur Grabkammer erreicht.

Der Fußboden und die darunter liegenden Steinlagen der Grabkammer wurden vermutlich einst von Grabräubern herausgerissen und während einer archäologischen Mission aus der Pyramide entfernt. Spuren eines Steinsarkophages ließen sich nicht nachweisen.

Abbild von König Snofru. Das Relief stammt von einer Stele, die einst an der Kultpyramide der Knick-Pyramide stand und heute im Vorhof des Ägyptischen Museums von Kairo zu sehen ist.

Auf dem Lepsius-Friedhof wurden Angehörige der königlichen Familie und hohe Beamte bestattet. Er liegt etwa 900 Meter südöstlich der Roten Pyramide. Bislang hat man erst 5 der etwa 26 Mastabas dieses Privatfriedhofes freigelegt.

Die »Mastaba I/2«. Im Vordergrund der Mastaba erkennt man noch die Reste einer Begräbnisrampe. Links im Hintergrund die Rote Pyramide.

Die Mastaba des Netjeraperef (»Mastaba II/1«) von Nordwesten aus gesehen. Rechts im Hintergrund die Pyramide Amenemhets III.

Die großen Pyramiden von Giza: links die des Chephren, rechts die des Cheops. In der Bildmitte erkennt man die Ruine des Grabmals der Chentkaus I., mit der die 4. Dynastie zu Ende ging. Dahinter Mastabas des so genannten Zentralfriedhofes, der zum Pyramidenkomplex des Chephren gehört. Rechts im Vordergrund ein moderner islamischer Friedhof.

Die Pyramide von Pepi II. im Süden von Sakkara. Im Vordergrund und rechts Reste des umfangreichen Grabkomplexes. Pepi II. war einer der letzten Könige des Alten Reiches.

Die Pyramiden von Lischt

*Die Pyramide Amenemhets I. Blick von Osten. Amenem-
het I. war der Begründer der 12. Dynastie, in der der Pyramidenbau eine Renaissance erfuhr. In seinem Grabmal wurden
auch Steinblöcke aus Pyramidenbezirken des Alten Reiches verbaut. Im Vordergrund ein moderner islamischer Friedhof.*

*Die Pyramide Sesostris' I. An der Südostecke der Ruine (links)
tritt das Kalksteingerippe hervor, das den sternförmigen Kernbau des Grabmals bildet. Im Vordergrund spärliche Reste des
Totentempels.*

Die Pyramide Amenemhets II. in Dahschur

Die Pyramide war ein bevorzugtes Ziel der Steinräuber und hat ihre grundlegende Struktur vollständig eingebüßt. Blick von Süden.

In der trichterförmigen Aushöhlung der Pyramide ragen die Spitzen großer Kalksteinblöcke aus dem Sand. Sie dienten im Verbund mit weiteren zu einem Giebeldach angeordneten Steinen einst zur Stabilisierung der Grabkammer.

Die Pyramide Sesostris' II. bei Illahun, nahe der Oase Faijum. Blick von Osten. Die Pyramide aus Lehmziegeln wurde auf einem Felshügel errichtet und enthält ein sternförmiges Kalksteingerippe.

Die Pyramide Sesostris' III. in Dahschur. Blick von Südosten. Im Grabbezirk finden derzeit Ausgrabungen durch das Metropolitan Museum of Art, New York, statt.

Die Pyramide Amenemhets III. in Dahschur

Blick von Osten. Der Bau der Pyramide wurde von statischen Problemen überschattet, die durch die Instabilität des Untergrundes hervorgerufen wurden. Wie die Knick-Pyramide wurde auch dieses Bauwerk fertig gestellt, diente aber aufgrund der großen Schäden im Kammersystem nicht als Königsgrab.

Detailansicht des oberen Bereichs der Pyramide. Das Kernmauerwerk wurde modernen Berechnungen zufolge einst aus etwa 20 Millionen Ziegeln errichtet.

Die Ausschachtung der kleinen Pyramide des Imeni-Qemau (13. Dynastie) im Südosten von Dahschur. Blick von Westen. Im Hintergrund Ausläufer des Dahschur-Sees.

Die Pharaonen der 18. bis 20. Dynastie (Neues Reich) verlegten ihre Königsnekropole in ein einsames Tal in den westlichen Bergen von Theben. Das berühmte »Tal der Könige« wird im Süden von einem Felsmassiv überragt, dessen Form vom Tal aus gesehen mit einer Pyramide verglichen wird.

Im Visier des Sed-Festes

Irgendwann in der ersten Hälfte der Bauarbeiten an der Roten Pyramide wurde vermutlich in der Königsresidenz ein rauschendes Fest gefeiert. Der Anlass war ein denkwürdiges Dienstjubiläum des Königs, eine heilige Zeremonie, die vermutlich auch nicht unerhebliche Auswirkungen auf die Bautätigkeiten auf dem Dahschur-Plateau gehabt hat. Die Rede ist vom so genannten »Sed-Fest« (altägypt.: »Hebsed«), einem Jubiläumsfest, das ein König in der Regel 30 Jahre nach seiner Thronbesteigung zum ersten Mal feierte und danach alle drei Jahre wiederholte.[320] Der religiöse Hintergrund dieser Zeremonie war die symbolische Erneuerung der omnipotenten Kräfte des Regenten und damit der gesamten Königsmacht. Dahinter steckte ein uralter Brauch, vermutlich entstanden durch einen »Generationskonflikt zwischen dem alternden Häuptling und den jungen nachdrängenden Anwärtern«,[321] der schon in der ägyptischen Vorzeit praktiziert wurde und bis in die Ptolemäer-Zeit des ersten vorchristlichen Jahrhunderts Bestand hatte. Die genauen Abläufe der Festlichkeiten liegen im Dunkeln. Die diesbezüglichen inschriftlichen Überlieferungen sind unvollständig und erlauben nur vereinzelte Einblicke in die Kulthandlungen. Offenbar sollte sich der alternde König durch verschiedene Rituale wie etwa durch einen »Lauf um mehrere Male« im Sinne einer Art Qualifikation für seinen weiteren Herrschaftsanspruch symbolisch legitimieren. Daneben waren auch Götteropfer, das Errichten von Bauwerken und Erneuerungsrituale Bestandteile des Sed-Festes.

Wie ein Blick in die Königslisten zeigt, regierten nur wenige Pharaonen lange genug, um in den Genuss eines solchen Festes zu kommen. Dennoch gehörten in allen Epochen Darstellungen und inschriftliche Erwähnungen des Sed-Festes zum festen Dekorationsprogramm königlicher Bauwerke. Sie wurden offenbar als ideales Ziel einer Regentschaft aufgefasst und aufgrund ihrer religiösen Bedeutung auch von Königen in Anspruch genommen, die es niemals gefeiert hatten. Ein Propagandaschachzug der Pharaonen also, der ihnen Kontinuität und Langlebigkeit für die Nachwelt bescheinigen sollte. »Welche Sed-Feste wirklich ›historisch‹ sind«, so der Schweizer Ägyptologe Erik Hornung, ist deshalb »nicht immer mit Sicherheit zu entscheiden«.³²² Bei Snofru liegt der Fall jedoch klarer, kann man doch davon ausgehen, dass der Stammvater der 4. Dynastie in Anbetracht der überlieferten Datierungen das Fest vermutlich gleich mehrmals feiern konnte. Vielleicht hat auch dies seine lang anhaltende Wertschätzung im Pharaonenreich mit begründet.

Das Erreichen des Sed-Festes wird zudem für Snofru selbst von außergewöhnlicher Bedeutung gewesen sein. Es war ihm sicherlich bewusst, dass er als erster König seit Chasechemui derart lange auf dem ägyptischen Thron saß. Denn innerhalb der gesamten 3. Dynastie hatte nach bisherigen Erkenntnissen kein König länger als 25 Jahre regiert. Da durch dieses Jubiläum der absolute Machtanspruch des göttlichen Königtums im ganzen Land nachhaltig dokumentiert wurde, verschwendete vermutlich auch niemand mehr einen Gedanken an die misslungene Pyramide im Süden von Dahschur. So gesehen kam dem König das Erneuerungsfest sicher nicht ungelegen, zumal er in dessen Rahmen vermutlich sogar einen Teil seines missglückten Bauprojektes mit einem neuen Etikett versehen und aktiv in den Königskult integrieren konnte.

Aus den Überlieferungen geht hervor, dass mit dem Sed-Fest auch stets die Bestattung einer Königsstatue verbunden war, um mit ihr symbolisch die verbrauchte Lebenskraft des alten Königs zu begraben.[323] Hierbei kann man sich die Frage stellen, ob die Ägypter zu diesem Zweck nicht die kleine, funktionslos gewordene Kultpyramide südlich der Knick-Pyramide in Anspruch nahmen und ihr dadurch eine neue Aufgabe zuwiesen.[324] Gestützt wird diese Hypothese durch das bereits erwähnte Stelenfragment im Ägyptischen Museum in Kairo, auf dem der König in einem Sed-Fest-Gewand abgebildet ist.

In diesem Zusammenhang rückt noch ein weiteres Bauwerk aus dem Umfeld der Knick-Pyramide in den Blickpunkt, das bisher kaum Erwähnung fand. Die Rede ist von dem Tempelgebäude, dessen spärliche Ruinen sich noch heute am Aufweg der Knick-Pyramide befinden und das in der Literatur oftmals als »Taltempel« bezeichnet wird. An seiner eigentümlichen Lage inmitten des Snofru-Tals, gut einen Kilometer vom Fruchtland entfernt, und an seiner für derartige Pyramidentempel atypischen Nordsüdausrichtung ist erkennbar, dass man es hier allem Anschein nach nicht mit einem klassischen Taltempel zu tun hat.[325] Die echten Taltempel, die ab der 4. Dynastie zum Standardprogramm der Pyramidenkomplexe gehörten und über die Aufwege mit den Totentempeln verbunden waren, lagen dagegen stets am Übergang zum Fruchtland, in unmittelbarer Nähe der königlichen Hafenanlage. Wenn die Knick-Pyramide, wie einige Ägyptologen vermuten, eine Art Taltempel besessen haben sollte, obwohl dessen spezielle kultische Funktion nach der Aufgabe der Knick-Pyramide als Königsgrab eigentlich überflüssig geworden war, wird er an der Grenze des Fruchtlandes tief im Boden versunken zu suchen sein.[326] Im Gegensatz dazu war die exponierte Lage des Tempels im Snofru-Tal zusammen mit seiner kultpraktischen Nordorientierung anscheinend schon auf den zukünfti-

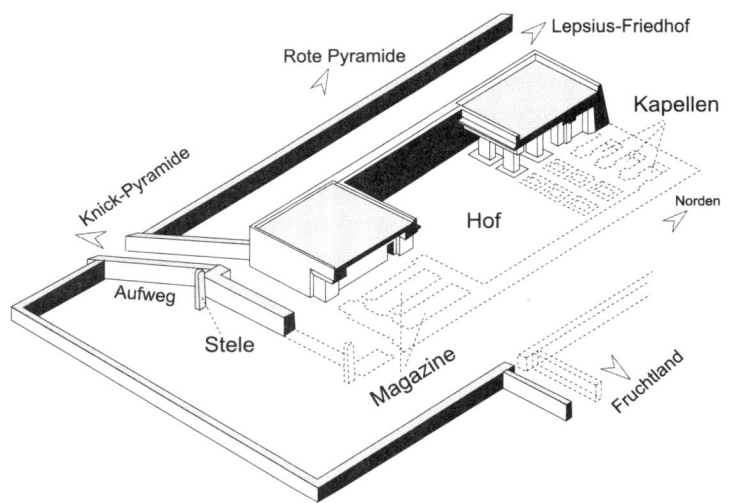

Abb. 37: Rekonstruktion des Tempelgebäudes am Aufweg der Knick-Pyramide (nach Stadelmann und Fakhry).

gen Kultbetrieb an der Roten Pyramide ausgerichtet. Dies deutet darauf hin, dass er offenbar zu einem Zeitpunkt errichtet wurde, als die Knick-Pyramide als Grabmal bereits aufgegeben war und die Bauarbeiten an der Roten Pyramide schon begonnen hatten.[327]

Der Grundriss des Tempels besitzt mit einer Ausdehnung von 47,60 mal 26,20 Metern für die damalige Zeit stattliche Ausmaße und weist auch äußerlich auf die Bedeutsamkeit dieser Kultstätte hin. Hierfür spricht ebenfalls die Tatsache, dass der Tempel nicht wie ein Götterheiligtum mit Nilschlammziegeln, sondern aus haltbarem Steinmaterial errichtet wurde, so wie es sonst nur im Totenkult jener Zeit üblich war. Sein Kernmauerwerk wurde aus lokalem Kalkstein aufgebaut und mit dem kostbaren Tura-Kalkstein verkleidet, der eine gute Grundlage für die Dekoration der Wände bildete.

Der Tempel wurde nördlich des Aufweges direkt an dessen Außenmauern gebaut und seine innere Architektur war dreigeteilt. Im südlichen Bereich lag ein Magazingebäude, über dessen torartigen Mittelgang man in einen großen, offenen Hof gelangte, in dem mehrere Opferaltäre standen. Nördlich des Hofes schlossen sich zwei Reihen zu je fünf Pfeilern an, die mit erhabenen Reliefs geschmückt waren. Dahinter lagen die Kulträume. In sechs Kapellen standen überlebensgroße Königsstatuen in Form von Halbplastiken, die das Zentrum der alltäglichen Verehrungszeremonien bildeten.[328]

Bei den Ausgrabungen in den 50er Jahren konnten viele Fragmente der Wandreliefs ans Tageslicht befördert werden. Vermutlich waren einst alle Innenwände des Tempels mit Inschriften und Abbildungen versehen worden, auch die Seitenwände des offenen Hofes. Die Wände der Passage durch das Magazingebäude sowie die Abschnitte des Hofes entlang der Pfeilerreihen schmückten dabei Darstellungen einer Prozession von Opferträgerinnen, die die in den Gauen des Landes liegenden landwirtschaftlichen Opfergüter des Königs personifizierten. An den östlichen Wänden waren die oberägyptischen, an den westlichen die unterägyptischen Totenstiftungen abgebildet. Durch die inschriftliche Verknüpfung der Opfergüter mit den Provinznamen Ober- und Unterägyptens liegt hier die bislang älteste Gauliste der ägyptischen Geschichte vor.[329] Sie dokumentiert nachdrücklich, dass die Organisation und Unterteilung des Landes in einzelne Wirtschafts- und Verwaltungsbezirke zu Beginn der 4. Dynastie schon abgeschlossen und Ägypten zu jener Zeit vermutlich in 38 Gaue unterteilt war. Sie belegt aber auch, »dass für den Kult des Snofru systematisch im ganzen Land Güter angelegt bzw. herangezogen wurden«.[330]

Besonders interessant und relevant für die Funktion des

Tempels ist jedoch die Tatsache, dass die Pfeiler »an den Hof- und Breitseiten mit Reliefs dekoriert« waren, »die den König im Kultverkehr mit den Göttern und in Hebsedszenen darstellten«.[331] Dies lässt die vage Vermutung zu, dass dieser Tempelbau in Zusammenhang mit dem Sed-Fest gestanden haben und seine Errichtung in das 30. Regierungsjahr Snofrus gefallen sein könnte.[332]

Die Werkstatt der Arbeiter

Aufgrund der einmaligen und zeitlich begrenzten Okkupation des Wüstenbereichs um die Rote Pyramide haben sich die Spuren der Bauaktivitäten über die Jahrtausende relativ gut erhalten, so dass die Ägyptologen heute eine Karte der damaligen Infrastruktur zeichnen können. So wurden im Umfeld des Grabmals auch die Ruinen von Gebäudestrukturen freigelegt, die einst als Werkstätten und als Arbeitersiedlungen dienten. Alle Funde deuten darauf hin, dass sie nur während der Bauarbeiten an der Roten Pyramide und an den Privatgräbern in Benutzung waren und danach wieder aufgegeben wurden.[333] Von besonderem Interesse ist hierbei ein »Arbeits- und Magazinhof«, der in der Fachliteratur vereinfacht nur als »Arbeitshaus« bezeichnet wird.[334] Er liegt etwa 250 Meter südöstlich der Roten Pyramide und besitzt einen ostwestorientierten, leicht parallelogrammartigen Grundriss in der Größenordnung von 40 mal 30 Meter, wobei seine südliche Außenmauer aus Ziegeln zur Umfriedung des gesamten Pyramidenbezirks gehört zu haben scheint.[335] Der Komplex wurde bereits Anfang der 80er Jahre durch die Archäologen des DAI erkundet und war im Jahr 1990 Ziel einer Nachuntersuchung. Dadurch besitzt man heute ein ziemlich genaues Bild der baulichen Strukturen und eine Vorstellung von den einzelnen Arbeitsgängen, die hier einst stattgefunden haben.[336] Die Produktionsstätte lässt sich grob in drei Bereiche unterteilen: einen zentralen Arbeitshof, einen kleinen, vermutlich überdachten Lagerplatz im Osten und einen in schmale Räume unterteilten Magazintrakt im Westen. Im Hof wurden die Überreste von vier Brennöfen gefunden, die noch Scherben von Gebrauchskeramik unterschiedlicher Qualität, von großformatiger Grobkeramik bis hin zu einer rötlich glänzend glasierten Feinkeramik, aus der frühen 4. Dynastie enthielten. Die Rekonstruktionen brachten alle Schattierungen von Gefäßformen zutage, die für die Bautätigkeiten und die Verköstigung der Arbeiter notwendig waren: Wasser- und Mörtelbehälter, große Bierbottiche, Schüsseln, Becher, Trinkschalen und Teller.[337] Zum Fundinventar des »Arbeitshauses« gehören daneben auch »zahlreiche Werkzeugreste aus Dolerit, Sandstein, Feuerstein und Kupfer«.[338] Darunter befanden sich Werkzeuge für die Steinbearbeitung wie beispielsweise Hämmer, Schleifsteine, Beile und ein Bohrer.[339] Dies führte zu der Vermutung, dass in der hofähnlichen Werkstatt womöglich »Statuen, Türrahmen und Opferplatten« bearbeitet worden waren.[340] Zusammenfassend zeugen diese Befunde deutlich von einer parallelen Nutzung des »Arbeitshauses« als Steinmetz- und Töpferwerkstatt, in der Arbeits- und Alltagsbedarf für den Bau der Roten Pyramide hergestellt und repariert wurde.

Kaum 30 Meter nördlich dieser Produktionsstätte befindet sich eine im Gelände deutlich zu erkennende kreisförmige Struktur mit einem Durchmesser von etwa 40 Metern. Nicole Alexanian vermutet, dass es sich dabei um eine mit dem »Arbeitshaus« vergleichbare Anlage handelt.[341] Nordöstlich davon befinden sich offenbar noch weitere Strukturen, die sich allerdings im Gelände nicht mehr ausmachen lassen, sondern nur auf alten archäologischen Karten und Luftbildaufnahmen zu erkennen sind. Anhand ihrer rechteckigen Grundrisse vermutet man, dass es sich hierbei um eine Arbeitersiedlung handelt, wie man sie auch südlich der Roten Pyramide im Snofru-Tal nachweisen konnte.[342] Falls sie nicht den Straßenbauarbeiten zum Opfer gefallen sind, sollte man ihre Spuren durch eine gezielte Grabung noch finden können.

Meisterhafte Steinmetze

Heute zeugen vor allem Gräber, Tempel und Statuen von der Leistungsfähigkeit und Kreativität der altägyptischen Gesellschaft. Eindrucksvoll sind die handwerklichen Kenntnisse der Ägypter in Sachen Steinbearbeitung, insbesondere was die Modellierung von Hartgesteinen wie etwa Granit oder Basalt anbelangt. Schon zu Snofrus Zeiten konnten die Handwerker auf eine lange Tradition in diesem Gewerbe zurückblicken. Sie waren Meister der Steinverarbeitung, die nicht nur in der Massenproduktion großer Steinblöcke ihr Können bewiesen, sondern auch größte Geschicklichkeit in der Gefäßbearbeitung zeigten und der Nachwelt unvergleichliche Kunstwerke hinterließen. Die vielen Vasen und Schalen aus den verschiedensten Gesteinsarten, die schon in der Frühphase des Pharaonenstaates hergestellt wurden und sich heute in Museen auf der ganzen Welt finden, dokumentieren sehr anschaulich, dass die Ägypter bereits in frühester Zeit über umfangreiche Materialkenntnisse verfügt haben müssen. Die Hartgesteinbearbeitung war im alten Ägypten eine alltägliche Arbeit, bei der es nicht wie heutzutage unter Wettbewerbsbedingungen vor allem darauf ankam, schnell und effizient zu arbeiten. Zeitliche und arbeitstechnische Rentabilität spielten damals nur eine untergeordnete Rolle; Arbeitskräfte standen uneingeschränkt und dauerhaft zur Verfügung. Die einzelnen Tätigkeiten wie etwa das Sägen, Bohren und Reliefieren waren sicherlich kompliziert und langwierig. Für diese Arbeiten kamen meist nur Spezialisten in Frage; die Darstellungen ihrer handwerklichen Tätigkeiten finden sich auch in Inschriften und Grabräumen aus dem Alten Reich.

Hinsichtlich der Materialien, die bei der Werkzeugherstellung und als Schleifmittel bei der Hartgesteinbearbeitung Verwendung fanden, konnten die grundlegenden Aspekte durch die Ägyptologen offenbar bereits geklärt werden. Nach Meinung der Münchner Wissenschaftlerin Rosemarie Klemm besteht in dieser Hinsicht kein unmittelbarer Forschungsbedarf mehr.[343] Werkzeuge wie Meißel und Sägen, aber auch die »Bohrhülsen«, die man beispielsweise bei den Kernbohrungen verwendete, jedoch leider bislang nicht finden konnte, wurden im Alten Reich in der Regel aus Kupfer gefertigt. Als dazugehöriges Schleifmaterial stand den Ägyptern kristalliner Quarz in ausreichender Menge zur Verfügung, der zwar aus heutiger Sicht, so Rosemarie und Dietrich Klemm einhellig, kein besonders günstiges, aber in Anbetracht der vorhandenen Arbeitskräfte und der Zeitvorgaben durchaus effektives Schleifmittel darstellte.[344] Die Verwendung von anderen Schleifmitteln wie etwa Diamant oder Korund läßt sich dagegen bislang weder durch archäologische noch durch philologische Hinweise im Alten Reich eindeutig nachweisen. Die Ägyptologin

Rosemarie Klemm sieht dafür auch keine Notwendigkeit. Bislang lassen sich alle vorhandenen Befunde in den Hartgesteinen durch den alleinigen Einsatz von Quarz hinreichend erklären: »Man muss sich einmal klarmachen, dass das Schleifen von Diamanten ebenfalls mit Diamanten geschieht. Warum sollte nicht auch der stark quarzhaltige Granit mit Quarz bearbeitet werden können? Es dauert zwar länger und ist arbeitstechnisch aufwendiger, aber durchaus machbar. Es gibt ca. drei Kilometer nördlich von Assuan einen massiven Quarzhügel, den wir vor Jahren auf alte Abarbeitungsspuren hin untersucht haben. Zerstößt man diesen Quarz mit einem Stein, erhält man ein Schleifmittel aus messerscharfen Partikeln, mit dem man mit Hilfe eines Poliersteins Granit problemlos polieren kann. Halbkugelige Werkzeuge dieser Art mit glatt geschliffener Polierfläche lassen sich im Assuaner Granitgebiet allenthalben finden. Ebenso ist vorstellbar, dass Bohrkerne und damit Bohrlöcher mit quarzbesetzten Kupferzylindern gewonnen werden konnten. Die Quarzpartikel fressen sich beim Drehen in der Bohrkrone des weichen Kupfers fest. Eine Steigerung des Auflagedrucks ließ sich über Gewichtssteine, die am Bohrgestänge befestigt waren, erzeugen.«[345]

Und selbst die sorgfältig in den Granit gemeißelten Hieroglyphen, die wie mit dem Lineal gezogen, wohlproportioniert und detailreich ausgearbeitet heute die Blicke der Touristen auf sich ziehen, stellten die alten Ägypter offenbar nicht vor unlösbare Probleme: »Durch den Einsatz von Kupfermeißeln mit gehärteten Spitzen konnte man Hieroglyphen in Granit langsam und mühsam, aber Stück für Stück herstellen.«[346] Auch wenn Rosemarie Klemm hier wieder eingestehen muss, dass es sich bei einem derartigen Werkzeug um kein sehr günstiges Arbeitsmaterial gehandelt hat, das zudem ungemein verschleißträchtig war, steht doch für sie außer Frage, dass Kupfermeißel bei der Bearbeitung der extrem harten Gesteine zum Einsatz kamen. Dies beweist beispielsweise auch der Fund eines gut erhaltenen Meißels aus der Regierungszeit des Cheops aus den Anorthositgneisbrüchen bei Abu Simbel.

Doch so mancher Naturwissenschaftler, Bohrfachmann und selbst auch der eine oder andere Ägyptologe wird diese Erklärungen nicht widerspruchslos hinnehmen und kann sich nicht alle Befunde in den Hartgesteinen Ägyptens durch den ausschließlichen Einsatz von Kupferwerkzeugen und kristallinem Quarz als Schneidmaterial erklären.[347] Auch hinsichtlich der eigentlichen Bohr- und Sägeverfahren sind offenbar noch weitere Forschungen vonnöten. So schließt beispielsweise Dieter Arnold bei derartigen Tätigkeiten »maschinenartige Einrichtungen« nicht aus.[348] Selbst Dietrich Klemm hält es für möglich, dass »irgendwelche technischen Methoden« existierten, die den hohen Arbeitszeitfaktor in der Hartgesteinbearbeitung wesentlich verkürzten. »Nur sind uns die Methoden nicht bekannt«, konstatiert der Geologe und fügt hinzu: »Im Grunde genommen wäre es eine Herausforderung für unsere Untersuchungstätigkeit, herauszufinden, ob nicht Techniken vorhanden waren, die wesentlich besser als die heutigen uns bekannten sind.«[349] Im gleichen Kontext kann natürlich auch die Frage nach einem günstigeren, den Ägyptern zur Verfügung stehenden Schleifmittel gestellt werden.[350]

Zusammenfassend wird klar, dass es aufgrund der bisherigen Erkenntnisse keiner geheimnisvollen Hochtechnologie bedurfte, um die Bandbreite der archäologisch nachgewiesenen Hartgesteinbearbeitungen zu erklären. Dennoch konnten anscheinend bis heute noch nicht alle verfahrens- und materialtechnischen Fragen vollständig beantwortet werden; es fehlt beispielsweise an experimentellen Bestätigungen der genauen Konstruktionsweisen und effizienten Handhabungen der alten Werkzeuge. Sicherlich werden künftige Versuchsreihen hier die eine oder andere bislang nur theoretisch verstandene Vorgehensweise besser erklären können.

Zahlenspiele

Die Existenz von Siedlungen und der Produktionsstätten im Umfeld der Roten Pyramide wirft die Frage auf, wie viele Arbeiter am Bau von Snofrus Grabmal beschäftigt gewesen sein könnten. Es ist heute völlig unstrittig und die Qualität der geleisteten Arbeit auf den Elitefriedhöfen unterstreicht dies nachdrücklich, dass im Pyramidenbau eine eingespielte Truppe von erfahrenen Fachleuten am Werk war, die das ganze Jahr über an den Königsgräbern arbeiteten.[351] Wie schon erwähnt, gab es daneben noch ein Heer von einfachen Arbeitern aus der normalen, bäuerlichen Bevölkerung, die zu den staatlichen Arbeitseinsätzen einberufen wurden.[352] Aus ihnen rekrutierte sich auch ein großer Teil der Steinbrucharbeiter und Schleppmannschaften, die für den Abbau und den Transport der enormen Steinmassen eingesetzt wurden. Andere Tätigkeiten auf der Baustelle waren z. B. Träger- und Botendienste sowie Versorgungs- und Ausschachtungsarbeiten.

Die Zusammenfassung der für den Pyramidenbau benötigten Arbeitsbereiche liefert eine grobe Orientierung für den notwendigen Bedarf an Arbeitern. Weitere Parameter sind die Größe der Baustelle und der Steinbrüche, die topographischen Bedingungen wie auch die Ausmaße der bekannten Arbeitersiedlungen. Folglich wird ähnlich wie bei den Baurampen, für deren Konstruktion es offenbar keine Patentlösung gab, auch die Zahl der Arbeiter von Baustelle zu Baustelle unterschiedlich gewesen sein. So muss für jedes Pyramidenprojekt eine eigene Kapazitätsabschätzung gemacht werden. In der Vergangenheit wurden vor allem für die Cheops-Pyramide diverse Berechnungen und Schätzungen vorgelegt, die den Bau der größten Pyramide Ägyptens nachvollziehbarer machen sollten. Entgegen der exorbitant hohen Arbeiterzahlen, die antike Autoren nannten und die teilweise auch von den Ägyptologen der ersten Generation angeführt wurden, korrigierten moderne Forscher den Arbeiterbedarf stetig nach unten. Heutzutage werden oftmals Zahlenwerte in der Größenordnung von 20 000 bis 30 000 Menschen genannt.[353] In diesem Rahmen bewegt sich beispielsweise auch Rainer Stadelmann, der aufgrund seiner Eindrücke auf dem Grabungsgelände der Roten Pyramide folgende grobe Aufstellung machte: Er geht insgesamt von nicht mehr 20 000, maximal 25 000 Personen aus. Den Kern bildete eine Einheit »von etwa 5000 gut geschulten Bauarbeitern und Steinmetzen«, die durch »etwa 5000 Steintransportarbeiter« ergänzt wurde. Diese Zahl von Arbeitern könnte nach Stadelmann in den in Dahschur und Giza festgestellten Arbeitersiedlungen untergebracht worden sein. Hinzu rechnet er nochmals »5000 Arbeiter in den verschiedenen Steinbrüchen und weitere vielleicht 5000 Männer und Frauen, die für die Verpflegung zu sorgen hatten.«[354] Diese Werte entsprechen gerade einmal etwa einem Prozent der Gesamtbevölkerung Ägyptens im Alten Reich.

Im Vergleich dazu hat Dieter Arnold für die so genannte Schwarze Pyramide Amenemhets III. in Dahschur, von der im nächsten Kapitel noch ausführlicher die Rede sein wird, errechnet, dass maximal 5000 Arbeiter bei ihrer Errichtung tätig waren.[355] Auch wenn diese nur etwa 105 Meter breite und etwa 58 Meter hohe Lehmziegelpyramide, bei der lediglich der Verkleidungsmantel und Teile des Kammersystems aus Kalksteinen bestanden, sich bautechnisch und logistisch nicht ohne weiteres mit den Riesenpyramiden der 4. Dynastie vergleichen lässt, weist diese Schätzung der Arbeiterzahlen doch wohl in die richtige Richtung. Immerhin mussten beim Bau dieser Pyramide etwa 20 Millionen Ziegel hergestellt, transportiert und verlegt werden.[356]

Es ist zu erwarten, dass sich die bisherigen Schätzungen hinsichtlich der großen Bauprojekte der 4. Dynastie in Zukunft noch weiter konkretisieren lassen, so dass sich am Ende vielleicht ein Arbeiterheer in der Größenordnung von ungefähr 10 000 Personen ergibt, die unmittelbar am Bau der monumentalen Königsgräber beteiligt waren. Dies mag für den einen oder anderen nach wenig klingen, doch man sollte sich einmal vor Augen halten, was es bedeutete, eine derart große Zahl von Arbeitern über einen längeren Zeitraum hinweg zu versorgen und deren Aktivitäten zu koordinieren. Der Bau der großen Pyramiden Ägyptens mag für viele heute noch wie ein Wunder wirken. Doch die dabei zu leistende Organisation war wohl das noch viel größere Abenteuer, auf das sich die Baustrategen damals einließen.

Die erste Grabpyramide Ägyptens

Nach einer heute nicht genau bestimmbaren, aber mindestens zehn Zählungen umfassenden Bauzeit, die aufgrund der in der Ägyptologie unterschiedlichen Betrachtung der Zählweise auf etwa 11 bis 22 Jahre eingegrenzt werden kann, war die Rote Pyramide endlich fertig.[357] Die zweite »Erscheinung des Snofru« erhob sich majestätisch in den Himmel und stellte ihr geknicktes Pendant im Süden der Nekropole in den Schatten. Der neue Grabbau umfasste ein Volumen von etwa 1,75 Millionen Kubikmeter und erreichte eine Höhe von über 109 Metern.[358]

Erstmals im Alten Reich war es den Ägyptern gelungen, ein Königsgrab ordnungsgemäß zu errichten, das von Beginn an als geometrisch echte Pyramide geplant war. So markiert die Rote Pyramide den Endpunkt einer Entwicklung im ägyptischen Grabbau, die sich von den ersten Nilschlamm-Mastabas über die Stufen-Pyramiden der 3. Dynastie bis zur echten Pyramidenform verfolgen lässt. Danach sollten nur noch die Könige Cheops und Chephren größere Grabmäler errichten lassen. Der Mythos um die »Weltwunder-Pyramiden« Ägyptens wurde demnach in Dahschur begründet, dort liegt die eigentliche Geburtsstätte des klassischen Pyramidenzeitalters.

Man nimmt heute an, dass die Errichtung der Roten Pyramide ohne nennenswerte Komplikationen vonstatten ging. Statische Probleme wie bei der Knick-Pyramide gab es offenbar nicht; Ausbesserungsarbeiten am Kammersystem sind nicht erkennbar. Trotzdem gab es anscheinend am Ende der Bauarbeiten, fast wie zu erwarten, Zeitprobleme. Die Ausgrabungsergebnisse am Totentempel belegen, dass Snofru die Fertigstellung seiner Grabanlage nicht mehr erlebt hat. Als er starb, war die Pyramide zwar

Pyramidennamen:

»m(e)r«
»Pyramide«

»Djed Seneferu«
»Snofru ist dauerhaft«

»Chai Seneferu«
»Erscheinung des Snofru«

Abb. 38: Nach Vollendung der Roten Pyramide standen drei geometrisch wohlgeformte Pyramiden in den Königsnekropolen des Snofru. So kann man davon ausgehen, dass spätestens zu dem Zeitpunkt, als die Namen der Pyramidenkomplexe in Verwaltungstexten und Grabinschriften erstmalig fixiert wurden, auch das ikonographische Symbol einer Pyramide Einzug in die Hieroglyphenschrift gehalten hat. Die heute bekannte ägyptische Bezeichnung für eine Pyramide lautet »mer«. Sie wird in Hieroglyphen mit den übereinander angeordneten Konsonanten »m« und »r« geschrieben, neben denen links ein Phonogramm (Lautzeichen) in Form eines Meißels und rechts ein Pyramidenzeichen als stummes, sinnverstärkendes Merkmalszeichen (Determinativ) stehen. Eine genaue Etymologie dieses Begriffes ist bislang nicht gelungen. Die moderne Bezeichnung »Pyramide« für ein altägyptisches königliches Grabmal hingegen stammt aus dem Griechischen und leitet sich vom Wort »pyramis« ab.[359]

offenbar »bezugsfertig«, die für das Begräbnisritual notwendigen Umgebungsbauten befanden sich jedoch noch teilweise im Rohbau. Unter der »Schirmherrschaft« von Cheops wurden die Bauarbeiten am Totentempel eilig vollendet. Das ursprünglich in Stein geplante und schon begonnene Heiligtum wurde provisorisch aus Ziegeln fertig gestellt, damit der verstorbene König seinen letzte Reise antreten und der Totenkult beginnen konnte.

Seit über einem Jahrzehnt liegen die spärlichen Ruinen des Totentempels frei. Als die Ausgrabungen im Jahr 1980 begannen, waren die Erwartungen relativ hoch, hofften Rainer Stadelmann und sein Team, markante Überreste des Pyramidentempels, jenes »öffentlichen« Teils des

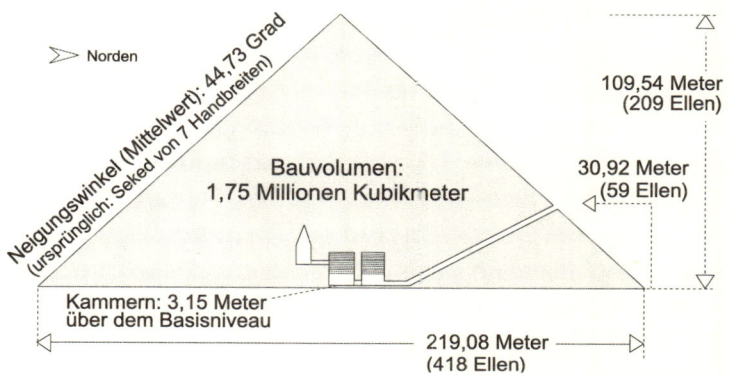

Abb. 39: *Die Maße der Roten Pyramide (nach Dorner).*

Texte in der Abbildung:

Norden

Neigungswinkel (Mittelwert): 44,73 Grad
(ursprünglich: Seked von 7 Handbreiten)

Bauvolumen:
1,75 Millionen Kubikmeter

109,54 Meter
(209 Ellen)

30,92 Meter
(59 Ellen)

Kammern: 3,15 Meter
über dem Basisniveau

219,08 Meter
(418 Ellen)

königlichen Palastes für die Ewigkeit zu finden, der als
eine Art »missing link« zwischen der großzügig gestalte-
ten Verehrungsstätte der Stufen-Pyramide des Djoser und
den kompakten Tempelbauten der 4. Dynastie angesehen
wurde. Doch die Freilegung des Tempels erwies sich im
nachhinein als Enttäuschung für die Archäologen: Nur
seine Fundamente waren noch erhalten. Das Areal, in
dem sich lediglich wenige Spuren der einstigen Dekoration fanden, offenbarte ein Durcheinander an Strukturen,
das mehrere Interpretationen zuließ.[360] Dennoch lassen
die Rekonstruktionsversuche den Schluss zu, dass man es
hier wohl mit einem Prototypen der Tempelarchitektur
des Pyramidenzeitalters zu tun hat.

Das über 30 mal 26 Meter große, ostwestorientierte
Bauwerk soll einst zwei freistehende, mit Reliefs verzier-
te Kultkapellen, einen offenen Säulenhof, ein »Opferma-
gazin« sowie eine Totenopferkapelle, die bis zum Verkleidungsmantel der Pyramide reichte, besessen haben.
Dank der erhaltenen Totentempel der 5. Dynastie wissen
die Ägyptologen, dass sich insbesondere die Opferkapel-

len durch kostbare Baumaterialien auszeichneten. Als einziges diesbezügliches Überbleibsel fanden die Archäologen in Dahschur allerdings nur ein kleines Steinfragment aus dunklem Granit, das laut Rainer Stadelmann offenbar zu einer Scheintür, einer imaginären Pforte zwischen Diesseits und Jenseits, gehört hat, die sich an der Westwand befand.[361] Vor dieser in der Regel mit einer Opfertischszene dekorierten und mit Opfersprüchen versehenen türartigen Nische sollen Snofru täglich Speise- und Räucheropfer sowie verehrende Gebete dargebracht worden sein. Ob es in den Opferkapellen der Pyramidentempel der 4. Dynastie wirklich Scheintüren gab, lässt sich heute nicht eindeutig klären und wird von manchen Ägyptologen wie dem Österreicher Peter Jánosi in Zweifel gezogen. Seiner Meinung nach bestand keine Notwendigkeit für deren Installation, »denn der König war gegenwärtig, aber nicht in der Pyramide (abgesehen von der irdischvergänglichen Form seines Leichnams), sondern in Form eines umfangreichen Statuen- und Bildprogrammes im Tempel«.[362] Er weist darauf hin, dass eine Scheintür eigentlich der Vorstellungswelt des privaten Totenkults entstammt und der Himmelsaufstieg des Königs wie auch die Bestattung selbst ein einmaliger Akt war, »der keiner Wiederholung bedurfte bzw. es wohl kaum in der Absicht des toten Königs lag, immer wieder durch eine Scheintür zu den unvergänglichen Sternen hinaufzusteigen«.[363] Außerdem gibt es laut Jánosi weder in der Architektur noch in den archäologischen Befunden oder irgendwelchen Inschriften eindeutige Anhaltspunkte, die die Aufstellung von Scheintüren in den Totentempeln der 4. Dynastie rechtfertigen würden.[364]

Sehr viel eindeutiger war dagegen ein anderer Fund. Bei den Ausgrabungen entdeckten die Archäologen gut

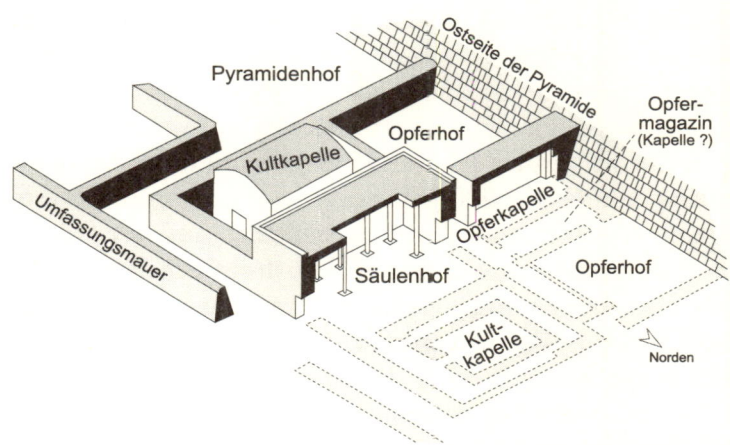

Abb. 40: Rekonstruktion des Totentempels der Roten Pyramide (nach Stadelmann).

20 Meter von der Ostkante entfernt die Fragmente des Abschlusssteins der Roten Pyramide. Das Pyramidion aus Tura-Kalkstein, das einst annähernd zwei Tonnen wog und vermutlich bei der Demontage der Verkleidung herunterstürzte, lag in mehrere Teile zertrümmert im Abbruchschutt. Seine Seitenlänge betrug vermutlich genau drei Ellen, umgerechnet etwa 1,57 Meter. Spuren der Befestigung eines Metallbelages konnten nicht nachgewiesen werden. Ebenso wenig irgendwelche Anzeichen, die darauf hindeuten, dass das Pyramidion einst eine Beschriftung aufwies. Interessanterweise haben die vier Seitenflächen des Abschlusssteins leicht unterschiedliche Neigungswinkel, die auf eine durchschnittliche Steigung von mehr als 45 Grad hindeuten.[365] Rainer Stadelmann glaubt darin die Folge eines stetigen Nachkorrigierens kleinerer Unregelmäßigkeiten des Neigungswinkels beim Bau der Pyramide zu erkennen.[366] Darüber, wie das Pyra-

midion einst an der Spitze der Pyramide befestigt wurde, gibt es offenbar keinerlei Hinweise. Aufgrund bisheriger Beobachtungen an den erhalten gebliebenen Pyramidien kleinerer Grabmäler verließen sich die Ägypter anscheinend nicht auf das enorme Eigengewicht der Abschlusssteine, sondern trafen besondere Vorkehrungen für ihre stabile Verankerung. Wie die Befunde zeigen, besaßen sie an ihren Unterkanten oftmals in den Stein gemeißelte »Vorrichtungen«, so dass sie mit den darunter liegenden Blöcken passgenau verzahnt werden konnten. Wahrscheinlich ist auch das Pyramidion der Roten Pyramide so oder auf ähnliche Weise installiert worden.

Heute steht dieses einmalige Artefakt – das älteste und bislang einzige entdeckte Pyramidion einer Königspyramide aus dem Alten Reich – wieder zusammengesetzt und vervollständigt auf einem Sockel vor der Ostseite der Pyramide, inmitten der spärlichen Überreste des Totentempels.

Unvollständiger Pyramidenkomplex

Wer heute den Grabbezirk der Roten Pyramide abschreitet und sich Gedanken über die Bauwerke macht, die die Pyramidenkomplexe des Alten Reiches morphologisch auszeichnen, dem fällt sofort auf, dass hier einiges zu fehlen scheint. Bis zum heutigen Tage wurde nicht die geringste Spur von der kleinen Kultpyramide entdeckt, die man eigentlich an der Südseite der Roten Pyramide erwarten würde, so dass man nicht ausschließt, dass die Ägypter aus Zeitnot auf ihre Errichtung verzichtet haben. Möglich auch, dass man, zum Zweck der Einsparung, der

Knick-Pyramide die wichtige Funktion einer Kultpyramide übertrug und somit das ansonsten nutzlose Bauwerk zum integralen Bestandteil der neuen Königsnekropole machte. Immerhin stand es in unmittelbarer Nähe südlich des neuen Königsgrabes und gehörte optisch ohnehin zum Pyramidenensemble von Dahschur. Auch Nicole Alexanian hält eine solche Zuordnung für möglich, gibt aber auch zu bedenken, dass man bislang zu wenig über die Funktion der Kultpyramiden wisse, um hier eine gesicherte Aussage machen zu können.[367]

Der Taltempel der Roten Pyramide wurde bislang nicht ausgegraben; seine genaue Position ist nur vage bekannt. Etwa 200 Meter nördlich des heutigen Ticketstandes entdeckte man im Jahr 1904 bei Ausschachtungsarbeiten die Überreste einer mächtigen Umfassungsmauer aus Kalkstein, die einst ein etwa 100 mal 65 Meter großes Areal umschloss. Der deutsche Ägyptologe Ludwig Borchardt vermutete damals, dass man es hierbei mit der Stadtmauer einer Pyramidensiedlung zu tun hat.[368] Rainer Stadelmann vertritt heute dagegen die Auffassung, dass es sich bei den Mauerresten um die Ruinen des Taltempels der Roten Pyramide handeln könnte. Die Lage am Fruchtland, der Vergleich mit anderen Taltempeln und die Ausrichtung zur Pyramide sprechen durchaus für Stadelmanns Vermutung, die allerdings nur durch eine gezielte Grabungsaktion bestätigt werden kann. Doch die Chance einer Wiedergewinnung des Taltempels wird heute in Fachkreisen als »sehr gering« eingeschätzt, da ein am Wüstenrand verlaufender Kanal den Grundwasserspiegel erheblich angehoben haben dürfte.[369] Dennoch planen Nicole Alexanian und Stephan Seidlmayer noch im Jahr 2000 die genaue Lage des Tempels »durch Bohrungen zu verifizieren«, so dass sich sicherlich zeigen wird, »ob Grabungen oder geomagnetische Oberflächenuntersuchungen möglich und sinnvoll sind«.[370]

Zieht man in Betracht, dass die Ruinen des Taltempels an besagter Stelle im Erdreich schlummern, stellt sich automatisch die Frage nach dem Verbleib des Aufweges. Bis auf ein paar Spuren östlich des Totentempels haben sich bislang keinerlei Überreste des Verbindungsweges zwischen beiden Tempeln finden lassen. Mark Lehner hält es sogar für möglich, dass der Aufweg niemals gebaut wurde.[371] Andere Forscher hingegen vermuten auf der Grundlage von Luftaufnahmen, dass sein Verlauf größtenteils mit der Wegstrecke einer der Schleppbahnen, die als Transportstraße zwischen Pyramide und Fruchtland diente und im Bereich der heutigen asphaltierten Straße verlief, korrespondiert haben könnte. Demnach führte der Aufweg vom Totentempel aus vermutlich zuerst in nordöstliche Richtung, machte dann einen Knick und erstreckte sich gut 1,2 Kilometer geradlinig nach Osten, um dann wieder leicht in nordöstliche Richtung abzuknicken.[372] Falls der Aufweg tatsächlich errichtet worden ist, wird er vermutlich zwar teilweise fundamentiert, aber aus Zeitnot nur in Ziegelbauweise beendet worden sein. Dies könnte erklären, warum er im Laufe der Jahrtausende fast vollständig abgetragen werden konnte. In diesem Fall fand er als Baumaterial in den umliegenden Dörfern oder Pyramidenkomplexen des Mittleren Reiches Verwendung.

Die Frage schließlich, ob im Umfeld der Roten Pyramide auch Bootsgruben ausgehoben wurden, hat man nicht näher untersucht. Offensichtliche Hinweise auf derartige Depots königlicher Barken konnten wie schon bei der Meidum- und der Knick-Pyramide bislang nicht gefunden werden. Vielleicht ist auch hier aus Zeitgründen darauf verzichtet worden, die für die späteren Epochen so wichtigen »Bootsbestattungen« im Rahmen der Begräbniszeremonie Snofrus durchzuführen, womöglich war eine derartige »Grabbeigabe« aber auch gar nicht geplant.[373]

Im Gegensatz dazu ließen sich noch spärliche Reste der über zwei Meter dicken und vermutlich mehr als fünf Meter hohen Umfassungsmauer aus Nilschlammziegeln lokalisieren, die den inneren Grabbereich einst hermetisch von der Außenwelt abschlossen.[374] Auch sie fiel wie die anderen Bauwerke des Grabkomplexes den späteren Stein- und Ziegelplünderungen zum Opfer.

Auf dem Pfad der Unsterblichkeit

Irgendwann um das Jahr 2580 v. Chr. starb Snofru wohl eines natürlichen Todes. Die Nachricht verbreitete sich in Windeseile und im Land herrschte tiefe Trauer. Die Weltordnung war für die tiefgläubigen Menschen aus dem Gleichgewicht geraten. Dies war die Stunde des designierten Thronfolgers Cheops, der sich wohl schon lange auf seine gottgleiche Herrscherrolle vorbereitet hatte. Der vermutlich etwa dreißigjährige Kronprinz übernahm inoffiziell die Regierungsgeschäfte, gab dem Land die Gewissheit von königlich-göttlicher Gegenwart zurück und erteilte den Befehl, unverzüglich mit den umfangreichen Vorbereitungen für die Bestattung seines Vaters zu beginnen. Ein nach alten Ritualen genau definierter Begräbnismarathon, der von Snofrus Sterbebett im Königspalast in Memphis bis in die Grabkammer seiner gerade fertig gestellten Pyramide führte, nahm seinen Anfang.

Die heutige Ägyptologie hat ein ungefähres Bild vom Ablauf des königlichen Begräbnisrituals in der Pyramidenzeit, wenngleich über die detaillierten Handlungen und Orte der einzelnen Zeremonien oftmals keine eindeutigen Aussagen getroffen werden können. Die bisherigen Erkenntnisse der Bestattungsriten stammen zumeist von Darstellungen in den Gräbern hoher Beamter und Priester aus der Spätphase des Alten Reiches.[375] Im Gegensatz dazu konnte bislang merkwürdigerweise keine Bildfolge in einem der Pyramidentempel gefunden werden, die Szenen der königlichen Beisetzung wiedergibt.[376] Das erste Ziel war die Balsamierungsstätte, in der die sterblichen Überreste des Königs für die Ewigkeit präpariert werden sollten. Vom Königspalast aus brachte man den Verstorbenen per Schiff zur Nekropole von Dahschur.[377] Bei einer Entfernung von nur knapp zehn Kilometern wird die Fahrt nur wenige Stunden gedauert haben. Dort angekommen, brachte man Snofrus Leichnam unverzüglich zum »Zelt der Reinigung«, dem »Ibu (en Wab)«, das sich vielleicht im Umfeld des Taltempels befand.[378] Wie der Name andeutet, war das Reinigungszelt wohl ein eher kleines Gebäude, das in der Regel aus Holzstangen und Schilfmatten, gelegentlich aber auch in einer massiveren Bauweise, errichtet worden war. Dort wurde die Leiche gewaschen, während Vorlesepriester ständig rituelle und magische Formeln von einer Papyrusrolle rezitierten. Nach dem vermutlich nur wenige Tage dauernden Zwischenstopp im Reinigungszelt und den ersten konservierenden Maßnahmen kam der Leichnam schließlich in die Balsamierungshalle, zur »Stätte der Reinheit«, altägyptisch »Wabet« genannt. Unklar ist bislang, wo genau sich die königliche Balsamierungsstätte befunden hat. Wie das Reinigungszelt wird sie oftmals mit dem Taltempel in Zusammenhang gebracht.[379] Doch bislang weisen weder architektonische noch Relief- oder Inschriftenreste in den bekannten Taltempeln eindeutig darauf hin, dass sie mit bestimmten Riten zur Behandlung des königlichen Leichnams in Verbindung standen.[380] Deshalb wird heute in der Ägyptologie auch die Möglichkeit nicht ausgeschlossen, dass die Taltempel überhaupt keine besondere Bedeutung im Rahmen der Begräbniszeremonie hatten, und »zur Durchführung einer Bestattung bestenfalls temporäre, kulissenartige Konstruktionen aus vergänglichem Material nötig waren«.[381]

Im »Wabet« gingen nun »Ut-Priester« (»Umhüller«), wie die Balsamierer genannt wurden, daran, den königlichen Leichnam für die Ewigkeit zu erhalten. Ihr Ziel war es, dem natürlichen Zerfall des Körpers durch eine lang anhaltende Konservierung entgegenzuwirken, um letztlich seine Unversehrtheit als Garantie für ein dauerhaftes Leben im Jenseits zu gewährleisten.[382] Während der Arbeit der Balsamierer waren auch hier wieder Vorlesepriester zugegen. Über den genauen Aufbau einer Balsamierungsstätte und den detaillierten Ablauf einer Mumifizierung gibt es nur indirekt Erkenntnisse, die größtenteils auf Überlieferungen der griechisch-römischen Zeit zurückgehen und sich auch auf moderne Untersuchungen erhaltener Mumien stützen. Man kann sich die Prozedur folgendermaßen vorstellen:[383] Die Priester legten den toten Körper auf einen steinernen Tisch und begannen nach nochmaliger Reinigung und der Entfernung der Körperbehaarung damit, Snofru eine Reihe von inneren Organen zu entnehmen. Diese Ausweidung des Leichnams war notwendig, denn nur so konnte das schnelle Einsetzen der Verwesung von innen heraus gestoppt werden.[384] Vermutlich entfernte man zuerst das Gehirn. Es hatte für die Ägypter keine besondere Bedeutung und wurde im Gegensatz zu einigen inneren Organen nicht für die Ewigkeit konserviert, sondern einfach weggeworfen.[385] Danach kamen die Eingeweide an die Reihe. Durch einen gezielten Schnitt in den Unterleib – vermutlich gerade so groß, dass die Hand des Balsamierers hindurchpasste – wurde der Leichnam geöffnet. Von primärem Interesse waren die Gedärme, der Magen, die Lunge und die Leber. Diese Organe wurden entnommen, gewaschen, getrocknet und mit konservierend wirkenden Substanzen bestrichen. Anschließend wurden sie in präparierte Leinenbinden eingewickelt, mit Salbölen übergossen und separat in vier spezielle steinerne, mit einer schwachen Natronlösung gefüllte Eingeweidekrüge, die so genannten »Kanopen«, gelegt. Diese wurden ihrerseits zumeist in Fächern eines Hartgesteinschreins untergebracht, den man später neben den Sarkophag platzierte.[386] Im Gegensatz zu den genannten Organen verblieb das Herz im Körper, da es als das Zentrum des Menschen, als Sitz der Seele, des Intellekts und Gefühls, angesehen wurde.[387] Nach der Entnahme der Innereien begann der zentrale Part der Konservierung: das Austrocknen des Leichnams. Um ihm seine Flüssigkeit restlos zu entziehen, verwendeten die Ägypter Natronsalz. Offenbar wurden die entleerte Bauch- und Brusthöhle mit Natronsäckchen sowie Sägemehl, zerkleinertem Stroh und Palmfasern ausgestopft; zusätzlich wurde Natron um den Körper herum aufgeschichtet.[388] Die Prozedur wird einige Wochen gedauert haben, ehe der Leichnam getrocknet und für die weitere Behandlung bereit war.[389]

Damit der Leichnam seine »plastische Form« wiedererhielt, stopfte man ihn nach der Dehydration und einer dritten gründlichen Waschung mit harzgetränkten Leinentüchern oder anderen Stofftampons, Sägemehl und Stroh aus. Nachmodelliert wurden nicht nur der Unterleib und alle im Torso befindlichen Hohlräume, sondern auch die Gesichtspartien, die nach der Entwässerung ebenfalls eingefallen waren.[390] Danach wurde der Bauchschnitt entweder sorgfältig zugenäht oder mit heißem Wachs übergossen und so verschlossen. Zusätzlich deckte man die Naht vermutlich mit einer länglichen, mit Harz angeklebten Metallplatte aus Gold, dem »Fleisch der Sonne«, oder Bronze ab.[391] Die Wunde wurde somit für das Leben im Jenseits auf symbolische Art und Weise wieder geheilt, denn der König sollte den Göttern ohne Makel gegenübertreten. Anschließend gingen die Priester daran, dem Leichnam eine gewisse Elastizität wiederzugeben. Um die zusammengeschrumpfte, leder- oder pergamentartig gewordene Haut wieder geschmeidig zu machen, wurde sie wiederholt mit Salbölen eingerieben. Dies erleichterte die noch ausstehende Bandagierung – der letzte Akt der Mumifizierung.

Die nach rituellen Vorschriften erfolgende Bandagierung des Leichnams war eine ungemein aufwändige Prozedur.[392] Die durchaus mit der eines modernen Bildhauers vergleichbare Tätigkeit verlangte viel Geschick und Ausdauer. Diese Arbeit konnte bis zu zwei Wochen dauern und Unmengen von Leinentuch erfordern. Je wichtiger der Tote einst gewesen war, um so sorgfältiger wurde er für die Ewigkeit verpackt. So umwickelte man Snofrus Leichnam sorgsam Körperpartie für Körperpartie mit langen Leinenbinden, die bei ihrer »Verlegung« ständig mit Harz getränkt werden mussten. Dabei fanden vielleicht auch etliche Amulette aus Gold, Fayence oder Stein, die schützende Kräfte und magische Wirkungen besitzen sollten, ihren Weg zwischen die Stofflagen und wurden nach einem bestimmten Muster mit eingebunden.

Man geht heute davon aus, dass es kein offizielles Staatsbegräbnis gab, bei dem der Leichnam per Schiff

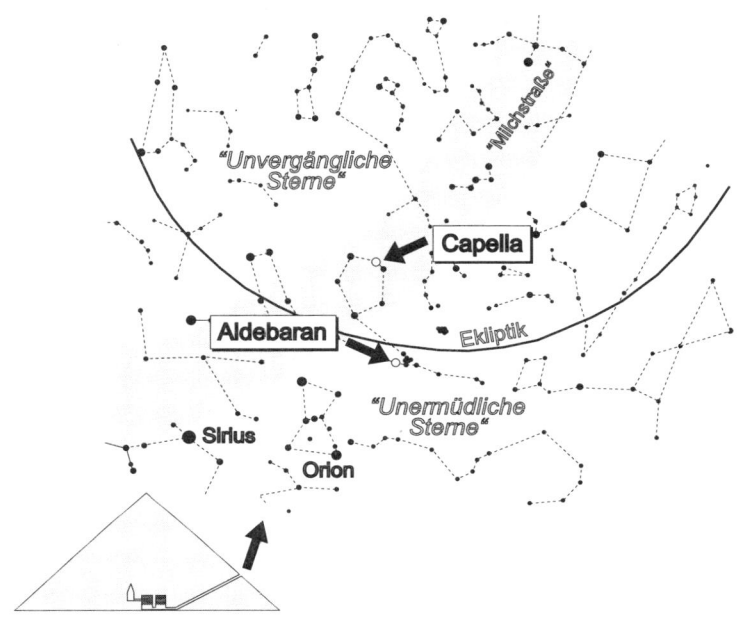

quer durch das Land transportiert wurde. Stattdessen
sollten die Bestattungsriten vorgesehen haben, dass der
tote König eine Reihe wichtiger Kultstätten wie etwa Saïs,
Buto und Heliopolis symbolisch aufsuchen musste, die
vielleicht mit bestimmten Räumlichkeiten der Pyramidentempel gleichgesetzt wurden.[393] Ähnlich wie die
Funktion des Taltempels ist hierbei auch die des Totentempels nicht eindeutig geklärt. Auch hier wird nicht ausgeschlossen, dass die Bestattungsrituale außerhalb der
Grabbezirke vollzogen wurden und der Bestattungszug
nicht durch den Totentempel, sondern durch einen
Nebeneingang des Pyramidenhofes zum Grabmal gelangte.[394]

Am Ende dieser »Totenfahrt« stand das so genannte
Mundöffnungsritual, eine Zeremonie, bei der der Mumie

Abb. 41: In der Vorstellungswelt der Ägypter des Alten Reiches lag die erstrebenswerte Existenz der verstorbenen Könige vorrangig am Firmament. Inschriftlich belegt wird diese Zuordnung erst am Ende der 5. Dynastie durch die Pyramidentexte. Aus ihnen geht hervor, dass das Schicksal der verklärten Könige nach ihrem Aufstieg ins Reich des Sonnengottes, wo man sie am Tageshimmel in den ewigen Kreislauf der Sonne integrierte, auch mit der Existenz bestimmter Sterne am Nachthimmel verknüpft war. Das primäre Ziel der Jenseitsreise waren dabei die »Unvergänglichen Sterne« am nördlichen Himmel (Zirkumpolarsterne und auf- und untergehende, aber jede Nacht sichtbare Fixsterne), ohne dass die Pyramidentexte jedoch über das Schicksal der »versternten Toten« in dieser Himmelsregion konkrete Aussagen machen. Nur vereinzelt ist von einem »Einzelnen Stern« (womöglich Capella im Sternbild Fuhrmann) die Rede. Im Gegensatz dazu wurde das Schicksal des verklärten Königs am Südhimmel mit dem »Großen Stern« (vermutlich Aldebaran im Sternbild Stier), der zu den »Unermüdlichen Sternen« gehörte, gleichgesetzt. Allem Anschein nach wurde das von den Jahreszeiten abhängige Verschwinden der Sterne am Südhimmel von den Ägyptern im Sinne von »Sterben«, ihr Wiedererscheinen am östlichen Horizont als »Erneuerung/Verjüngung« gedeutet. Dagegen verstand man offenbar die ständige jährliche Sichtbarkeit der »Unvergänglichen Sterne« am Nordhimmel als Ausdruck des ewigen Lebens (nach Krauss).[396]

symbolisch ihre Lebensenergie für die jenseitige Existenz zurückgegeben werden sollte. Damit erhielt der verklärte König in der Vorstellung der Ägypter all seine Lebensfunktionen zurück, so dass er auch im Jenseits atmen, sprechen und essen konnte. Anschließend wurde dem König an einem Opfertisch ein Totenopfermahl kredenzt. Nach weiteren Ritualen sowie der Bereitstellung der Grabausstattung, die für das Weiterleben im Jenseits als unentbehrlich galt, setzte sich der Begräbniszug zur Pyramide in Bewegung, wo Snofru vermutlich die letzten Weihen bekam.[395]

Der Transport des Holzsarkophages mit der Leiche und der Grabbeigaben durch die engen Korridore des Kammersystems und den hohen Einstieg in die Grabkammer mittels Seilzugvorrichtungen und Umlenkbalken war vermutlich ein aufwändiger Akt. Nachdem alles für das jenseitige Leben Notwendige an genau definierten Positionen platziert worden war, zog man sich aus der Grabkammer zurück und vermauerte den Zugang mit Steinen. Vermutlich verschloss man auch den Durchgang zwischen den beiden Vorkammern mit Steinblöcken. Schließlich wurde das Kammersystem hermetisch von der Außenwelt abgeschlossen, indem man den gesamten absteigenden Grabkorridor mit passgenauen Kalksteinen blockierte und den Eingang ins Grabmal mit Verkleidungssteinen verdeckte. Im Anschluss daran wurde die Pyramide von Totenpriestern mit Schutzgebeten und Opferritualen magisch versiegelt.

Das Werk war vollbracht, die »Erscheinung des Snofru« ihrer Bestimmung übergeben worden. Der Rest ist fast nebensächlich. Die Begräbnisfeierlichkeiten gingen vermutlich noch eine gewisse Zeit weiter, während im Hintergrund die Krönungszeremonie des neuen Königs vorbereitet wurde. Cheops stand bereit, das große Erbe seines Vaters zu übernehmen und das Land in ein neues Zeitalter zu führen. Während Snofrus unsterbliche Seele nach den Vorstellungen der Ägypter in den Weiten des Himmels eine neue Heimat fand,[397] konnte die monumentalste Phase des Pyramidenzeitalters, die Epoche der Giza-Pyramiden, beginnen.

Unbekanntes Terrain

Parallel zum Bau der Roten Pyramide wurden im Norden der Nekropole an verschiedenen Stellen auch wieder Privatgräber errichtet, die man zum erweiterten Kreis des königlichen Grabkomplexes zählen muss. Ähnlich wie bei den weit verstreuten Mastabas im Südosten der Nekropole ist ein Großteil dieser Grabanlagen bislang gar nicht oder nur sehr unzureichend untersucht worden, so dass auch der Norden von Dahschur ein enormes Potenzial für zukünftige Forschungen darstellt. In den späten Privatgräbern der Snofru-Familie und hochrangiger königlicher Beamter warten vermutlich noch wichtige Erkenntnisse aus der Gründerzeit der 4. Dynastie auf ihre Entdeckung.[398]

Seit dem Jahr 1988 finden auf dem zentralen Privatfriedhof etwa 900 Meter südöstlich der Roten Pyramide, dem so genannten Lepsius-Friedhof, Grabungen durch das DAI statt. Das in vier parallelen, nordsüdlich verlaufenden Reihen angelegte Gräberfeld, gehört derzeit wohl zu wichtigsten Ausgrabungsarealen in Dahschur, da bis heute nur fünf der etwa 26 Mastabas freigelegt sind.

Das Gräberfeld besitzt eine Länge von etwa 400 Metern und erstreckt sich von Westen nach Osten über 150 Meter. Dabei reichen die südlichsten Mastabas bis nahe an das Snofru-Tal heran. Die Gräberreihen, vor allem die Mastabas in der westlichen Kolonne, verlaufen bis auf kleine Unregelmäßigkeiten ziemlich parallel zur Ostseite der Roten Pyramide, was den baulichen Zusammenhang zwischen der Privatnekropole und dem Königsgrab untermauert.[399] Die bisherigen Ausgrabungen haben deutlich gemacht, dass sich diese Gräber aufgrund ihrer baulichen Struktur typologisch zwischen den Lehm-

215

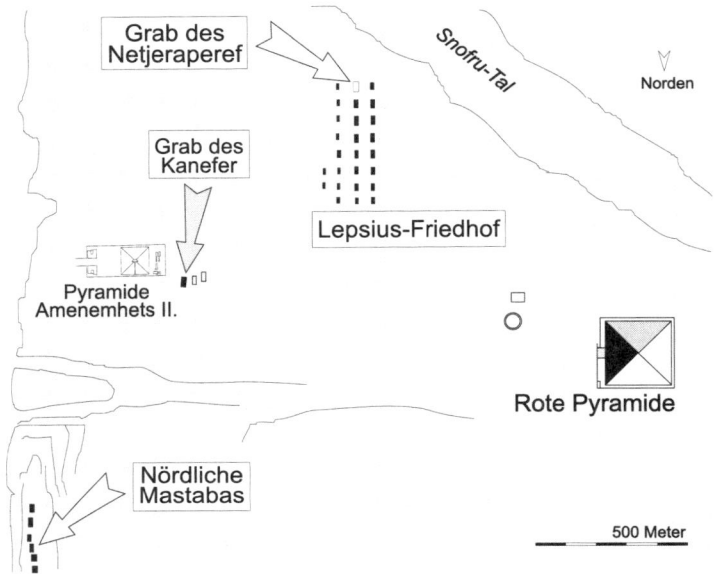

Abb. 42: Die Gräber der späten Snofru-Ära im Norden von Dahschur (und das Grab des Kanefer).

ziegel-Mastabas auf dem Nordfriedhof von Meidum und den steinernen Grabanlagen auf dem Giza-Plateau einordnen lassen. Nicole Alexanian weist deshalb zu Recht darauf hin, dass man es bei diesem Bereich der Königsnekropole offenbar »mit dem ›missing link‹ der staatlichen Friedhofsplanung und Grabarchitektur zwischen Meidum in der Zeit des Snofru und Giza unter Cheops zu tun« hat.[400]

Die Struktur des Mastaba-Feldes ist trotz des extrem unvollständigen Ausgrabungsbefundes durch detaillierte Vermessungen gut bekannt. Die einzelnen Grabanlagen liegen auf den Kreuzungspunkten eines quadratischen Konstruktionsnetzes, das bis auf kleine vermessungs-

216

technische Abweichungen vor allem entlang der dritten, östlichen Reihe eine Rasterlänge von 63 Metern (120 Ellen) aufweist. Die relativ großzügige Verteilung der gut zwei Dutzend Gräber auf dem Areal erklärt sich Nicole Alexanian durch »Kulterfordernisse«, insbesondere die Begehung des Geländes im Zuge der Bestattungsfeierlichkeiten.[401] Hierbei spielten vor allem die Rampenkonstruktionen, über die die Sarkophage und das sonstige Grabinventar auf die Dächer der Mastabas bis zu den Grabschächten befördert wurden und deren Überreste noch heute an einigen der freigelegten Grabanlagen zu erkennen sind, eine große Rolle.[402]

Ein anderes Gräberfeld, das heute in Zusammenhang mit Snofru, vor allem aber mit dessen Totenkult gebracht wird, liegt gut 1,2 Kilometer östlich der Roten Pyramide. In unmittelbarer Nähe befindet sich der Pyramidenkomplex von Amenemhet II., einem jener drei Könige, die im Mittleren Reich (12. Dynastie) auf dem weitläufigen Wüstengelände bei Dahschur ihre letzte Ruhestätte fanden. Die Nekropole, in der auch viele Totenpriester des Snofru bestattet wurden, umfasst über 20 Grabanlagen.[404] Sie wurde Ende des 19. Jahrhunderts von Jacques de Morgan ausgegraben und teilweise dokumentiert. Sie ist heute jedoch weitgehend wieder mit Sand bedeckt, so dass man die Gräber im Gelände nur erahnen und ohne eine gezielte Nachuntersuchung wohl kaum mehr eindeutig identifizieren kann. Das wichtigste Grab in diesem Areal ist die Mastaba des Totenpriesters Kanefer (»DAM 15«), von dem Ägyptologen wie Rainer Stadelmann glauben, er sei ein leiblicher Sohn des Snofru und vermutlich auch der Bauleiter der Roten Pyramide gewesen.[405] Aufgrund des strukturellen Aufbaus der Mastaba, vor allem vor dem Hintergrund der reduzierten Kultnischen, sieht er in diesem Grabbau Übereinstimmungen mit den

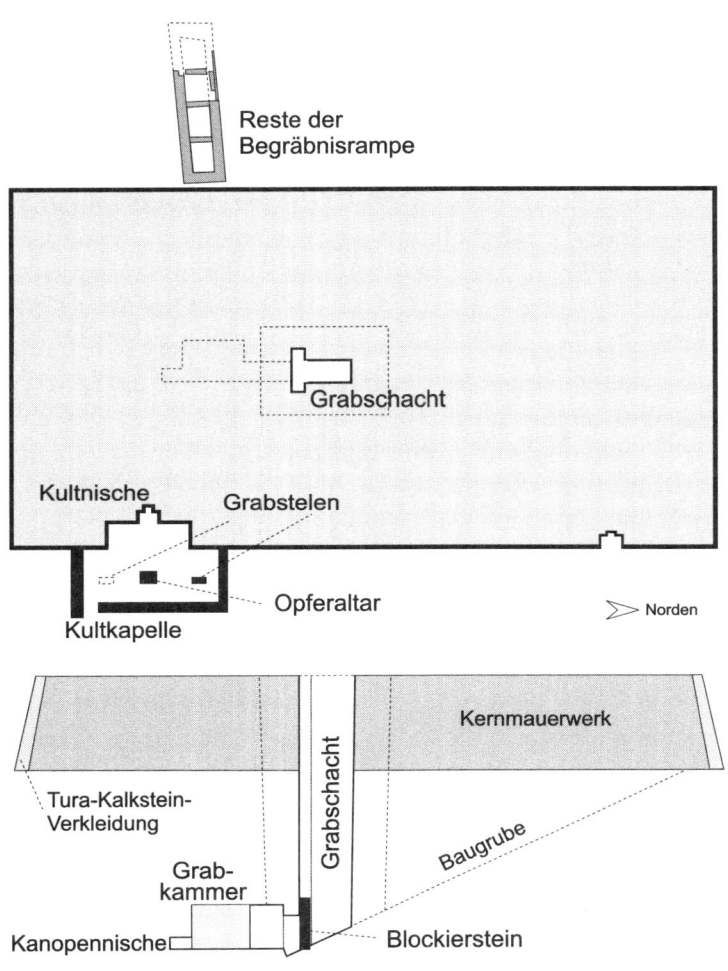

Reste der
Begräbnisrampe

Grabschacht

Kultnische   Grabstelen

Opferaltar   ⋗ Norden

Kultkapelle

Kernmauerwerk

Tura-Kalkstein-
Verkleidung

Grabschacht

Grab-
kammer

Baugrube

Kanopennische   Blockierstein

Mastabas der Pyramidenkomplexe des Snofru. Er vermutet, dass »DAM 15« parallel mit den Gräbern des Lep-
sius-Friedhofes während der Bauarbeiten an der Roten
Pyramide entstanden ist.[406] Ganz anders sah es dagegen
sein Kollege Wolfgang Helck. Er glaubte nicht, dass Kanefer ein Sohn Snofrus war und datierte diese Mastaba auf-

grund biographischer und schreibtechnischer Merkmale der gefundenen Grabinschriften eher in die zweite Hälfte der 4. Dynastie.[407] Zur endgültigen Klärung der umstrittenen Datierung dieses Grabes hat Nicole Alexanian erst jüngst dafür plädiert, »dringend eine Säuberung der Architektur und eine Analyse der dort verbliebenen Keramik« durchzuführen.[408]

Eine weitere Gruppe von Mastabas aus der Snofru-Ära befindet sich südlich des Pyramidenkomplexes Sesostris' III., direkt entlang der Plateaukante am Fruchtland.[409] Wie ein Fingerzeig in Richtung Norden, wo Cheops eine neue Königsnekropole gründete, scheinen die in einer Reihe angelegten Mastabas bezüglich ihrer Kultausstattung ein Bindeglied zwischen dem Lepsius-Friedhof und den Privatgräbern des Giza-Plateaus zu sein. Sie wurden vermutlich in der Endphase der Snofru-Regentschaft gebaut und könnten demnach zu den letzten Grabbauten gehört haben, die noch auf die Planung des großen Pyramidenkönigs zurückgehen. Einst waren die Mastabas vom Fruchtland aus gut sichtbar, heute hingegen kann man sie nicht mehr ausmachen. Wer sich auf der Hügelkette in Richtung der Pyramide Sesostris' III. bewegt, nimmt bis auf einige Sandtrichter, in denen man dann und wann Reste von Ziegelaufbauten erkennen kann, nichts mehr von den Grabanlagen wahr. Auch diese Gräber wurden bereits vor über hundert Jahren von de Morgan untersucht, die Ergebnisse allerdings offenbar nicht umfassend veröffentlicht.[410] Deshalb gehört diese Mastaba-Gruppe ebenfalls zu den Zielen einer Nachuntersuchung, die man vielleicht im nächsten Jahrzehnt in Angriff nehmen wird.

Perspektiven

Derzeit laufen auf dem Pyramidenfeld von Dahschur mehrere Ausgrabungskampagnen ägyptischer wie auch ausländischer Missionen. Zu den leitenden Ausgräbern gehören unter anderem die Berliner Ägyptologen Nicole Alexanian und Stephan Seidlmayer, die ihre Forschungen im Auftrag des DAI derzeit auf die Privatgräber der Snofru-Zeit konzentriert haben. Über ihre Arbeit und zukünftige Projekte führte der Autor ein Gespräch mit den beiden Wissenschaftlern.[411]
Frage: Worin sehen Sie die besondere Bedeutung der Nekropole von Dahschur in der Geschichte Altägyptens?

Stephan Seidlmayer: Die Struktur der Nekropole von Dahschur wurde zu Beginn der 4. Dynastie geprägt, in einer Zeit, in der der zentralistische Staat des Alten Reiches seine charakteristische Form gewann. Die Bauten des Königs- und des Totenkultes bildeten das bevorzugte Medium, in dem die soziale Hierarchie und Struktur dargestellt und ausgehandelt wurde. Deshalb ist die Erforschung dieser Denkmäler von hervorragender Bedeutung für jedes Bestreben, die Ausformung des frühen pharaonischen Staates zu verfolgen und zu verstehen.

Eine weitere Besonderheit des Fundplatzes Dahschur liegt darin, dass hier sowohl im Alten wie im Mittleren Reich Residenzfriedhöfe angelegt wurden. Der Vergleich beider Perioden ist daher hier in einzigartiger Weise möglich, und zwar im Hinblick darauf, wie das Mittlere Reich bewusst an die Traditionen und Vorbilder des Alten Reiches anknüpfte, aber auch, wie sich die spätere Epoche von der früheren archäologisch, künstlerisch und soziopolitisch unterscheidet.

Frage: Im Frühjahr 2000 haben Sie das Wüstenplateau näher in Augenschein genommen und zukünftige Ausgrabungsareale lokalisiert. Wo werden Archäologen in Zukunft ihre Spaten ansetzen?

Nicole Alexanian: Wir haben seit 1997 Geländebegehungen in Dahschur durchgeführt, bei denen das gesamte Gebiet nach archäologischen Relikten untersucht wurde. Geländebegehungen unternimmt man normalerweise am Beginn eines Feldprojektes, um sich einen Überblick über die gesamte Situation zu verschaffen. Dies war aber in Dahschur, weil der Platz lange Militärsperrgebiet war, zunächst nicht möglich. Nach der Öffnung Dahschurs für die Öffentlichkeit 1996 wurde sofort begonnen, diese

Wissenslücke zu schließen. Innerhalb von drei Kampagnen konnten wir das insgesamt ca. 5,5 (Nord-Süd) mal 2,5 (Ost-West) Kilometer große Gebiet von Dahschur systematisch abschreiten und dabei alle archäologischen Fundstellen kartieren und beschreiben. Hierbei haben wir einerseits bereits bekannte Plätze in eine Karte eingetragen und dokumentiert, aber auch zahlreiche neue Fundstellen entdeckt. Hierzu gehören z. B. viele Privatgräber des Alten und Mittleren Reiches, Arbeitersiedlungen und Werkstätten, die während des Pyramidenbaus benutzt wurden, und sogar bisher unbekannte Pyramidenausschachtungen, die wahrscheinlich aus der 2. Zwischenzeit (13. Dynastie) stammen.

Frage: In diesem Jahr gehen Ihre eigenen Ausgrabungen an den Privatgräbern aus der Zeit des Snofru in Dahschur weiter. Wo genau werden Sie arbeiten?

Nicole Alexanian/Stephan Seidlmayer: Im Herbst 2000 werden wir im äußersten Süden von Dahschur, noch südlich der Pyramide Amenemhets III. arbeiten. Wir planen, die Mastaba des Ipi, der Musiker am Hof des Snofru war, und die dieses Grab umgebenden kleineren Lehmziegelgräber auszugraben.

Frage: Und wie setzt sich Ihr Ausgrabungsteam zusammen? Mit welchem Equipment arbeiten Sie, und wie sieht ein normaler Arbeitstag aus?

Nicole Alexanian/Stephan Seidlmayer: Unser Ausgrabungsteam besteht aus vier bis sechs Ägyptologen. Für bestimmte Tätigkeiten ziehen wir zusätzlich Spezialisten heran, z.B. Vermessungstechniker oder Restauratoren. Unser Grundsatz ist, dass ein ausgrabender Ägyptologe sich nicht zu sehr spezialisieren sollte, also z.B. nicht etwa ausschließlich auf der Grabungsfläche, sondern auch im Grabungshaus an der Dokumentation der Funde und der Keramik arbeiten soll. In der Regel wird also ein Ägyptologe bei unserer Ausgrabung alle anfallenden Tätigkeiten ausführen, das heißt im Feld vermessen, Architektur zeichnen, Befunde putzen und photographieren und im Haus die Funde zeichnen, photographieren oder die Grabungsdokumentation schreiben.

Von ägyptischer Seite wird uns ein Inspektor des Antikendienstes zugeteilt, mit dem wir eng zusammenarbeiten, und der unsere Arbeit (insbesondere was die administrative Seite des Projektes betrifft) unterstützt. Weiterhin haben wir circa ein halbes Dutzend Grabungsfacharbeiter aus Oberägypten. Unter ihnen ist der Vorarbeiter, der den Ablauf der Ausgrabungsarbeiten koordiniert, für die Einstellung der Arbeiter verantwortlich ist, Material besorgt und über große praktische Ausgrabungserfahrung verfügt. Andere Grabungsfacharbeiter sind Maurer, Restauratoren, Keramikspezialisten oder Arbeiter, die besonders geschickt im Putzen von Lehmziegelarchitektur sind. Zusätzlich werden in der Regel zehn bis zwanzig lokale Hilfsarbeiter angestellt, die den bei der Ausgrabung anfallenden Schutt forttragen.

Standardwerkzeuge bei einer Ausgrabung sind Hacken, Kelle und Besen, als Vermessungsgeräte werden benötigt: ein Nivelliergerät und ein Theodolit oder ein elektronisches Distanzmessgerät. Das wichtigste Werkzeug aber ist immer noch der Bleistift, denn alle Befunde und Funde werden gezeichnet. Für die Dokumentation und Verwaltung der Funde, Vermessungsberechnungen und das Erstellen des Grabungstagebuchs ist ein Computer unverzichtbar.

Ein normaler Arbeitsalltag beginnt für uns im Feld um

7 Uhr morgens, bei größerer Hitze auch schon um 6 oder 6.30 Uhr. Die einheimischen Arbeiter erwarten uns um diese Zeit bereits. Die Arbeit draußen dauert sieben Stunden und ist durch eine halbe Stunde Frühstückspause unterbrochen. Nach dem Mittagessen, das ein einheimischer Koch in unserem Grabungshaus für uns zubereitet, beginnt die Arbeit im Haus, mit der wir bis in den Abend beschäftigt sind. Der Ausgrabungskalender richtet sich nach den islamischen Feiertagen, das heißt, dass wir nur am Freitag und an islamischen Feiertagen nicht im Feld arbeiten.

Frage: Wie sehen die konservatorischen Maßnahmen bei Ihrer Arbeit aus?

Nicole Alexanian/Stephan Seidlmayer: Als Standardmaßnahme werden die ausgegrabenen Lehmziegelmauern, nachdem sie archäologisch dokumentiert wurden, mit modernen Lehmziegeln übermauert. Auf diese Weise werden die originalen Lehmziegel geschützt, gleichzeitig bleibt der Verlauf der Mauern erkennbar. Da der Wind auf dem Plateau von Dahschur sehr stark ist, sind sogar die Steinmauern stark ausgeblasen und restaurierungsbedürftig. Die beschädigten Stellen werden von uns ausgebessert und heruntergestürzte Steinblöcke wieder verbaut.

Frage: Geben Sie bitte eine abschließende Einschätzung zur archäologischen Zukunft von Dahschur.

Nicole Alexanian/Stephan Seidlmayer: Bei unseren Begehungen ist deutlich geworden, dass Dahschur in weiten Teilen nur ansatzweise oder gar nicht erforscht ist. Es gibt also viele Möglichkeiten für zukünftige Ausgrabungstätigkeiten. Wir halten es insgesamt für wichtig, den Fundplatz Dahschur als Ganzes in den Blick zu nehmen.

Das bedeutet z. B., dass wir nicht nur einzelne Gräber ausgraben möchten, sondern stets fragen, unter welchen Gesichtspunkten der Friedhof geplant wurde, warum die Gräber an bestimmten Stellen und nicht anderswo angelegt wurden usw. Für uns sind auch nicht nur die Pyramiden allein, sondern jeweils das gesamte Projekt, das für den Bau einer Pyramide nötig war von Interesse; also auch wo die Arbeiter gewohnt haben, wo sich die Steinbrüche und Transportstraßen befinden, wo die Werkstätten zu lokalisieren sind und wie sie aussehen.

Dahschur wird in der Zukunft sicherlich noch für mehrere Generationen und für Archäologen mit sehr unterschiedlichen Fragestellungen von Interesse sein.

5. Kapitel

Die andere Seite von Dahschur

Die Nekropole im Sog der Pyramidenevolution

»Als das Werk von Land und Leuten der ältesten ägyptischen Reiche verkörperten die Pyramiden in ihrer unverfälschten Form die schönste transzendente Architektur, die die Menschheit je schuf.«[412]
MARK LEHNER

Die Dynastien der Superlative

Das klassische Pyramidenzeitalter hatte seinen Ursprung in Dahschur, die weitere Entwicklung in den nächsten Jahrhunderten spielte sich jedoch an anderen Schauplätzen ab. Erst nach dem Untergang des Alten Reiches und den dynastischen Krisen während der 1. Zwischenzeit kam es im Mittleren Reich zu einer Art Renaissance im monumentalen Pyramidenbau, in der auch die Nekropole von Dahschur wieder eine außergewöhnliche Rolle spielen sollte. Aber folgen wir zuerst den Spuren, die die Pyramidenbauer vor über 4500 Jahren im Alten Reich gelegt haben.

Während sich der Verehrungs- und Totenkult des Snofru in Dahschur schnell etablierte und man auf dem weitläufigen Areal in den folgenden knapp 400 Jahren offenbar nur noch ein größeres Bauprojekt realisierte, wurde in den Königsnekropolen von Giza, Abusir und Sakkara Geschichte der »ganz anderen Art« geschrieben. Der Gigantismus im Pyramidenbau, von Snofru begonnen, sollte im Laufe der 4. Dynastie dabei vor allem auf dem Giza-Plateau eine enorme Eigendynamik entwickeln. Heute lässt sich diese vielschichtige und komplexe Epoche wohl am eindrucksvollsten durch die Reduktion auf einige nüchterne, aber aussagekräftige Zahlen beschreiben, die den gewaltigen Aufwand im Grabkult dokumentieren. In der ungefähr 140 Jahre währenden 4. Dynastie haben insgesamt sechs Könige in ihren Grabmälern, Nebenpyramiden und Tempelanlagen überschlägig etwa 22 Millionen Tonnen Stein verbauen lassen. Hätte man noch das mit den Ausmaßen der Chephren-Pyramide vergleichbare Grabmal des früh verstorbenen Königs Baka in Zawjet el-Aryan fertiggestellt, wäre die verbaute Steinmasse noch viel größer ausgefallen und läge vermutlich bei über 27 Millionen Tonnen.[413] Derartige Ausmaße erreichte der Totenkult im Pharaonenimperium zu keiner anderen Zeit.

Interessant und bis zum heutigen Tage ungeklärt ist, warum der exorbitante Bauboom nur kurz währte und am Ende der 4. Dynastie eine krasse Zäsur in der Bauweise der Pyramiden folgte. Nach den Bauprojekten von Snofru, Cheops und Chephren veränderte sich mit der Errichtung der im Vergleich sehr viel kleineren Pyramide des Mykerinos plötzlich und nachhaltig das Profil der königlichen Grabmäler. Von da an bis zum Ende des Pyramidenzeitalters wurden nur noch Grabmäler errichtet, die deutlich kleiner als jene der frühen 4. Dynastie waren.

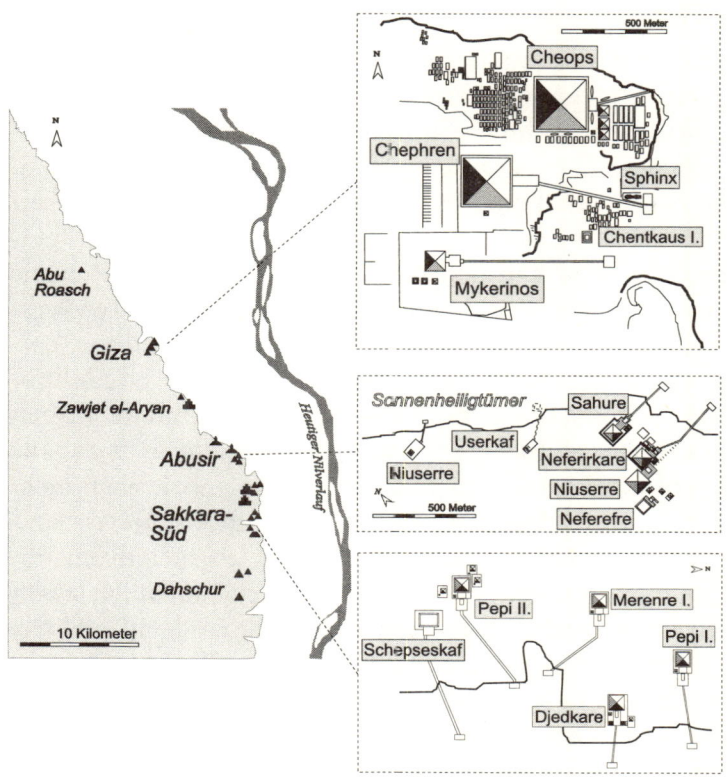

Abb. 44: Drei der großen Königsfriedhöfe des Alten Reiches (nach Lehner und Porter/Moss).

Dieser markante Einschnitt in der Pyramidenevolution wird unter Fachleuten oftmals als Folge einer veränderten Sichtweise des königlichen Totenkultes verstanden.[414] Dies könnte durchaus erklären, warum zwar die Pyramiden kleiner, im Gegenzug die Totenkultanlagen aber vergrößert und ihre Ausstattungen immer aufwändiger gestaltet wurden.[415] So mancher Ägyptologe sieht die Ursache hierfür wieder in den Einflüssen des Sonnenkults, der sich Mitte der 4. Dynastie offiziell am Königshof etablierte und ab Beginn der 5. Dynastie zu einer Art Staatsreligion avancierte. Doch auch bautechnische, ökonomische und kultpraktische Gründe könnten die Verantwortlichen jener Zeit zum Umdenken gezwungen und den neuen Trend im königlichen Grabbau diktiert haben.[416] Nicht zuletzt war die Errichtung großer Tempelanlagen wie in den Grabkomplexen der 5. Dynastie einfacher als der Bau enorm hoher und voluminöser Pyramiden.

Die 5. Dynastie wird heute als die große »Epoche der Sonnenkönige« im Alten Reich bezeichnet und lässt sich aus moderner Sicht u. a. durch eigentümliche Bauwerke klassifizieren, deren tiefere Bedeutung jedoch noch nicht vollständig geklärt ist. Die geistige Hochburg des Sonnenkultes lag damals in Heliopolis, das Zentrum des königlichen Totenkultes in einem Wüstenareal gut zwölf Kilometer südlich von Giza in der Nähe des heutigen Dorfes Abusir. Hier haben die Könige und Bauleiter, ausgehend von der Grabanlage des Königs Sahure, im Laufe der frühen 5. Dynastie offenbar eine Art »idealen« Pyramidenkomplex entworfen, der die weitere Entwicklung der Grabbezirke bestimmen sollte.[417] Dies führte dazu, dass sich die Raumaufteilung und die Dekorationen der Totentempel und die Kammersysteme der Pyramiden mit der Zeit immer weniger veränderten und ab der 6. Dynastie eine fast standardisierte Form aufwiesen. Das wird an den Pyramiden dieser Epoche im Süden von Sakkara deutlich.

Die neuen religiösen Tendenzen im Lande beeinflussten auch den Kultbetrieb und die Jenseitsvorstellungen der Könige, was zumindest für einen gewissen Zeitraum durch eine erweiterte Bautätigkeit dokumentiert wurde. So ließen sich die ersten sechs Herrscher der 5. Dynastie jeweils eigenständige, vom Aufbau her den Pyramiden-komplexen ähnelnde so genannte Sonnenheiligtümer nordwestlich des neuen Königsfriedhofs errichten, von denen bislang aber erst zwei wieder entdeckt werden konnten. Diese Sonnentempel standen nicht nur geographisch sondern auch funktionell eng mit den königlichen Grabanlagen in Verbindung und spielten offenbar eine wichtige und fest im königlichen Totenkult integrierte wirtschaftliche Rolle.[418] Ihr architektonisches Zentrum bildete ein großer Obelisk, der auf einen Sockel aufgemauert wurde und vor dem in einem offenen Hof ein steinerner Altar stand. Mit der Errichtung dieser Tempelanlagen und der Einführung des Obelisken als dominantes Kultobjekt wurde der Entfaltung des Sonnenglaubens zusätzlich Form und Ausdruck gegeben. Allerdings war der Bau der Sonnenheiligtümer nur ein temporäres, knapp 80 Jahre lang anhaltendes Phänomen, das sich durch den Beginn der 5. Dynastie und den Zeitpunkt, ab dem der Osiris-Kult größeren Einfluss auf die königliche Vorstellung vom Jenseits nahm, eingrenzen lässt. Nach Aufgabe der Sonnentempel kamen eine Generation später die Pyramidentexte in Mode, die von da an bis zum Ende des Alten Reiches die Innenräume der Königsgräber zieren sollten. Sie wurden zum charakteristischen Merkmal der Pyramiden der 6. Dynastie.

Diese hieroglyphischen Inschriften, die man erstmals in der Pyramide des letzten Königs der 5. Dynastie in die Wände der Korridore und Kammern meißelte, beschäftigen sich in erster Linie mit der Frage der jenseitigen Existenz der verstorbenen Könige. Obwohl ihr Inhalt größtenteils verständlich ist, gibt es in Fachkreisen unterschiedliche Deutungen ihrer eigentlichen Funktion. Man hält die Texte einerseits für eine Zusammenstellung von Begleitsprüchen, die während des königlichen Begräbnisrituals vorgetragen wurden und aufgrund ihrer Position im Kammersystem entweder dessen Verlauf im Pyramidenkomplex oder vielleicht in den Grabräumen selbst widerspiegeln. Anderseits interpretiert man sie auch als Verklärungssprüche, die mit dem Begräbnisritual nicht unmittelbar in Zusammenhang standen, sondern die Seele des toten Königs allein durch ihre bloße Existenz im Grab magisch in die Lage versetzen sollten, den Weg ins göttliche Jenseits zu finden.[419] Eine abschließende Bewertung steht noch aus. Aber es ist nicht von der Hand zu weisen, dass die Einführung dieser Texte wohl auch etwas mit der zunehmenden Sorge der Könige um ihre Sicherheit im Jenseits zu tun hatte. Immerhin standen sie den Königen permanent zur Verfügung, also auch dann, wenn die Tempeldiener den täglich vorgesehenen Totenkult einmal nicht ausführen konnten.[420]

Hinter den Pyramidentexten verbirgt sich aber indirekt noch eine andere religiöse Entwicklung, die die Jenseitsvorstellungen der Ägypter bald prägen sollte. Der Osiris-Kult, vielleicht schon seit Beginn des Alten Reiches ein Teil des vielschichtigen Totenkultes, aber von eher untergeordneter Stellung, gewann ab Mitte der 5. Dynastie immer mehr an Bedeutung. Seine Glaubensdoktrin konnte offenbar gewisse Aspekte des Jenseits besser erklären als der Re-Kult, vor allem was das Schicksal der Verstorbenen in der Nacht anbelangt, wenn der Sonnengott Re nur eingeschränkt wirken konnte.[421] Zudem zeigte das Schicksal des Osiris, dass auch ein Gott physisch sterben, aber durch göttlich-magische Hilfe wiederbelebt werden und somit ewig leben konnte. Damit wurde auch ein direkter Bezug zu den normalsterblichen Ägyptern hergestellt, der die rasche Ausbreitung der Osiris-Religion in der Bevölkerung begünstigte. So dokumentiert die Fixierung der Pyramidentexte auch eine neue religiöse

Entwicklung, die letztlich zu einer Art »Demokratisierung im Jenseitskult« führte. Am Ende dieses Prozesses, nach dem Untergang des Alten Reiches, waren alle Ägypter, unabhängig von ihrem sozialen Status, vor dem neuen Totengott Osiris gleich. Von nun an hatte offenbar jeder die Möglichkeit, vom Tod erlöst zu werden und ein ewiges, unsterbliches Leben in einer unterirdischen Jenseitswelt zu führen.

Kultplatz Dahschur

Das Grundprinzip der Sicherung der ewigen Existenz eines Menschen im Jenseits war in der ägyptischen Vorstellungswelt klar umrissen. Es lautete: Den Körper des Verstorbenen an einem sicheren Ort bewahren, seinen Ka mit Nahrung versorgen und die Erinnerung an ihn aufrecht erhalten. Je nach sozialem Status des Toten wurden aufwändige Vorkehrungen getroffen, die ein Leben nach dem Tod ermöglichen sollten. Neben den materiellen Grundvoraussetzungen, der Errichtung eines sicheren Grabbaus und der körperlichen Konservierung des Leichnams, standen dabei vor allem regelmäßige Opfergaben und minuziös geregelte Verehrungsrituale im Mittelpunkt des Totenkultes. Um zusätzlich die notwendige Versorgung des Verstorbenen auf ewig zu gewährleisten, wurden im Glauben an die »reale Wirkung« der hieroglyphischen Texte und bildlichen Darstellungen außerdem Opferszenen und lange Verzeichnisse der Opfergaben in die Wände der Totentempel und Kulträume der Privatgräber gemeißelt.[422] Neben allerlei biographischen Informationen in den Privatgräbern wurden in den Totentempeln mannigfaltige Darstellungen der Glorifizierung von Königen, ihres Kontaktes mit den Göttern und ihrer »Siege über die Natur und die äußeren Feinde« des Landes festgehalten.[423] In den Augen der Ägypter konnte so der Körper des toten Königs und die Erinnerung und Verherrlichung seines Namens, seiner Macht und seiner Göttlichkeit auf ewig erhalten werden.

Vor diesem Hintergrund hatte auch Snofru bereits zu Lebzeiten veranlasst, dass an verschiedenen Stellen des Landes Opferstiftungen, so genannte »Domänen«, für seinen späteren Totenkult eingerichtet wurden. Sie sollten sein Andenken lebendig, vor allem aber den Tempelbetrieb an seiner Grabanlage in Gang halten. Er stattete seine Priester mit Privilegien aus, ließ sie zeitlebens an den Erträgen seiner Stiftungen teilhaben und machte sie damit zu einer privilegierten Klasse. Die obersten Positionen in dieser Priesterschaft wurden in der 4. Dynastie vermutlich fast ausschließlich mit Mitgliedern der königlichen Familie besetzt. In späteren Zeiten konnten dagegen auch normale Beamte in der Totenkult-Hierarchie aufsteigen und die ihnen zugestandenen Privilegien sogar vererben.

Da der königliche Totenkult eine Art Staatskult war, wurden die Domänen in der Regel auch von den nachfolgenden Königen subventioniert, so dass das Andenken an die alten Herrscher teilweise Jahrhunderte lang bewahrt wurde.[424] Von den umfangreichen Totenstiftungen des Snofru sind den Ägyptologen heute viele namentlich bekannt. Diese Informationen stammen hauptsächlich aus dem Tempel am Aufweg der Knick-Pyramide und aus einigen Grabinschriften der Totenpriester und Beamten, die in den Domänen Dienst taten.[425] Die meisten Domänen Snofrus lagen offenbar im Niltal zwischen Meidum und Abydos. Nur sehr wenige konnten dagegen bislang im Delta lokalisiert werden, obwohl einige Ägyptologen vermuten, dass gerade hier ein Großteil seiner Ländereien gelegen hat.[426]

Ein weiterer Hinweis auf den sehr aktiven Kult um Snofru sind auch die Umbauaktionen am Stelenheiligtum der Knick-Pyramide. Etliche Funde aus der 4. bis 6. Dynastie, aber auch aus der 1. Zwischenzeit und dem Mittleren Reich, zeugen von der Lebendigkeit der Verehrung für den Begründer der 4. Dynastie.[427] Die Ausweitung des Snofru-Kultes dokumentiert offenbar auch ein etwa 15 mal 28 Meter großes und acht Räume umfassendes Ziegelgebäude, das an der Nordostecke des Grabbezirks der Roten Pyramide errichtet wurde. Östlich des Gebäudes fanden die Archäologen in einem Abfallhaufen diverse, einst zu Kultgegenständen gehörende Keramikfragmente, die große Ähnlichkeit mit den Überresten des Keramikinventars aufweisen, die im Totentempel der Pyramide entdeckt wurden.[428] Dies führt zu der Frage nach der Organisation und der Aufgabenstellung der Totenpriester, die für Snofrus Kult verantwortlich waren.[429]

Es gab verschiedene Priesterdienste im königlichen Grabkomplex, die sich in den überlieferten Titeln widerspiegeln. Die Basis der Priestergemeinschaft bildeten die »hemu-netjer«, die »Gottesdiener«.[430] Sie waren das Pendant zu den »hemu-ka«, den »Ka-Priestern« der Privatleute, und kamen in der Regel aus der mittleren Beamtenschicht. Sie wurden mit der Pflege und Versorgung des königlichen Andenkens beauftragt, waren im Tempel beispielsweise für die Vor- und Nachbereitung der Rituale oder für die Weihräucherung während der Kulthandlungen verantwortlich. Daneben gab es noch das einfache Tempelpersonal, das die bis heute unklare Bezeichnung »chentiu-sche« trug und sich offenbar aus der unteren Beamtenschicht und den Bewohnern der Pyramidenstadt rekrutierte. Zu ihnen gehörten auch normale Arbeitskräfte, einfache »Domänenarbeiter«, die u. a. die Felder der Stiftungen bestellten oder für die Versorgung des Tempelpersonals und den Transport von Tempelgütern zuständig waren.[431] Anscheinend nahmen sie gelegentlich auch selbst an den Ritualen in den Tempeln teil und waren dann für die Entschleierung, Reinigung, Bekleidung und das Schmücken der königlichen Kultstatuen verantwortlich.[432]

Für den eigentlichen Kultbetrieb im Totentempel waren neben den »Gottesdienern« noch zwei weitere Priestergruppen zuständig: die sogenannten »wabu«, »Reinigungspriester«, die niedere Dienste zu verrichten hatten, und die »cheriu-heb«, die »Ritual- und Vorlesepriester«.[433] Letztere waren die einzigen hauptamtlichen Totendiener, die eine eigene Kaste bildeten und denen alle anderen Priester im Kultvollzug sekundierend unterstellt waren. Sie waren ausschließlich für den inneren Kultdienst verantwortlich. Sie vollzogen die täglichen Rituale wie etwa das Totenopfermahl und die Mundöffnungszeremonie an den heiligen Königsstatuen und leiteten die wichtigen Monats- und Götterfeste.

Zur praktischen Organisation der Priesterdienste hat der Fund mehrerer Papyri-Archive in den Totentempeln der Pyramidenkomplexe von Abusir (so etwa bei Neferirkare) nähere Aufschlüsse erbracht. In der 5. Dynastie waren die »hemu-netjer« und »chentiu-sche« ähnlich wie die Arbeiter beim Pyramidenbau in fünf Phylen organisiert, die wiederum jeweils aus zwei Abteilungen bestanden. Eine Abteilung hatte in einem festen Rotationssystem jeden zehnten Monat Dienst.[434] Das diensthabende Personal pro Monat bestand vermutlich aus etwa 20–25 Personen, so dass man insgesamt von einer Priesterbelegschaft von schätzungsweise 250 Personen ausgehen kann. Die Entlohnung erfolgte rangbezogen nach einem festen Verteilungsschlüssel und bestand aus einem Teil der dem Tempel zugeleiteten Opfergaben.[435] Dieses System des »Umlaufopfers«, das letztlich den Priesterbeamten zugute kam, verselbstständigte sich mit dem Ausbau der königlichen Tempelverwaltung vor allem in der zweiten Hälfte des Alten Reiches, so dass die »Pyramidenanlagen zum Mittelpunkt der Beamtenversorgung« wurden.[436] Das führte sogar so weit, dass in der 6. Dynastie die »chentiu-sche« des Totentempels Ländereien als Entlohnung zugesprochen bekamen. So entwickelte sich der Totenkult der Könige mit der Zeit zu einer lukrativen Nebenbeschäftigung der Beamten.

Die Mehrzahl der Priester und ihrer Familien wohnte in staatlichen Dienstwohnungen in den Pyramidenstädten, die sich im Taltempelbereich der jeweiligen königlichen Grabkomplexe schnell zu pulsierenden, lebendigen Metropolen entwickelten, in denen alle Gesellschaftsschichten vertreten waren. Immerhin erforderte der auf lange Sicht angelegte königliche Totenkult eine durchdachte und gut organisierte Infrastruktur. So wurden die Pyramidenstädte mit der Zeit in die königlichen Grabbezirke integriert und garantierten letztlich, dass der Ahnenkult um die zu Göttern gewordenen Pharaonen lange Zeit Bestand hatte. Dies zeigt wiederum, dass es im Alten Ägypten zwischen Diesseits und Jenseits, zwischen der Welt der Lebenden und dem Totenreich, keine scharfe Trennungslinie gab. Die erweiterten Pyramidenkomplexe bestanden aus homogenen, ineinander verschachtelten Strukturen, die einzig und allein auf dem Glauben an ein Leben nach dem Tod fußten und ihre Existenz dem königlichen Totenkult verdankten.

Aus Überlieferungen wie etwa einem königlichen Dekret, das unter König Pepi I. (6. Dynastie) verfasst und als Kopie auf einer Kalksteinstele offenbar am Taltempel der Roten Pyramide fixiert wurde, haben die Ägyptologen heute Kenntnis von zwei Pyramidenstädten, die einst zu den Grabkomplexen des Snofru in Dahschur gehörten.[437] »Chai-Seneferu resi«, die »Erscheinung des Snofru, die Südliche« wurde eine der Siedlungen in Anlehnung an den leicht modifizierten Namen der Knick-Pyramide genannt.[438] Experten vermuten, dass diese Pyramidenstadt Snofrus sich am Fruchtlandrand etwa auf Höhe der Nekropole um die Gräber von Iinefer und Ipi befunden hat.[439] Die zweite, vermutlich größere Siedlung lag am Taltempel der Roten Pyramide, vielleicht auch südlich davon, und trug wie das Grabmal Snofrus selbst den Namen »Chai-Seneferu mehti«, die »Erscheinung des Snofru, die Nördliche«.[440] Auch sie ist heute vermutlich tief im Agrarland versunken, so dass es schwierig sein wird, jemals zu ihr vorzustoßen. Dennoch sind die Ägyptologen den Pyramidenstädten Snofrus bereits auf der Spur. Nicole Alexanian und Stephan Seidlmayer haben in diesem Jahr schon erste Sondierungen im Gelände vorgenommen. Insbesondere erhoffen die beiden Wissenschaftler in Zukunft Hinweise darüber zu bekommen, »wie weit die Pyramidenstädte sich ausgedehnt haben, wie viele Menschen dort gelebt haben, welche Grundrisse die Häuser hatten und wie lange die Städte benutzt wurden«.[441]

Die Nekropole von Dahschur zeichnete sich allerdings nicht nur durch die Aktivitäten des Snofru-Kults aus, sondern war im Alten Reich auch nochmals Schauplatz eines königlichen Grabbauprojektes. Etwa 300 Meter nordöstlich der Roten Pyramide entdeckte Karl Richard Lepsius Ende des 19. Jahrhunderts die Überreste einer kleinen, nur ungefähr 90 Meter breiten Pyramide. Von diesem Grabmal, das in der Fachliteratur die Bezeichnung »L 50« trägt, ist heute in der Landschaft fast nichts mehr zu erkennen.[442] Ludwig Borchardt vermutete, dass sich hinter L 50 das Grabmal des Menkauhor, eines Königs der späten 5. Dynastie, verbergen könnte. Er stützte sich dabei auf folgenden Vermerk im Dekret Pepis I.: »Meine Majestät befiehlt, daß keine Leute geschickt werden sollen zum Steine brechen im Tempel der Pyramide ›Göttlich sind die Sitze des Menkauhor‹«.[443] Dem hier formulierten, an die Bewohner der Pyramidenstädte Snofrus gerichteten Verbot, den Pyramidenkomplex des Menkauhor nicht als Steinbruch zu missbrauchen, steht Rainer Stadelmanns Auffassung entgegen, L 50 sei nicht über ein sehr frühes Stadium der Bauarbeiten, das Ausheben eines offenen Grabschachtes, hinausgekommen.[444] Es spricht eher dafür, dass die Zerstörung der Pyramide in der 6. Dynastie bereits relativ weit fortgeschritten und das Grabmal ursprünglich sogar fertig gestellt worden war.[445] Obwohl Stadelmann bei neuerlichen Grabungen im Umfeld der Ausschachtung keinerlei inschriftliche Hinweise auf ihren Bauherren finden konnte,[446] wird die Einordnung der Grabruine in die 5. Dynastie indirekt durch die Analyse der dort aufgefundenen Opferkeramik und dadurch unterstützt, dass man östlich der Pyramide Felsengräber aus dieser Epoche freilegen konnte.[447] Alle Anzeichen sprechen demnach dafür, dass es sich bei der Pyramidenruine L 50 um das Grabmal des Königs handelt, der Abusir, den großen Königsfriedhof der 5. Dynastie, verließ, letztmalig ein Sonnenheiligtum errichtete und damit vielleicht ein neues Zeitalter einläutete. Von da an ließen alle weiteren Könige des Alten Reiches wieder auf dem weitläufigen Gelände von Sakkara, vornehmlich aber vor den Toren von Dahschur, ihre Grabstätten errichten.

Am Ende der ersten Pyramidenzeit

Es ist immer wieder ein besonderes Erlebnis, von einer Pyramide aus die Umgebung einer Königsnekropole zu betrachten und sich aus der Vogelperspektive einen Überblick über ein Gräberfeld zu verschaffen, dessen Komplexität am Boden nur schwer wahrnehmbar ist. So auch im Fall der Pyramide Pepis II., die im Süden von Sakkara liegt. Von ihr aus hat man nicht nur einen guten Blick über eine der letzten großen Königsnekropolen des Alten Reiches, sondern kann auch die »Mastaba el-Faraun«, das nur ein paar hundert Meter entfernte Königsgrab des Schepseskaf aus der 4. Dynastie, bewundern. Auch die geradezu unscheinbare und dem Laien unbekannte Ruine der Pyramide des Ibi am Aufweg des Grabkomplexes Pepis II. ist von hier aus zu erkennen. Dabei handelt es sich um ein kleines, aber wichtiges Bauwerk, denn es stammt aus der Zeit gegen Ende der 8. Dynastie, als das Alte Reich endgültig zerfiel.

Die Pyramide ist heute fast bis auf die Basis geschleift. Nur am Rand der Ausschachtung des Kammersystems türmen sich kleine, nur wenige Meter hohe Hügel aus Bruchsteinen auf, die zu ihrem Kernmauerwerk gehörten. Unter einer Betonkonstruktion liegt die Grabkammer verborgen, die einst mit einem Granitsarkophag ausgestattet war und noch immer mit den jüngsten Pyramiden-texten dekoriert ist, die bislang in ägyptischen Grabmälern gefunden wurden.[448] Ob dieses einst über 30 Meter breite Königsgrab jemals fertig gestellt wurde, ist nicht geklärt. Ibi soll nach dem Turiner Königspapy-rus nur zwei Jahre regiert haben. An seinem Grabbau wurden keine Spuren einer Verkleidung entdeckt. Andererseits grub man aber Kultgegenstände aus, die darauf hindeuten, dass ein königlicher Totenkult stattgefunden hat.[449] Auch wenn diese Ruine heute keine spektakulären architektonischen Highlights bereithält, sollte man sich vergegenwärtigen, dass dieses Grab zu den wenigen »Zeitzeugen« einer Ära gehört, die zu den weißen Flecken in der Geschichte Altägyptens zählen.

Um das Jahr 2160 v. Chr. war das Ende des ersten großen, etwa 500-jährigen Pyramidenzeitalters gekommen. Die Ursachen und Hintergründe für den stetigen Zerfall und letztendlichen Zusammenbruch des Alten Reiches sind auf verschiedenen Ebenen zu suchen; ihre Aufarbeitung gestaltet sich kompliziert. Primär durch wirtschaftliche Engpässe im zentralen Versorgungssystem der Hauptstadt ausgelöst, spielten aber offenbar auch politische Stimmungen und vielleicht auch gewandelte religiöse Sichtweisen eine Rolle, die im Laufe der Dynastien gegen eine zentralistische Regierung Stellung bezogen. Ägyptologen machen heute oftmals das Autonomiestreben mächtiger Gaufürstentümer mit verantwortlich und sehen im wachsenden Selbstvertrauen der memphitischen Beamten, in der Zersplitterung staatlicher Verwaltungsstrukturen, der Handlungsunfähigkeit der Zentralregierung, der Schwächung der Wirtschaft aufgrund des aufwändigen landesweiten Kultbetriebes und letztlich indirekt auch im Osiris-Kult maßgebliche Faktoren, die die politische Instabilität förderten.[450] Ganz offensichtlich waren die Könige der späten 6. Dynastie zu schwach, um die Geschicke des Landes zentral zu lenken und den Zerfall des Staates aufzuhalten. Hierbei wird insbesondere die Regierungszeit Pepis II. in der Fachwelt immer wieder hervorgehoben.[451] Als Folge seiner extrem langen und politisch kraftlosen Regentschaft wurde offenbar sogar die legitime Thronfolge in Frage gestellt, was durch die kurzfristige Herrschaft der Königin Nitokris bestätigt scheint und durch die unmittelbar darauf folgenden Thronstreitigkeiten untermauert wird.[452] Es folgte eine kurze Phase der Anarchie (die so genannte 7. Dynastie), danach wieder eine vorübergehende Konsolidierung der alten Machtverhältnisse (8. Dynastie) bis schließlich nach der endgültigen Entmachtung der memphitischen Regierungszentrale und Entthronung der Nachkommen der alten Herrscherfamilie um das Jahr 2140 v. Chr. ein Bürgerkrieg entbrannte, aus dem heraus sich nach unzähligen kleineren Provinzfehden am Ende zwei rivalisierende Reiche, das Nord- und das Südreich, etablierten. Diese dunkle Epoche der ägyptischen Geschichte wird heute als 1. Zwischenzeit bezeichnet. Sie kann zeitlich nur grob eingegrenzt werden und wurde in erster Linie durch die Regentschaft der Gaufürsten aus Herakleopolis (9. und 10. Dynastie, um 2140–2020 v. Chr.) geprägt, die den Norden des Landes in ihre Gewalt gebracht hatten. Im Süden hatte sich parallel dazu eine thebanische Herrscherdynastie konstituiert, die fast zeitgleich in Oberägypten regierte und sich anfangs in kleineren Grenzkonflikten mit dem Nordreich befehdete.

Von den Grabanlagen der Könige des Nordreiches sind bislang kaum Spuren gefunden worden. Wie die spärlichen zeitgenössischen Quellen verlauten lassen, wurden die Könige, die sich lange genug an der Macht halten konnten, wieder in Pyramiden begraben, von denen vermutlich die meisten im Großraum von Memphis zu suchen sind. Man schließt heute nicht aus, dass beispielsweise die Struktur »L 29« östlich der Pyramide des Teti in Sakkara einst das Grabmal des Merikare, eines herakleopolitanischen Königs aus der 10. Dynastie, gewesen ist.[453] In jener Zeit verloren auch die meisten alten Pyramidenstädte ihre Bedeutung, verwahrlosten »aus Mangel an staatlichen Zuschüssen und ohne die Erneuerung ihrer Privilegien«.[454] Lediglich die Pyramidenstädte von Unas, Teti und Pepi I. bestanden fort, weil sie »den schnell wechselnden Königen der 1. Zwischenzeit als Residenzen dienten, neben denen sie ihre unbedeutenden Pyramidengräber errichteten«.[455] In ihrem Dunstkreis existierten vermutlich auch die Pyramidenstädte Snofrus eingeschränkt weiter und degenerierten nicht zu einfachen Dörfern, in deren Zentrum lediglich ein alter Taltempel stand.

Im Sog der Geschichte der beiden rivalisierenden Dynastien gewannen nach einer Reihe von Kämpfen die Thebaner unter den Regentschaften des Herrscherhauses Antef etwa ab 2080 v. Chr. politisch langsam die Oberhand in Ägypten, bis schließlich um das Jahr 2020 v. Chr. der vierte König der 11. Dynastie, Mentuhotep II., die Entscheidungsschlacht gewann und die Herrschaft über ein wieder vereinigtes Ägypten übernahm. Auf der Grundlage von landesweiten Reformen entwickelte sich während seiner langen Regentschaft langsam wieder ein innen- wie außenpolitisch starker Zentralstaat. Das war gleichzeitig der Anbruch einer Epoche (Mittleres Reich), in der auch der königliche Grabbau erneut monumentale Formen annahm wie die Grabanlage Mentuhoteps II. in Deir el-Bahari bei Theben eindrucksvoll beweist. Damit war er einer der Wegbereiter der historisch bedeutsamen 12. Dynastie, in der es zu einer Art Renaissance des Alten Reiches und insbesondere auch des Pyramidenbaus kommen sollte. In dieser Ära spielte dann auch die Nekropole von Dahschur wieder eine außerordentliche Rolle; von den sieben königlichen Grabbauprojekten jener Zeit wurden allein drei in der altehrwürdigen Nekropole des Snofru realisiert.

Die Reaktivierung des Königsfriedhofs von Dahschur fand etwa um das Jahr 1930 v. Chr. statt, gut 650 Jahre nachdem Snofru in der Roten Pyramide bestattet worden war. Der Weg der Könige der 12. Dynastie nach Dahschur führte dabei über die Nekropole von Lischt, gut 18 Kilometer nördlich von Meidum. Mit den zwei Pyramidenkomplexen der Könige Amenemhet I. und Sesostris I. in Lischt schufen die Bauleiter des Mittleren Reiches die Basis für ein neues Pyramidenzeitalter. Der dortige Königsfriedhof ist touristisch nicht erschlossen, aber für die Pyramidenforschung von großem Interesse, denn er birgt eine Vielzahl bemerkenswerter Details des königlichen Grabbauwesens des 20. vorchristlichen Jahrhunderts.[456] Die Erforschung der Pyramiden des Mittleren Reiches steht erst am Anfang, bietet den Archäologen noch Arbeit für viele Generationen. Die folgenden Abschnitte sollen einen kleinen Eindruck dieser Pyramidenanlagen vermitteln, die in ihrer Großartigkeit und Komplexität den meisten Königsgräbern des Alten Reiches in nichts nachstehen.

Rückkehr nach Dahschur

Nach dem kurzen Zwischenspiel des Mentuhotep-Clans in Theben, zog es die Herrscher der 12. Dynastie aus strategischen Gründen wieder nach Norden, in die Nähe der Faijum-Oase und in Richtung der alten Metropole Memphis. Der Dynastiegründer Amenemhet I., vormals vielleicht ein Wesir unter Mentuhotep III., der womöglich mit Hilfe des einflussreich gewordenen Amun-Kultes an die Macht gekommen war,[457] gründete in unmittelbarer Nachbarschaft des heutigen Dorfes Lischt eine neue Hauptstadt namens »Ity-tawi«, »Der die beiden Länder

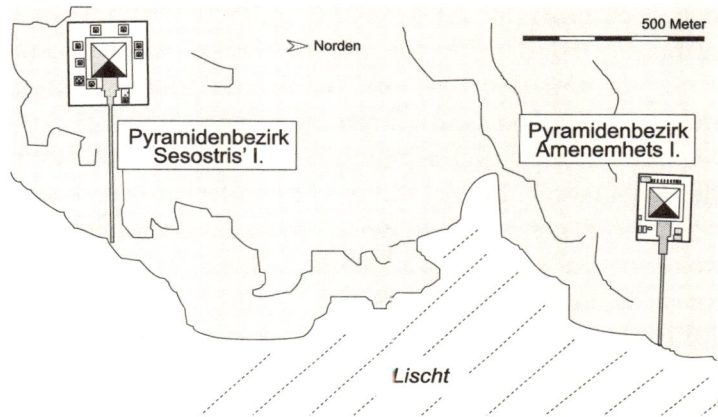

Abb.: 45: Die Pyramidenkomplexe von Lischt (nach Lehner und Siliotti).

ergreift«. Spuren dieser alten Residenz konnten bis heute noch nicht lokalisiert werden. Vielleicht liegen ihre Überreste unter den Feldern und Häusern am Dorfrand von Lischt verborgen.[458]

Nach dem Vorbild der alten Könige ließ Amenemhet I. einen Pyramidenkomplex im Stil der 6. Dynastie errichten. Die Pyramide, die heute mehr einem Sandhügel als einem pyramidalen Königsgrab ähnelt und nur an wenigen Stellen ihre innere Bauweise offenbart, besaß vermutlich einst eine Basislänge von 84 Metern und erhob sich mit einem Winkel von etwa 54 Grad bis zu 55 Meter hoch in den Himmel. Als Baumaterial diente überwiegend der altbewährte Kalkstein, der zum Teil aus älteren Pyramidenkomplexen »gewonnen« wurde. So verbaute man etliche mit Reliefs versehene Kalksteinblöcke, die sogar noch die Kartuschen des Cheops, Chephren und Unas aufweisen und offenbar vor allem aus den damals in Trümmern liegenden Taltempeln und Aufwegen, womöglich auch noch aus anderen Heiligtümern dieser Könige stammten. Und selbst die Granitblöcke, die den Eingangskorridor ins Grabmal heute blockieren, kamen offenbar aus dem Grabbezirk des Chephren.[459] Dieser gezielte Materialraub ging mit dem Nachahmen der alten Architektur Hand in Hand. Obwohl der Totentempel Amenemhets I. heute bis auf die Fundamente zerstört ist und kaum Ansatzpunkte für schlüssige Rekonstruktionen zulässt, haben sich dennoch einige wenige Reliefblöcke erhalten, bei denen laut Rainer Stadelmann »nicht nur die Szenen, sondern sogar der Stil der Darstellungen des Alten Reiches so trefflich kopiert« worden sind, »daß die stilistische Trennung nicht leichtfällt«.[460] Offenbar wurde der Totentempel streng nach dem Vorbild der späten Tempelkomplexe der 6. Dynastie gebaut, wie auch der vergleichbare Befund an der benachbarten Pyramide Sesostris' I. verdeutlicht. Hinter den hier erkennbaren traditionellen Tendenzen verbarg sich vielleicht auch das Bedürfnis der ersten Regenten der 12. Dynastie, die Ereignisse der 1. Zwischenzeit »symbolisch« ungeschehen zu machen und in allen Lebensbereichen eine unmittelbare Fortsetzung des Alten Reiches zu forcieren.[461] Amenemhets Architekten griffen bei der Gestaltung des königlichen Grabkomplexes jedoch nicht nur auf Elemente des Alten Reiches zurück, sondern integrierten auch Strukturen, die bereits die Grabanlagen der 11. Dynastie in Theben ausgezeichnet hatten. Vor allem der senkrechte, tief angelegte Schacht, der am Ende des absteigenden Grabkorridors von einer Art »Vorkammer« aus in die Grabkammer seiner Pyramide führt,[462] setzt sich klar von der Konstruktionsweise der Kammersysteme des Alten Reiches ab.

Was sich bei der Pyramide Amenemhets I. bautechnisch durch ihr relativ unregelmäßiges und locker errichtetes

Kernmauerwerk, in dem man diverse Zwischenräume vielfach mit Sand, Bauschutt und Ziegeln auffüllte,[463] bereits andeutete, wurde unter seinem Sohn und zeitweisen Mitregenten Sesostris I. konsequent umgesetzt: nämlich der Verzicht auf ein massiv aus Kalksteinblöcken gebautes Kernmauerwerk zugunsten von Lehmziegeln, die als zusätzliches Bau- und vor allem als Füllmaterial fungierten. Mit diesem Pyramidenprojekt, einer von außen betrachtet etwas vergrößerten Kopie des väterlichen Grabbezirks, begann im Süden der Lischt-Nekropole der Siegeszug der Lehmziegelbauweise, die ihren Höhepunkt mit den Pyramiden Amenemhets III. in Dahschur und Hawara erreichen sollte. Dahinter verbargen sich sicherlich produktionstechnische und logistische Aspekte (Arbeitsersparnis), die zusammen mit den physikalisch-statischen Gesichtspunkten, unter denen derartige Grabbauten errichtet wurden, von einer effizienten Bauweise in jener Zeit zeugen. Bemerkenswert war dabei die neue Struktur des »Kernmauerwerks« der Pyramide. Man zog mit dem Pyramidenstumpf ein diagonal und parallel zu den Basiskanten verlegtes Kalksteingerippe mit in die Höhe, dessen Zwischenräume mit Lehmziegeln, aber auch mit Bauschutt und Sand aufgefüllt wurden. Das ganze Gebilde wurde von einer sorgsam verlegten Verkleidung aus Tura-Kalkstein ummantelt, von der man bis heute eine größere Partie an der Westseite der Pyramide erkennen kann. Die erstmals im Taltempel der Chephren-Pyramide nachgewiesene Verwendung von schwalbenschwanzförmigen Dübeln zum »Verketten« der Verkleidungsblöcke nahm dabei größere Ausmaße an und entwickelte sich zu einem charakteristischen Hilfsmittel im königlichen Grabbau des Mittleren Reiches.[464]

Was die allgemeine bauliche Entwicklung der Pyramiden der 12. Dynastie angeht, ist es von Lischt nach Dah-

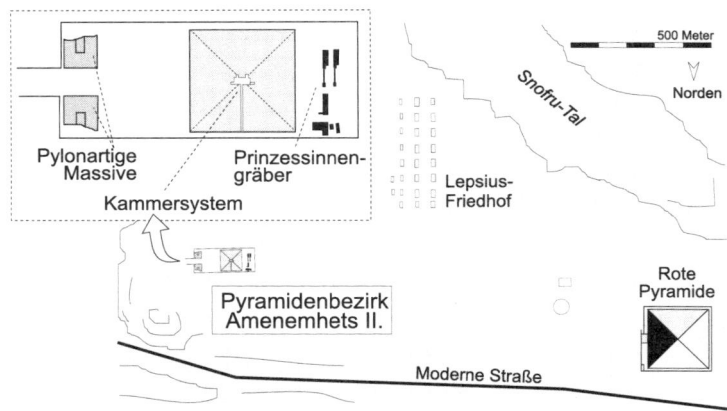

Abb. 46: Der Pyramidenkomplex Amenemhets II. in Dahschur (nach Lehner).

schur nur ein Katzensprung. Das dort errichtete Grabmal Amenemhets II. ähnelt denen Amenemhets I. und Sesostris' I. in den wesentlichen Zügen. Doch hinsichtlich der Gestaltung der Grabbezirke, vor allem des Aufbaus der Kammersysteme, beginnt in Dahschur eine neue »Experimentierphase«, die bis zum Ende des Mittleren Reiches anhalten sollte. Dabei zeichnet sich in den Kammersystemen im Laufe der 12. Dynastie mehr und mehr eine gewisse Morphologie ab, die ganz offensichtlich von den Unterweltsvorstellungen des Osiris-Kultes geprägt war.

Die Bauleiter Amenemhets II. wählten für das Königsgrab einen Baugrund südlich der kleinen Priesternekropole des Snofru, etwa 1,5 Kilometer östlich der Roten Pyramide und nur etwa 350 Meter vom Fruchtland entfernt. Die Wahl der neuen Königsnekropole ging vielleicht einher mit der wieder erstarkten Verehrung des Begründers der 4. Dynastie, dessen zwei gigantische Pyramiden die Skyline von Dahschur dominierten; sie könnte daneben aber auch logistische Gründe gehabt haben.[465] Vermutlich spielte für die spezielle Lage des neuen Grabmals, das den Namen »Amenemhet ist versorgt« trug, die noch immer bestehende Infrastruktur der nördlichen Pyramidenstadt Snofrus eine gewisse Rolle. Es ist nicht auszuschließen, dass die Pyramidenstadt Amenemhets II. sogar in unmittelbarer Nähe zur alten Metropole errichtet wurde. Heute gehört dieser Pyramidenkomplex zu den am wenigsten erforschten und dokumentierten Anlagen in der ägyptischen Pyramidengeschichte. Obwohl Jacques de Morgan in den Jahren 1894/95 in einigen Prinzessinnengräbern des Grabbezirks »reiche Beute« machen konnte, kostbare Grabbeigaben wie Schmuck und persönliche Utensilien fand, die heute teilweise im Ägyptischen Museum von Kairo ausgestellt sind, wurde die Erforschung des Königsgrabes vernachlässigt und nur oberflächlich durchgeführt. Eine detaillierte und umfassende Nachuntersuchung ist dringend erforderlich und wird in Fachkreisen sicherlich diskutiert.

Die Ägyptologen stehen hier jedoch vor einer schwierigen Aufgabe. Von der einst vermutlich nur etwa 80 Meter breiten Pyramide ist heute kaum noch etwas erhalten.[466] Sie hat von allen Königsgräbern in Dahschur am meisten unter dem Steinraub gelitten, ihr Kernmauerwerk wurde fast komplett abgetragen und in den umliegenden Dörfern verbaut. Dazu trug auch der Umstand bei, dass »nicht nur ihre Verkleidung, sondern auch das sternenförmige Kalksteingerippe des Kernbaus aus Turakalksteinen« bestanden hat und deshalb bevorzugt demontiert wurde.[467] So sind ihre Überreste heute für den Laien nur schwerlich in der Landschaft zu erkennen und kaum von einfachen umliegenden Sandhügeln zu unterscheiden. Lediglich in der trichterförmigen Aushöhlung der Pyramidenbasis ragen noch die Spitzen zweier gigantischer Giebeldachsparren etwa einen halben Meter aus dem

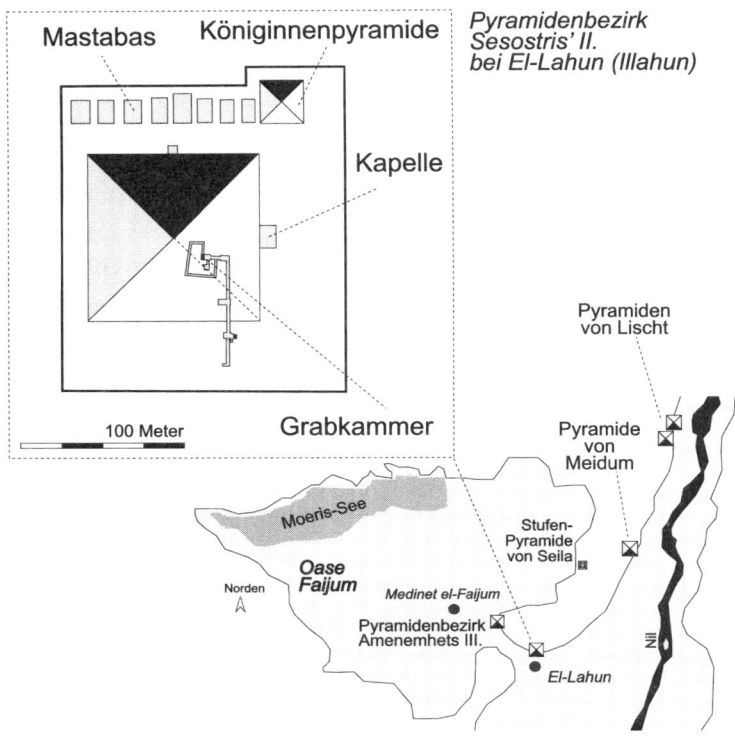

Mastabas Königinnenpyramide Pyramidenbezirk Sesostris' II. bei El-Lahun (Illahun)

Kapelle

100 Meter Grabkammer

Pyramiden von Lischt

Pyramide von Meidum

Moeris-See

Oase Faijum

Norden

Medinet el-Faijum

Stufen-Pyramide von Seila

Pyramidenbezirk Amenemhets III.

El-Lahun

Abb. 47: Der Pyramidenkomplex Sesostris' II. am Rand der Oase Faijum (nach Lehner).

Sand; sie dienten im Verbund mit weiteren zu einem Gie-beldach angeordneten Steinblöcken einst zur Stabilisie-rung des zentralen Grabkammerbereichs. Das heute unzugängliche Innenleben der Pyramide ist vom Aufbau her hingegen bestens bekannt und weist strukturelle Ähn-lichkeiten mit Kammersystemen aus dem Alten Reich auf. Mit dem nachfolgenden Bauprojekt von Sesostris II. ver-änderte sich die Ausrichtung der Kammersysteme jedoch dramatisch und man brach mit alten Traditionen.

Ähnlich wie im Alten Reich wurde auch in der 12. Dynastie die Königsnekropole mehrfach gewechselt. So zog es Sesostris II. wieder zurück in den Süden, unmittelbar an die südöstliche Grenze der in jener Zeit wirtschaftlich bedeutsamen Oase Faijum, deren weiterer Kultivierung er besondere Aufmerksamkeit schenkte. Seine Grabanlage in der Nähe des heutigen Dorfes Illahun war gut 20 Kilometer südwestlich von Meidum die südlichste Königsnekropole des Pyramidenzeitalters. Von der Pyramide, der »Ruhestätte des Sesostris«, steht selbst nach dem kompletten Verlust der Verkleidung heute noch ein beachtlicher, gut 30 Meter hoher Teil des Kernmauerwerks aus Lehmziegeln. Wie schon bei einigen Königsgräbern des Alten Reiches wurde das Grabmal aus Stabilitäts- und Kostengründen auf einem massiven, stufenförmig abgearbeiteten Felshügel errichtet. An der Basis des mächtigen Ziegeltorsos erkennt man noch gut die Außenpartien der Verstrebungsmauern des Kalksteinskeletts, die das Bauwerk durchziehen. Der gegenüber dem Vorläuferbau völlig umgestaltete Grabbezirk bietet dagegen kaum sehenswerte Details, das große Geheimnis dieser Grabanlage liegt im Fels verborgen.

Erstmalig in der Pyramidengeschichte wurde der Eingang ins Grabmal nicht mehr wie bis dahin üblich und für die alte Pyramidenzeit charakteristisch an der Nordseite gebaut. Nach Dieter Arnold wurde offenbar die »wohl dogmatisch wünschenswerte Ausrichtung des schrägen Eingangskorridors auf die Zirkumpolarsterne (...) dem Sicherheitsbedürfnis geopfert und der Eingang an einer ganz anderen und von Grabräubern unerwarteten Stelle angelegt.«[468] Der Einstiegsschacht befindet sich im Grab einer Prinzessin etwa 30 Meter südöstlich der Pyramide und führt in ein Kammersystem, das nicht mehr in der Mitte der Pyramidenbasis liegt, sondern nach Süd-

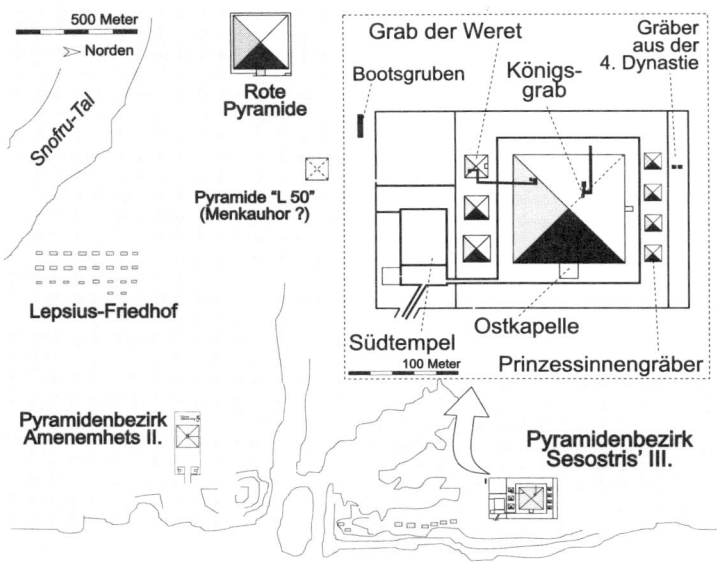

Abb. 48: Der Pyramidenbezirk Sesostris' III. in Dahschur (nach Lehner).

osten verlagert wurde.[469] Sein etwas labyrinthartiger Aufbau, die Komposition von Schächten und richtungsändernden Korridoren, die allesamt in Tunnelbauweise im Untergrund angelegt wurden und die in den Fels gehauene Grabkammer »wie eine Insel umlaufen«, wird von Ägyptologen heute als eine architektonische Umsetzung einer Vorstellung vom »Osiris-Grab« interpretiert.[470]

Um das Jahr 1870 v. Chr. schließlich wurde unter der Regentschaft Sesostris' III. die letzte Phase der Pyramidenevolution eingeleitet. Man errichtete sein Grabmal in Dahschur, knapp zwei Kilometer nordöstlich der Roten Pyramide an der Grenze zum Fruchtland. Der Aufbau der Pyramide unterscheidet sich erheblich von dem der Vorgängerbauten. Das Kernmauerwerk wurde erstmals ohne ein aufwändiges Kalksteingerippe vollständig aus Ziegeln aufgebaut, aber sorgsam mit Tura-Kalksteinen verkleidet. Diese Bauweise sollte bis zum Ende des Mittleren Reiches beibehalten und zum charakteristischen Merkmal der Königsgräber der späten 12. Dynastie werden. Offenbar resultierte die modifizierte Bautechnik aus den Erfahrungen der Bauleiter und Statiker, die damit eine weitere Optimierung im Pyramidenbau anstrebten. Das Kammersystem der Pyramide war eher bescheiden und kann kaum als Weiterentwicklung des Königsgrabes in Illahun gelten. Der Eingang liegt ebenerdig an der Westseite der Pyramide, das Kammersystem, das interessanterweise keinerlei Sicherungseinrichtungen aufweist, relativ weit von der vertikalen Mittelachse der Pyramide entfernt. Offenbar orientierten sich die Innenräume vom Aufbau her wieder an Vorbildern aus dem Alten Reich, denn das Profil der nebeneinander liegenden Räume zeigt große Ähnlichkeit mit den standardisierten Kammersystemen der 6. Dynastie.[471] In Fachkreisen sind mittlerweile Vermutungen laut geworden, dass man es bei diesem Kammersystem aufgrund seiner unüblichen Lage womöglich nicht mit dem eigentlichen Königsgrab zu tun hat.[472] Hier gibt es allem Anschein nach noch viel Raum für Spekulationen.

Seit 1990 finden am Pyramidenkomplex von Sesostris III. Ausgrabungen des Metropolitan Museum of Art (New York) unter der Leitung von Dieter Arnold statt, die bereits interessante Erkenntnisse erbracht haben.[473] Doch noch sind nicht alle Bereiche der Nekropole freigelegt. Derzeit konzentrieren sich die Grabungen auf die Ostseite der Pyramide. Man darf also auf die zukünftigen Forschungen sowie die ersten umfangreichen Veröffentlichungen gespannt sein.

Die zweite Baukatastrophe

Um das Jahr 1840 v. Chr. bestieg Amenemhet III. den ägyptischen Thron und übernahm das große Erbe Sesostris' III. Ebenso wie sein Vater beabsichtigte auch er, seine Nekropole in Dahschur zu errichten. Er plante, sich in einer 105 Meter breiten und etwa 75 Meter hohen Ziegelpyramide, die den Namen »Amenemhet ist mächtig« tragen sollte, begraben zu lassen.[474] Doch obwohl die Pyramide fertig gestellt werden konnte, endete sein Bauprojekt aufgrund irreparabler Schäden im Kammersystem ähnlich wie bei der Knick-Pyramide mit der Aufgabe des Königsgrabes. So war auch er gezwungen, sich einen neuen Baugrund für ein zweites Grabmal zu suchen. Werfen wir einen kurzen Blick auf diese zweite Baukatastrophe von Dahschur, die das letzte große Pyramidenprojekt im Raum Memphis überschattete.

Aufgrund der Topographie des Geländes und der schon vorhandenen umfangreichen Bebauung des östlichen Plateaurandes wählten die Architekten Amenemhets III. einen Baugrund nordwestlich des Dahschur-Sees aus, etwa 300 Meter vom Fruchtland entfernt.[475] Bevor die Pyramide errichtet wurde, meißelte man den Großteil ihres sehr komplexen Kammersystems tunnelartig in den felsigen Untergrund.[476] Den Eingang in das Königsgrab platzierte man am südlichen Ende der Ostseite, einen weiteren in ein zweites Kammersystem, das für die königlichen Gemahlinnen vorgesehen war, an der gegenüber liegenden Südwestecke der Pyramide. Das unterirdische Reich Amenemhets III. wurde im Gegensatz zu früheren Königsgräbern neu konzipiert. Es ist geprägt von mehrfachen Richtungsänderungen und einer Vielzahl von Kammern, die wie die Gänge zusätzlich mit Kalkstein aus-

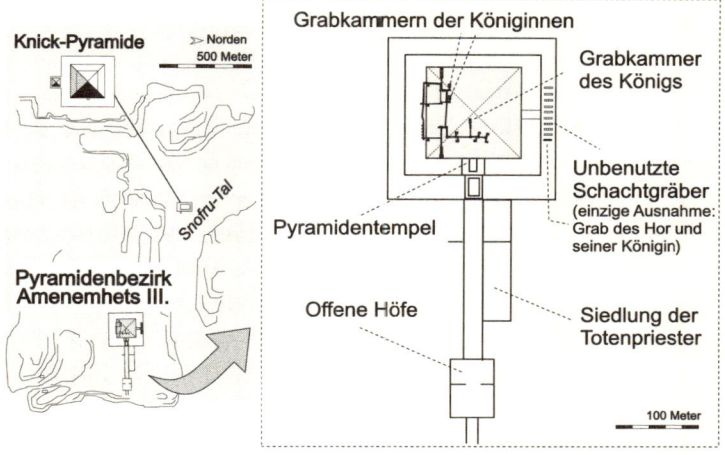

Abb. 49: Der Pyramidenbezirk Amenemhets III. in Dahschur (nach Lehner und Arnold).

gekleidet und meist mit Gewölbedachkonstruktionen versehen sind.

Die statischen Probleme traten mit dem Anwachsen des Pyramidenstumpfes auf und machten sich im unterirdischen Kammersystem in Form von Senkungen bemerkbar. Mehrere Faktoren spielten hier anscheinend zusammen und wirkten sich ähnlich katastrophal aus wie beim Bau der Knick-Pyramide.[477] Dieter Arnold schließt nicht aus, dass es aufgrund der relativen Nähe zum Grundwasserspiegel zu einer Durchfeuchtung tieferer Tonschichten im Untergrund gekommen war; diese könnten sich dann durch das auf ihnen lastende Gewicht der Pyramide plastisch verformt haben.[478] Eine andere Ursache für die Absenkungen wäre laut Dietrich Klemm womöglich das »Einbrechen von Karsthohlräumen im kalkigmergeligen Untergrund, die sich durch Auflösen des Kalkes durch einsickerndes kohlensäurehaltiges Regen-

255

wasser« gebildet haben könnten.[479] Beide Varianten, Verformungen der Tonschichten wie auch Einbrüche von Hohlräumen, hätten zur Instabilität des Kammersystems und des ganzen Baukörpers geführt. Hinzu kam, dass das umfangreiche Kammersystem einen beträchtlichen Hohlraum unter der Pyramide bildete, der eine große Angriffsfläche für die Senkungen bot und damit der entstandenen Labilität des Pyramidenstumpfes Vorschub leistete. Dieser Effekt wurde noch zusätzlich durch die Verwendung der schweren Kalksteinblöcke als Kammerverkleidung und durch statisch unzureichende Deckenkonstruktionen verstärkt.[480] Die Auswirkungen waren erschreckend: Fundamentplatten im Kammersystem sanken unter dem Deckendruck bis zu fünf Zentimeter tief ab und es bildeten sich Stufen, die in der Anfangsphase noch mit einer Gipsfüllung ausgeglichen werden konnten.[481] Doch mit dem Anwachsen des Pyramidenstumpfes traten bald weitere Deformationen des Kammersystems auf, die schon bald nicht mehr durch Schönheitsreparaturen zu beheben waren. Wie ein sinkendes Schiff wurde das Innenleben der Pyramide fast zerrissen, woran auch die unterschiedlichen Fundamentierungen und der unregelmäßige Mauerverlauf des Kammersystems nicht unschuldig waren. Türstürze und Deckenplatten barsten und in der königlichen Grabkammer, »preßte der Deckendruck die Längswände auseinander, so daß sie sich durch Diagonalrisse von den Schmalwänden lösten«.[482]

Für Dieter Arnold deuten die von den Arbeitern getroffenen Maßnahmen darauf hin, »daß die wahrscheinlich seit längerem sich ankündigende Gefahr plötzlich bedrohliche Ausmaße annahm, so daß man sich nicht mehr auf das Ausgipsen von Rissen beschränken konnte«.[483] In der nächsten Phase der Reparaturen wurden in den gefährdeten Passagen und Räumen stabile Deckenstützbalken und Holzpfosten eingebaut, wodurch ihr Einsturz wohl in letzter Sekunde verhindert werden konnte. Auf den Einsatz von weiteren Verkleidungssteinen in den Kammersystemen hat man daraufhin verzichtet. Spätestens zu dem Zeitpunkt, als die inneren Schäden auch an der Verkleidung Spuren hinterließen und sich Risse bildeten, dürfte das ganze Ausmaß der Katastrophe erkannt worden sein. Irgendwann fiel dann die Entscheidung, die Pyramide als untaugliches Königsgrab zu deklarieren und mit dem Bau einer neuen zu beginnen. Doch wie schon etwa acht Jahrhunderte zuvor, haben die Ägypter das marode Bauwerk dennoch vollendet. Nach Meinung von Dieter Arnold war die Pyramide auch so »eine vollwertige königliche Jenseitsresidenz, die dem toten König trotzdem noch nützlich sein konnte«.[484] Außerdem wurden in den noch intakten Innenräumen Bestattungen von bis zu sechs Königinnen nachgewiesen, so dass das königliche Mausoleum zumindest bedingt seinen Zweck erfüllt zu haben scheint. Am Ende der chaotischen Bauarbeiten wurden die meisten Kammern und Korridore mit Steinen und Ziegeln zugemauert. Vermutlich war dies wiederum eine reine Sicherheitsmaßnahme, um das Kollabieren der Innenräume langfristig zu vermeiden.

Heute ist von der Pyramide Amenemhets III. nur ein bergähnlicher, unregelmäßig geformter Kernbau aus Ziegeln übrig geblieben, der bizarr in den Himmel ragt. Man nennt die Ruine aufgrund ihrer dunklen Bausubstanz im Volksmund die »Schwarze Pyramide«.[485] Nichts in ihrer Umgebung deutet heute auf den früheren Grabkomplex des Königs hin. Nur an der Südseite finden sich in mehreren Reihen gelagerte Verkleidungssteine, die teilweise sogar noch rote Graffiti tragen und auf ihre Katalogisierung warten. Abschließend kann nur jedem Besucher der

Dahschur-Nekropole geraten werden, dem Ziegelberg Amenemhets III. trotz seines ruinösen Aussehens unbedingt einen Besuch abzustatten und sich angesichts der unzähligen schwarzen Ziegelsteine vor Augen zu führen, welche enorme logistische Leistung auch hinter dem Bau dieser Pyramide späten Typus' stand.

Der Verlust des königlichen Symbols

Das letzte Kapitel der Geschichte des monumentalen Pyramidenbaus in Ägypten sollte in der Nähe des Ortes Hawaret el-Makta am Eingang zur Oase Faijum geschrieben werden. Dort wollte Amenemhet III. endlich seine letzte Ruhe finden und ließ sich einen Pyramidenkomplex errichten, der selbst in der griechischen Antike tiefe Bewunderung hervorrief.

Wie schon die Bauleiter des Snofru aus den Fehlern gelernt hatten, wurde auch die Hawara-Pyramide, die den Namen »Amenemhet lebt« trug, bautechnisch verbessert und mit äußerster Sorgfalt errichtet. Da der Untergrund mit dem in Dahschur vergleichbar war, wurde das Kammersystem diesmal nur auf das Notwendigste beschränkt. Bis auf die Grabkammer verzichtete man auf die Errichtung weiterer Räume und auf ein umfangreiches Korridorsystem unter der Pyramidenbasis. Die Grabkammer wurde nicht mehr tief im Boden, sondern etwa auf Höhe des Basisniveaus errichtet und ein Gangsystem angelegt, das wie schon im Grabmal Sesostris' II. Elemente des Osiris-Kultes aufweist.[486]

Die spezielle Konstruktion der Grabkammer und der ungemein aufwändige und raffinierte Sicherungsmecha-

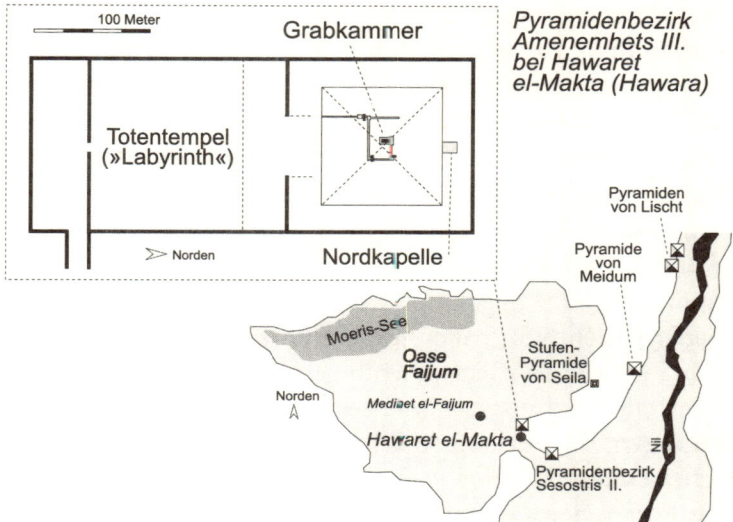

Abb. 50: Die Pyramidenanlage Amenemhets III. am Rand der Oase Faijum (nach Lehner).

nismus, mit dem die sterblichen Überreste Amenemhets III. für die Ewigkeit geschützt werden sollten, sind bemerkenswert und faszinieren die Ägyptologen bis heute. Die Kammer wurde nicht aus einzelnen Steinquadern aufgemauert, sondern besteht aus einer etwa 110 Tonnen schweren, 7 Meter langen und 2,50 Meter breiten Wanne, die aus einem einzigen Quarzitblock gearbeitet und mit drei großen Abdeckplatten überspannt wurde.[487] Um die Mumie des Königs und die Grabbeigaben einbringen zu können, wurde die nördliche Dachplatte bis zur Beisetzung auf Stützpfeilern in einer erhöhten Position gehalten. Hierbei ruhten die Pfeiler an den vier Ecken der Platte auf mit Sand gefüllten Schächten. Nach Abschluss der Begräbniszeremonie ließ man durch Abfließen des Sandes in kleine Seitengalerien die Dachplatte langsam von

259

oben herunter. Durch diese massive Konstruktion war die Grabkammer einerseits gegen Einsturz gesichert und konnte andererseits ihren kostbaren Inhalt hermetisch von der Außenwelt abschirmen.[488] Als zusätzlicher Schutz gegen den enormen Druck, den das Massiv der Pyramide auf den Bereich der Grabkammer ausübte, wurde oberhalb der Kammer ein Hohlraum als Puffer geschaffen und mit einem Satteldach aus 14 mächtigen Kalksteinplatten gekrönt, das seinerseits wieder durch ein großes, im Kernmauerwerk der Pyramide integriertes Ziegelgewölbe entlastet wurde. Alles in allem ein »technisches Meisterwerk«, wie man es laut Dieter Arnold, »bislang in der ägyptischen Baukunst noch nicht gesehen hatte«.[489] Es wurde zum Vorbild für weitere Pyramidenprojekte bis weit in die 13. Dynastie hinein.

Man schließt heute die Möglichkeit nicht aus, dass der Sohn und Thronfolger von Amenemhet III., Amenemhet IV., nach zehnjähriger Mitregentschaft starb, ohne Nachkommen zu hinterlassen. So geht am Ende der 12. Dynastie wieder eine Königin, Nefrusobek, in die Königslisten ein – im alten Ägypten ein fast untrügliches Zeichen dafür, dass die legitime Thronfolge unterbrochen war und eine dynastische Krise bevorstand. Von diesen beiden letzten Herrschern des Mittleren Reiches existieren heute nur wenige inschriftliche Belege; ihre Grabanlagen konnten bislang nicht eindeutig nachgewiesen werden. Oftmals werden ihnen die unvollendet gebliebenen Pyramidenbezirke bei Mazghuna, etwa zwei Kilometer südlich von Dahschur, zugeschrieben, da der Aufbau der dortigen Grabkammern dem der Pyramide Amenemhets III. in Hawara ähnelt.[490]

Mit der 13. Dynastie beginnt die so genannte »2. Zwischenzeit« (13. – 17. Dynastie, um 1780–1550 v. Chr.).

Diese Dynastie war eine politisch durchaus stabile, aber in Folge ständiger Regierungswechsel eher unstetige Ära, die etwa 150 Jahre dauerte und wohl »zu den am wenigsten erforschten Epochen der altägyptischen Geschichte« gehört.[491] Nur zweien von den über 50 Königen dieser Dynastie konnten bislang kleinere Grabkomplexe namentlich zugeordnet werden: die Pyramide des Imeni-Qemau in Dahschur und die des Chendjer im Süden von Sakkara.[492] Von der Pyramide Imeni-Qemaus, die erst im Jahr 1957 entdeckt wurde und einst eine Basislänge von etwa 50 Metern besaß, ist heute nur noch die Ausschachtung des Kammersystems zu erkennen, in der verlassen ein riesiger Kalksteinblock im Wüstensand liegt. Rainer Stadelmann gibt hierbei wohl mit Recht zu bedenken, dass die spärliche Fundsituation der Königsgräber aus der 13. Dynastie sicherlich kein repräsentatives Ergebnis darstellt und letztlich auf die unzureichende Erforschung der Nekropolen zurückzuführen sei. Seiner Auffassung nach erstreckten sich die königlichen Friedhöfe jener Epoche vom südlichen Sakkara bis nach Mazghuna und womöglich sogar bis nach Lischt.[493] Eine Reihe angefangener Pyramidenprojekte, die vermutlich aus jener Zeit stammen, konnten er und Dieter Arnold bei einer Untersuchung nördlich der Grabanlage des Imeni-Qemau und südöstlich der Pyramide Amenemhets II. bereits lokalisieren.[494] Alle diese Anlagen bedürfen einer gezielten Untersuchung, um ihren Ursprung zweifelsfrei zu bestimmen. Womöglich verbergen sich in Dahschur noch weitere Ruinen aus der 13. Dynastie, woraus zu schließen wäre, dass die Nekropole auch für die Zeit nach dem Mittleren Reich wieder eine Schlüsselposition im königlichen Jenseitskult innehatte.

Trotz der hohen Fluktuation der Könige in der 13. Dynastie und der damit verbundenen innenpolitischen

Schwäche der Zentralregierung blieb das Staatsgefüge bis zur nebulösen, zeitlich nicht eindeutig fassbaren 14. Dynastie (etwa bis 1650 v. Chr.) intakt. Doch die politische Situation begann sich langsam, aber stetig zu verändern. Bereits gegen Ende der 13. Dynastie hatten semitische Provinzfürsten parallel zur Herrscherlinie vom Ostdelta aus ein eigenes Reich etabliert und ließen sich zu Königen ausrufen. Möglicherweise war das Land auch zersplittert und es existierten in der 14. Dynastie, die über 50 Jahre angedauert haben soll, mehrere kleinere Königreiche, die sich untereinander befehdeten. Die Situation änderte sich schlagartig, als die über Jahrhunderte allmählich aus Palästina ins Delta eingewanderten Stämme, »Hyksos« genannt,[495] derart viel Einfluss gewannen, dass sie sich schließlich von ihrem Machtzentrum Auaris, dem heutigen Tell el-Daba, aus anschickten, ganz Unterägypten in ihren Besitz zu bringen. Waffentechnisch und strategisch den Ägyptern überlegen, gelang es ihnen relativ schnell, den Norden des Landes zu erobern.[496] Die durch die Hyksos geprägte 15. Dynastie, die zeitgleich mit der 16. existierte, dauerte nach heutiger Auffassung über 100 Jahre (um 1650 – 1540 v. Chr.) und wird erst seit wenigen Jahrzehnten durch archäologische Untersuchungen im Ostdelta ein wenig erhellt.[497]

Wie schon den Herakleopoliten in der 1. Zwischenzeit gelang es auch den Hyksos nicht, den Süden des Landes unter ihre Kontrolle zu bringen. Wieder waren es die Thebaner, die den Eindringlingen erfolgreich Widerstand leisteten und eine gewisse Unabhängigkeit in Oberägypten erlangen konnten. Sie etablierten ein Südreich zwischen Abydos und Elephantine, das als 17. Dynastie in die Überlieferung eingegangen ist und allem Anschein nach parallel zur 15./16. Dynastie existierte. Die thebanischen Könige sahen sich selbst als die Nachfolger der großen

Regenten aus dem Mittleren Reich und hielten die alten kulturellen Werte hoch. Deshalb ließen sie sich auch in kleinen Pyramiden auf der Westseite von Theben begraben. Ihre nur etwa zehn Meter hohen Ziegelpyramiden, die Kalksteinpyramidia besaßen, auf die die Namen und Titel der Könige geschrieben wurden, standen an den flachen Hängen von Dra Abu'l-Naga und sind heute weitestgehend zerstört.[498] Sie markierten eher schlicht gestaltete Felsengräber, aus denen aber noch so mancher interessante Fund ans Tageslicht gebracht werden konnte.[499]

Die erneute Wiedervereinigung Ägyptens war wiederum eine äußerst blutige Angelegenheit. Anfangs noch in einer latenten Phase des Waffenstillstandes verharrend, opponierten die thebanischen Herrscher mit den Jahrzehnten immer massiver gegen die Hyksos und leiteten um 1570 v. Chr. unter König Seqenenre Ta'a II. einen blutigen Befreiungskrieg ein, der von dessen Söhnen Kamose und Ahmose I. fortgeführt wurde und nach ungefähr zwei Jahrzehnten mit dem Fall der Hauptstadt Auaris und der Vertreibung der Hyksos aus dem Delta endete. Dies war der Beginn der 18. Dynastie und des Neuen Reiches, der dritten und letzten großen Blütezeit des pharaonischen Ägyptens. Es war aber auch das Ende des königlichen Pyramidenbaus. Nach Ahmose I. bauten die Könige der 18. Dynastie keine Pyramiden mehr. Nur der Begründer des Neuen Reiches ließ noch bei Dra Abu'l-Naga wie auch vermutlich bei Abydos Pyramiden errichten, womit eine in ihrem Umfang beispiellose Bautradition im königlichen Grabkult aufgegeben wurde.[500] Das ehemals königliche Jenseitssymbol wurde daraufhin für das Volk »freigegeben« und krönte fortan die kleinen Grabkapellen der Handwerker und Künstler bei Deir el-Medina, aber auch die Grabanlagen hoher Würdenträger der Ramessiden-Zeit bei Dra Abu'l-Naga.[501] So war der Beginn des Neuen Reiches auch die Geburtsstunde eines ganz anders gearteten »Feldes der Tränen«. Das berühmte »Tal der Könige« mit seinen reich dekorierten Felsengräbern, die noch heute die Menschen in ihren Bann ziehen, sollte im Schatten des pyramidenähnlichen Bergmassivs »El-Qurn« in den nächsten 450 Jahren für die Könige der 18. bis 20. Dynastie den Einstieg in die Unterwelt darstellen.

Doch dies ist eine andere Geschichte.

Anhang

Zeittafel Altägyptens

um 3200 v.Chr.:	Spätprädynastischer Friedhof U in Abydos (»Umm el-Qaab«) mit Grab »U-j«; Handelskontakte mit Palästina sind nachgewiesen
3200-3050:	»o. Dynastie«; Friedhof B in Abydos (vier Könige namentlich bekannt); Ober- und Unterägypten anscheinend bereits weitgehend »vereint«; unter Narmer endgültige politische Vereinigung
3050-2700:	1. und 2. Dynastie; Begräbniszentren in Abydos und Sakkara (1. Dynastie: Abydos = Königsfriedhof, Sakkara = Beamtenfriedhof; 2. Dynastie: Aufgabe von Abydos, Königsgräber in Sakkara); erste Steinverarbeitung in den Grabbauten der 1. Dynastie in Sakkara (Nischen-Mastabas), morphologische Strukturen der späteren königlichen Grabkomplexe sind an den Privatgräbern erkennbar; am Ende der 2. Dynastie: Bürgerkrieg (Nordsüdkonflikt, Abydos ist kurzfristig wieder Königsnekropole); Wiedervereinigung durch Chasechemui
2700-2620:	3. Dynastie; Djoser (2700-2680); Straffung des Beamtenapparates; erster monumentaler Steinbau in Ägypten: die Stufen-Pyramide von Sakkara, danach sind noch zwei Stufen-Pyramidenprojekte von Sechemchet und Chaba bekannt (unvollendet); Grabbauten des Nebka(re) und Huni sind bislang unbekannt; am Ende der 3. Dynastie: kleine, massive Pyramiden in den Provinzen (»Wirtschaftszentren«)

2620-2580:	Snofru (erster König der 4. Dynastie), drei Grabkomplexe mit einem Bauvolumen von etwa 3,8 Millionen Kubikmeter: Meidum-Pyramide (umgestaltete Stufen-Pyramide), Knick-Pyramide (Bauruine) und erste echte Grabpyramide (geplant und ausgeführt) in Dahschur: Rote Pyramide
2550-2470:	Herrschaft des Snofru-Familienclans (4. Dynastie); Grabbauten in Giza (Cheops, Chephren, Mykerinos, Chentkaus I.), Abu Roasch (Djedefre), Zawjet el-Aryan (Baka) und Sakkara-Süd (Schepseskaf); unter Djedefre kommt der Titel »Sohn des Re« auf, der Sonnenkult etabliert sich auf höchster Staatsebene; am Ende der Dynastie: krasse Zäsur im Monumentalismus des Grabbauwesens (Reduktion der Grabbauten), ungeklärte politische Verhältnisse
2470-2320:	5. Dynastie; »Zeitalter der Sonnenkönige«, der Re-Kult wird »Staatsreligion«; Pyramidenkomplexe in Abusir (Sahure, Neferirkare, Niuserre, Neferefre, Schepseskare), Sakkara (Userkaf, Djedkare, Unas) und vielleicht in Dahschur (Menkauhor); Sonnenheiligtümer bei Abu Gurob (bislang zwei archäologisch nachgewiesen: Userkaf und Niuserre; unter Menkauhor: letztes überliefertes Sonnenheiligtum); Einführung der Obelisken als »Sonnensymbol«; erste Pyramidentexte in der Pyramide des Unas
2320-2160:	6. Dynastie; »Zeitalter der Pyramidentexte«; Standardisierung der Architektur in den königlichen Grabanlagen; Pyramidenkomplexe in Sakkara (Teti, Pepi I., Pepi II., Merenre I.); die Osiris-Religion entfaltet sich; im Laufe dieser Dynastie zunehmende Schwäche der Zentralregierung, ineffektive Verwaltungsstrukturen,

komplexer Beamtenapparat; Hauptstadt-Pro-
vinz-Konflikt: eigenständige Provinzgouver-
neure mit zunehmendem Machtanspruch; am
Ende der Dynastie: Nachfolgeprobleme, Königin Nitokris auf dem Thron; »Revolution von
Memphis« (Versorgungsengpässe führen zum
Aufstand)

2160-2020: 1. Zwischenzeit (»7.«, 8. bis erste Hälfte der
11. Dynastie); Untergang des Alten Reiches:
endgültiger Zusammenbruch der zentralen
Königsmacht (mit der 8. Dynastie); Thronstreitigkeiten mit gewaltsamen Auseinandersetzungen; Plünderung königlicher Grabmäler; ein Nord- und ein Südreich etablieren
sich (Herakleopoliten und Thebaner [9. und
10. Dynastie]); die Thebaner siegen letztendlich und einen das Land wieder

2020-1780: Mittleres Reich (zweite Hälfte der 11. Dynastie und 12. Dynastie); 11. Dynastie in Theben
(Mentuhotep II., »Reichseiniger«, Felsen-
grab/Tempel in Deir el-Bahari); 12. Dynastie:
Pyramidenbauten in Lischt (Amenemhet I.,
Sesostris I.), Dahschur (Amenemhet II., Sesostris III., Amenemhet III. [»Bauruine«]),
Illahun (Sesostris II.) und Hawara (Amenemhet III.); neue Reichshauptstadt nahe der Oase
Faijum (»Itj-tawi« bei Lischt); Blütezeit Ägyptens, wirtschaftliche, innen- und außenpoliti-
sche Stabilität; Gräber der letzten Herrscher
dieser Dynastie (Amenemhet IV. und Königin
Nefrusobek) vermutlich in Mazghuna

1780-1550: 2. Zwischenzeit (13.-17. Dynastie); Thronfol-
geprobleme, unbestimmte Herrscherabfolgen
und Datierungen, aber noch stabile Regie-
rungsgewalt (13.-14. Dynastie); die Könige
der 13. Dynastie lassen kleine Pyramiden in
Dahschur errichten; Fremdherrschaft der

Hyksos (15.-17. Dynastie) in Nordägypten; in Oberägypten etabliert sich ein thebanisches Königreich (17. Dynastie); Bürgerkrieg ab 1570 v. Chr.: Thebaner siegen und vereinen das Land

1550-1070: Neues Reich (18. – 20. Dynastie); Aufgabe des Pyramidenbaus, die Könige lassen Felsengräber auf der Westseite des Nils (»Tal der Könige«) bei der neuen Reichshauptstadt Theben bauen

1070-525: 3. Zwischenzeit (21.-26. Dynastie); stetiger Niedergang der ägyptischen Zentralmacht; Fremdherrschaften (Libyer, Nubier)

525-332: Spätzeit (27.-31. Dynastie); Perserherrschaft

332-30: Makedonische-ptolemäische Herrschaft, von Alexander dem Großen bis Kleopatra VII. und Ptolemaios XV.

30 v. Chr.–
395 n. Chr.: Römische Epoche; am Ende des 4. Jahrhunderts: Schließung der altägyptischen Tempel, mit Ausnahme des Isis-Tempels auf Philae, eingeschränkter Kult bis etwa 536 n. Chr.

Die Königsgräber von Dahschur

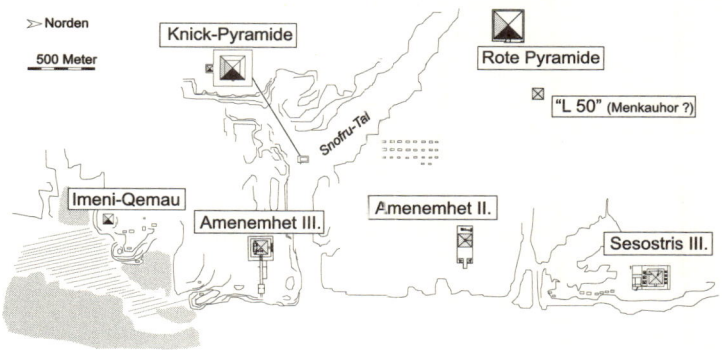

Norden

500 Meter

Knick-Pyramide

Rote Pyramide

"L 50" (Menkauhor ?)

Imeni-Qemau

Amenemhet III.

Amenemhet II.

Sesostris III.

Snofru-Tal

Knick-Pyramide

Bauherr: Snofru, erster König der 4. Dynastie (um 2620 – 2580 v. Chr.)

Pyramidenname: »Die Erscheinung des Snofru, die Südliche«

Basislänge: 189,43 Meter (362 Ellen)

Neigungswinkel: unterer Bereich: 55° 00' 30", oberer Bereich: 43° 01' 30"

Höhe: 104,71 Meter (200 Ellen), davon: unterer Bereich bis zum Knick: 47,04 Meter (90 Ellen), oberer Bereich: 57,67 Meter (110 Ellen)

Volumen: etwa 1,45 Millionen Kubikmeter

Baumaterial: Kernmauerwerk: lokaler Kalkstein, Verkleidung: erstmalig Tura-Kalkstein

Steinbrüche: etwa 200 Meter östlich der Pyramide lokalisiert, aber noch nicht erkundet

Eingang: zwei (bedingt durch Planänderung), Nordeingang in einer Höhe von 11,90 Metern, Westeingang in einer Höhe von 32,76 Metern

Kammern: vermutlich ursprüngliche Grabkammer und eine Art »Vorkammer« (Korridorerweiterung) im unteren,

nordsüdorientierten Kammerbereich, eine Grabkammer im oberirdischen, ostwestorientierten Kammerbereich; alle Kammern haben ein Kraggewölbe
Blockierungen: zwei (im westlichen Kammersystem)
Sarkophag: keine Spuren gefunden
Totentempel: da die Knick-Pyramide kein Grabmal war nicht vorhanden (nur ein kleines Stelenheiligtum als Kultstätte)
Nordkapelle: nur noch spärliche Überreste vorhanden; ihre Funktion ist ungeklärt; sie war offensichtlich auf die Rote Pyramide ausgerichtet
Kultpyramide: etwa 52 Meter südlich der Pyramide (auf der Verlängerung der Nordsüdachse)
Aufweg: von der Pyramide bis zum Königstempel im Snofru-Tal bekannt (150 Meter östlich davon an einer weiteren Stelle nachgewiesen), im östlichen Bereich des Snofru-Tals vermutlich fast vollständig abgetragen
Taltempel: unbekannt (falls er je vorhanden war, liegt er noch am Übergang zum Fruchtland im Boden versunken); einige Ägyptologen halten den Tempel am Aufweg für den Taltempel der Knick-Pyramide
Nebengräber: südöstlich der Knick-Pyramide in unmittelbarer Nähe des Dahschur-Sees; bislang sind nur wenige Mastabas ausgegraben (z. B. Iinefer, Ipi), viele Anhöhen sind mit Gräbern der Snofru-Zeit belegt

Rote Pyramide

Bauherr: Snofru, erster König der 4. Dynastie (um 2620 – 2580 v. Chr.)
Pyramidenname: »Die Erscheinung des Snofru, die Nördliche«
Basislänge: 219,08 Meter (418 Ellen)
Neigungswinkel: 44° 44' (ursprünglich wohl 45°)
Höhe: 109,54 Meter (209 Ellen)
Volumen: ungefähr 1,75 Millionen Kubikmeter

Baumaterial: Kernmauerwerk: lokaler Kalksandstein, Verkleidung: Tura-Kalkstein

Steinbrüche: ungefähr 500 Meter westlich der Pyramide lokalisiert, aber noch nicht erkundet

Eingang: etwa in der Mitte der Nordflanke in einer Höhe von 30,92 Metern

Kammern: drei in einem linearen, nordsüdorientierten Kammersystem; der Grabkammerboden ist zerstört; alle Kammern besitzen ein Kraggewölbe

Blockierungen: keine; die Grabkammer ist über einen etwa acht Meter hohen Durchgang in der 2. Vorkammer zu erreichen

Sarkophag: keine Spuren gefunden

Totentempel: nur noch sehr spärliche Reste (Fundamente und Fragmente der einstigen Dekoration)

Nordkapelle: nicht bekannt

Kultpyramide: keine vor Ort (vermutlich übernahm die Knick-Pyramide diese Funktion)

Aufweg: nur Spuren am Totentempel nachgewiesen (vielleicht ist der Aufweg nie errichtet worden)

Taltempel: vermutlich im Jahr 1904 am Fruchtlandrand lokalisiert, aber bislang nicht ausgegraben

Nebengräber: Lepsius-Friedhof mit etwa 26 Mastabas (etwa 900 Meter südöstlich der Roten Pyramide), Grabungen laufen derzeit; Mastaba-Kette am Fruchtlandrand südlich des Pyramidenbezirks von Sesostris III.

Pyramide L 50

Bauherr: bislang nicht eindeutig zu identifizieren; ein indirekter Hinweis im Dekret von Dahschur weist auf Menkauhor (siebter König der 5. Dynastie, um 2420 – 2410 v. Chr.); Ausgrabungen an der Ruine erbrachten bislang keine neuen Erkenntnisse; archäologische Befunde in der Umgebung von L50 deuten aber in die 5. Dynastie

Pyramidenname: »Göttlich sind die Stätten des Menkauhor«
(falls Menkauhor der Bauherr war)
Basislänge: schätzungsweise 90 Meter; heute ist nur noch
eine Ausschachtung aus der Luft erkennbar; ob die Pyramide fertiggestellt wurde, ist nicht bekannt, aber wahrscheinlich

Pyramide Amenemhets II.

Bauherr: Amenemhet II., dritter König der 12. Dynastie (um
1930 – 1895 v. Chr.)
Pyramidenname: »Amenemhet ist versorgt«
Basislänge: ungefähr 80 Meter
Neigungswinkel, Höhe: bislang nicht bestimmbar
Baumaterial: Kalkstein (vielleicht auch Nilschlammziegel);
sternförmiges Kalksteingerippe im Inneren (Tura-Kalk-
stein), Verkleidung: Tura-Kalkstein
Eingang: ebenerdig in der Mitte der Nordseite
Kammern: Grabkammer mit vier Nischen
Blockierungen: doppelte Fallsteinvorrichtung (Granitplat-
ten) vor der Grabkammer
Sarkophag: zusammengesetzt aus Sandsteinplatten; er stand
vertieft an der Westwand der Grabkammer
Totentempel: nur noch Spuren vorhanden
Nordkapelle: nicht bekannt
Kultpyramide: anscheinend nicht vorhanden
Aufweg: wurde am inneren Grabbezirk lokalisiert; außer-
dem wurden zwei pylonartige Mauermassive am Ende des
Aufweges entdeckt
Taltempel: nach ihm wurde bislang nicht gesucht
Nebengräber: Prinzessinnengräber westlich der Pyramide
(bereits erforscht)

Pyramide Sesostris' III.

Bauherr: Sesostris III., fünfter König der 12. Dynastie (um 1880 – 1840 v. Chr.)
Pyramidenname: nicht bekannt
Basislänge: 105 Meter (200 Ellen)
Neigungswinkel: 55° 18' 35"
Höhe: etwa 78 Meter
Volumen: etwa 286 000 Kubikmeter
Baumaterial: Kernmauerwerk: Nilschlammziegel, Verkleidung: Tura-Kalkstein
Eingang: zwei (einer ebenerdig an der Westseite der Pyramide [Königsgrab], ein zweiter an der Südseite [Königinnengrab])
Kammern: zwei getrennte, sehr einfach strukturierte Kammersysteme (eines für eine Königin, eines vermeintlich für den König); die Lage des Königsgrabes ist ungewöhnlich (es gibt Vermutungen, dass die wahre Königsgrabkammer noch nicht gefunden wurde)
Blockierungen: keine
Sarkophag: der Granitsarkophag des Königs steht an der Westseite der Grabkammer
Totentempel: völlig zerstört, Name: »Kühlung des Sesostris«
Nordkapelle: vorhanden
Kultpyramide: nicht bekannt, aber denkbar
Aufweg: teilweise untersucht
Taltempel: konnte nicht festgestellt werden
Nebengräber: drei Pyramiden von Königinnen im Süden, vier von Prinzessinnen im Norden

Pyramide Amenemhets III.

Bauherr: Amenemhet III., sechster König der 12. Dynastie (um 1840 – 1800 v. Chr.)
Pyramidenname: »Amenemhet ist schön«
Basislänge: 105 Meter (200 Ellen)

Neigungswinkel: 54-56°
Höhe: ca. 75 Meter
Volumen: etwa 275 000 Kubikmeter
Baumaterial: Kernmauerwerk vollständig aus großformatigen Nilschlammziegeln, Verkleidung aus Tura-Kalkstein
Eingang: zwei (einer an der Südostecke der Pyramide, ein zweiter in einen Kammerbereich für die Königinnen an der Südwestecke)
Kammern: labyrinthartiges Kammersystem, zweigeteilt mit Verbindungskorridor (im östlichen Bereich das königliche Kammersystem mit neun Räumen – inklusive Sargkammer –, im südwestlichen Bereich zwei Grabkammern für Königinnen)
Blockierungen: keine
Sarkophag: der Granitsarkophag des Königs mit nischengegliedertem Sockel steht an der Westwand der Grabkammer
Totentempel: nahezu zerstört (hatte lediglich die Funktion einer Totenkapelle)
Nordkapelle: konnte nicht festgestellt werden
Kultpyramide: bislang nicht lokalisiert, war vermutlich nicht vorhanden
Aufweg: bekannt, etwa 18,50 Meter breit, offen und gepflastert (Kalkstein)
Taltempel: teilweise freigelegt (mit terrassenförmig ansteigenden Höfen)
Nebengräber: Prinzessinnengräber nördlich der Pyramide

Imeni-Qemau

Bauherr: Imeni-Qemau, zweiter König der 13. Dynastie (um 1750 v. Chr.)
Pyramidenname: unbekannt
Basislänge: etwa 50 Meter
Neigungswinkel, Höhe: nicht bekannt (da die Pyramide völlig zerstört ist)

Eingang: ebenerdig an der Ostseite der Pyramide
Kammern: drei (die Grabkammer wurde aus einem riesigen
  Quarzitmonolithen gehauen)
Blockierungen: eine (großer Quarzitblock)

Die Forschungsgeschichte
der Nekropole von Dahschur im Überblick

1839:   Erste Vermessungen an den fünf Pyramiden der 4. und 12. Dynastie durch J. S. Perring.

1843:   Stippvisite der »Königlich Preußischen Expedition« unter Leitung von K. R. Lepsius mit Begutachtung und Vermessung der wesentlichen Baudenkmäler und der Erstellung eines ersten Gesamtplans der Nekropole.

1897:   Vermessungsarbeiten von W.M.F. Petrie am Grabkomplex der Knick-Pyramide.

1883/84, 1901:   Beginn der eigentlichen Ausgrabungen in Dahschur; G. Maspero und A. Barsanti führen im Auftrag des ägyptischen Antikendienstes partielle Grabungen an den Privatgräbern im Südosten der Nekropole durch (u.a. auch am Grab des Iinefer).

1894-1895:   Erste größer angelegte Grabungstätigkeiten an den Pyramiden der 12. Dynastie und an den sie umgebenen Gräbern unter der Leitung von J. de Morgan; die Grabungen bringen interessante archäologische Befunde und prunkvolle Grabausstattungen zutage, bleiben aber eher selektiv und werden nicht in vollem Umfang dokumentiert.

1904:   Zufällige Entdeckung des vermeintlichen Taltempels der Roten Pyramide bei Bauarbeiten; dabei wird eine Kopie des so genannten Dahschur-Dekrets, in dem Pepi I. Privilegien und Richtlinien für die beiden Pyramidenstädte Snofrus erließ, gefunden.

1924–1925:	Kleinere Untersuchungen von G. Jéquier am Aufweg des Pyramidenkomplexes Sesostris III. und anderen Bereichen der Nekropole.
1945–1955:	Systematische Forschungen an den beiden Pyramiden des Snofru durch A. M. Hussein in Zusammenarbeit mit A. Varille (1945–1949) und sehr umfangreich und detailliert am Grabkomplex der Knick-Pyramide durch A. Fakhry (1951–1955).
1957:	Nicht näher dokumentierte Ausgrabungen an der Pyramidenruine des Imeni-Qemau und einigen Mastabas westlich des Dahschur-Sees (u.a. am Grab des Ipi).
1975:	Erstmals wieder Untersuchungen an den Baudenkmälern von Dahschur (nach der Sperrung des Wüstenareals aufgrund militärischer Aktivitäten im Jahr 1956); D. Arnold und R. Stadelmann (Deutsches Archäologisches Institut) untersuchen vor allem die Pyramide Amenemhets III., erkunden den Süden der Nekropole und legen Schnitte am Aufweg der Knick-Pyramide an; parallele Aktivitäten und Notgrabungen der ägyptischen Antikenverwaltung in den 70er Jahren in Dahschur sind bekannt (beispielsweise an der Struktur »L 54«), aber leider undokumentiert geblieben.
1976-1983:	Durch das DAI wird unter der Leitung von D. Arnold eine Nachuntersuchung der Pyramide Amenemhets III. durchgeführt; die Ergebnisse der Ausgrabungen werden umfangreich dokumentiert.
1980-heute:	Umfangreiche und kontinuierliche Arbeiten am Grabkomplex der Roten Pyramide und dessen Umgebung durch das DAI unter der Leitung von R. Stadelmann; Freilegung der Ruinen des Totentempels sowie Untersuchungen und Ausgrabungen an den Mastabas (Lepsius-

Friedhof, ab 1988), Arbeitersiedlungen und Werkstätten im Umfeld der Roten Pyramide sowie an der Pyramidenruine L 50; Neuvermessung der Knick- und Roten Pyramide durch J. Dorner.

1990-heute: Ausgedehnte Ausgrabung am Grabkomplex Sesostris III. durch das Metropolitan Museum of Art, New York, unter der Leitung von D. Arnold; Entdeckung der Grabanlage der Königin Weret und neuer Beamtengräber aus dem Mittleren Reich.

1996: Freilegung der Mastaba-Nekropole südlich der Pyramide Amenemhets III. durch die ägyptische Antikenverwaltung unter der Leitung von M. Hagras und M. el-Ghandour.

1996-heute: Untersuchung eines Friedhofes aus dem Neuen Reich im Norden von Dahschur durch ein japanisches Archäologenteam der Waseda-Universität Tokio unter der Leitung von S. Yoshimura.

1998-heute: Ausgrabung durch das DAI an den Privatgräbern im Südosten der Nekropole, u.a. an der Mastaba des Ipi, unter der Leitung von N. Alexanian und S. Seidlmayer.

(Forschungsgeschichte nach: Alexanian/Seidlmayer; Fakhry, Monuments of Sneferu I; Stadelmann/Alexanian; Lehner, Das erste Weltwunder; LÄ I, »Dahschur«)

Anmerkungen

1 Hornung, Pharaonenzeit, S. 43.

2 Der zeitgenössische Horus-Name des Königs Djoser lautet Netcherichet. Der Name Djoser tritt erst in den Überlieferungen des Mittleren Reiches auf.

3 Die klassische Einteilung der eigenständigen pharaonischen Geschichte Ägyptens (zwischen etwa 3000 v. Chr. und 343 v. Chr.) in 30 Dynastien stützt sich auf die Überlieferungen des um 280 v. Chr. lebenden ägyptischen Priesters Manetho. Die »Definition« des Alten Reiches wird in der Literatur nicht einheitlich vorgenommen. Manchmal zählt man noch die nur wenige Jahre umfassende 7. und 8. Dynastie hinzu.

4 Siehe hierzu etwa Verner, Pyramiden, S. 37ff., Gundlach, S. 52ff., Seeher, S. 313ff., oder Helck, Politische Gegensätze, S. 7ff.

5 Hierakonpolis, das heutige Kom el-Ahmar, liegt etwa 15 Kilometer nordwestlich von Edfu.

6 Siehe allgemein zur Frühzeit Ägyptens bei Seidlmayer, in: Schulz/Seidel, S. 9-32.

7 Die »endgültige Unterwerfung« Unterägyptens wurde vermutlich auf der so genannten »Schminkpalette« des Königs Narmer festgehalten. Der Prunkgegenstand aus dunkelgrünem Schiefer wurde im Jahr 1898 bei Ausgrabungen in Hierakonpolis entdeckt und befindet sich heute im Ägyptischen Museum in Kairo. Narmer lebte um 3100/3050 v. Chr. und gehört zusammen mit den bislang bekannten, noch vor ihm herrschenden Königen Skorpion, Iri-Hor und Ka zu den frühesten inschriftlich belegten Herrschern Ägyptens (siehe Schneider, S. 313). Narmer

»ist landesweit, von Hierakonpolis im Süden bis ins nordöstliche Delta bezeugt, und spätestens durch ihn wurde die politische Einheit des Landes endgültig vollzogen«. Seidlmayer, in: Schulz/Seidel, S. 27.

8 »Die einheimische Keramik des Deltas war vollständig verschwunden und durch Gefäße in oberägyptischer Form und Technik ersetzt worden. Die Häuser des Deltas wurden nicht länger aus gebündeltem Papyrus und Matten, sondern wie im Süden mit Lehmziegeln gebaut. Darüber hinaus deutet, auch wenn noch keine Nekropolen in Buto lokalisiert werden konnten, der Befund aus anderen Orten des Deltas darauf hin, dass sogar die traditionsreichsten religiösen Überzeugungen sich verändert hatten. Man ahmte die oberägyptische Sitte nach, Beigaben in das Grab mitzugeben.« Davies/Friedmann, S. 30.

9 Siehe etwa Ausführungen in Wildung, Rolle ägyptischer Könige, S. 4ff.

10 Siehe beispielsweise LÄ I, »Aha«, Sp. 94ff., oder bei Schlott, S. 118ff. Auf einem Siegel des Narmer wird ein gewisser »Men(i)« als »Bewahrer des königlichen Siegels« genannt, eine Funktion, die in jener Zeit in der Regel nur von Prinzen bekleidet wurde. Man erkennt deshalb in »Men(i)« Narmers Sohn und Nachfolger Aha, der seinen Eigennamen Men(i) bei seiner Krönung abgelegt haben soll. Ahas Grabkomplex in Abydos liegt unmittelbar neben dem des Narmer (siehe etwa Lehner, Weltwunder, S. 75). Die Gleichung Aha = Menes wird indirekt auch durch die innenpolitischen und kulturellen Leistungen des »Reichsgründers« untermauert.

11 Siehe Beckerath, Chronologie, S. 173.

12 Es gibt nur wenige inschriftliche Belege, die das Kampfgeschehen wiedergeben. In einer Inschrift auf einem zeitgenössischen Steingefäß heißt es beispielsweise: »Im Jahr, als der Feind aus dem Norden in Necheb geschlagen wurde.« (Clayton, S. 22). Necheb, das heutige El Kab, war ein wichtiges religiöses Zentrum im Herzen Oberägyp-

tens und lag nahe der alten Hauptstadt Hierakonpolis. Auf anderen kostbaren Steingefäßen, die Chasechem als Votivgaben dem Tempel von Hierakonpolis spendete, sind Aufschriften wie »Jahr des Kampfes und des Schlagens der Nordländer« (Quibell, Hierakonpolis, Tafel 36-38) und symbolische Darstellungen der »Vereinigung von Ober- und Unterägypten« abgebildet.

13 Chasechem: »Erscheinung der Macht«, Chasechemui: »Erscheinung der beiden Mächte«. In Hierakonpolis wurde eine über 60 Zentimeter hohe Kalksteinplastik gefunden, die Chasechemui mit der Weißen Krone Oberägyptens auf einem Thron sitzend zeigt. Auf der Vorderseite des Statuensockels sieht man eine Art »Personifikation Unterägyptens« in Form eines am Boden liegenden, gefesselten Menschen und einer Papyruspflanze, die durch einen Pfeil niedergestreckt wurde. Entlang des gesamten Sockels ziehen sich diverse Darstellungen verrenkter Leichname, deren Zahl explizit mit 47 209 angeben wird. Siehe etwa Abb. 58 bei Seidlmayer, in: Schulz/Seidel, S. 38.

14 Siehe Dreyer/Hartung u.a., S. 166.

15 Dreyer, 3. Dynastie, S. 33f.

16 Djosers Konsolidierung des Königtums wird zusätzlich durch die Errichtung mehrerer Göttertempel in Ober- und Unterägypten dokumentiert. Es ist sicherlich kein Zufall, dass das bislang älteste aus Ägypten bekannte kosmogonische System von Urgöttern, die so genannte »Götterneunheit von Heliopolis«, auf diesen König zurückgehen soll.

17 Dieter Arnold in einer persönlichen Mitteilung (Brief an den Autor vom 17.2.2000).

18 Siehe auch Helck, Politische Gegensätze, S. 18.

19 Die Hügelspitze wurde vermutlich im Mittleren Reich für den Bau eines größeren Tempelgebäudes abgetragen. Siehe Ricke, Hohe Sand, S. 109, oder Lehner, Weltwunder, S. 72ff.

20 Siehe Diskussion in Ricke, Hohe Sand, S. 110.

21 Siehe hierzu auch Bemerkungen in Haase, Re, 37f.

22 Siehe etwa Hornung, Pharaonenzeit, S. 33f., oder Assmann, S. 146ff.

23 Lehner, Weltwunder, S. 74.

24 Siehe auch Diskussion in Stadelmann, Die ägyptischen Pyramiden, S. 70f. und Haase, Re, S. 35ff.

25 Siehe zum Bauablauf etwa bei Stadelmann, Die ägyptischen Pyramiden, S. 40ff. Rainer Stadelmann geht davon aus, dass von Anfang an eine »einstufige Stufen-Mastaba« geplant und gebaut wurde, deren Spuren man heute noch an der Südseite der Pyramide erkennen kann.

26 In Abydos lag das religiöse Zentrum des 8. oberägyptischen Gaus, dessen Hauptstadt Thinis genannt wurde. Aus dieser Provinz sollen nach Manetho die Könige der ersten beiden Dynastien, die so genannten »Thiniten«, gekommen sein.

27 Darauf deuten eine Reihe kleiner im Grab gefundener Elfenbeintafeln hin, die Ortsnamen aus dem Delta tragen und wohl einst Plaketten für Tribut- und Steuergüter waren (archäologisch wird das Grab »U-j« der späten »Naqada-III-A-2«-Zeit zugeordnet; siehe Foto der Grabanlage beispielsweise in Lehner, Weltwunder, S. 75 oder Seidel/Schulz, S. 27). Es wird nicht ausgeschlossen, dass dieses Grab König Skorpion (I.) gehört haben könnte. Siehe hierzu Schneider, S. 276.

28 Dieser Grabtyp zeigt, dass schon um das Jahr 3200 v. Chr. aufwändige konzeptionelle Maßnahmen zur Sicherung der königlichen Leichname und der Grabbeigaben getroffen wurden. Vermutlich waren die einfachen Sandhügel über den Gräbern der Vorzeit im Lauf der Zeit durch die Erosion beschädigt und unkenntlich geworden, so dass sie durch massive Wände aus getrockneten Lehmziegeln befestigt werden mussten. Diese Entwicklung führte unweigerlich zu strukturellen Änderungen der Grabkammersysteme, die im Gegensatz zu den einfachen Grubengräbern von nun an mehr Platz für weitere Innenräume boten.

29 Hartung, S. 110.

30 Davies/Friedman, S. 36.

31 Verner, Pyramiden, S. 41.

32 Siehe Kaiser/Dreyer, Umm-el-Qaab, S. 253, oder Verner, Pyramiden, S. 41. Es wird vermutet, dass die Struktur und die Höhe der Oberbauten in der Regel von »der Art des unterirdischen Teiles der Grabanlage bestimmt worden ist und der Gedanke an eine auch nur einfache Monumentalität des Grabhügels keine Rolle gespielt hat.« Kaiser, Königsgräber, S. 249.

33 Siehe Skizze in Lehner, Weltwunder, S. 77 oder Gundlach, S. 113. Kleine bauliche Strukturen innerhalb der Umfassungsmauern wurden nur noch in den Südostecken der »Talbezirke« des Chasechemui und Peribsen gefunden. Siehe Kaiser, Baugeschichte des Djoser-Grabmals, S. 9, Abb. 2.

34 Siehe O'Connor, S. 3ff.

35 Lehner, Weltwunder, S. 77.

36 O'Connor, S. 7. Siehe Zusammenfassung der Forschungen in Lehner, Weltwunder, S. 77, sowie S. 84.

37 Siehe Lehner, Weltwunder, S. 84, O'Connor, S. 7, und Kaiser, Baugeschichte des Djoser-Grabmals, S. 1ff. Siehe auch Ausführungen bei Seidlmayer in: Schulz/Seidel, S. 30ff. und Diskussion in Stadelmann, Die ägyptischen Pyramiden, S. 69ff.

38 Siehe Verner, Pyramiden, S. 141.

39 Der Schutzherr der Nekropole von Memphis war der falkengestaltige Totengott Sokar, der wohl auch für den heutigen Namen des Dorfes Sakkara Pate stand und dessen Kultstätte sich vermutlich in der Nähe der frühdynastischen Gräber befand. Als Schutzgott der Nekropolenarbeiter verschmolz Sokar im Alten Reich mit dem Hauptgott von Memphis und Schutzpatron der Künstler und Handwerker, Ptah, zum »Herrn der Nekropole«, Ptah-Sokar.

40 Helck/Otto, Kleines Lexikon, S. 184. Das ursprüngliche Siedlungsgebiet von Memphis ist bislang nicht ausge-

graben worden. Es befindet sich direkt unterhalb der Gräberkette der 1. Dynastie nahe der westlichen Kante des Hochplateaus von Sakkara und ist mehrere Meter tief im Erdboden versunken (siehe Davies/Friedman, S. 42f.). Gut 900 Jahre nach ihrer Gründung verschmolz »Inebu Hedj« mit der westlich gelegenen Pyramidensiedlung »Mennefer Pepi«, die zum Grabkomplex Pepis I. (6. Dynastie) gehörte. Daraus leitete sich zuerst die Abkürzung »Mennefer«, viel später dann der griechische Name »Memphis« ab (siehe Verner, Pyramiden, S. 378 oder Lehner, Weltwunder, S. 158). Die Ruinen des frühantiken Memphis liegen heute etwa drei Kilometer südöstlich der Nekropole beim Dorf Mit-Rahina. Die im Laufe der Jahrtausende vollzogene Verlagerung des Siedlungsgebietes von Memphis in Richtung Südosten erklären sich die Archäologen mit einer langsamen, aber stetigen Verschiebung des Flusslaufs des Nils.

41 Siehe LÄ V, »Sakkara«, Sp. 394ff.

42 Seit die frühen memphitischen Gräber freigelegt wurden, man ihre enorme Größe erkannte und in ihnen sogar die Namen von Königen entdeckte, diskutieren die Ägyptologen kontrovers darüber, welchen Stellenwert diese Nekropole im Vergleich zu der in Abydos gehabt haben könnte. Heute geht man mehrheitlich davon aus, dass Abydos der Begräbnisort der Könige der 1. Dynastie ist, während sich in Sakkara Angehörige der königlichen Familie und sehr hohe Beamte begraben ließen (zumeist Prinzen, »wobei jedoch nicht ausgeschlossen wird, daß auch ranghohe Frauen vom Hof hier beigesetzt worden sind«, LÄ V, »Sakkara«, Sp. 394f.). Erst zu Beginn der 2. Dynastie wurde der abydenische Königsfriedhof aufgegeben, am Ende dieser Dynastie aufgrund der Landesspaltung kurzfristig wieder reaktiviert und schließlich nach der Wiedervereinigung endgültig nach Memphis verlegt. Siehe hierzu etwa LÄ V, »Sakkara«, Sp. 394f., Verner, Pyramiden, S. 42, oder Lehner, Weltwunder, S. 78f.

43 Verner, Pyramiden, S. 44.

44 Derartige Nischengräber gibt es vornehmlich im Umfeld des memphitischen Gaus, in Oberägypten jedoch kaum (Seidlmayer, in: Schulz/Seidel, S. 33). Die Nischengräber von Memphis werden in der Literatur auch »Butische Mastabas« genannt, eine Anspielung auf ihre vermutete architektonische Herkunft aus dem Bereich der »Königreiche von Buto und Sais« im Nildelta. Siehe etwa Stadelmann, Die ägyptischen Pyramiden, S. 14f.

45 Siehe zur Entwicklung der Mastabas im Alten Reich etwa in LÄ III, »Mastaba«, Sp. 1214ff., oder Kaiser, Entstehung der Mastaba, S. 73-86.

46 Siehe Stadelmann, Die ägyptischen Pyramiden, S. 19.

47 Siehe Stadelmann, Die ägyptischen Pyramiden, S. 20. Das gleiche Verschlusssystem befindet sich auch im daneben liegenden Grab »S 3036«. Siehe auch Lehner, Weltwunder, S. 80 (Grabungsfoto von Verschlusssteinen an einer vergleichbaren Mastaba (»S 3500«), S. 80f.).

48 Stadelmann, Die ägyptischen Pyramiden, S. 21 (siehe Tafel 2, Abb. b nach S. 32).

49 Lehner, Weltwunder, S. 80.

50 Stadelmann, Die ägyptischen Pyramiden, S. 25.

51 Stadelmann, Die ägyptischen Pyramiden, S. 31.

52 Siehe hierzu auch Davies/Friedman, S. 69.

53 Siehe Darstellung und Kommentierung in Helck, Thinitenzeit, S. 256ff., Wildung, Imhotep, S. 5ff., oder Kahl/Kloth/Zimmermann, S. 70f. Einen weiteren indirekten Hinweis liefert eine Siegelabrollung aus der Stufen-Pyramide. Siehe Wildung, Imhotep, S. 11 oder Helck, Thinitenzeit, S. 256.

54 Ab der 4. Dynastie erscheint dieser Titel bei Prinzen, die zugleich das Amt eines Wesirs ausübten. Siehe Wildung, Imhotep, S. 7. Siehe hierzu auch Titel des Imhotep »Der unter dem Kopf des Königs« in Wildung, Imhotep, S. 7, und Helck, Thiniten, S. 256.

55 Zu den Titelbedeutungen siehe Wildung, Imhotep, S. 7f., und Helck, Thinitenzeit, S. 256f. Imhotep trug außer-

dem einen Titel (»Gutshofmeister« bzw. »Gutsleiter«),
der die Funktion eines »Gau- und Palastverwalters«
beschreibt und ebenfalls in Zusammenhang mit dem Titel
eines Bauleiters gesehen wird (siehe Wildung, S. 7; anders
bei Helck, Thinitenzeit, S. 257). Daneben finden sich auf
dem Steinfragment Handwerkerbezeichnungen, die
Imhotep offenbar allgemein als »Oberbildhauer, Leiter
der Maurer und Leiter der Hersteller von Steingefäßen«
betiteln. Siehe Wildung, Imhotep, S. 7f.
56 Siehe Diskussion in Helck, Beamtentitel, S. 93, und
Zusammenfassung in Haase, Re, 180ff. Siehe zusätzlich
Wildung, Imhotep, S. 7, LÄ II, »Hoherpriester von Heliopolis«, S. 1249f., Moursi, S. 147ff., oder LÄ III, »Imhotep«, S. 145ff. Vermutlich stand das Priesteramt in Heliopolis zur Zeit der 4. Dynastie mit dem dort ansässigen
Atum-Kult in Verbindung.
57 Wildung, Imhotep, S. 32.
58 Hinsichtlich eines Hinweises am Grabkomplex des
Sechemchet siehe bei Stadelmann, Die ägyptischen Pyramiden, S. 74. Siehe auch LÄ III, »Imhotep«, Sp. 145,
und relativierend in Helck, Thinitenzeit, S. 258.
59 LÄ III, »Imhotep«, Sp. 145f.
60 Wildung, Imhotep, S. 1.
61 Obwohl viele Ägyptologen heute diese Möglichkeit verneinen, kann sie nicht völlig ausgeschlossen werden, da zu
Beginn des Alten Reiches in der Regel nur Prinzen oder
andere hohe Beamte aus der Königsfamilie Titel wie »Iripat« oder »Siegler des unterägyptischen Königs« verlie-
hen bekamen. Siehe hierzu Helck, Thinitenzeit, S. 255ff.
62 Wie Radiokarbonuntersuchungen an dort gefundenen
Leichenresten ergaben, waren anscheinend eine Reihe
der Schachtgräber für die sterblichen Überreste von Djosers Vorfahren bestimmt, deren eigene Grabstätten im
Bürgerkrieg geplündert und womöglich zerstört worden
waren. Siehe Lehner, Weltwunder, S. 90.
63 Siehe hierzu Lehner, Weltwunder, S. 93. Auch Rainer Stadelmann vermutet, dass sich auf dem Gelände der Stu-

fen-Pyramide noch unerforschte Grabanlagen befinden. So soll es sich bei den so genannten Westmassiven, einem lang gezogenen »Gebäudekomplex« auf der Westseite des Grabbezirks, der heute mit Sand und Geröll überdeckt ist und noch auf seine Erforschung wartet, um ein »Grabmassiv aus der 2. Dynastie« handeln, das in Djosers Grabbezirk mit einbezogen wurde. Siehe Stadelmann, Die ägyptischen Pyramiden, S. 65.

64 Siehe etwa Mathieson/Tavares/Jeffrey, S. 26f. und Davies/Friedman, S. 64ff.

65 Siehe Davies/Friedman, S. 67f.

66 Siehe Abb. 9 in Stadelmann, Die ägyptischen Pyramiden, S. 30.

67 Helck, Geschichte, S. 51.

68 Wildung, Imhotep, S. 16. Siehe zu weiteren Gräbern hoher Beamter aus dem Alten Reich in diesem Bereich Roth, Organization of Royal Cemeteries, S. 201ff. Aktuelle Untersuchungen haben gezeigt, dass sich in diesem Areal noch unentdeckte Grabanlagen befinden. Siehe Myśliwiec, S. 37ff.

69 Emery, North Saqqara, S. 3ff. Siehe auch Lauer, Königsgräber, S. 174ff.

70 Siehe LÄ V, »Sakkara«, Sp. 399. Siehe auch Diskussion in Lauer, Königsgräber, S. 174ff, und Grabungsergebnisse in Martin, S. 25f.

71 Wildung, Imhotep, S. 34 (siehe auch S. 110; Arabische Traditionen zum »Gefängnis des Joseph«). Siehe zusätzlich Emery, Preliminary report, S. 8.

72 Siehe Myśliwiec, S. 37ff.

73 Stadelmann, Die ägyptischen Pyramiden, S. 71.

74 Siehe z. B. Lehner, Weltwunder, S. 94ff.

75 Stadelmann, Die ägyptischen Pyramiden, S. 72.

76 Siehe zur Arbeitsersparnis bei Stadelmann, Die ägyptischen Pyramiden, S. 52.

77 Siehe z. B. Ausführungen in Stadelmann, Die ägyptischen Pyramiden, S. 72ff., und Lauer, Königsgräber von Memphis, S. 110ff.

78 Die bislang verbreitete Annahme, der Abbruch der Bauarbeiten sei auf den frühen Tod des Königs zurückzuführen (Sechemchet soll der Überlieferung zufolge nur sechs Jahre regiert haben), verliert mit der neuen Zuordnung der Regierungszeiten in der 3. Dynastie an Glaubwürdigkeit. Demnach hätte Sechemchet 19 Jahre lang regiert (siehe Dreyer, 3. Dynastie, S. 34). Da die Stufen-Pyramide des Sechemchet in späteren Zeiten als Steinbruch benutzt wurde, kann sie durchaus noch höher als acht Meter gewesen sein.

79 Verner, Pyramiden, S. 167ff.

80 Siehe Hinweis in Verner, S. 172. Siehe auch Maragioglio/Rinaldi II, S. 13ff.

81 In der Grabkammer steht ein aus einem einzigen Block gearbeiteter, fein polierter Alabaster-Sarkophag, der bei seiner Entdeckung allerdings keinerlei Spuren eines Begräbnisses aufwies.

82 Verner, Pyramiden, S. 176.

83 Siehe Verner, Pyramiden, S. 177, oder Lehner, Weltwunder, S. 95. Andere Auffassung zum Eingang in Stadelmann, Die ägyptischen Pyramiden, S. 75f.

84 Siehe Hinweis in Verner, Pyramiden, S. 177.

85 Siehe Diskussion bei Dreyer, 3. Dynastie, S. 33.

86 Siehe Hinweise etwa bei Beckerath, Chronologie, S. 163, Stadelmann, Die ägyptischen Pyramiden, S. 77 f., oder Verner, Pyramiden, S. 178. Siehe zu »L 1« die Ausführungen in Swelin, Abu Roash, S. 3ff. »L 29« wird auch mit Merikare, einem König der 10. Dynastie, in Verbindung gebracht. Siehe Málek, S. 203ff.

87 Siehe Stadelmann, Pyramiden von Meidum und Dahschur, S. 443ff. Siehe auch Stadelmann, Die ägyptischen Pyramiden, S. 81f.

88 Stadelmann, Die ägyptischen Pyramiden, S. 79.

89 Helck, Ehnas, S. 130.

90 Nach Gundlach, S. 164. Bei Schneider, S. 278, ist Seneferu eine Kurzform von »(Der Gott NN) hat mich gut/vollkommen gemacht«.

91 Wildung, Rolle ägyptischer Könige, S. 116.

92 Gundlach, S. 164 f.

93 Siehe Wildung, Rolle ägyptischer Könige, S. 106.

94 Siehe Helck, Geschichte, S. 51 und S. 58f. »Versuche, die Mutter des Snofru, Meresanch I., oder seine Gattin Hetepheres I. mit der alten Dynastie zu verbinden, bleiben hypothetisch, besonders da sie beide nicht den Titel einer Prinzessin bzw. Meresanch auch nicht den einer Königin führen. Es bleibt die Möglichkeit, dass damals ein ganz neues Geschlecht den Thron bestiegen hat.« (Helck, Geschichte, S. 51f.) Rainer Stadelmann glaubt hingegen, dass Meresanch I. der Königsfamilie angehörte, so dass Snofru »sehr wohl ein Sohn oder vielleicht sogar ein Enkel des Huni gewesen sein« könnte (Stadelmann, Giza, S. 76). William St. Smith meinte in Meresanch I. eine Nebenfrau Hunis zu erkennen (Smith, in: Reisner, Giza II, S. 6) und Ahmed Fakhry schloss nicht aus, dass Snofru aus einer einflussreichen Familie aus Hermopolis stammte und durch seine Vermählung mit Hunis erbfolgeberechtigter Tochter Hetepheres I. in die Königsfamilie einheiratete (Fakhry, Monuments of Sneferu I, S. 16).

95 Siehe Helck, Ehnas, S. 130.

96 Siehe Angaben zur Familie Snofrus in Schneider, S. 278, wie auch Fakhry, Monuments of Sneferu I, S. 21f.

97 Siehe etwa Hornung, Einführung, S. 127.

98 Es existiert kein fester Bezugspunkt, etwa ein »Jahr Null« wie man es aus der christlichen Zeitrechnung kennt, am »Beginn« der altägyptischen Geschichte.

99 Basierend auf den so genannten Horus-Fahrten«des Königs durch die Provinzen, die in den ersten Dynastien alle zwei Jahre zum Zweck der Steuereintreibung und Rechtsprechung unternommen wurden und bis zur Zeit des Snofru belegt sind (siehe LÄ III, »Horusgeleit«, Sp. 51, und LÄ III, »Jahreszählung«, Sp. 238).

100 Siehe zur Jahreszählung allgemein bei Beckerath, Chronologie, S. 10 und S. 147, LÄ III, »Jahreszählung«, Sp. 238f., oder auch Helck, Teti, S. 106.

101 Siehe zur Geschichtsauffassung der Ägypter etwa bei Hornung, Pharaonenzeit, S. 138ff.

102 Siehe zum Palermo-Stein beispielsweise bei Beckerath, Chronologie, S. 13ff.

103 Siehe zum »Königspapyrus von Turin« etwa bei Beckerath, Chronologie, S. 20f.

104 Ein weiteres großes Problem stellen die so genannten »Zwischenzeiten« dar. Über diese politisch instabilen Zeiträume gibt es nur wenige Anhaltspunkte, und nicht einmal ihre Länge lässt sich genau bestimmen.

105 Siehe Helck, Teti, S. 106, oder Beckerath, Chronologie, S. 10.

106 Beckerath, Chronologie, S. 147.

107 Siehe Helck, Teti, S. 110.

108 Rainer Stadelmann geht auf der Basis einer (bis auf die auf dem Palermo-Stein fixierte Ausnahme) strikten Zweijahreszählweise von einer Regierungszeit Snofrus von 45 bis 46 Jahren aus (Stadelmann, Die ägyptischen Pyramiden, S. 80. Siehe auch Stadelmann, Beiträge, 239f.). Im Gegensatz dazu hält es Rolf Krauss für denkbar, dass nach dem unmittelbar aufeinander folgenden 7. und 8. Mal der Zählung auch die weiteren Steuerzählungen in der Regel im Jahrestakt durchgeführt wurden. Daraus errechnet er eine Amtszeit von bis zu 32 Jahren (unter Berücksichtigung eines Schreibfehlers im Turiner Königspapyrus wäre auch 34-jährige Regentschaft möglich). Siehe Krauss, Chronologie, S. 2.

109 Man beachte, dass ein Bauarbeitergraffito an einem Verkleidungsstein der Pyramide von Meidum gefunden wurde, das ein »Jahr nach dem 18. Mal der Zählung« ausweist. Siehe Posener-Kriéger, in: el-Khouli, S. 20, und Tafel 8 (Graffito A. 28). Ein zweites Graffito (A. 30) deutet zweifellos ebenfalls auf ein Jahr nach einer Zählung hin. Das Datum ist allerdings unvollständig, es ist nur noch eine »Zehn« zu erkennen (Tafel 8). Siehe auch Bemerkungen bei Posener-Kriéger, S. 19.

110 Siehe Schäfer, S. 30.

111 Helck, Geschichte, S. 52. Siehe auch Lehner, Weltwunder, S. 228.

112 Siehe Stadelmann, Die ägyptischen Pyramiden, S. 81.

113 Siehe Stadelmann, Die ägyptischen Pyramiden, S. 84.

114 Rainer Stadelmann veranschlagt für den Bau der Stufen-Pyramide und des Grabbezirks eine Bauzeit von etwa 13 bis 15 Jahren (Stadelmann, Giza, S. 79; siehe auch Lehner, Weltwunder, S. 97). Dagegen plädiert Rolf Kraus auf eine weit geringere Bauzeit der Meidum-Pyramide. Siehe Krauss, Chronologie, S. 11.

115 »Snofru ist fest« in: LÄ V, »Pyramidennamen«, Sp. 5, oder »Snofru dauert« bei Stadelmann, Die ägyptischen Pyramiden, S. 81. Siehe auch Petrie, Medum, Tafel 29. Der Name ist erstmals inschriftlich belegt in den Abusir-Papyri der 5. Dynastie. Siehe LÄ IV, »Meidum«, Sp. 10.

116 Siehe Stadelmann, Dreikammersystem, S. 379f., und Lehner, Weltwunder, S. 98.

117 Petrie, Medum, S. 11.

118 Satteldächer tauchen in den Grabkammern der Beamtengräber auf dem so genannten »Far Western Cemetery«, etwa 400 Meter nordwestlich der Meidum-Pyramide, auf. Siehe etwa Reisner, Development, S. 216, oder Petrie/Mackay/Wainwright, S. 24ff., Tafeln 16-18.

119 Siehe Stadelmann, Die ägyptischen Pyramiden, S. 87.

120 Siehe LÄ IV, »Meidum«, Sp. 12. Siehe ausführlicher etwa in Reisner, Development, S. 206ff., Petrie/Mackay/Wainwright, Meydum and Memphis III, S. 22ff., oder Porter/Moss IV, S. 90ff.

121 Stadelmann, in: Schulz/Seidel, S. 64.

122 Stadelmann, in: Schulz/Seidel, S. 64. Der Erwerb einer in der Regel aus Stein gefertigten Grabanlage, die dazugehörige Ausstattung und der Wunsch nach einer adäquaten Jenseitsversorgung waren meist vom Status des Verstorbenen innerhalb der staatlichen Hierarchie sowie vom Wohlwollen der Könige abhängig. Oftmals war die Errichtung des Grabes in der Nähe der könig-

lichen Nekropole und das Sicherstellen des Totenop-
ferkultes nur über die Ausübung eines staatlichen Amtes
oder aufgrund einer Schenkung des Königs bei besonderen Verdiensten möglich.

123 Alle Titelübersetzungen aus Helck, Thinitenzeit,
S. 280ff.

124 Siehe hierzu etwa Helck, Beamtentitel, S. 97 und LÄ II,
»Hoherpriester von Heliopolis«, Sp. 1250. Ab der
5. Dynastie gehörten die Träger dieser Amtsbezeich-
nung zu den obersten Priestern des Sonnenkultes.

125 Verner, Organisierung, S. 82f.

126 Schlott, S. 143f.

127 Siehe Abb. und Übersetzung in Schlott, S. 143, und Lehner, Weltwunder, S. 99.

128 Als Grund für die Kurzlebigkeit der »Pastentechnik«
wird oftmals angeführt, dass sich die farbigen Gipsfül-
lungen womöglich mit der Zeit aufgrund von Tempe-
raturschwankungen aus den vertieften Reliefs lösten
und herausfielen. Zudem handelte es sich hierbei um
eine sehr komplizierte Dekorationstechnik, die viel Zeit
und Geschick erforderte. Das farbige Bemalen eines vertieften Reliefs erwies sich demgegenüber als einfacher
und »langlebiger«. Es wird heute jedoch nicht ausgeschlossen, dass die »von Nefermaat erfundene Technik
vielleicht letztlich die Geburtsstunde des vertieften Reliefs« war, das unter der Regentschaft des Chephren in
Mode kam und sich mit der erhabenen Reliefkunst bis
zum Ende des Pharaonenreiches ergänzte (Stadelmann,
Strenge Stil, S. 159). Nefermaats spezielle Technik sollte sich in späteren Zeiten hingegen beim Ausbessern
und Verändern versenkter Hieroglyphen bewähren.

129 Siehe Saleh/Sourouzian, Abb. 25 a und b.

130 Stadelmann, Die ägyptischen Pyramiden, S. 87.

131 Siehe Stadelmann, Die ägyptischen Pyramiden, S. 87
oder Stadelmann, Giza, S. 79. Siehe auch Schneider, S.
279. In der Ägyptologie bringt man oftmals die königliche Nekropole mit der eigentlichen Königsresidenz,

dem ständigen Aufenthaltsort des Königs und seines höfischen Beraterstabes, in Zusammenhang. Im Gegensatz dazu erscheint es eher plausibel, den Königshof zusammen mit dem Verwaltungszentrum in der Landeshauptstadt Memphis zu vermuten. In den Nekropolen wurden dagegen, worauf auch der Eintrag auf dem Palermo-Stein hindeuten könnte, vermutlich nur königliche Paläste errichtet, die sich allem Anschein nach im Umfeld der Taltempel befanden. In ihren Palästen konnten die Könige zeitweise residieren und die Fortschritte beim Bau ihrer Grabmäler begutachten. Die ständige Präsenz des Königs und seines Hofstaates war hier nicht notwendig.

132 Siehe etwa bei Stadelmann, Die ägyptischen Pyramiden, S. 87.

133 Man kann sich die Frage stellen, warum die Nekropole nicht vollständig aufgegeben wurde, warum nicht auch alle Höflinge und Familienangehörige ihre Grabanlagen nach Dahschur verlegt haben. Dazu Nicole Alexanian: »Wenn die Nekropole des Königs verlegt wurde, gibt es keinen Grund dafür, dass Personen, die dort bereits ein Grab besaßen, ein neues Grab in der neuen Nekropole zugewiesen bekamen. Vielmehr ist anzunehmen, dass die älteren Söhne des Snofru ihr Grab, das sie bereits in Meidum besaßen, behielten und nur die jüngeren Söhne, die noch kein Grab in Meidum zugewiesen bekommen hatten, ein Grab in Dahschur bekamen.« Persönliche Mitteilung an den Autor vom 22.5.2000.

134 Siehe Verner, Pyramiden, S. 196, oder Stadelmann, Giza, S. 77f. Die Ausgrabungen an der Nordseite der Pyramide von Seila förderten neben den Stelen auch Reste einer Kultstelle mit Opfertafel, Schrein und Königsstatue zutage. An der Ostseite wurden die Überreste einer Ziegelkapelle freigelegt (Siehe Seidlmayer, Staatliche Anlage, S. 206). »Die Funde an der Pyramide von Seila belegen, dass an diesen Pyramiden Stelen-

und Statuenheiligtümer des Königskultes angelegt waren, und aus dem Namen der Pyramide von Elephantine ist zu schließen, dass die Pyramiden mit Ritualen um das Königtum, wie sie aus der Dekoration der späteren Pyramidentempel bekannt sind, in Verbindung standen. Die vorhandenen Zeugnisse gestatten es nicht, die rituelle Rolle dieser Pyramiden genauer zu definieren.« Persönliche Mitteilung von Stephan Seidlmayer an den Autor vom 22.5.2000.

135 Dreyer/Kaiser, Stufenpyramiden, S. 56f.
136 Seidlmayer, Staatliche Anlage, S. 207ff.
137 Siehe Seidlmayer, Staatliche Anlage, S. 212f.
138 Seidlmayer, Staatliche Anlage, S. 213.
139 Persönliche Mitteilung von Stephan Seidlmayer an den Autor vom 22.5.2000.
140 Persönliche Mitteilung von Stephan Seidlmayer an den Autor vom 22.5.2000.
141 Dorner, Form und Ausmaße, S. 43.
142 Die Frage, ob Nefermaat als Bauleiter an der Knick-Pyramide fungierte, ist nicht eindeutig geklärt, wird aber als wahrscheinlich angesehen. Siehe hierzu Bemerkungen in Arnold, Überlegungen, S. 23, Anm. 24, oder Stadelmann, Meidum und Dahschur, S. 442ff.
143 Vermutlich war die Königsnekropole von Dahschur zu Beginn der Regentschaft Snofrus kein völlig unbeschriebenes Blatt und schon das Ziel vereinzelter privater Grabprozessionen gewesen. Nördlich der Pyramide Sesostris III. (Mittleres Reich, um 1880-1840 v. Chr.) existieren zwei Grabschächte, die heute in die Endphase der 3. Dynastie oder an den Anfang der 4. Dynastie datiert werden. Zwei Alabastersärge, einer davon mit vier Kanopen-Krügen bestückt, kamen bei den Ausgrabungen im Jahr 1894 zum Vorschein und befinden sich heute im Ägyptischen Museum von Kairo (siehe de Morgan, 1895, S. 75f.). Laut Rainer Stadelmann gehörten sie zu einem gemeinsamen Begräbnis. Siehe Stadelmann, Strenge Stil, S. 160, Anm. 54.

144 Topographisch trennt das Snofru-Tal die Nekropole
    von Dahschur in zwei Bereiche. Während das Gelände
    südlich des Wadis nach Südosten hin abfällt, steigt es
    nördlich des Snofru-Tals ziemlich steil an und geht in
    ein relativ ebenerdiges Plateau über, auf dem sich u. a.
    die Rote Pyramide und das Grabmal Amenemhets II.
    aus der 12. Dynastie befinden.
145 Klemm/Klemm/Murr, S. 188. Siehe auch Tafel 10.
146 Stadelmann, Die ägyptischen Pyramiden, S. 87.
147 Siehe vergleichende Ausführungen zum Thema »Lo-
    gistik beim Bau der Cheops-Pyramide« in Haase,
    Cheops, S. 28ff.
148 Persönliche Mitteilung von Dieter Arnold (Brief an den
    Autor vom 17.2.2000).
149 Verner, Organisierung, S. 70f. Hierbei handelte es sich
    in den Augen der Menschen aber nicht um »Sklaven-
    dienste«, sondern um eine Art »Pflichterfüllung«, da im
    Verständnis der damaligen ägyptischen Gesellschaft
    jeder Untertan dem König zu dienen hatte. Solche Tätig-
    keiten wurden materiell wie auch ideell entlohnt. Jeder
    ägyptische Bauarbeiter, der mit dem königlichen Grab-
    bau zu tun hatte, konnte mit Recht darauf hoffen, Vor-
    teile für sein weiteres Dasein und vor allem für seinen
    Totenkult zu erzielen. Siehe hierzu ähnliche Diskussion
    in Haase, Cheops, S. 42ff.
150 Verner, Organisierung, S. 77.
151 Die Keramikfunde stimmen in Formen, Funktionen und
    Häufigkeitsverteilung mit den bekannten Siedlungs-
    plätzen der frühen 4. Dynastie überein. Stadelmann/
    Alexanian, S. 306f.
152 Die Nutzung dieser Anlagen war »wahrscheinlich nicht
    auf die Regierungszeit des Snofru beschränkt.« Stadel-
    mann/Alexanian, S. 309.
153 Siehe Klemm/Klemm/Murr, S. 188 und Tafel 10.
154 Es kann nicht ausgeschlossen werden, dass es noch einen
    weiteren Transportweg gab, der vom Dahschur-See di-
    rekt in nordwestlicher Richtung zur Baustelle führte.

155 Die Geländestrukturen waren dafür verantwortlich, dass der Aufweg nicht wie sonst üblich an der Ostseite der Umfassungsmauer der Knick-Pyramide auf den inneren Grabbezirk traf, sondern an ihrer Nordostseite endete. Die Überreste des Aufweges sind am Übergang in den Pyramidenhof zu erkennen, wo noch etliche Kalksteinquader seinen Verlauf markieren.

156 Dorner, Form und Ausmaße der Knick-Pyramide, S. 54f., vor allem Abb. 4. auf S. 56. Siehe auch Maragioglio/Rinaldi III, S. 58ff. und S. 98f.

157 Dorner, Form und Ausmaße der Knick-Pyramide, S. 55. Der gemessene Winkelwert (Neugrad) von 62,48^g kommt laut Josef Dorner »der Böschung von 28:18« oder einem (im altägyptischen Maßsystem gebräuchlichen) Seked »von 4$^{1/2}$ Handbreiten (63,63^g) recht nahe«. Offenbar wurde dieses Verhältnis beim Bau zugrunde gelegt (siehe Abb. auf S. 56 und S. 57). Siehe zur »inneren Pyramide« auch bei Maragioglio/Rinaldi III, S. 98.

158 Seked ist eine Größe, die angibt, um wie viele Handbreiten eine schiefe Ebene (Pyramidenaußenseite) pro Elle Steigung von der Vertikalen abweicht (1 Elle = 7 Handbreiten = 28 Fingerbreiten; die Länge einer Elle variiert in der Literatur zwischen 52,3 und 52,5 Zentimeter). Um den Neigungswinkel der »inneren Pyramide« der Knick-Pyramide zu erzeugen, mussten die Außenseiten der Verkleidungssteine derart angeschrägt werden, dass sich die glatten Flächen pro einer Elle Höhengewinn um 4$^{1/2}$ Handbreiten aus der Senkrechten heraus nach außen neigten. Ägyptologen sprechen bildhaft auch von einem »Rücksprung« von 4$^{1/2}$ Handbreiten auf einer Elle Höhe. Es existieren, so Dieter Arnold, »keine direkten Hinweise auf die Geräte, die die pharaonischen Bauleute zur Messung des Neigungswinkels der Pyramiden verwendeten. Indirekte Hinweise gibt die ägyptische Formulierung des Neigungswinkels als Verhältnis des Rücksprungs zur Stei-

gung. Diese Formulierung verlangt nach einem dreiecksartigen Gerät mit entsprechenden Markierungen.
Wie das Gerät im einzelnen aussah, ist nicht bekannt.
Mit einem solchen (auch im mittelalterlichen Baubetrieb noch benutzten) Winkelmesser ließ sich der Neigungswinkel einer Blocklage – wie das Ergebnis zeigt –
auf einen Grad genau bestimmen.« Persönliche Mitteilung von Dieter Arnold (Brief an den Autor vom
17.2.2000).

159 Stadelmann, Die ägyptischen Pyramiden, S. 9.
160 Stadelmann, Die ägyptischen Pyramiden, S. 87.
161 Persönliche Mitteilung von Dieter Arnold (Brief an den
Autor vom 17.2.2000). Siehe auch die Diskussion in
Haase, Re, S. 35ff.
162 Lehner, Weltwunder, S. 34f.
163 Lehner, Weltwunder, S. 102.
164 Verner, Pyramiden, S. 194.
165 Siehe auch vergleichbare Diskussion in Haase, Re,
S.37ff.
166 Siehe Maragioglio/Rinaldi III, S. 100, und dazugehörigen Kartenband III, Tafel 11, Fig. 3 und 4. Etwas
anders bei Arnold, Lexikon, S. 125, demzufolge lediglich der Bereich um das zentrale Kammersystem ausgehoben wurde, während der absteigende Korridor
durch den Fels führt.
167 Breite und Höhe des Grabkorridors: 1,06 Meter.
Abmessungen, die minimale räumliche Voraussetzungen für den Transport der Grabausrüstung gewährleisteten und zum maximalen Sicherungskonzept beim Versiegeln des Grabes (massiv, mit Steinblöcken) gehörten.
168 Dorner, Form und Ausmaße, S. 54.
169 Mit freundlicher Genehmigung von Rolf Krauss aus seinem Vortragsmanuskript »Die Orientierung der Pyramiden« (Vortrag am 15.11.1996 im Planetarium Mannheim).
170 Siehe etwa zum Vergleich die Messergebnisse bei der

Ausrichtung der Kanten an der Cheops-Pyramide in zusammengefasster Form in Haase, Cheops, S. 62ff.

171 Siehe Stadelmann, Die ägyptischen Pyramiden, S. 92, Fakhry, Monuments of Sneferu I, S. 47f., und Maragioglio/Rinaldi III, S. 64f., sowie Maragioglio/Rinaldi, Kartenband III, Tafel 11, Abb. 3.

172 Siehe Stadelmann, Die ägyptischen Pyramiden, S. 92. Dieter Arnold schließt dagegen offenbar nicht aus, dass man es beim »Kamin« mit einer »Kanopennische« zu tun haben könnte. Siehe Arnold, Lexikon, S. 125.

173 Siehe etwa Arnold, Building, S. 30ff. Vergleichbare Analysen und Darstellungen zu diesem Abschnitt finden sich auch in Haase, Cheops, S. 75ff., und Sasse/Haase, S. 192ff.

174 Woher das im Vergleich zu den lokalen Steinen qualitativ hochwertigere Steinmaterial für die Verkleidung der »inneren Pyramide« gekommen sein könnte, ist bislang unbekannt. Vielleicht aus einem Steinbruchareal auf dem Sakkara-Plateau (siehe hierzu Klemm/Klemm, Steine und Steinbrüche, S. 72).

175 Klemm/Klemm, Steine und Steinbrüche, S. 3.

176 Siehe LÄ V, »Steinbruch«, Sp. 1277, und LÄ VI, »Technik«, Sp. 260. In so manchen Steinbrüchen kann man noch heute die Spuren der Meißelarbeiten an den Wänden erkennen. Ein gutes Anschauungsbeispiel für ein »Abbaumuster« in einem offenen Steinbruch liegt an der Nordwestecke der Chephren-Pyramide auf dem Giza-Plateau.

177 Siehe Klemm/Klemm, Herkunftsbestimmung, S. 114.

178 Vor allem die Verkleidungssteine mussten präzise bearbeitet und mit dem äußeren Bereichen des Kernmauerwerks sorgsam verzahnt werden, um wie eine Art »Schutzmantel« das Eindringen von Regenwasser und feinem Flugsand ins Mauerwerk zu verhindern. Im Gegensatz zum relativ hohen Verbrauch von Mörtel im Kernmauerwerk der Pyramiden (zum leichteren Verlegen der Steine und zur Gewährleistung einer gewissen

Festigkeit im Steinverbund) wurde bei den glatten Verkleidungsblöcken nur eine dünne Schicht als Gleit- und
Dichtmaterial verwendet.

179 Aus Platzgründen wäre es sicherlich nur schwer durch-
führbar gewesen, große Mengen von Steinen für eine
lange Zeit entweder am Beginn einer in die Höhe
führenden Transportrampe oder etwa direkt auf dem
Pyramidenstumpf zwischenzulagern, bevor man sie im
Kernmauerwerk des Grabmals verlegte. Siehe Haase,
Cheops, S. 77.

180 Ob noch eine weitere Schleppbahn den Steinbruch in
Richtung Süden verließ und die südöstliche Seite der
Baustelle ansteuerte, kann ohne eine genauere Sondie-
rung des Geländes nicht gesagt werden.

181 Weder in den schriftlichen Aufzeichnungen noch in den
Inschriften der Gräber des Alten Reiches finden sich
direkte Hinweise auf die konkreten Methoden des Pyramidenbaus. Es existieren lediglich sekundäre Verweise
auf die Bauaktivitäten, etwa Markierungszeichen und
Graffiti der Schlepp- und Verlegemannschaften an den
verbauten Steinblöcken. Erst im Mittleren Reich wird
die Sachlage ein wenig konkreter; es gibt mathemati-
sche Papyri, die Berechnungen von Pyramidengrößen
wie Basislänge, Steigungsverhältnis und Höhe sowie
sogar das explizit dimensionierte Modell einer linearen
Rampe (Papyrus Anastasi) enthalten.

182 Reste von Baurampen wurden z. B. bei den Pyramiden
von Chaba, Neferefre, Amenemhet I. und Sesostris I.
gefunden. Die Rampen waren geradlinig und teilweise
lotrecht zu den Pyramidenseiten errichtet worden.

183 Siehe zur allgemeinen Rampenproblematik: Stadel-
mann, Die ägyptischen Pyramiden, S. 217ff., Arnold,
Building, S. 80ff. und 98ff., Arnold, Überlegungen,
S. 20ff., Lehner, Weltwunder, S. 215ff., oder Verner,
Pyramiden, S. 104ff.

184 Siehe auch Diskussion in Haase, Re, S. 108ff. Hinzu
kommt außerdem, dass vermutlich auf der Baurampe

und den Arbeitsplattformen selbst noch diverse andere mechanische Hilfsmittel zum Einsatz kamen, die größtenteils mit den Jahrtausenden verloren gegangen sind. So können einfache Hebewerkzeuge und flaschenzugartige Hilfskonstruktionen nicht kategorisch ausgeschlossen werden.

185 Persönliche Mitteilung von Dieter Arnold (Brief an den Autor vom 17.2.2000). Siehe dazu auch Lehner, Weltwunder, S. 223.

186 Siehe zum Bau der Cheops-Pyramide, Haase, Cheops, S. 28ff., bzw. zum Bau der Chephren-Pyramide, Haase, Re, S. 108ff.

187 Siehe Lehner, Khufu Project, S. 130ff. (in Anlehnung an das »Bostoner Modell«, siehe etwa Goyon, S. 64). Siehe auch Lehner, Weltwunder, S. 215.

188 So etwa Rainer Stadelmann: Die »neuerdings wieder propagierte, spiralig umlaufende Rampe ist technisch unmöglich; da sie alle vier Seiten und Ecken der Pyramiden bedeckt hätte, wären Kontrollmessungen nicht möglich gewesen, ohne die es selbst mit unseren heutigen Methoden nicht gegangen wäre.« Stadelmann, Die ägyptischen Pyramiden, S. 223.

189 Bei der grundlegenden Bewertung eines Baurampenmodells geht es letztlich um die Frage, wie die Bauarbeiter es schafften, die letzten tonnenschweren Steinblöcke an der Pyramidenspitze in Position zu bringen. Unabhängig von welcher Seite man dieses Problem betrachtet, man kommt wohl immer wieder zu der Arbeitshypothese, dass für das nicht ganz ungefährliche Verlegen der Steine an der Spitze ausreichend Platz vonnöten war. Setzt man dies als oberste Prämisse in einem zu diskutierenden Modell an, kann ein derartig stabiler und sicherer Arbeitsbereich eigentlich nur der Endpunkt einer bis an die Pyramidenspitze führenden Rampenstruktur gewesen sein. Siehe Haase, Cheops, S. 168ff., und Haase, Re, S. 108ff.

190 Siehe etwa bei Stadelmann, Die ägyptischen Pyramiden,

S. 89. Siehe auch Maragioglio/Rinaldi III, S. 94, und
Dorner, Form und Ausmaße, S. 44.

191 Persönliche Mitteilungen von Rosemarie Klemm an den
Autor (Interview am 5.4.2000 in München und Brief
vom 16.5.2000).

192 Ägyptologen schließen nicht aus, dass schon beim Bau
des Kammersystems erste Senkungen aufgetreten sein
könnten (siehe Hinweis in Stadelmann, Die ägyptischen
Pyramiden, S. 92) und womöglich bereits in dieser
frühen Bauphase die Basis des massiv aufgemauerten
Kammersystems aufgrund des instabilen Untergrundes
langsam nachgegeben hatte. In einem solchen Fall
könnte man der Art und Weise der Kammerkonstruktion in einem offenen, vollständig aus dem Fels
gemeißelten Grabschacht vielleicht eine größere Mit-
schuld an den primären Bauschäden im Kammersystem
anlasten. Doch auch bei diesem modifizierten Anfangs-
szenario hätten die Rettungsversuche der Ägypter wohl
nicht anders ausgesehen.

193 In diesem Zusammenhang kann man sich auch die Frage stellen, ob den Ägyptern vielleicht bei den Ausschachtungsarbeiten des Kammersystems oder beim
Abbau der Steine im nahen Steinbruch Hinweise auf
einen »Defekt im Untergrund« aufgefallen waren, ohne
dass sie daraus die nötigen Schlüsse für den Bau der
Pyramide gezogen hätten.

194 Die ersten Sondierungs- und Reinigungsarbeiten im
Kammersystem sind bereist angelaufen. Vor dem Nordeingang wurde ein massives Holzgerüst errichtet, über
das die Archäologen ins Innere der Pyramide gelangen.
An dessen Fuß türmt sich ein Schutthügel aus Geröll
auf, das aus dem nördlichen Grabkorridor entfernt
wurde. Offenbar sind in der Knick-Pyramide neue Vermessungsarbeiten geplant. Siehe Stadelmann/Alexa-
nian, S. 296.

195 Anders Rainer Stadelmann. Seiner Meinung nach muss
die obere Grabkammer zusammen mit dem unterirdi-

schen Kammerbereich »von Anfang an geplant und gebaut worden sein, während gleichzeitig das Pyramidenmassiv um dieses Kammersystem herum hochwuchs« (Stadelmann, Die ägyptischen Pyramiden, S. 92; siehe hierzu auch Diskussion in Maragioglio/Rinaldi III, S. 108). Die ungewöhnliche Lage der oberen Kammer (sie liegt völlig untypisch für die Konstruktion derartiger Systeme im Alten Reich aus der Symmetrieachse des unteren Kammersystems stark nach Osten verschoben und wurde erst etwa einen Meter oberhalb des Daches der unteren Kammer errichtet) und die Tatsache, dass man sie anfangs nicht mit dem unteren Kammerbereich verband, erklärt sich Stadelmann vage durch »bauliche, statische Gründe«, weil die Ägypter es offenbar nicht gewagt haben, »die zwei Raum- und Korridorsysteme nahe zusammen unter den Massen der Mitte der Pyramide zu vereinen« (Stadelmann, Giza, S. 87, siehe auch Stadelmann, Dreikammersystem, S. 381). Rainer Stadelmann hält es zwar für möglich, dass bereits im frühen Baustadium im unteren Kammerbereich bedenkliche Senkungen aufgetreten sind, die zu einer Änderung in den Bauplänen führten und die Errichtung des zweiten, westlichen Korridors erforderlich machten. Doch er erkennt in diesem Zusammenhang in der oberen Kammer weder eine Art »Ersatzgrabkammer« (obwohl sie und der Korridor auf einer Ebene liegen und gleichzeitig errichtet wurden) noch bringt er ihre ungewöhnliche Position mit den Schäden im unterirdischen Kammersystem in Verbindung. Siehe Stadelmann, Die ägyptischen Pyramiden, S. 92f.

196 In einer Höhe von zehn Metern beinhaltete der Pyramidenstumpf bereits gut 20 Prozent des Gesamtvolumens der Pyramide, was einem Gewicht von über einer halben Million Tonnen entsprach.

197 Schließt man die Möglichkeit nicht aus, dass noch eine weitere oberirdisch konzipierte Kammer, in diesem Fall dann die eigentliche Grabkammer, in den ursprüngli-

chen Bauplänen vorgesehen war (siehe Stadelmann, Die ägyptischen Pyramiden, S. 89ff.), und die ersten Bauschäden im unterirdischen Kammersystem womöglich tatsächlich schon während seiner Errichtung bedrohliche Formen angenommen haben sollten, so wurde ihre Lage im Kernmauerwerk aus Vorsicht verändert und ein zweiter, eigener Zugangskorridor errichtet. Ein solches Szenario hat aber keine direkten Auswirkungen auf den hier beschriebenen Verlauf der Bauarbeiten und Rettungsmaßnahmen, da es unerheblich ist, wie der ursprüngliche Aufbau des Kammersystems geplant war. Ausschlaggebend ist seine letztendliche Modifikation, unabhängig davon, ob man von einer Neukonstruktion oder nur von der Verlegung der oberirdischen Grabkammer ausgeht.

198 Die Steigung des westlichen Korridors wurde im letzten, oberen Abschnitt aus bislang nicht geklärten Gründen sprunghaft um einige Grad erhöht. Siehe beispielsweise Maragioglio/Rinaldi, Kartenband III, Tafel 9.

199 Womöglich hatte der Pyramidenstumpf bereits eine Höhe von etwa 30 Metern erreicht, womit schon Tausende von Tonnen auf dem Kraggewölbe der neuen Grabkammer lasteten.

200 Siehe Dorner, Form und Ausmaße, S. 54.

201 Die erstmalige Verwendung des Tura-Kalksteins in der Regierungszeit Snofrus wurde von Rosemarie Klemm bestätigt. Es liegen bislang keine Befunde vor, wonach dieses Material schon vor der 4. Dynastie im Bauwesen zum Einsatz kam (Persönliche Mitteilung von Rosemarie Klemm an den Autor, Interview am 5.4.2000 in München).

202 Hierzu zählen im weitesten Sinne auch die Kalksteine aus der Gegend von Maasara, vier Kilometer südlich von Tura, die hier aber der Einfachheit halber nicht unterschieden werden. Siehe hierzu Klemm/Klemm, Steine und Steinbrüche, S. 65f. und S. 70f.

203 Klemm/Klemm, Steine und Steinbrüche, S. 69.

204 Klemm/Klemm, Steine und Steinbrüche, S. 71.
205 Es gibt bislang keine Hinweise darauf, dass Tura-Kalkstein bereits als Verkleidungsmaterial an der »inneren Pyramide« Verwendung fand.
206 In diesem Zusammenhang sollte man sich einmal die Frage stellen, ob es unabhängig von den Messergebnissen im Kammersystem nicht vom statischen Gesichtspunkt her betrachtet sehr viel sinnvoller erscheint, die Einführung der durchgängig glatten Außenverkleidung an der Knick-Pyramide als eine gezielte bautechnische Reaktion auf die Schäden am Pyramidenstumpf einer geplanten Stufen-Pyramide zu sehen. Wäre die erste Bauphase nämlich ursprünglich als Stufen-Pyramide begonnen worden, hätten die Ägypter ihre äußere, inhomogene Form vermutlich als Schwachstelle bei der Bekämpfung der horizontalen Scherkräfte und Verschiebungen im Kernmauerwerk angesehen und vielleicht so reagiert wie wir es heute sehen.
207 Dorner, Form und Ausmaße, S. 44ff. und S. 54.
208 Stadelmann, Die ägyptischen Pyramiden, S. 95. Siehe auch Maragioglio/Rinaldi III, S. 56f.
209 Siehe Dorner, Form und Ausmaße, S. 44, und Lehner, Weltwunder, S. 102.
210 Siehe Stadelmann, Die ägyptischen Pyramiden, S. 94.
211 Dorner, Form der Knickpyramide, S. 39ff. Siehe auch Dorner, Form und Ausmaße, Meßpunkte 33 und 34 in Tab. 1 auf S. 53. Laut Dorners Messungen sind die Seitenflächen »sehr unregelmäßig« nach außen gekrümmt, die Aufwölbung beträgt »im Durchschnitt nur 6 cm«. Neben der starken »Ausbauchung« an der Basis der Nordseite (unter dem Eingang) zeigt auch die Ostflanke in ihrer Mitte eine Aufwölbung von etwa 20 Zentimeter.
212 Stadelmann, Die ägyptischen Pyramiden, S. 93.
213 Rainer Stadelmann vermutet, dass eine Verbindung zwischen beiden Kammersystemen von Anfang an fest eingeplant war, aber aufgrund der Bauschäden zuerst nicht ausgeführt wurde (Stadelmann, Giza, S. 86). Erst spä-

ter, als es um die Frage der Blockierung des westlichen Kammersystems ging, wurde der Verbindungstunnel letztlich doch realisiert. Siehe Stadelmann, Die ägyptischen Pyramiden, S. 93.

214 Siehe hierzu Dorner, Form und Ausmaße, S. 44.

215 Siehe Dorner, Form und Ausmaße, S. 54.

216 Siehe Maragioglio/Rinaldi III, S. 56ff. und Stadelmann, Die ägyptischen Pyramiden, S. 95.

217 Siehe hierzu Lehner, Weltwunder, S. 102 wie auch Stadelmann, Die ägyptischen Pyramiden, S. 95.

218 Siehe Dorner, Form und Ausmaße, S. 54.

219 Siehe Dorner, Form und Ausmaße, S. 54.

220 Siehe Fakhry, Monuments of Sneferu I, Tafeln XI. bis XIV., oder Arnold, Building, S. 235, Fig. 5.25. Siehe auch Bemerkungen in Stadelmann, Giza, S. 86. (Hier spricht Stadelmann in Zusammenhang mit den Holzkonstruktionen in der Grabkammer lediglich von »Baugerüsten« zur Polierung der Wände, die nach Aufgabe der Kammer einfach stehen gelassen wurden.)

221 Siehe Maragioglio/Rinaldi III, S. 98 und dazugehörigen Kartenband, Taf. 11, Fig. 5.

222 Es kann hierbei auch nicht ausgeschlossen werden, dass der Verbindungskorridor womöglich erst in der letzten Bauphase aus dem Kernmauerwerk geschlagen wurde und in direktem Zusammenhang mit den Blockierungsarbeiten im oberen Kammersystem stand. Siehe allgemeine Ausführungen etwa in Stadelmann, Die ägyptischen Pyramiden, S. 93, und Maragioglio/Rinaldi III, S. 108ff.

223 Es erscheint plausibel, dass die Blockierung des höher liegenden Westkorridors vor dem Versiegeln des nördlichen Grabkorridors geschehen war. Womöglich ist dies ein Indiz für die Verwendung einer den Pyramidenstumpf umlaufenden (spiralförmigen) Baurampe.

224 Siehe bei Fakhry, Monuments of Sneferu I, Tafel IX, Abb. B., und Tafel X, Abb B. Siehe auch Stadelmann, Die ägyptischen Pyramiden, S. 93.

225 Stadelmann, Giza, S. 86. Siehe hierzu auch Fakhry, Monuments of Sneferu I, S. 52ff., Tafeln XI-XIV, und Querschnitte auf den SS. 54 und 55. In der Grabkammer wurde der erste Steinblock mit dem darauf gepinselten Namen des Snofru gefunden, der »zur Zuschreibung der Knick-Pyramide geführt hat« (Stadelmann, Die ägyptischen Pyramiden, S. 94). Siehe Foto in Fakhry, Monuments of Sneferu I, Tafel XX B.

226 Wann genau die Verschließung des nördlichen Kammerbereichs durchgeführt wurde, ist unklar und hängt womöglich von der Frage ab, ob in der Knick-Pyramide noch ein rituelles Statuenbegräbnis stattgefunden haben könnte.

227 Man kann sich die Frage stellen, ob ähnlich wie die Pyramide auch die verwendete Rampenkonstruktion im tonigen Untergrund der Baustelle eine Art Fingerabdruck im Sinne einer Deformation des Steingefüges hinterlassen hat. Praktisch ließe sich dies – wenn auch mit hohen technischem Aufwand – vermutlich durch geophysikalische Messverfahren ermitteln, womöglich auch durch Kernbohrungen, die in äquidistanten Abständen rund um die Pyramidenbasis durchgeführt werden müssten. Die Auswertungen der Messungen und das Erstellen einer Art »Deformationsprofil« könnte zu einer zweidimensionalen Bodenkarte führen, die zumindest aufzeigen würde, wo im Umfeld der Pyramide die größten Druckbelastungen aufgetreten sind. Das derart ermittelte Areal würde dann mit großer Wahrscheinlichkeit relativ genau die Basisfläche der einstigen Rampenkonstruktion an der Knick-Pyramide markieren.

228 Rolf Krauss berechnete (auf der Basis einer reinen Volumenleistung) die Länge der gesamten Bauzeit der Knick-Pyramide auf etwa zehn Jahre. Siehe Krauss, Chronologie, S. 11.

229 Siehe hierzu auch Ausführungen in Helck, Geschichte, S. 48.

230 Der Standort der Nebenpyramide könnte einen weite-

ren Ansatzpunkt zur Diskussion über das Rampenmodell der Knick-Pyramide liefern. Falls die Kultpyramide parallel zum Bau des oberen Abschnittes der Knick-Pyramide errichtet wurde, kann die Basis einer hier hypothetisch vorausgesetzten spiralförmigen Rampe an der Südseite des Königsgrabes nur 40 bis 50 Meter breit gewesen sein.

231 Siehe z. B. Stadelmann, Die ägyptischen Pyramiden, S. 68, Stadelmann, Giza, S. 181 und Abb. 119 auf S. 183, oder Lehner, Weltwunder, S. 18. Hierbei ist allerdings unklar, warum eine kultpraktische Trennung von Ka-Statue und Königsmumie vollzogen wurde. Eher sollte man erwarten, dass das Ka-Begräbnis in der Pyramide, vermutlich in der »Vorkammer«, stattgefunden hat (siehe Ausführungen in Altenmüller, Begräbnisritual, S. 193). Das einzige intakt erhaltene Ka-Statuengrab lässt sich erst für die Zeit nach dem Mittleren Reich in der Grabanlage des Königs Hor (13. Dynastie), nördlich der Pyramide Amenemhets III., in Dahschur nachweisen.

232 Stadelmann, Giza, S. 87.

233 Die Grabkammer besitzt relativ geringe Basismaße (Grundfläche: 2,40 Meter mal 2,62 Meter, Höhe: 6,90 Meter mit einem neunstufigen Kraggewölbe). Da die Abmessungen des Korridorsystems größer als die der Gänge in der Knick-Pyramide ausfallen, wären der Transport und die Aufstellung eines Holzsarkophages und einer bescheidenen Grabausrüstung prinzipiell möglich gewesen.

234 Siehe Fakhry, Monuments of Sneferu I, S. 96, Fig. 56, oder auch Lehner, Weltwunder, S. 104.

235 Siehe Fundsituation in Fakhry, Monuments of Sneferu I, Tafeln XL bis XLII.

236 Stadelmann, Die ägyptischen Pyramiden, S. 97.

237 Fakhry, Monuments of Sneferu I, S. 41, Tafel 7, Fig. 6.

238 Jánosi, Nordkapellen, S. 167. Hierbei ist zusätzlich noch zu überlegen, ob die Nordkapellen während des

Begräbnisses nicht auch eine kultische Rolle bei der Verschluss- und Weihezeremonie gespielt haben.

239 Jánosi, Nordkapellen, S. 146.
240 Nördlich des Altars lag vermutlich ein kleiner überdachter Raum, der aber wahrscheinlich erst zu einem späteren Zeitpunkt errichtet wurde (Maraglioglio/ Rinaldi, Teil III, S. 72, Taf. 14, Fig. 1-4). Interessanterweise soll auch der Altar der östlichen Kultanlage »verkehrt herum« errichtet worden sein. Siehe Jánosi, Nordkapellen, S. 152, Anm. 41.
241 Stadelmann/Alexanian, S. 317.
242 Stadelmann/Alexanian, S. 299.
243 Fakhry, Monuments of Sneferu I, S. 32f.
244 Siehe Stadelmann/Alexanian, S. 317.
245 Stadelmann, Strenge Stil, S. 162, Anm. 68.
246 Siehe Stadelmann/Alexanian, S. 301ff.
247 Sourouzian, S., 149ff. Siehe auch Stadelmann/Alexanian, S. 303.
248 Stadelmann/Alexanian, S. 303.
249 Siehe Barsanti, S. 198ff.
250 Stadelmann/Alexanian, S. 304. Siehe auch EA, Nr. 10, 1997, S. 28.
251 Stadelmann, Strenge Stil, S. 161.
252 Siehe Stadelmann, Strenge Stil, S. 155ff. Siehe zum älteren Begriff des »Strengen Gizastils« bei Junker, Stilwandlungen, S. 1ff.
253 Stadelmann, Strenge Stil, S. 161f.
254 Stadelmann, Strenge Stil, S. 164.
255 Stadelmann, Strenge Stil, S. 162.
256 Die restriktiven Vorschriften wurden mit der Zeit in gewissen Bereichen wieder gelockert. Aus den Mastaba-Vorhöfen mit ihren Kultnischen in Meidum und Dahschur entwickelten sich eine Generation später unter Cheops »ganz natürlich und beinahe zwangsläufig wieder die auf der Ostseite angefügten Kapellen, die teilweise in Ziegel, bald aber auch in Stein erbaut wurden« (Stadelmann, Strenge Stil, S. 163). So wurden den

direkten Königsabkömmlingen des Cheops wieder größere Privilegien zugestanden und es wurde ihnen erlaubt, ihre Gräber aufwändig dekorieren und ausstatten zu lassen. Prinz Kawab beispielsweise, dessen große Mastaba in der ersten Reihe des Ostfriedhofes der Cheops-Pyramide liegt, ließ sogar bis zu 20 Grabstatuen in seiner Kultkapelle aufstellen. Dem gegenüber durften die meisten Beamten nur eine Opferplatte, laut Rainer Stadelmann eine Art »Namensschild«, an ihren Mastabas installieren und einen steinernen »Ersatzkopf« anstelle einer Grabstatue mit ins Grab nehmen. Eine der wenigen Ausnahmen bildete Hemium, ein Bauleiter der Cheops-Pyramide. Der Enkel des Snofru hatte »Macht und Mittel bewilligt und an der Hand, um seine Kultkapelle individuell und fast ebenso reich wie die der Cheopssöhne auszustatten.« Stadelmann, Strenge Stil, S. 163.

257 Stadelmann, Giza, S. 7.

258 Rainer Stadelmann glaubt, dass Kanefer ein Sohn Snofrus und für den Bau der Roten Pyramide hauptverantwortlich war. Nefermaat sei hingegen Bauleiter der Meidum-Pyramide und möglicherweise noch der Knick-Pyramide gewesen (siehe Stadelmann, Meidum und Dahschur, S. 442 und S. 447f.). Für Dieter Arnold besteht Grund zur Annahme, dass »Nefermaat und sein Sohn Hemiun alle vier Pyramiden von Meidum bis Cheops erbauten« (Arnold, Überlegungen, S. 23, Anm. 24).

259 Siehe hierzu Stadelmann, Die ägyptischen Pyramiden, S. 100.

260 Es ist ein reizvoller, wenn auch vorläufig spekulativer Gedanke, die Wahl des Standortes der Roten Pyramide mit der Existenz einer kompakten Felserhöhung, um die herum das Kernmauerwerk errichtet wurde, in Zusammenhang zu bringen. Auch die nächsten großen Pyramidenbauprojekte des Cheops und Chephren auf dem Giza-Plateau wurden unter Zuhilfenahme stehen gelas-

sener Felsstümpfe realisiert. Derartige Felserhöhungen sorgten als stabiler Unterbau für mehr Standfestigkeit und reduzierten Arbeitsaufwand und Bauzeit.

261 Stadelmann/Sourouzian, S. 382.

262 Stadelmann, Beiträge, S. 233. Die Zuordnung des Inschriftenfragmentes ist in der Fachliteratur nicht eindeutig: Ursprünglich wurde es als Teil eines Fundamentsteines bezeichnet, heute gehen viele Ägyptologen davon aus, dass es sich um ein Stück des südwestlichen Ecksteins handelt. Siehe hierzu Stadelmann, Pyramidenform, S. 200, und Krauss, Bauzeit, S. 31f.

263 Stadelmann, Die ägyptischen Pyramiden, S. 105. Siehe hierzu auch Sasse/Haase, S. 48ff.

264 Siehe Petrie/Mackay/Wainwright, Band 3, S. 6-9. Lange Zeit ging man davon aus, dass es sich bei dieser Struktur um eine Baurampe handelte. Im Jahr 1993 hat Dieter Arnold ihre Steigung mit sechs Grad berechnet, so dass es sich unter Berücksichtigung des natürlichen Gefälles bei dieser Struktur nur um einen Transportweg gehandelt haben kann. Siehe Arnold, Überlegungen, S. 19.

265 Siehe Posener-Kriéger, in: el-Khouli, S. 20, und Graffiti A. 1 und A. 2, Tafel 7.

266 Siehe Posener-Kriéger, in: el-Khouli, S. 20, und Graffiti A. 42, Tafel 9.

267 Siehe unterschiedliche Auffassungen bei Stadelmann, Die ägyptischen Pyramiden, S. 81ff., und Lehner, Weltwunder, S. 100. Siehe außerdem Diskussion in Verner, Pyramiden, S. 189, und Haase, Re, S. 116ff.

268 Verner, Pyramiden, S. 189.

269 Petrie, Medum, S. 5-11.

270 Stadelmann, Die ägyptischen Pyramiden, S. 81.

271 Siehe Verner, Pyramiden, S. 193.

272 Siehe hierzu Bemerkungen in Lehner, Weltwunder, S. 100. Für Stephan Seidlmayer kann das Fehlen der Beschriftung der Stelen »nicht mit dem Status des Heiligtums begründet werden«. Seiner Meinung nach ist es vermutlich »auf Zufälligkeiten und die Bauausführung,

d.h. Unfertigkeit der Anlage zurückzuführen«. (Persönliche Mitteilung an den Autor vom 22.5.2000)

273 Siehe etwa Stadelmann, Die ägyptischen Pyramiden, S. 87.

274 Es gibt offenbar nur einen vagen Hinweis auf ein Totenpriesteramt des Snofru in Meidum. Siehe Wildung, Rolle der Könige, S. 105.

275 Stadelmann, Die ägyptischen Pyramiden, S. 86.

276 Dieser Aktion fiel zwangsläufig auch die alte Totenkultanlage an der Ostseite, die ursprünglich für die Stufen-Pyramide eingerichtet worden war, zum Opfer.

277 Siehe Verner, Pyramiden, S. 189 und Maragioglio/Rinaldi III, S. 36.

278 Siehe Lauer, S. 278f., oder auch Goyon, Cheops-Pyramide, S. 72f. Dieses Winkelmaß entsprach einem Seked von $5^{1}/_{2}$ Handbreiten.

279 Siehe Stadelmann, Die ägyptischen Pyramiden, S. 87.

280 Stadelmann, Strenge Stil, S. 162.

281 Stadelmann, Strenge Stil, S. 163. Siehe auch Petrie, Medum, S. 15f.

282 Siehe Stadelmann, Strenge Stil, S. 162, Anm. 68.

283 Daten nach Dorner, Rote Pyramide, S. 25ff. (zugrunde liegende Länge der Elle: 52,41 Zentimeter). Der gemessene Mittelwert des Steigungswinkels liegt bei 44,73 Grad (44 Grad 44 Bogenminuten). Der von den Ägyptern ursprünglich geplante Neigungswinkel von 45 Grad entspricht einem Steigungsverhältnis von 1:1, d h. in ihrem Maßsystem einem Seked von 28 Fingerbreiten (bzw. von einer Elle).

284 Siehe Stadelmann, Die ägyptischen Pyramiden, S. 100.

285 Stadelmann, Pyramiden des Snofru, S. 234.

286 Stadelmann, Pyramiden des Snofru, S. 234f.

287 Siehe Stadelmann/Alexanian/Ernst/Heindl/Raue, S. 259. Die Königsnamen fanden sich in der Form »Neb-maat« oder »Seneferu« (auch in Kartuschenform). Rainer Stadelmann vermutet, dass auch viele Steine im Kernmauerwerk mit derartigen Namensgraffiti versehen

wurden (Stadelmann, Beiträge, S. 230). Unter den gefundenen Inschriftenfragmenten befand sich auch der Name einer der »Arbeiterphylen« (Schleppmannschaften), die für den Transport der Steinblöcke verantwortlich war: »Wadjet«, »die Grüne«. Siehe Stadelmann/Sourouzian, S. 390.

288 Stadelmann, Beiträge, S. 239f.

289 Lepsius, Denkmäler, Band 1, S. 206. Siehe auch Liste bei Krauss, Bauzeit, S. 31.

290 Siehe Stadelmann, Pyramiden des Snofru, S. 235, und Krauss, Bauzeit, S. 37.

291 Siehe Stadelmann, Beiträge, S. 234, und Krauss, Bauzeit, S. 37.

292 In Ägyptologenkreisen wird nicht ausgeschlossen, dass einige der Inschriften schon während der Abbauarbeiten in den Steinbrüchen, beim Transport oder am Hafen auf die Steine gepinselt wurden. Rainer Stadelmann bezweifelt, dass die Steinblöcke vor oder während des Transportes über den Nil beschriftet wurden, weil die Beschriftung in diesem Fall »während des Manövrierens der Blöcke sicher beschädigt worden wäre« (Stadelmann/Sourouzian, S. 386). Einen weiteren Hinweis für die Beschriftung vor Ort liefert eine Datumsangabe (»Jahr des 16. Mals«), die an der Südseite der Pyramide allem Anschein nach zwischen der 12. und 18. Steinlage gefunden wurde. Siehe Krauss, Bauzeit, S. 31.

293 Siehe Krauss, Bauzeit, S. 32. Siehe auch Darstellungen in Haase, Cheops, S. 86f.

294 Siehe Stadelmann, Beiträge, S. 234. Rolf Krauss geht in seinem Berechnungsmodell von folgenden Werten aus: 12. Lage: 9,1 Meter Höhe, 16./17. Lage: 12,6 Meter Höhe. Siehe Krauss, Bauzeit, S. 32.

295 Siehe grundlegende Berechnungen in Krauss, Bauzeit, S. 32.

296 Krauss, Bauzeit, S. 32.

297 Nachzulesen in Stadelmann, Die ägyptischen Pyramiden, S. 224ff.

298 Stadelmann, Die ägyptischen Pyramiden, S. 224. Siehe hierzu auch den Befund an der kleinen Stufen-Pyramide von Sinki bei Abydos, an der noch Reste von vier geradlinig auf die Pyramidenseiten zulaufenden Baurampen gefunden wurden, deren Neigungswinkel man mit bis zu 16 Grad angibt. Siehe Dreyer/Swelim, S. 90.

299 Stadelmann, Die ägyptischen Pyramiden, S. 224f.

300 Diese Forderung an ein Rampenmodell bildet die Basis für Stadelmanns Vorbehalte gegenüber dem prinzipiellen Einsatz von spiralförmigen Rampenkonstruktionen, die den Pyramidenstumpf beim Bau fast vollständig umgeben. Siehe Stadelmann, Die ägyptischen Pyramiden, S. 223. Siehe auch Argumentation in Arnold, Überlegungen, S. 20ff.

301 Rainer Stadelmann beruft sich bei dieser Konstruktionsweise auf einen Modellvorschlag von Jean-Philippe Lauer aus dem Jahr 1982. Siehe Stadelmann, Die ägyptischen Pyramiden, S. 225.

302 Stadelmann, Giza, S. 269.

303 Stadelmann, Die ägyptischen Pyramiden, S. 225. Rainer Stadelmann verweist für den Transport der Steine und des Pyramidions im obersten Viertel der Pyramide auf das Transportwegmodell der Architektin Nairi Hampikian (entwickelt für die Cheops-Pyramide, siehe Hampikian, S. 47ff.).

304 Siehe etwa Stadelmann, Giza, S. 262, und Arnold, Überlegungen, S. 15ff. Während man heute die beiden Transportrampen aus den Steinbrüchen noch gut in der Landschaft erkennen kann, lassen sich die Schleppbahnen zwischen Pyramide und Fruchtland nicht mehr ausmachen. Auf den Karten des französischen Archäologen Jacques de Morgan aus dem Jahr 1894 sind die Straßen dagegen noch eingezeichnet. Rainer Stadelmann hat Anfang der 80er Jahre die Spuren der »Kalksplitterbahnen von der Spitze der Pyramide« noch sehen können. Er schloß offenbar auch nicht aus, dass die beiden Schleppbahnen »in Wirklichkeit Steinstraßen des

Abbaus« gewesen waren, auf denen die Verkleidung der Roten Pyramide im Mittleren Reich abtransportiert wurde (Stadelmann/Sourouzian, S. 382f.). Es ist jedoch eher zu vermuten, dass die »Steinräuber« die alten Schleppbahnen aus der Snofru-Zeit für ihre Zwecke nutzten.

305 Die Führung der Straßen und ihre Nähe zur Pyramide beweisen, dass mit keiner großen, linearen und in einem steilen Winkel auf eine Pyramidenseite zulaufende Baurampe gearbeitet wurde. Man kann leicht nachrechnen, dass eine solche Rampe etwa 470 Meter lang gewesen sein müsste, um bei einem in der Ägyptologie oftmals noch als machbar deklarierten Steigungswinkel von zwölf Grad eine Höhe von 100 Metern zu erreichen. Bei einer Zehn-Grad-Steigung erhöht sich die Rampenlänge auf fast 570 Meter, bei sechs Grad sogar auf 950 Meter.

306 Der Autor hat in Haase, Cheops, S. 104ff., ein derartiges Rampenmodell für den Fall der Cheops-Pyramide durchgerechnet.

307 Die Vermutung, dass man die Rote Pyramide von Südwesten aus errichtet hat, wird indirekt durch die Erkenntnis gestützt, wonach die Verkleidungssteine an der Ostseite »von Süden her« verlegt wurden. Siehe Stadelmann, Pyramiden des Snofru, S. 234.

308 Weitere Schleppbahnen im Umfeld der Pyramide, vor allem entlang der Nord- oder Westseite, wurden bislang nicht entdeckt.

309 Dorner, Rote Pyramide, S. 30. Die damaligen Messverfahren orientierten sich vermutlich an »himmelsbedingten« Beobachtungsmethoden wie etwa dem Verhalten der Schattenlinie eines Stabes beim täglichen Verlauf der Sonne, an den Auf- und Untergangspunkten eines am Nordhimmel befindlichen Sterns oder an der Messung der größten Digression eines Zirkumpolarsterns, d. h. an der Erfassung der Zeitpunkte, an denen seine kreisförmige Bahn die weiteste östliche und westliche Entfernung seines Meridians durchläuft (siehe hierzu auch Dis-

kussion in Haase, Cheops, S. 62ff.). Letztere Methode ist laut Josef Dorner die einzige, die die Genauigkeit der Nordausrichtung plausibel erklären kann.

310 Interessanterweise ist die Ausrichtung der Korridore der beiden Snofru-Pyramiden unabhängig von der Ausrichtung der Basis erfolgt. In beiden Fällen treffen die Korridore nicht senkrecht auf die nördliche Basiskante. In der Roten Pyramide wurden die Kammern und Übergänge parallel zur östlichen Basiskante ausgerichtet und somit gegenüber dem absteigenden Korridor leicht in Richtung Südosten versetzt. Siehe Dorner, Rote Pyramide, S. 30.

311 Dorner, Rote Pyramide, S. 27. Entgegen den Verformungen im oberen Bereich, steigt das untere Drittel des Korridors sehr genau im offenbar von den Ägyptern geplanten Böschungsverhältnis (Seked von 14 Handbreiten) an, betragen die Abweichungen nur ein bis zwei Zentimeter.

312 Dorner, Rote Pyramide, S. 27ff. Als sonderlich bedrohlich werden diese Befunde von den Fachleuten heutzutage jedoch nicht eingeschätzt. Derartige Setzungen sind bei allen großen Pyramiden festgestellt worden.

313 Der Bodenbelag der Passage wurde laut Rainer Stadelmann vermutlich »nachträglich vertieft«, »indem man einfach eine Blocklage grob zerschlagen und ausgehämmert hat«. Er glaubt nicht, dass dies noch in der 4. Dynastie geschah, sondern sieht hier eine Parallele zu den Zerstörungen in der Grabkammer (Stadelmann, Pyramiden des Snofru, S. 236). Die Vertiefung könnte aber auch in Zusammenhang mit der massiven Blockierung des absteigenden Korridors stehen.

314 Siehe zu weiteren Senkungen im Kammersystem Dorner, Rote Pyramide, S. 29.

315 Derartige Inschriften finden sich auch an den unteren Kanten der Kraggewölbe der beiden Vorkammern.

316 Siehe Hinweis in Stadelmann, Die ägyptischen Pyramiden, S. 104.

317 Siehe Stadelmann, Pyramiden des Snofru, S. 236.
318 Stadelmann, Die ägyptischen Pyramiden, S. 104. Siehe
hierzu Batrawi, S. 435ff. Man muss allerdings auch die
Möglichkeit in Betracht ziehen, dass man es hierbei mit
den Spuren einer Nachbestattung aus einer späteren
Epoche zu tun haben könnte.
319 Stadelmann, Pyramiden des Snofru, S. 236.
320 Das Sed-Fest wurde 30 Jahre nach der Thronbesteigung
bzw. »der wirklichen oder auch fiktiven Einsetzung zum
Nachfolger und Mitregenten« gefeiert. Helck/Otto,
Kleines Lexikon, »Sedfest«, S. 272.
321 LÄ V, »Rituale«, Sp. 274.
322 Hornung, Pharaonenzeit, S. 144.
323 Siehe LÄ V, »Rituale«, Sp. 274.
324 Siehe hierzu auch Brinks, Entwicklung der königlichen
Grabanlagen, S. 118ff.
325 Siehe andere Auffassungen bei Verner, Pyramiden,
S. 211f., und Lehner, Weltwunder, S. 104.
326 Siehe etwa Stadelmann, Die ägyptischen Pyramiden,
S. 98. Spuren des Aufwegs bzw. der Transportstraße
haben die Archäologen auch östlich der Tempelruinen
gefunden. Ahmed Fakhry konnte den Aufweg bis auf
eine Länge von 20 Metern östlich des Tempels lokalisieren. Dieter Arnold und Rainer Stadelmann fanden
gut 150 Meter weiter östlich weitere Spuren des Aufweges (Arnold/Stadelmann, 1975, S. 173). Weitere
Schnitte in Richtung des Fruchtlands erbrachten keinerlei Spuren mehr. Arnold und Stadelmann vermuten,
dass die Steine des Aufwegs in diesem Gebiet vollständig abgerissen und restlos abtransportiert wurden.
Nach Informationen von Nicole Alexanian und Stephan Seidlmayer ist für die nähere Zukunft geplant,
gezielt nach den Ruinen des Taltempels zu fahnden (Persönliche Mitteilung an den Autor vom 22.5.2000).
327 Es wird hierbei wohl kein Zufall gewesen sein, dass
man das Kultgebäude im Snofru-Tal zwischen den alten
Versorgungseinrichtungen und Wohnsiedlungen der

Arbeitermannschaften errichtete, die vermutlich später zu Priesterwohnungen umfunktioniert wurden.

328 Siehe hierzu Fakhry, Monuments of Sneferu II, S. 18ff.

329 Siehe Fakhry, Monuments of Sneferu II, S. 18ff. und Tafeln XII bis XV. Siehe auch Fakhry, Excavation of Snefru's Monuments, S. 578ff. Siehe zur Benennung und Lage der Gaue in LÄ II, »Gaue«, Sp. 386ff.

330 Stephan Seidlmayer in einer persönlichen Mitteilung an den Autor vom 22.5.2000.

331 Stadelmann, Die ägyptischen Pyramiden, S. 99.

332 Von Seiten der Ägyptologie gibt es bislang keine konkreten Belege für diese Vermutung, wie Nicole Alexanian und Stephan Seidlmayer dem Autor mitteilten (»Das königliche Sed-Fest spielt, soweit das feststellbar ist, in der Dekoration der Totentempel stets eine Rolle«, Persönliche Mitteilung vom 22.5.2000).

333 Siehe etwa Faltings, S. 151, Stadelmann/Sourouzian, S. 384, und Stadelmann/Alexanian, S. 306ff.

334 Nach   Stadelmann/Alexanian/Ernst/Heindl/Raue, S. 263f.

335 Nach Osten hin konnten die Archäologen die Mauer auf einer Länge von 250 Metern verfolgen, während ihre westliche Ausdehnung in einem alten Lageplan von Richard Lepsius noch verzeichnet, aber heute im Gelände nicht mehr auszumachen ist. Siehe Stadelmann/Sourouzian, S. 384.

336 Siehe etwa Stadelmann/Sourouzian, S. 384, und Stadelmann/Alexanian/Ernst/Heindl/Raue, S. 263.

337 Faltings, S. 142 und 151ff.

338 Stadelmann/Alexanian, S. 303.

339 Eger, S. 35ff.

340 Stadelmann/Sourouzian, S. 384. Siehe auch Eger, S. 37.

341 Stadelmann/Alexanian, S. 308.

342 Stadelmann/Alexanian, S. 308.

343 Persönliche Mitteilung von Rosemarie Klemm an den Autor (Interview am 5.4.2000 in München).

344 Siehe Aussage von Dietrich Klemm in Sasse/Haase, S. 217f.

345 Persönliche Mitteilung von Rosemarie Klemm an den Autor (Interview am 5.4.2000 in München).

346 Persönliche Mitteilung von Rosemarie Klemm an den Autor (Interview am 5.4.2000 in München). Siehe vagen Hinweis zum »Härten« von Kupfermeißeln in LÄ VI, »Technik«, Sp. 280.

347 Siehe etwa bei Arnold, Buildung, S. 48, oder bei Edwards, S. 250, Goyon, S. 86f., und Arnold, Lexikon, S. 43 sowie S. 247. Siehe zur möglichen Verwendung von Zinnbronze bei der Werkzeugherstellung im späten Alten Reich in Klemm/Eichler, S. 248.

348 Arnold, Lexikon, S. 43 und S. 217. Siehe hierzu bezüglich des Sägevorganges auch Moores, S. 139–148, Abb. 11, S. 147.

349 Dietrich Klemm in einem Interview am 28.1.1996 im Rahmen der Fernsehdokumentation »Im Schatten der Pyramiden« im Auftrag des SFB/Deutsche Welle-TV, nachzulesen in Haase, Schatten der Pyramiden, S. 208.

350 Dieter Arnold beispielsweise schließt die Verwendung von Korund als Schleifmittel für »besonders harte Gesteine« nicht aus. Siehe Arnold, Lexikon, S. 43. Siehe auch Diskussion in Haase, Cheops, S. 157ff.

351 Lediglich bei der Frage der Ferntransporte über den Nil räumen einige Ägyptologen ein, dass derartige Tätigkeiten womöglich nur während der Überschwemmungszeit durchgeführt werden konnten. Siehe Stadelmann, Die ägyptischen Pyramiden, S. 228.

352 Siehe Bemerkungen zum möglichen Einsatz von Fremdarbeitern und Kriegsgefangenen auf den königlichen Baustellen in Verner, Organisierung, S. 78.

353 Siehe z. B. Schätzungen in Verner, Organisierung, S. 69ff., Lehner, Weltwunder, S. 224f., oder in Goyon, Cheops-Pyramide, S. 219.

354 Stadelmann, Pyramidenform, S. 202f. Siehe auch Stadelmann, Giza, S. 271. Zu einem ähnlichen Ergebnis

kommt auch Mark Lehner (Lehner, Weltwunder, S. 224f.).

355 Arnold, Pyramidenbezirk, S. 90ff.

356 Siehe Arnold, Pyramidenbezirk, S. 74.

357 Rainer Stadelmann geht aufgrund einer konstanten Zweijahreszählweise von einer Gesamtbauzeit von etwa 20 bis 22 Jahren aus (siehe etwa Stadelmann, Giza, S. 260 und Beiträge, S. 236ff.). Im Gegensatz dazu berechnet Rolf Krauss die theoretische Bauzeit der Pyramide auf der Basis der zu erbringenden reinen Volumenleistung auf lediglich 10,6 Jahre (siehe etwa Krauss, Chronologie, S. 11, Tab. 2).

358 Exakter Wert: 109,54 Meter (209 Ellen) nach Dorner, Rote Pyramide, S. 29.

359 Siehe »LÄ IV, »Pyramiden«, Sp.1205 und Sp. 1255. Die richtige Vokalisation von »mer« ist unbekannt, das »e« nur eine moderne sprachliche Konvention. Man hat in der Vergangenheit versucht, »pyramis« (Bezeichnung für einen »kegelförmigen Weizenkuchen«) aus altägyptischen Begriffen herzuleiten, so zum Beispiel aus »pamer«, »die Pyramide«. Eine andere vage Möglichkeit bestünde darin, den Ursprung dieses Begriffes in einem Umfeld zu suchen, welches berufsbedingt mit dem Pyramidenbau zu tun hatte. Vielleicht verwendeten die ägyptischen Vermessungsspezialisten und Bauleiter markante und damit auch prägende Fachtermini, die mit den Königsgräbern in direktem Zusammenhang standen. Denkbar wäre auch, dass dieser Begriff aus der Mathematik kam, also von jenen Leuten stammte, die sich u. a. auch mit der Berechnung der Pyramidenbaukörper beschäftigten. Sieht man sich die spärlich überlieferten mathematischen Papyri aus dem Mittleren Reich daraufhin an, stößt man in einigen Aufgaben des Papyrus Rhind auf den Begriff »pir-em-us«, der die Höhe einer Pyramide, also ihre markanteste Dimension, bezeichnet (siehe Verner, Pyramiden, S. 501).

360 Siehe Abb. 1a in Stadelmann/Alexanian/Ernst/Heindl/

Raue, S. 260. So wurden z. B. neben einer Vielzahl kleinerer Relieffragmente auch »drei zusammenpassende Blöcke mit der Darstellung der Körpermitte eines sitzenden Königs im Hebsed-Gewand, fast lebensgroß«, gefunden. Ein weiterer Block enthielt »Hieroglyphenreste, die sich zweifelsfrei zum Horusnamen ›Neb-maat‹ des Snofru ergänzen lassen«. Stadelmann, Pyramiden des Snofru, S. 233.

361 Stadelmann, Pyramiden des Snofru, S. 232 und S. 237f.

362 Jánosi, Entwicklung und Deutung, S. 153.

363 Jánosi, Nordkapellen, S. 158.

364 Siehe Argumentation in Jánosi, Entwicklung und Deutung, S. 151ff. In dieser Frage sollte vielleicht auch noch die spezielle Rolle der Ka-Statuen berücksichtigt werden, die möglicherweise in den Vorkammern der Pyramiden stehend den »menschlichen Seelenpart« des verstorbenen Königs beherbergten. Der erste gesicherte Nachweis einer Scheintür stammt aus der Pyramide des zweiten Königs der 5. Dynastie, Sahure, in Abusir. Siehe etwa bei Stadelmann, Pyramiden des Snofru, S. 239.

365 Siehe Erklärung zum Anstieg des Neigungswinkels an der Spitze der Roten Pyramide in Stadelmann, Die ägyptischen Pyramiden, S. 101.

366 Stadelmann, Die ägyptischen Pyramiden, S. 101, und Stadelmann, Pyramiden des Snofru, S. 236.

367 Persönliche Mitteilung von Nicole Alexanian an den Autor vom 22.5.2000. Auf der Suche nach einer Kultpyramide wurde als mögliche Alternative auch die Pyramide von Meidum in Betracht gezogen. Ihre Kultstätte war ähnlich aufgebaut wie die an der Knick-Pyramide. Allerdings liegen 45 Kilometer zwischen Meidum und Dahschur. Hinzu kommt, dass im Bereich des Kulttempels der Meidum-Pyramide nur äußerst spärliche Spuren von Opferkeramik aus dem Alten Reich gefunden wurden. Außerdem läßt sich in den umliegenden Gräbern bislang kein gesicherter Hinweis auf Priestertitel finden, die sich auf den

Königskult beziehen (siehe Wildung, Rolle ägyptischer Könige, S. 105).

368 Borchardt, Königserlaß, S. 1f.

369 Stadelmann, Die ägyptischen Pyramiden, S. 104.

370 Nicole Alexanian und Stephan Seidlmayer in einer persönlichen Mitteilung an den Autor vom 22.5.2000.

371 Lehner, Weltwunder, S. 105.

372 Siehe auch Klemm/Klemm/Murr, S. 187. Ein Blick auf die Landkarte von Dahschur macht deutlich, dass der Aufweg eine enorme Länge besessen haben muss, etwa zwei Kilometer. Damit wäre er sogar noch länger gewesen als der des Pyramidenkomplexes von Djedefre in Abu Roasch, der in der Ägyptologie bislang als der längste Aufweg des Pyramidenzeitalters galt.

373 Dieses spezielle und sehr ungewöhnliche Ritual lässt sich bis zum Beginn der 1. Dynastie zurückverfolgen, wurde aber archäologisch nicht in allen königlichen Grabkomplexen nachgewiesen. Unklar ist bis heute die genaue Bedeutung dieser monumentalen Grabbeigabe. Beispielsweise wurden bei den Bestattungen von Cheops und Chephren mehrere teilweise zerlegte Barken auf der Ost- und Südseite ihrer Pyramiden im Felsboden versenkt. Siehe vagen Hinweis auf eine Bootsgrube an der Knick-Pyramide in Stadelmann, Die ägyptischen Pyramiden, S. 98.

374 Im Gegensatz zum Hof der Knick-Pyramide wurde jener der Roten Pyramide sehr schmal konzipiert; die Ziegelmauer wurde im Süden, Norden und Westen in einem Abstand von bis zu 16 Metern zur Pyramide errichtet. Auf der Ostseite betrug die Hofbreite nördlich des Totentempels offenbar bis zu 19 Meter.

375 Siehe etwa in LÄ I, »Bestattungsritual«, Sp. 746ff. Man geht heute davon aus, dass bei nicht königlichen Begräbnissen einige der Rituale auf einer rein symbolischen Ebene wie eine Art Theateraufführung in unmittelbarer Umgebung der Nekropole durchgeführt wurden.

376 Siehe Arnold, Rituale, S. 2, oder Stadelmann, Die ägyptischen Pyramiden, S. 209.

377 Vielleicht waren es derartige Transportschiffe, die auch während der Begräbniszeremonien zum Einsatz kamen und dann rituell begraben wurden.

378 Siehe zur Diskussion der Lage des »Ibu« beispielsweise Lehner, Weltwunder, S. 26, oder LÄ V, »Reinigungszelt«, Sp. 220f.

379 LÄ I, »Balsamierungshalle«, Sp. 614.

380 Siehe Arnold, Rituale, S. 2ff. Siehe auch Diskussion in Stadelmann, Die ägyptischen Pyramiden, S. 209 und 213.

381 Siehe Arnold, Rituale, S. 2. Mark Lehner zieht dagegen eine vage architektonische Parallele zwischen dem Grundplan des Taltempels Pepis II. und dem in Darstellungen überlieferten Grundriß eines »Wabet«, das im Grab des Kar aus der 6. Dynastie auf dem Giza-Plateau abgebildet wurde. Siehe Lehner, Weltwunder, S. 26.

382 Der Zeitraum für die Behandlung des Leichnams in der Balsamierungshalle wird in den altägyptischen Quellen oftmals mit etwa 70 Tagen angegeben. Auf dem Ostfriedhof des Giza-Plateaus, in der Mastaba der Meresanch III., einer Enkelin des Cheops, existiert eine Inschrift, die den Zeitraum einer Begräbniszeremonie mit 272 Tagen angibt.

383 Siehe Übersicht bei Germer, in: Seidel/Schulz, S. 459ff.

384 Die Autolyse, wie der stetige Prozess der Zersetzung der inneren Organe heute genannt wird, beginnt in der Regel bereits wenige Stunden nach dem Tod. Die Verwesung setzt nach ein paar Tagen ein und wird durch äußere Faktoren wie Feuchtigkeit und Temperatur beeinflusst.

385 Zur Zeit der 4. Dynastie, als sich die Mumifizierungspraktiken noch in einem frühen Entwicklungsstadium befanden, wurde vermutlich nur einem geringen Prozentsatz der Verstorbenen das Gehirn entnommen (sie-

he Leca, S. 78f., und Tyldesley, S. 24). In der Regel drang man dazu mit einer Kupfernadel, die mit einem Haken versehen war, über einen Nasenkanal und durch die Nasenwurzel in den Schädel ein. Durch stochernde Bewegungen des Hakens wurde das Gehirn zerstückelt und teilweise verflüssigt, so dass es fragmental über den Nasenkanal entfernt werden konnte. Manchmal gossen die Balsamierer auch warme Flüssigkeiten oder einfach Wasser in den Schädel, um den Zersetzungs- und Verflüssigungsprozess des Gehirns zu beschleunigen.

386 In den Glaubensvorstellungen der Ägypter gab es »Schutzgeister« (zuerst nur zwei, dann vier so genannte »Söhne des Horus« mit Namen Amset, Hapi, Duamutef und Kebehsenuef), die über die Eingeweide wachten (siehe etwa in LÄ III, »Horuskinder«, Sp. 52f.). Zu den ältesten bekannten Kanopen-Gefäßen gehören die der Königin Hetepheres, der »Großen Gemahlin des Snofru« und Mutter des Cheops. Sie wurden im Notgrab »G 7000 x« nordöstlich der Cheops-Pyramide auf den Giza-Plateau gefunden und sind heute im Ägyptischen Museum von Kairo ausgestellt. Auch die Eingeweide des Prinzen Ranefer, eines Sohnes Snofrus, der in Meidum begraben wurde, entdeckte Flinders Petrie bei seinen Ausgrabungen. Sie lagen gut verpackt in einer Nische der Grabkammer. Siehe Tyldesley, S. 18.

387 Moderne Untersuchungen an Mumien haben ergeben, dass irrtümlich entfernte Herzen wieder eingesetzt und teilweise sogar angenäht wurden. Siehe Germer, in: Seidel/Schulz, S. 462, und Leca, S. 81.

388 Siehe etwa Germer, in: Seidel/Schulz, S. 462f., und Leca, S. 85ff. Natron wurde an den Ufern des Sees Wadi el-Natrun, gut 70 Kilometer westlich von Kairo, gewonnen.

389 Mark Lehner vermutet, dass »die rituelle Waschung und Entfernung der Eingeweide und des Gehirns im Ibu vollzogen« wurde, »während die lange Austrocknung im Wabet geschah« (siehe Lehner, Weltwunder, S. 26).

Auf eine derartige funktionelle Trennung zwischen »Ibu« und »Wabet« gibt es jedoch keine direkten Hinweise.

390 Die Ausstopfung des Gesichtes geschah über den Mund, der ausgehöhlte Schädel wurde manchmal mit flüssigem Wachs gefüllt.

391 Siehe Germer, in: Seidel/Schulz, S. 463. In späteren Zeiten wurde die Wundplatte oftmals mit einem Udjad-Auge, dem magisch schützenden Auge des Horus, verziert.

392 Siehe etwa Beschreibung bei Leca, S. 101ff.

393 Siehe zu dieser Fragestellung exemplarisch in LÄ I, »Bestattungsritual«, Sp. 753, oder Verner, Pyramiden, S. 52ff. In diesem Zusammenhang fanden bereits im Alten Reich ein Umzug und die Bestattung einer Statue statt, »die die Mumie des Toten auf dem rituellen ›Weg nach Abydos‹ vertrat« (siehe Verner, Pyramiden, S. 53). Die so genannte Abydosfahrt entwickelte sich vermutlich mit dem Aufkommen des Osiris-Kultes, deren Anhänger in Abydos das religiöse Zentrum des Totengottes sahen, und sie gehört »zu einem regelrechten selbstständigen Bestattungsritual, das vor allem in den Darstellungen des Mittleren Reiches begegnet.« (LÄ I, »Bestattungsritual«, Sp. 761)

394 Siehe Argumentation in Arnold, Rituale, S. 3ff.

395 Siehe zu einer weiteren Prozession (»Zug des ›tekenu‹«) in LÄ I, »Bestattungsritual«, Sp. 758ff.

396 Siehe zu den astronomischen Aspekten der Pyramidentexte in Krauss, Konzepte, S. 117ff. und S. 278ff. Die Komplexität der himmlischen Jenseitswelt drückt sich in den Pyramidentexten zudem dadurch aus, dass die toten Könige auch mit dem Morgenstern, d. h. mit dem Planeten Venus, identifiziert wurden (Krauss, Konzepte, S. 282f.). Sollte womöglich das auffallende morgendliche »Erscheinen« der Venus am östlichen Horizont zur Namensgebung der beiden Dahschur-Pyramiden Snofrus beigetragen haben?

397 Die Ägypter glaubten, dass ein Mensch mehrere spiri-
tuelle Aspekte besaß, die wir heute gemeinhin als »Seelen« oder noch abstrakter als »Geistes-« oder »Ver-
klärungszustände« bezeichnen würden. Da war
zunächst der Ka, jener zentrale, als »Lebenskraft« zu
definierende Bestandteil eines Menschen, der mit ihm
geboren wird, sich nach dessen Tod kurzfristig von seinem Leichnam trennt, um sich dann im Grab wieder
mit ihm zu verbinden. Eine weitere Komponente war
der Ba, eine Abstraktion der menschlichen Seele, die
völlig andere Aspekte in sich vereinte. Im Alten Reich
besaßen neben den Göttern nur die Könige zusätzlich
zu ihrem Ka auch einen Ba (Könige konnten auch mehr
als einen Ka und einen Ba besitzen). Während der Ka
als Träger der Lebensenergie auf Nahrung angewiesen
und deshalb ans Grab gebunden war, konnte sich der
Ba völlig frei bewegen (er wurde deshalb in späteren
Zeiten oftmals in Vogelgestalt dargestellt). Aus religiösen Inschriften geht hervor, dass der Ba dem toten König
beim Übergang vom Diesseits ins Jenseits hilft, also die
Aufgabe hat, dem Verklärten den Eintritt in die Götterwelt zu ermöglichen. Ein dritter wichtiger Seelen-
aspekt war der Ach, eine Art »göttliche Komponente«
der Könige, die man noch am ehesten als »Ver-
klärungsgeist« beschreiben kann (siehe LÄ I, »Ach«,
Sp. 49ff.). Die Ach-Eigenschaft entstand erst im Verlauf
der Bestattung und machte die verstorbenen Könige zu
einer »über das Irdische hinausgehenden ›lichteren‹
Daseinsform« am Firmament, wo sie »gleichartige
Wesen« unter den Sternen vorfanden (siehe Koch,
S. 428f.).

398 In der Ägyptologie hält man es für denkbar, dass in
Meidum oder Dahschur eine Mastaba für den späteren
Thronfolger Cheops vorgesehen war. Es gibt allerdings
keine konkreten Hinweise dafür. Persönliche Mitteilung
von Nicole Alexanian an den Autor vom 22.5.2000.

399 Alexanian, Netjer-aperef, S. 17. Offenbar orientiert sich

325

die östliche, nur spärlich besetzte Mastaba-Reihe an der Ausrichtung des etwa 500 Meter weiter südlich liegenden Tempels am Aufweg der Knick-Pyramide, so dass auch hier durchaus eine einheitliche Planung vorgelegen haben könnte. Dies unterstützt wiederum die schon geäußerte Vermutung, dass der Tempel erst während des Baus der Roten Pyramide entstanden ist.

400 Alexanian, Mastaba II/1, S. 1.

401 Alexanian, Netjer-aperef, S. 17.

402 Siehe Alexanian, Ritualrelikte, S. 4ff., und beispielsweise Arnold, Buildung, S. 82.

403 Siehe zur Mastaba des Netjeraperef in Alexanian, Netjer-aperef, S. 3ff. oder Alexanian, Mastaba II/1, S. 1ff.

404 Siehe Wildung, Rolle ägyptischer Könige, S. 105.

405 Stadelmann, Meidum und Dahschur, S. 442 und S. 447f. Man muss sich hierbei allerdings die Frage stellen, warum ein Snofru-Sohn, der offenbar auch noch als Bauleiter fungierte, sich derart weit entfernt vom Königsgrab eine Grabanlage errichten ließ, wo doch ein zentraler Familienfriedhof (Lepsius-Friedhof) existierte.

406 Stadelmann, Strenge Stil, S. 160.

407 Helck, Geschichte, S. 59f. Siehe zu diesem Thema auch in Wildung, Rolle der Könige, S. 105, der Kanefer in die Zeit des Chephren datiert, oder Schmitz, S. 145ff. Nicole Alexanian und Stephan Seidlmayer geben hierbei zu bedenken, dass die Scheintür an seinem Grab »erst von seinem Sohn, wahrscheinlich in der Regierungszeit des Chephren«, angebracht worden war. Für die beiden Ägyptologen war Kanefer ein Sohn des Snofru, der aufgrund seiner bekannten Titulatur mit der Durchführung von Expeditionen beschäftigt sowie am Königskult an den Pyramiden des Snofru beteiligt war. Persönliche Mitteilung an den Autor vom 22.5.2000.

408 Stadelmann/Alexanian, S. 312, Anm. 72.

409 Siehe Stadelmann/Alexanian, S. 316.

410 In der Mastaba Nr. 5 konnte de Morgan im Jahr 1894 einen Ersatz- oder Reservekopf aus Kalkstein zu Tage

fördern, von dem man vermutet, dass er der erste seiner Art sein könnte (Stadelmann, Strenge Stil, S. 160).
Derartige Grabbeigaben legen wiederum Zeugnis von
den kultischen Einschränkungen im privaten Totenkult
jener Zeit ab. Statt Scheintür und Kultstatue durften
selbst hohe Beamte nur noch eine Opferplatte und einen
Ersatzkopf mit ins Grab nehmen. Der Einsatz von
Ersatzköpfen ist noch bis in die 5. Dynastie zu beob-
achten. Die Köpfe wurden oftmals nach Norden
blickend hinter dem Blockierstein im kurzen Durchgang, der die Grabkammer mit dem Grabschacht verband, eingemauert.

411 Interview des Autors mit Nicole Alexanian und Stephan Seidlmayer am 22.5.2000.

412 Lehner, Weltwunder, S. 9.

413 Hierbei ist nicht einmal die große Anzahl an Privat-
gräbern hinzugerechnet, die man in allen königlichen
Nekropolen, vor allem aber in einer unüberschaubaren
Konzentration auf dem Giza-Plateau errichtet hat.

414 Siehe etwa Stadelmann, Giza, S. 193.

415 Siehe zu dieser Frage die Ausführungen in Haase, Re,
S. 156ff.

416 Offensichtlich war jeder Grabbau der 4. Dynastie von
Problemen überschattet. Insbesondere die Errichtung
der unterirdischen Kammerbereiche erwies sich immer
wieder als schwierig und führte zu technischen Problemen, Verzögerungen und Planänderungen (etwa bei der
Cheops- und Chephren-Pyramide; siehe Haase,
Cheops, S. 88ff. und Haase, Re, S. 97ff.). Dieses Konzept wurde zu Beginn der 5. Dynastie aufgegeben und
man ging dazu über, die Grabkammern etwa auf Höhe
des Bodenniveaus oder nur in geringer Tiefe zu bauen.
Da außerdem die Grabkomplexe von Snofru, Baka,
Mykerinos und Schepseskaf nicht ordnungsgemäß fertiggestellt werden konnten, haben die Ägypter am Ende
der 4. Dynastie möglicherweise grundsätzliche Zweifel
an der rechtzeitigen Fertigstellung ihrer Königsgräber

bekommen. Vielleicht vertrugen sich die enormen bautechnischen Anstrengungen und wirtschaftlichen Aufwendungen bei der Errichtung der großen Pyramiden nicht mehr mit dem modifizierten Wunsch nach einem schnell verfügbaren, einfach zu errichtenden und kultmäßig ausreichenden Königsgrab am Ende der Dynastie. Daneben können auch politische Gründe für die markante Entwicklung im königlichen Grabbau nicht ausgeschlossen werden. Siehe Diskussion in Verner, Pyramiden, S. 290, sowie Haase, Re, S. 156f. und S. 166.

417 Siehe Verner, Pyramiden, S. 64f.

418 Siehe hierzu Ausführungen in Lehner, Weltwunder, S. 152 und Stadelmann, Die ägyptischen Pyramiden, S. 164.

419 Siehe Diskussion in Stadelmann, Die ägyptischen Pyramiden, S. 186.

420 Siehe Lauer, Geheimnisse, S. 238, und Stadelmann, Die ägyptischen Pyramiden, S. 186, sowie Diskussion in Haase, Re, S. 215f.

421 Siehe etwa Helck, Geschichte, S. 68.

422 Siehe Verner, Pyramiden, S. 56.

423 Stadelmann, Die ägyptischen Pyramiden, S. 213.

424 Bei der Pflege des Ahnenkults eines verstorbenen Königs spielte auch die gesicherte Thronfolge aus dem eigenen Herrscherhaus eine nicht zu unterschätzende Rolle (siehe Verner, Pyramiden, S. 56). Kamen neue Herrscherfamilien an die Macht, konnte es zu einer Einschränkung des Totenkultes früherer Könige kommen.

425 Siehe Liste in Fakhry, Excavations of Snefru's Monuments, S. 579ff., oder Jacquet-Gordon, S. 129ff. Siehe auch Liste von Domänen, »die nach dem Tode des Snofru weiterbestehen«, in Wildung, Rolle ägyptischer Könige, S. 107.

426 Siehe Lehner, Weltwunder, S. 228, mit einer Landkarte, die die Ländereien Snofrus zeigt.

427 Siehe Wildung, Rolle ägyptischer Könige, S. 106.

428 Faltings, S. 142. Rainer Stadelmann hält es aber für möglich, dass der Ziegelbau bereits anlässlich der Beisetzung errichtet wurde. Siehe Stadelmann, Snofru in Dahschur, S. 227.

429 Bei Dietrich Wildung werden 18 Totenpriester des Snofru genannt; die Belege für die meisten stammen aus der Nekropole von Dahschur. Ihre Gräber befinden sich nordwestlich des Pyramidenkomplexes Amenemhets II., wo auch das Grab des Kanefer liegt. Neben vier belegten Priesterämtern in Giza und einem in Abusir gibt es nur einen einzigen unsicheren Beleg für eine Priestertätigkeit in Meidum. Siehe Wildung, Rolle ägyptischer Könige, S. 105.

430 LÄ IV, »Priester«, Sp. 1084. Siehe auch LÄ V, »Pyramidenstadt«, Sp. 1of. »Gottesdiener« werden oftmals auch als »Propheten« bezeichnet. Die Totenpriester konnten auch für mehrere königliche Grabkomplexe verantwortlich sein, wie das Beispiel des Kar aus der 6. Dynastie zeigt. In den Grabräumen seiner Mastaba auf dem Giza-Plateau finden sich Titel wie »Aufseher der Pyramidenstädte des Cheops und Mykerinos«, »Priester der Pyramide des Chephren« und »Gärtner der Pyramide des Pepi I.«.

431 Siehe LÄ VI, »Totenpriester«, Sp. 680. Siehe auch bei Lehner, Weltwunder, S. 235 oder Verner, Pyramiden, S. 78. Die Rolle und die Funktion der »chentiu-sche« ist in der Ägyptologie nicht klar umrissen. Möglich, dass es sich dabei um die Bewohner der Pyramidenstädte handelte und sich aus ihren Reihen die Totenpriester rekrutierten. Siehe hierzu etwa Stadelmann, Die ägyptischen Pyramiden, S. 214.

432 Siehe Lehner, Weltwunder, S. 235, oder LÄ VI, »Totenpriester«, Sp. 680.

433 Siehe LÄ IV, »Priester«, Sp. 1086, und LÄ VI, »Totenpriester«, Sp. 680.

434 Lehner, Weltwunder, S. 235. Siehe auch LÄ IV, »Priester«, Sp. 1086.

435 Siehe LÄ VI, »Tempelwirtschaf:«, Sp. 415ff. Siehe auch Arnold, Tempel, S. 50ff. (mit einer Besoldungsliste der Priester am Taltempel der Pyramide Sesostris' II. von Illahun).

436 LÄ VI, »Tempelwirtschaft«, Sp. 416.

437 Das Dekret bestätigt von höchster Stelle aus die »Steuerfreiheit, die Befreiung von Kanal-, Fron- und Militärdienst« und verbietet gleichzeitig, dass »Prinzen und Angehörige des Königshauses oder der herrschenden Familien dort Häuser erwerben, um in den Genuß dieser Privilegien zu gelangen« (Stadelmann, Die ägyptischen Pyramiden, S. 215; siehe auch komplette Übersetzung und Kommentierung bei Goedicke, Edikt, S. 55-77, oder bei Borchardt, Königserlaß, S. 3ff.). Laut Rainer Stadelmann wirft besonders die Reglementierung des Erwerbs von Privatbesitz »ein Licht auf die Praktiken der Oberschicht der 6. Dynastie, welche die Könige umsonst einzudämmen versuchten«. (Stadelmann, Die ägyptischen Pyramiden, S. 215). So gesehen wirkt diese Stele wie ein kleiner prophetischer Wink auf die chaotischen Zustände, die gut 100 Jahre nach Pepi I. das Land heimsuchen und zum Untergang des Alten Reichs führen sollten.

438 Siehe LÄ V, »Pyramidenstadt«, Sp. 9. Siehe auch Wildung, Rolle ägyptischer Könige, S. 108, oder Edwards, S. 69. Im Alten Reich trugen die Pyramidenkomplexe und die dazugehörigen Pyramidenstädte dieselben Namen.

439 Persönliche Mitteilung von Nicole Alexanian und Stephan Seidlmayer an den Autor vom 22.5.2000. Rainer Stadelmann schließt offenbar die Möglichkeit nicht aus, dass diese Pyramidenstadt im Umfeld des Tempels am Aufweg der Knick-Pyramide gelegen hat. Siehe Stadelmann, Die ägyptischen Pyramiden, S. 88, Abb. 23. Siehe hierzu auch Kemp, S. 148.

440 Siehe zu den Namen der beiden Snofru-Pyramiden in Dahschur etwa in LÄ I, »Dahschur«, Sp. 984, und Wildung, Rolle ägyptischer Könige, S. 108.

441 Persönliche Mitteilung von Nicole Alexanian und Stephan Seidlmayer an den Autor vom 22.5.2000.

442 »Von oben gesehen ist L 50 eigentlich keine Erhebung im Gelände, sondern eine flache, fast quadratische, wannenartige Vertiefung mit einer umlaufenden, wulstigen Aufschüttung, die im Süden unter der modernen Asphaltstraße verschwunden, im Norden dagegen doppelt vorhanden ist, in Form einer zweiten ostwestlich verlaufenden höheren Bodenwelle.« Stadelmann/Sourouzian, S. 382f.

443 Borchardt, Königserlaß, S. 8.

444 Stadelmann/Sourouzian, S. 382f.

445 Hier zeigt sich eine Parallele zum Pyramidenkomplex des Djedefre (4. Dynastie), dessen Pyramide offenbar fertig gestellt, aber im Laufe der Jahrtausende fast vollständig ihrer Steine beraubt wurde, so dass heute nur noch eine riesige Ausschachtung und einige Steinreihen des Kernmauerwerks erhalten geblieben sind. Siehe Diskussion in Haase, Re, S. 56f.

446 Stadelmann, Die ägyptischen Pyramiden, S. 179.

447 Faltings, S. 135, Anm. 4.

448 Verner, Pyramiden, S. 416.

449 Stadelmann, Die ägyptischen Pyramiden, S. 203f.

450 Siehe Diskussion in Verner, Pyramiden, S. 410ff. Siehe auch Helck, Politische Gegensätze, S. 22ff., und Haase, Re, S. 208ff. und S. 228ff.

451 Verner, Pyramiden, S. 410, oder Stadelmann, in: Seidel/Schulz, S. 73 und S. 109.

452 Hornung, Geschichte, S. 40. Siehe auch Gundlach, S. 281.

453 Málek, S. 203ff.

454 Stadelmann, Die ägyptischen Pyramiden, S. 216.

455 Stadelmann, Die ägyptischen Pyramiden, S. 216.

456 Während die Grabanlage des Sesostris I. in den 80er Jahren ausgegraben und die Ergebnisse publiziert wurden (An der Pyramide Sesostris' I. »wurden mehr Spuren des Pyramidenbaus entdeckt als bei jedem anderen Monument«, Lehner, Weltwunder, S. 170; siehe vor

allem Arnold, Lisht), ist die Erforschung der Pyramide Amenemhets I. noch nicht abgeschlossen.

457 Siehe etwa bei Clayton, S. 78, oder bei Verner, Pyramiden, S. 419f. und S. 434.

458 Siehe Stadelmann, Die ägyptischen Pyramiden, S. 233, und Lehner, Weltwunder, S. 168.

459 Siehe Goedicke, Amenemhet I., S. 11ff., und allgemeine Betrachtungen in Stadelmann, Die ägyptischen Pyramiden, S. 233, Arnold, Zerstörungsgeschichte, S. 47, oder Verner, Pyramiden, S. 437. Siehe Foto eines verbauten Steinblocks mit Kartusche des Cheops in Lehner, Weltwunder, S. 169.

460 Stadelmann, Die ägyptischen Pyramiden, S. 234.

461 Siehe auch Bemerkung in Lehner, Weltwunder, S. 168.

462 Die Grabkammer liegt unterhalb des Grundwasserspiegels und ist bislang nicht von Archäologen betreten worden. Man hat heute keine Vorstellung davon, wie die unmittelbare Umgebung der Grabkammer aufgebaut ist und wie der untere Teil des Kammersystems strukturiert wurde. Siehe etwa Lehner, Weltwunder, S. 168f.

463 Stadelmann, Die ägyptischen Pyramiden, S. 234.

464 Arnold, Pyramidenbezirk, S. 12, Anm. 19.

465 Siehe hierzu auch Vermutung in Stadelmann/Sourouzian, S. 383f., Anm. 15.

466 Der Neigungswinkel und damit auch die Höhe der Pyramide konnten bislang nicht bestimmt werden.

467 Stadelmann, Die ägyptischen Pyramiden, S. 237.

468 Arnold, Pyramidenbezirk, S. 18.

469 Siehe Stadelmann, Die ägyptischen Pyramiden, S. 239f.

470 Siehe hierzu etwa Stadelmann, Die ägyptischen Pyramiden, S. 241, oder Lehner, Weltwunder, S. 176ff. Die 12. Dynastie erlebte einen Höhepunkt der Osiris-Verehrung in Abydos. Dort ließen sich neben Sesostris III. vermutlich noch weitere Könige dieser Dynastie »Scheingräber« errichten. Etwa zu jener Zeit wurde in Abydos das Grab des Königs Djer (1. Dynastie) am

Umm el-Qaab zum »Osiris-Grab« umgebaut und die alte Königsnekropole zum uneingeschränkten Wallfahrtsort des Osiris-Kults erhoben.

471 Siehe Arnold, Labyrinth, S. 4f., und Stadelmann, Die ägyptischen Pyramiden, S. 243.

472 Siehe etwa Lehner, Weltwunder, S. 177f., Miroslav Verner mit Bezug auf Dieter Arnold: »Handelt es sich nicht eher um die Grabkammer einer Königin als die eines Königs? Denn letztere sollte doch unter der Pyramidenmitte oder in deren unmittelbaren Nähe liegen!« (Verner, Pyramiden, S. 458). Im Gegensatz dazu Rainer Stadelmann: »Allerdings hat man aus Gründen der Sicherheit und Geheimhaltung des Einganges diesen auf die Westseite verlegt, wie auch die Sargkammer weit aus der Mitte der Pyramide nach Nordwesten verschoben ist.« (Stadelmann, Die ägyptischen Pyramiden, S. 243).

473 Beispielsweise wurde im Jahr 1994 unter dem südlichen Bereich der Pyramide das Grabkammersystem der Königsmutter Weret entdeckt. Siehe hierzu etwa bei Lehner, Weltwunder, S. 179.

474 Die Grabanlage Amenemhets III. wurde zwischen den Jahren 1978 und 1983 durch das DAI erforscht und dokumentiert. Siehe Arnold, Pyramidenbezirk.

475 Vielleicht wurde ihre Wahl durch die dortige logistische Situation begünstigt, da sie womöglich noch auf die alte Hafenanlage und die Infrastruktur aus der Snofru-Zeit zurückgreifen konnten.

476 Vermutlich wurden für die Errichtung der unterirdischen Kammersysteme auch senkrechte Schächte zur »besseren Belüftung, Beleuchtung, rascheren Entfernung des Aushubes und zur Einbringung des Verkleidungsmaterials und der Sarkophage« verwendet. Arnold, Pyramidenbezirk, S. 75.

477 Siehe ausführliche Beschreibung der Baukatastrophe in Arnold, Pyramidenbezirk, S. 83f.

478 Dieter Arnold: »Möglicherweise sind auch noch ande-

re lokale, uns bisher unbekannte Eigenschaften dieses speziellen Tonschiefers zum Zuge gekommen«. Arnold, Pyramidenbezirk, S. 84.

479 Dietrich Klemm: »Solche Verkarstungserscheinungen lassen sich im gesamten Kalksteingebirge zwischen Abu Roasch im Norden von Giza bis hin nach Luxor immer wieder nachweisen.« Persönliche Mitteilung von Dietrich Klemm an den Autor vom 31.5.2000.

480 Arnold, Pyramidenbezirk, S. 83. Laut Dieter Arnold hatte man wohl auch »ein zu großes Vertrauen in die Art der Deckenkonstruktionen der Innenräume gesetzt und selbst bei der Grabkammer des Königs keine Entlastungskonstruktionen mehr eingebaut, wie dies bei den Pyramiden des Alten Reiches üblich war«. Arnold, Pyramidenbezirk, S. 84.

481 Arnold, Pyramidenbezirk, S. 83.

482 »Gefährlich wurde die Situation in Räumen, die zu diesem Zeitpunkt noch keine Steinauskleidung und noch keine Decken erhalten hatten, also in den Korridoren des Südgrabes und Vorräumen der Königinnengräber, die jetzt vom Einsturz bedroht waren.« Arnold, Pyramidenbezirk, S. 83.

483 Arnold, Pyramidenbezirk, S. 83.

484 Arnold, Pyramidenbezirk, S. 84.

485 Im Jahr 1900 entdeckte man am Fuß der Pyramide Amenemhets III. in Dahschur den nahezu vollständig erhaltenen Abschlussstein. Das 1,31 Meter hohe und 1,87 Meter breite Pyramidion besteht aus schwarzem Granit oder Granodiorit, weist an allen vier Seiten Beschriftungen auf und befindet sich heute im Ägyptischen Museum in Kairo.

486 Dieter Arnold hat die Vermutung geäußert, dass man für »die kultisch notwendigen Einrichtungen, die aus dem Pyramideninneren verschwanden« im Gegenzug in den umfangreichen Oberbauten des Pyramidenbezirks, vor allem im Bereich des Totentempels, der vom griechischen Historiker Herodot als »Labyrinth« bezeich-

net wurde, Ersatz schuf. Siehe Arnold, Pyramidenbezirk, S. 86.

487 Diese Wanne wurde in eine in den Untergrund gemeißelte Grube eingelassen, deren stufenweise aufgebauten
Seitenbereiche die Basis für die zusätzlichen, darüber
liegenden Deckenkonstruktionen bildeten.

488 »Bei einem Druck von oben«, so Dieter Arnold über
die gesamte Konstruktion, »hätten sich also hier keine
einzelnen Partien mehr senken können, sondern nur
noch die gesamte Kammer« (Arnold, Pyramidenbezirk,
S. 86). In der Kammer befanden sich neben dem
nischendekorierten Quarzitsarkophag des Königs auch
ein weiterer kleinerer Sarg, der vermutlich der Prinzessin Neferu-Ptah gehörte, und zwei Kanopen-Truhen
(siehe Stadelmann, Die ägyptischen Pyramiden, S. 248).

489 Arnold, Pyramidenbezirk, S. 86.

490 Siehe Stadelmann, Die ägyptischen Pyramiden, S. 250ff.

491 Verner, Pyramiden, S. 475.

492 Die Könige jener Epoche stammten aus verschiedenen
Familienclans, sollen teilweise sogar aus den Reihen des
Militärs und der Beamten an die Macht gekommen sein.
Siehe hierzu Verner, Pyramiden, S. 475, und Clayton,
S. 90ff.

493 Stadelmann, Die ägyptischen Pyramiden, S. 249.

494 Siehe etwa Stadelmann/Alexanian, S. 312f.

495 »Hyksos« ist (nach Manetho) die griechische Form der
ägyptischen Bezeichnung »Heka-Chasut«, »Herrscher
der Fremdländer«, wie die Könige der 15. und 16.
Dynastie auch im Turiner Königspapyrus genannt werden. Siehe Helck/Otto, Kleines Lexikon, »Hyksos«,
S. 129.

496 Nachdem die alte Metropole Memphis und bald danach
auch die Hauptstadt Ity-tawi unter ihrem Ansturm fielen, wurden im Sog der Aggression vermutlich auch
wieder diverse Grabanlagen auf den Pyramidenfeldern
geplündert und zerstört. Die Hyksos richteten sich
offenbar nicht im Raum Memphis ein, sondern ope-

rierten »vorzugsweise von Stützpunkten im östlichen Delta« aus. Siehe Clayton, S. 94.

497 Siehe Beckerath, Chronologie, S. 189. Ob sich die Hyksos-Könige auch in Pyramiden bestatten ließen, ist ungewiss, aber nicht vollkommen auszuschließen. Falls dies der Fall war, wird man ihre Ruinen sicherlich in der Nähe ihrer Hauptstadt bei Tell el-Daba zu suchen haben.

498 Stadelmann, Die ägyptischen Pyramiden, S. 258. Siehe auch Gamer-Wallert, S. 321f.

499 Siehe etwa bei Clayton, S. 96f.

500 Eine kleine Renaissance erlebten die altägyptischen Königspyramiden etwa 800 Jahre später in Nubien, wo sich die über ganz Ägypten herrschenden Könige von Napata (25. Dynastie) in Kurru ihre Grabanlagen errichten ließen. Hier war die sehr steile pyramidale Grabform aber auch der dortigen Oberschicht gestattet. Auf dem Königsfriedhof von Meroe wurden allem Anschein nach noch bis ins vierte nachchristliche Jahrhundert kleine Pyramidengräber errichtet. Siehe etwa Stadelmann, Die ägyptischen Pyramiden, S. 261ff.

501 Es gibt Hinweise darauf, dass sich die Verwendung der Pyramidenform im Grabkult noch bis in die 26. Dynastie fortsetzte und demnach in Theben noch bis ins 6. Jahrhundert v. Chr. die Gräber höherer Beamten mit Pyramiden versehen wurden. Siehe Gamer-Wallert, S. 326f.

Literatur

Abkürzungen:
ÄA: Ägyptologische Abhandlungen, Wiesbaden
ÄF: Ägyptologische Forschungen, Glückstadt
ACER: The Australian Centre of Egyptology Report, Sydney
ASAE: Annales du Service des Antiquités, Kairo
AV: Archäologische Veröffentlichungen, Deutsches Archäologisches Institut, Abteilung Kairo, Berlin/Mainz
BdE: Bibliothèque d'Etude, Institut Français d'Archéologie Orientale, Kairo
BäBA: Beiträge zur ägyptischen Bauforschung und Altertumskunde, Zürich/Kairo/Wiesbaden
BSEA: British School of Egyptian Archaeology, London (bis 1940 BSAE)
EA: Egyptian Archaeology. The Bulletin of the Egypt Exploration Society, London
GM: Göttinger Miszellen, Göttingen
HÄB: Hildesheimer Ägyptologische Beiträge, Hildesheim
HDÄ: Habelts Dissertationsdruck Reihe Ägyptologie, Bonn
JARCE: Journal of the American Research Center in Egypt, Boston
JEA: Journal of Egyptian Archaeology, London
JNES: Journal of Near Eastern Studies, Chicago
KMT: KMT. A Modern Journal of Ancient Egypt, Sebastopol
LÄ: Lexikon der Ägyptologie, Wiesbaden
MÄS: Münchner Ägyptologische Studien, Berlin/Mainz

MDAIK: Mitteilungsblatt des Deutschen Archäologischen
Instituts Kairo, Berlin/Wiesbaden/Mainz (bis
1980: MDIK)
MMAF: Mémoires publiés par les Membres de la Mission
Archéologique Française au Cairo, Paris
RdE: Revue d'Égyptologie, Kairo/Paris
SAK: Studien für Altägyptische Kultur, Hamburg
SDAIK: Sonderdruck des Deutschen Archäologischen Insti-
tuts Kairo, Mainz
UGAÄ: Untersuchungen zur Geschichte und Altertums-
kunde Ägyptens, Leipzig/Berlin/Hildesheim
ZÄS: Zeitschrift für Ägyptische Sprache und Altertums-
kunde, Leipzig/Wiesbaden.

Adly, S. el-, *Das Gründungs- und Weiheritual des ägypti-
schen Tempels von der frühgeschichtlichen Zeit bis zum
Ende des Neuen Reiches*, Tübingen 1981.
Aigner, Th., *Zur Geologie und Geoarchäologie des Pyra-
midenplateaus von Giza, Ägypten*, in: Natur und Muse-
um, Nr. 112, Frankfurt a. M. 1982, S. 377–388.
Alexanian, N., *Dahschur II. Das Grab des Prinzen Netjer-
aperef. Die Mastaba II/1 in Dahschur*, in: AV 56, Mainz
1999.
Alexanian, N., *Die Mastaba II/1 in Dahschur-Mitte*, in:
SDAIK 28, 1995, S. 1–18.
Alexanian, N., *Ritualrelikte an Mastabagräbern des Alten
Reiches*, in: Stationen. Beiträge zur Kulturgeschichte
Ägyptens, Festschrift Rainer Stadelmann, Mainz 1998, S.
3–22.
Alexanian, N./Seidlmayer, S., *Die Nekropole von Dahschur,
Forschungsgeschichte und Perspektiven*, in: Bárta,
M./Krejčí, J. (Hrsg.), *Abusir and Saqqara in the Year
2000*, Archiv orientální, Supplemetum, Prag 2000, im
Druck.
Altenmüller, H., *Die Texte zum Begräbnisritual in den
Pyramiden des Alten Reiches*, in: ÄA 24, 1972, S.
174–272.

Altenmüller, H., *Zur Frage der Muw*, in: SAK 2, 1975, S. 1–11.

Altenmüller, H., *Zur Vergöttlichung des Königs Unas im Alten Reich*, in: SAK 1, 1974, S. 1–18.

Andrassy, P., *Die hntjw-š im Alten Reich*, in: HÄB 37, 1994, S. 3–12.

Andrassy, P., *Zur Struktur der Verwaltung des Alten Reiches*, in: ZÄS 118, 1991, S. 1–10.

Anthes, R., *Was veranlaßte Chefren zum Bau des Tempels vor der Sphinx?*, in: BäBA 12. Wiesbaden 1971.

Arnold, D., *Building in Egypt. Pharaonic Stone Masonry*, Oxford 1991.

Arnold, D., *Dahschur. Dritter Grabungsbericht*, in: MDAIK 36, 1980, S. 15–21.

Arnold, D., *Der Pyramidenbezirk des Königs Amenemhet III. in Dahschur, Band 1, Die Pyramide*, in: AV 53, Mainz 1987.

Arnold, D., *Rituale und Pyramidentempel*, in: MDAIK 33, 1977, S. 1–14.

Arnold, D., *The South Cemeteries of Lisht, Band 1, The Pyramid of Senwosret I.*, New York 1988.

Arnold, D., *Überlegungen zum Problem des Pyramidenbaus*, in: MDAIK 37, 1981, S. 15–37.

Arnold, D., *Zur Zerstörungsgeschichte der Pyramiden*, in: MDAIK 47, 1991, S. 21–26.

Arnold, D./Oppenheim, A., *Reexcavating the Senwosret III Pyramid Complex at Dahshur*, in: KMT 6.2, 1995, S. 44–56.

Arnold, D./Oppenheim, A., *Two New Mastabas of the Twelfth Dynasty at Dahschur*, in: Egyptian Archaeology 9, 1996, S. 23–25.

Arnold, D./Stadelmann, R., *Dahschur. Erster Grabungsbericht*, in: MDAIK 31,2, 1975, S. 169–174; *Dahschur. Zweiter Grabungsbericht*, in: MDAIK 33, 1977, S. 15–20.

Arnold, Do., *Keramikbearbeitung in Dahschur 1976-1981*, in: MDAIK 38, 1982, S. 25–65.

Arnold, Do., *Zur Keramik aus dem Taltempelbereich der*

Pyramide Amenembets III. in Dahschur, in: MDAIK 33, 1977, S. 21–26.

Arnold, F., *Die Priesterhäuser der Chentkaues in Giza. Staatlicher Wohnungsbau als Interpretation der Wohnvorstellungen für einen »Idealmenschen«,* in: MDAIK 54, 1998, S. 1–18.

Assmann, J., *Ägypten. Theologie und Frömmigkeit einer frühen Hochkultur,* Mainz 1984.

Balcz, H., *Die Gefäßdarstellungen des Alten Reiches,* in: MDAIK 3, 1932, S. 50–114.

Balcz, H., *Zur Datierung der Mastaba des Snofru-ini-ištef in Dahšûr,* in: ZÄS 67, 1931, S. 9–15.

Barsanti, A., *Rapport sur la fouille de Dahchour,* in: ASAE 3, Kairo 1902, S. 198–205.

Barta, W., *Bemerkungen zur Chronologie der 6. bis 11. Dynastie,* in: ZÄS 108, 1981, S. 23–33.

Barta, W., *Die Bedeutung der Pyramidentexte für den verstorbenen König,* in: MÄS 39, München 1981.

Barta, W., *Die Chronologie der 1. bis 5. Dynastie nach den Angaben des rekonstruierten Annalensteins,* in: ZÄS 108, 1981, S. 11–22.

Barta, W., *Funktion und Lokalisierung der Zirkumpolarsterne in den Pyramidentexten,* in: ZÄS 107, 1980, S. 1–4.

Barta, W., *Thronbesteigung und Krönungsfeier als unterschiedliche Zeugnisse königlicher Herrschaftsübernahme,* in: SAK 8, 1980, S. 33–53.

Barta, W., *Untersuchungen zur Göttlichkeit des regierenden Königs.* Ritus und Sakralkönigtum in Altägypten nach Zeugnissen der Frühzeit und des Alten Reiches, in: MÄS 32, München 1975.

Barta, W., *Zu den Schilfbündelsprüchen der Pyramidentexte,* in: SAK 2, 1975, S. 39–48.

Batrawi, A., *The Skeletal Remains from the Northern Pyramid of Sneferu,* in: ASAE 51, 1951, S. 435–440.

Beckerath, J. v., *Chronologie des pharaonischen Ägyptens,* in: MÄS 46, 1997.

Beckerath, J. v., *Untersuchungen zur politischen Geschichte der zweiten Zwischenzeit*, in: ÄF 23, Glückstadt 1964.

Boehmer, R. M./Dreyer, G./Kromer, B., *Einige frühzeitliche
^{14}C-Datierungen aus Abydos und Uruk*, in: MDAIK 49,
1993, S. 63-67.

Borchardt, L., *Das Grabmal des Königs Nefer-ir-ka-re*, Leipzig 1909

Borchardt, L., *Das Grabmal des Königs Ne-user-re*, Leipzig
1907

Borchardt, L., *Das Grabdenkmal des Königs Sa-hu-re*, Leipzig 1910–13.

Borchardt, L., *Die Entstehung der Pyramide an der Baugeschichte der Pyramide bei Mejdum nachgewiesen*, Berlin
1928.

Borchardt, L., *Ein Königserlaß aus Dahschur*, in: ZÄS 42,
1905, S. 1–11.

Brinks, J., *Die Entwicklung der königlichen Grabanlagen
des Alten Reiches*, in: HÄB 10, Hildesheim 1979.

Brinks, J., *Einiges zum Bau der Pyramiden des Alten Reiches*, in: GM 78, 1984, S. 33–48.

Brunner-Traut, E., *Altägyptische Märchen*, Reinbek 1991.

Clarke, S./Engelbach, R., *Ancient Egyptian Masonry*, London 1930.

Clayton, P.A., *Die Pharaonen*, Düsseldorf 1995.

Davies, V./Friedmann, R., *Unbekanntes Ägypten. Mit neu-
en Methoden alten Geheimnissen auf der Spur*, Stuttgart
1999.

Dodson, A., *From Dahshur to Dra Abu el-Naga. The De-
cline and Fall of the Royal Pyramid*, in: KMT 5.3, 1994,
S. 25–39.

Dodson, A., *The Strange Affair of Dr. Muses or the Disco-
very of the Pyramid of Amemy-Qemau*, in: KMT 8.3,
1997, S. 60–63.

Dodson, A., *The Tombs of the Kings of the Early Eighteenth
Dynasty*, in: ZÄS 115, 1988, S. 110-123.

Dodson, A., *The Tombs of the Kings of the Thirteenth Dynasty in the Memphite Necropolis*, in: ZÄS 114, 1987, S.
36–45.

Dodson, A./Swelim, N., *On the Pyramid of Ameny-Qemau and its Canopic Equipment*, in: MDAIK 54, 1998, S. 319–334.

Dorner, *Die Form der Knickpyramide*, in: GM 126, 1992, S. 39–45.

Dorner, J., *Form und Ausmaße der Knickpyramide*, in: MDAIK 42, 1986, S. 43–58.

Dorner, J., *Neue Messungen an der Roten Pyramide*, in: Stationen. Beiträge zur Kulturgeschichte Ägyptens, Festschrift Rainer Stadelmann, Mainz 1998, S. 23–30.

Drenkhahn, R., *Die Handwerker und ihre Tätigkeiten im Alten Ägypten*, in: ÄA 31, Wiesbaden 1976.

Dreyer, G., *Der erste König der 3. Dynastie*, in: Stationen. Beiträge zur Kulturgeschichte Ägyptens, Festschrift Rainer Stadelmann, Mainz 1998, S. 30–34.

Dreyer, G./Kaiser, W., *Zu den kleinen Stufenpyramiden Ober- und Mittelägyptens*, in: MDAIK 36, 1980, S. 43–95.

Dreyer, G./Swelim, N., *Die kleine Stufenpyramide von Abydos-Süd (Sinki), Grabungsbericht*, in: MDAIK 38, 1982, S. 83–95.

Dreyer, G./Hartung, U./Hikade, T./Köhler, E.C./Müller, V./Pumpenmeier, F., *Umm el-Qaab, Nachuntersuchungen im frühzeitlichen Königsfriedhof, 9./10. Vorbericht*, in: MDAIK 54, 1998, S. 77–167.

Edwards, I.E.S., *Die Ägyptischen Pyramiden*, Wiesbaden 1967.

Eger, C., *Steingeräte aus dem Umfeld der Roten Pyramide in Dahschur*, in: MDAIK 50, 1994, S. 35–42.

Eggebrecht, A. (Hrsg.), *Das Alte Reich. Ägypten im Zeitalter der Pyramiden*, Katalog des Roemer- und Pelizaeus-Museums, Hildesheim 1986.

Eichler, E., *Untersuchungen zum Expeditionswesen des ägyptischen Alten Reiches*, in: Göttinger Orientforschungen, IV. Reihe, Band 26, Wiesbaden 1993.

el-Khouli, A., *Meidum*, in: ACER 3, Sydney 1991.

Emery, W. B., *Great Tombs of the First Dynasty*, 3 Bände, Kairo 1949–1958.

Emery, W. B., *Preliminary Report on the Excavations at North Saqqara 1964–5*, in: The JEA 51, 1965, S. 3–8.

Emery, W. B., *The Tomb of Hemaka*, Kairo, 1938.

Engelmann, H./Hallof, J., *Zur medizinischen Nothilfe und Unfallversorgung auf staatlichen Arbeitsplätzen im alten Ägypten*, in: ZÄS 122, 1995, S. 104–136.

Erman, A. (Hrsg.), *Die Märchen des Papyrus Westcar*, Band 1, 1890.

Fakhry, A., *The Excavation of Snefru's Monuments at Dahshur. Second Preliminary Report*, in: ASAE 52, 1954, S. 563–594.

Fakhry, A., *The Monuments of Sneferu at Dahshur*, 2 Bände, Kairo 1959/1961.

Fakhry, A., *The Southern Pyramid of Snefru*, in: ASAE 51, 1951, S. 509–522.

Fakhry,. A., *The Pyramids*, Chicago 1961.

Faltings, D., *Die Keramik aus den Grabungen an der nördlichen Pyramide des Snofru in Dahschur*, in: MDAIK 45, 1989, S. 133–154.

Gamer-Wallert, I., *Verkannte Weltwunder. Pyramiden im oberägyptischen Theben*, in: Antike Welt 4/1997, S. 319–327.

Gardiner, A., *Geschichte des Alten Ägypten*, Augsburg 1994.

Goedicke, H., *Das Verhältnis zwischen königlichen und privaten Darstellungen im Alten Reich*, in: MDAIK 15, 1957, S. 57–67.

Goedicke, H., *Ein königliches Bestattungszertifikat: Pyramiden-Spruch 303*, in: SAK 22, 1995, S. 131–143.

Goedicke, H., *Königliche Dokumente aus dem Alten Reich*, in: ÄA 14, 1967, S. 55-77.

Goedicke, H., *Re-used Blocks from the Pyramid of Amenemhet I at Lisht*, Katalog des Metropolitan Museum of Art, New York 1971.

Goneim, Z., *Horus Sekhem-khet. The Unfinished Step Pyramid at Saqqara*, Band 1, Saqqara 1957.

Goyon, G., *Die Cheops-Pyramide*, Augsburg 1990.

Graefe, E., *Mittelägyptische Grammatik für Anfänger*, Wiesbaden 1994.

Grdseloff, B., *Das ägyptische Reinigungszelt*, Kairo 1941.

Greven, L., *Der Ka in Theologie und Königskult der Ägypter des Alten Reiches*, in: ÄF 17, Glückstadt/Hamburg/New York 1952.

Grimm, A., *Titel und Vermerke in den Pyramidentexten*, in: SAK 13, 1986, S. 99–106.

Gundlach, R., *Der Pharao und sein Staat*, Darmstadt 1998.

Haas, H./Devine, J./Wenke, R./Lehner, M./Wölfli, W./Bonani, G., *Radiocarbon Chronology and the Historical Calendars in Egypt*, in: Chronologies in the Near East, Bar International Series 379, Lyon 1987, S. 585–606.

Haase, M., *Cheops Erben*, in G.R.A.L. 1/1997, S. 52–61.

Haase, M., *Das Geheimnis der zwei Kammersysteme. Bemerkungen zur größten Katastrophe im ägyptischen Pyramidenbau*, in G.R.A.L. 3/1997, S. 176–189.

Haase, M., *Das Rätsel des Cheops*. München 1998.

Haase, M., *Im Schatten der Pyramiden*, in G.R.A.L. 3/1996, S. 202–210.

Haase, M., *Im Zeichen des Re*, München 1999.

Haase, M., *Imhoteps letzte Ruhestätte*, in: G.R.A.L. 4/1997, S. 224–226.

Hampikian, N., *How Was the Pyramidion Placed at the Top of Khufu Pyramid?*, in: Stationen. Beiträge zur Kulturgeschichte Ägyptens, Festschrift Rainer Stadelmann, Mainz 1998, S. 47–51.

Hartung, U., *Bemerkungen zur Chronologie der Beziehungen Ägyptens zu Südkanaan in spätprädynastischer Zeit*, in: MDAIK 50, 1994, S. 107–113.

Hassan, A., *Waren die Außenseiten der Pyramiden in Giza farbig?*, in: MDAIK 28,2, 1973, S. 153–155.

Hassan, S., *Excavations at Giza*, 10 Bände, Oxford und Kairo 1929–1960.

Hawass, Z./Verner, M., *Newly Discovered Blocks from the Causeway of Sahure*, in: MDAIK 52, 1996, S. 177–186.

Heisel, J.P., *Antike Bauzeichnungen*, Darmstadt 1993.

Helck, W., *Bemerkungen zu den Pyramidenstädten im Alten Reich*, in: MDAIK, 15, 1957, S. 91–111.

Helck, W., *Der Name des letzten Königs der 3. Dynastie und die Stadt Ehnas*, in: SAK 4, 1976, S. 125-130.

Helck, W., *Die »Weihinschrift« aus dem Taltempel des Sonnenheiligtums des Königs Neuserre bei Abu Gurob*, in: SAK 5, 1977, S. 47–77.

Helck, W., *Die Männer hinter dem König und die Königswahl*, in: ZÄS 121, 1994, S. 36–51.

Helck, W., *Gedanken zum Mord an König Teti*, in: Essays in Egyptology, Festschrift H. Goedicke, San Antonio, 1994, S. 103–112.

Helck, W., *Geschichte des Alten Ägypten*, in: Handbuch der Orientalistik, 1. Abt., Band 1, 3. Abschnitt, Leiden/Köln 1981.

Helck, W., *Politische Gegensätze im alten Ägypten*, in: HÄB 23, Hildesheim 1986.

Helck, W., *Untersuchungen zu den Beamtentiteln des ägyptischen Alten Reiches*, in: ÄF 18, Hamburg 1954.

Helck, W., *Untersuchungen zu Manetho und den ägyptischen Königslisten*, in: UGAÄ 18, Berlin 1956.

Helck, W., *Untersuchungen zur Thinitenzeit*, in: ÄA 45, Wiesbaden 1987.

Helck, W., *Wirtschaftsgeschichte des Alten Ägypten im 3. und 2. Jahrtausend vor Chr.*, in: Handbuch der Orientalistik, 1. Abt. Der Nahe und Mittlere Osten, 1. Band, Ägyptologie, Köln 1975.

Helck, W., *Zu den »Talbezirken« in Abydos*, in: MDAIK 28,1, 1972, S. 95–99.

Helck, W., *Zur Entstehung des Westfriedhofes an der Cheops-Pyramide*, in: ZÄS 121, 1994, S. 36–51.

Helck, W./Otto, E., *Lexikon der Ägyptologie*, 6 Bände, Wiesbaden 1975-1986; Band 7 (Nachträge/Korrekturen), Wiesbaden 1992.

Herodot, *Historien*, I u. II, übersetzt von A. Horneffer, Stuttgart 1971.

Hoffmeier, J.K., *The Use of Basalt in Floors of Old Kingdom Pyramid Temples*, in: JARCE 30, 1993, S. 117–123.

Hölscher, U., *Das Grabdenkmal des Königs Chephren*, Leipzig 1912.

Hornung, E., *Der Eine und die Vielen. Ägyptische Gottesvorstellungen*, Darmstadt 1993.

Hornung, E., *Einführung in die Ägyptologie*, Darmstadt 1984.

Hornung, E., *Geist der Pharaonenzeit*, München 1992.

Hornung, E., *Grundzüge der Ägyptischen Geschichte*, Darmstadt 1988.

Isler, M., *An Ancient Method of Finding an Extending Direction*, in: JARCE 26, 1989, S. 191-206.

Isler, M., *The Gnomon in Egyptian Antiquity*, in: JARCE 28, 1991, S. 155–185.

Jacquet-Gordon, H.K., *Les Noms des Domaines Funéraires sous l'Anvien Empire Egyptien*, in: BdE 34, Kairo 1962.

Jánosi, P., *Bemerkungen zu den Nordkapellen des Alten Reiches*, in: SAK 22, 1995, S. 145–168.

Jánosi, P., *Bemerkungen zur Regierung des Schepseskaf*, in: GM 141, 1994, S. 49–54.

Jánosi, P., *Die Entwicklung und Deutung des Totenopferraumes in den Pyramidentempeln des Alten Reiches*, in: HÄB 37, 1994, S. 143–163.

Jánosi, P., *Die Grabanlage der Königin Hetepheres II.*, in: ZÄS 123, 1996, S. 46–62.

Jánosi, P., *Die Pyramidenanlagen der Königinnen*, Wien 1996.

Jeffreys, D., *A new survey of Saqqara*, in: EA 16, 2000, S. 3–5.

Jeffreys, D./Tavares, A., *The Historic Landscape of Early Dynastic Memphis*, in: MDAIK 50, 1994, S. 143–170.

Jenni, H., *Der Papyrus Westcar*, in: SAK 25, 1998, S. 113–141.

Jéquier, G., *Douze ans de fouilles dans la nécropole memphite 1924-1936*, Neuchâtel 1940.

Jéquier, G., *Le Mastaba Faraoun*, Kairo 1928.

Jéquier, G., *Rapport préliminaire sur les fouilles executées en 1924–1925 dans la partie méridionale de la nécropole memphite*, in: ASAE 25, 1925, S. 56–61.

Jones, M., *A Roman Station at Abu Rawash*, in: MDAIK 52, 1996, S. 251–255.

Junker, H., *Grabungen auf dem Friedhof des Alten Reiches bei den Pyramiden von Giza*, Bericht der Akademie der Wissenschaften in Wien, 12 Bände, Nr. 69–75, Wien und Leipzig 1929–1955.

Junker, H., *Von der ägyptischen Baukunst des Alten Reiches. Die Stilwandlungen während des Alten Reiches*, in: ZÄS 63, 1928, S. 1–14.

Kahl, J./Kloth, N./Zimmermann, U., *Die Inschriften der 3. Dynastie*, in: ÄA 56, 1995.

Kaiser, W., *Zu den Granitkammern und ihren Vorgängerbauten unter der Stufenpyramide und im Südgrab von Djoser*, in: MDAIK 53, 1997, S. 195–207.

Kaiser, W., *Zu den königlichen Talbezirken der 1. und 2. Dynastie in Abydos und zur Baugeschichte des Djoser-Grabmals*, in: MDAIK 25, 1969, S. 1–21.

Kaiser, W., *Zu den Königsgräbern der 1. Dynastie in Umm el-Qaab*, in: MDAIK 37, 1981, S. 247–254.

Kaiser, W., *Zu den Sonnenheiligtümern der 5. Dynastie*, in: MDAIK 38, 1982, S. 211–268.

Kaiser, W., *Zur Entstehung der Mastaba des Alten Reiches*, in: Stationen. Beiträge zur Kulturgeschichte Ägyptens, Festschrift Rainer Stadelmann, Mainz 1998, S. 73–86.

Kaiser, W., *Zur Entstehung des gesamtägyptischen Staates*, in: MDAIK 46, 1990, S. 287–299.

Kaiser, W./Dreyer, G., *Umm el-Qaab. Nachuntersuchungen im frühzeitlichen Königsfriedhof. 2. Vorbericht.* in: MDAIK 46, 1990, S. 287–299.

Kaiser, W./Dreyer, G./Grossmann, P./Mayer, W./Seidlmayer, S., *Stadt und Tempel von Elephantine*, in: MDAIK 36, 1980, S. 245–291.

Kees, H., *Totenglauben und Jenseitsvorstellungen der alten Ägypter*, Berlin 1977.

Kemp, J.K., *Ancient Egypt. Anatomy of a Civilization*, London 1991.

Klemm, R./Eichler, E., *Neue Expeditionsinschriften aus der Ostwüste Oberägyptens*, in: MDAIK 54, 1998, S. 245–249.

Klemm, R./Klemm, D.D, *Herkunftsbestimmung altägyptischen Steinmaterials*, in: SAK 7, 1979.

Klemm, R./Klemm, D.D., *Steine und Steinbrüche im Alten Ägypten*, Berlin 1993.

Klemm, R./Klemm, D.D./Murr, A., *Zur Lage und Funktion von Hafenanlagen an den Pyramiden des Alten Reiches*, in: SAK 26, 1998, S. 173–189.

Koch, K., *Erwägungen zu den Vorstellungen über Seelen und Geister in den Pyramidentexten*, in: SAK 11, 1984.

Krauss, R., *Astronomie in den Pyramidentexten*, in: G.R.A.L. 1/1995, S. 8–16.

Krauss, R., *Astronomische Konzepte und Jenseitsvorstellungen in den Pyramidentexten*, in: ÄA 59, Wiesbaden 1997.

Krauss, R., *Chronologie und Pyramidenbau in der 4. Dynastie*, in: Orientalia 66, Rom 1997, S. 1–14.

Krauss, R., *The Length of Sneferu's Reign and how long it took to build the ›Red Pyramid‹*, in: JEA 82, 1996, S. 43–50.

Krauss, R., *Zur Berechnung der Bauzeit an Snofrus Roter Pyramide*, in: ZÄS 125, 1998, S. 29–37.

Kuhlmann, K.P., *Die Stadt als Sinnbild der Nachbarschaft*, in: MDAIK 47, 1991, S. 217–226.

Lauer, J.-Ph., *Das Geheimnis der Pyramiden*, München 1980.

Lauer, J.-Ph., *Die Königsgräber von Memphis*, Bergisch-Gladbach 1988.

Leca, A.-P., *Die Mumien*, Düsseldorf 1984.

Lehner, M., *Das erste Weltwunder. Die Geheimnisse der ägyptischen Pyramiden*, Düsseldorf, 1997.

Lehner, M., *Niches, Slots, Grooves and Stains: Internal Frameworks in the Khufu Pyramid?*, in: Stationen. Beiträge zur Kulturgeschichte Ägyptens, Festschrift Rainer Stadelmann, Mainz 1998, S. 101–113.

Lehner, M., *The ARCE Sphinx Project. A Preliminary Report*, in: JARCE 112, 1980.

Lehner, M., *The Development of the Giza Necropolis. The Khufu Project*, in: MDAIK 41, 1985, S. 109–143.

Lehner, M., *The Pyramid Tomb of Hetep-heres and the Satellite Pyramid of Khufu*, in: SDAIK 19, 1985, S. 109–143.

Lepsius, K.R., *Denkmäler aus Ägypten und Äthiopien*, 12 Bände und Ergänzungsband, Berlin 1848–1858, Leipzig 1913.

Lepsius, K.R., *Denkmäler aus Ägypten und Äthiopien*, Text. Hrsg. von E. Naville, 5 Bände, Leipzig 1897–1913.

Málek, J., *King Merykare and his Pyramid*, in: Hommages à Jean Leclant IV, Kairo 1994, S. 203–214.

Maragioglio, V./Rinaldi, C.A., *L'Architettura delle Piramidi Menfite*, Band II-VIII, zzgl. Kartenbände, Turin/Rapallo 1963–1977.

Maragioglio, V./Rinaldi, C.A., *Note sulla piramide di Ameny Aamu*, in: Orientalia 37, Rom 1968, S. 325–338.

Maragioglio, V./Rinaldi, C.A., *Notizie sulle piramidi di Zedefra, Zedkara, Isesi, Teti*, Turin 1962.

Martin, G.T., *Excavations in the sacred animal necropolis at North Saqqara, 1972-3: Preliminary Report*, in: JEA 60, 1974, S. 15–29.

Martin-Pardey, E., *Untersuchungen zur altägyptischen Provinzialverwaltung bis zum Ende des Alten Reiches*, in: HÄB 1, Hildesheim 1976.

Maspero, G., *Trois années de fouilles dans les tombeaux de Thèbes et de Memphis 1881–1884*, in: MMAF I.2, Paris 1885, S. 189–191.

Mathieson, I./Tavares, A./Jeffreys, D., *Sensing the past*, in: EA 6, 1995, S. 26–27.

Moores, R.G., *Evidence for Use of a Stone-Cutting Drag Saw by the Fourth Dynasty Egyptians*, in: JARCE 28, 1991, S. 139–148.

Morgan, J. de, *Fouilles à Dahchour en Mars-Juin 1894,*

Vienne 1895; *Fouilles à Dahchour en 1894–1895*, Vienne 1903.

Moursi, M.I., *Die Hohenpriester des Sonnengottes von der Frühzeit Ägyptens bis zum Ende des Neuen Reiches*, in: MÄS 26, Berlin 1972.

Müller, H. W., *Gedanken zur Entstehung, Interpretation und Rekonstruktion ältester ägyptischer Monumentalarchitektur*, in: SDAIK 18, 1985, S 7—33.

Murray, M.A., *Saqqara Mastaba*, Band 1, Kairo 1905.

Mustapha, H., *The Surveying of the Bent Pyramid at Dahshur*, in: ASAE 52, 1954, S. 595–602.

Myśliwiec, K., *A new mastaba, a new vizier*, in: EA 3, 1998, S. 37-39.

Neugebauer, O., *The Origin of the Egyptian Calender*, in: JNS 1, Chicago 1942.

Neugebauer, O./Parker, R.A., *Egyptian Astronomical Texts*, 2 Bände, Providence und London 1960–64.

Neugebauer, O./Stenzel, J./Toeplitz, O. (Hrsg.), *Quellen und Studium zur Geschichte der Mathematik*, Band 1, Mathematischer Papyrus des Staatlichen Museums der Schönen Künste in Moskau, Struwe, W.W. (Hrsg. und Kommentar), Würzburg 1930.

O'Connor, D., *The Earlist Royal Boat Graves*, in: EA 6, 1995, S. 3–7.

Obadálek, J., *Einige Erkenntnisse über die Pyramide von Medum*, in: ZÄS 107, 1980, S. 63–71.

Osing, J., *Zur Disposition der Pyramidentexte des Unas*, in: MDAIK 42, 1986, S. 131–144.

Parker, R. A., *The Calenders of Ancient Egypt*, Chicago 1950.

Peet, E., *The Rhind mathematical papyrus*, Liverpool 1923.

Perring, J.S., *The Pyramids of Gizeh*, 3 Bände, London 1839–1842.

Petrie, W.M.F., *A Season in Egypt 1897*, London 1888.

Petrie, W.M.F., *Illahun, Kahun and Gurob*, London 1891.

Petrie, W.M.F., *Kahun, Gurob and Hawara*, London 1890.

Petrie, W.M.F., *Medum*, London 1892.

Petrie, W.M.F., *The Pyramids and Temples of Gizeh*, London 1883.

Petrie, W.M.F./Mackay, E./Wainwright, G. A., *Meydum and Memphis III*, in: BSAE 18, 1910, S. 1–36.

Petrie, W.M.F./Mackay, E./Wainwright, G. A., *The Labyrinth, Gerzeh and Mazghuneh*, in: BSAE 21, 1912, S. 41–55.

Porter, B./Moss, R.L.B., *Topographical Bibliography of Ancient Egyptian Hieroglyphic Texts, Reliefs and Paintings*, 7 Bände, Oxford 1927–52, 1960ff.

Porter, B./Moss, R.L.B./Málek, J., *Topographical Bibliography of Ancient Egyptian Hieroglyphic Texts, Reliefs and Paintings III*, Oxford 1974².

Posener-Kriéger, P., *Les archives du temple funéraire de Néferirkarê-Kakai. Les papyrus d'Abousir*, 2 Bände, in: BdE 65 (1,2), Kairo 1976.

Quibell, J.E., *Archaic Mastabas*, Saqqara 1912–1914.

Quibell, J.E., *Hierakonpolis*, Band 1, Saqqara 1900.

Radwan, A., *Der Königsname. Epigraphisches zum göttlichen Königtum im Alten Reich*, in: SAK 2, 1975, S. 213–234.

Reineke, W.F., *Gedanken zum vermeintlichen Alter der mathematischen Kenntnisse im Alten Ägypten*, in: ZÄS 105, 1978, S. 74f.

Reisner, G.A., *A History of the Giza Necropolis*, 2 Bände, London 1942 (I) und Cambridge 1955 (II).

Reisner, G.A., *The Development of the Egyptian Tomb down to the Accession of Cheops*, Cambrigde, 1936.

Ricke, H., *Baugeschichtlicher Vorbericht über die Kultanlagen der südlichen Pyramide des Snofru in Dahschur*, in: ASAE 52, 1954, S. 603–623.

Ricke, H., *Bemerkungen zur ägyptischen Baukunst des Alten Reiches*, in: BäBA 4, 1944.

Ricke, H., *Das Sonnenheiligtum des Königs Userkaf*, in: BäBA 7, 1965.

Ricke, H., *Der ›Hohe Sand in Heliopolis‹*, in: ZÄS 71, 1935, S. 107–111.

Ricke, H., *Der Harmachistempel des Chefren in Giseh*, in: BäBA 10, 1970, S. 1–43.

Ricke, H., *Eine Inventartafel aus Heliopolis im Turiner Museum*, in: ZÄS 71, 1935, S. 111–133.

Riederer, J., *Archäologie und Chemie*, Berlin 1987.

Riedl, O., *Das Transportproblem beim Bau der großen Pyramiden*, in: GM 52, 1982, S. 67–73.

Rieth, A., *Zur Technik des Bohrens im Alten Ägypten*, in: Mitteilungen des Instituts für Orientforschung, Band 6, Berlin 1958, S. 180–186.

Robins, G./Shute, C., *The Rhind Mathematical Papyrus*, London 1987.

Rochholz, M., *Sedfest, Sonnenheiligtum und Pyramidenbezirk*, in: HÄB 37, 1994, S. 255–280.

Roth, A. M., *Social Change in the Fourth Dynasty: The Spatial Organization of Pyramids, Tombs, and Cemeteries*, in: JARCE 30, 1993, S. 35–55.

Roth, A. M., *The Organization of Royal Cemeteries at Saqqara in the Old Kingdom*, in: JARCE 25, 1988, S. 201–214.

Rowe, A., *Excavations of the E.B. Cox, Jr., Expedition at Meydum, Egypt, 1929-30*, The Museum Journal 22/1, Philadelphia 1931.

Saleh, M./Sourouzian, H., *Die Hauptwerke im Ägyptischen Museum Kairo*, Offizieller Katalog, Mainz 1986.

Sasse, T./ Haase, M., *Im Schatten der Pyramiden*, Düsseldorf 1997.

Schäfer, H., *Ein Bruchstück altägyptischer Annalen*, Berlin 1902.

Schlott, A., *Schrift und Schreiber im Alten Reich*, München 1989.

Schmidt, H., *Zur Determination und Ikonographie der sogenannten Ersatzköpfe*, in: SAK 18, 1991, S. 331–348.

Schmitz, B., *Untersuchungen zum Titel ›sa-nesut‹ »Königssohn«*, in: HDÄ 2, Bonn 1976.

Schott, S., *Ägyptische Quellen zum Plan des Sphinxtempels*, in: BäBA 10, 1970, S. 51–79.

Schott, S., *Bemerkungen zum ägyptischen Pyramidenkult*, in: BäBA 5, 1950, S. 135–221.

Schulz, R./Seidel, M., *Ägypten. Die Welt der Pharaonen*, Köln 1997.

Schulze, P., *Der Sturz des göttlichen Falken*, Bergisch Gladbach 1986.

Schüssler, K., *Die ägyptischen Pyramiden*. Erforschung, Baugeschichte und Bedeutung, Köln 1992.

Seeher, J., *Gedanken zur Rolle Unterägyptens bei der Herausbildung des Pharaonenreiches*, in: MDAIK 47, 1991, S. 313–318.

Seidlmayer, S., *Die staatliche Anlage der 3. Dynastie in der Nordweststadt von Elephantine*, in: Bietak, M., Haus und Palast im alten Ägypten, Wien 1996.

Sethe, K., *Die altägyptischen Pyramidentexte*, 3 Bände, Heidelberg 1960.

Sethe, K., *Die Totenliteratur der alten Ägypter*, in: Sitzungsberichte der Preußischen Akademie der Wissenschaften, Nr. 18, Berlin 1931.

Sethe, K., *Übersetzungen und Kommentar zu den altägyptischen Pyramidentexten*, 4 Bände, Glückstadt 1962.

Sethe, K., *Urkunden des Alten Reiches*, Band I, Leipzig 1933.

Siliotti, A., *Pyramiden*. Pharaonengräber des Alten und Mittleren Reiches, Erlangen 1997.

Simpson, W.K., *Giza Mastabas*, Band 4, Mastabas of the Western Cemetery: Part 1, Boston 1980.

Sourouzian, H., *La statue du musicien Ipi louant de la flûte et autres monuments du règne de Snofrou à Dahchour*, in: Ziegler, Chr., L'art de l'Ancien Empire égyptien, Paris 1999, S. 149–167.

Spalinger, A., *Dated Texts of the Old Kingdom*, in: SAK 21, 1994, S. 275–313.

Stadelmann, R., *Beiträge zur Geschichte des Alten Reiches. Die Länge der Regierung des Snofru*, in: MDAIK 43, 1986, S. 229–240.

Stadelmann, R., *Das Dreikammersystem der Königsgräber*

353

der Frühzeit und des Alten Reiches, in: MDAIK 47, 1991, S. 373–387.

Stadelmann, R., Der Strenge Stil der frühen Vierten Dynastie, in: ZÄS 126, 1998, S. 155–166.

Stadelmann, R., Die ägyptischen Pyramiden. Vom Ziegelbau zum Weltwunder, Mainz 1997³.

Stadelmann, R., Die großen Pyramiden von Giza, Graz 1990.

Stadelmann, R., Die Pyramiden des Snofru in Dahschur. Zweiter Bericht über die Ausgrabungen an der nördlichen Steinpyramide, in: MDAIK 39, 1983, S. 225–241.

Stadelmann, R., Khaefkhufu = Chephren. Beiträge zur Geschichte der 4. Dynastie, in: SAK 11, 1984, S. 165–172.

Stadelmann, R., König Teti und der Beginn der 6. Dynastie, in: BdE 106, 1993, S. 327–335.

Stadelmann, R., Snofru und die Pyramiden von Dahschur. Von der Stufenpyramide zur reinen Pyramidenform, in: Archäologische Entdeckungen. Die Forschungen des Deutschen Archäologischen Instituts im 20. Jahrhundert, Mainz 2000, S. 196–203.

Stadelmann, R., Snofru und die Pyramiden von Meidum und Dahschur, in: MDAIK 36, 1980, S. 437–449.

Stadelmann, R., The development of the pyramid temple in the Fourth Dynasty, in: Quirke, S. (Hrsg.), The Temple in Ancient Egypt. New discoveries and recent research, Kolloqiuum British Museum 1994, London 1998, S. 1–16.

Stadelmann, R./Alexanian, N., Die Friedhöfe des Alten und Mittleren Reiches in Dahschur. Bericht über die im Frühjahr 1997 durch das Deutsche Archäologische Institut Kairo durchgeführte Felderkundung in Dahschur, in: MDAIK 54, 1998, S. 293–317.

Stadelmann, R./Alexanian, N./Ernst, H./Heindl, G./Raue, D., Pyramiden und Nekropole des Snofru in Dahschur. Dritter Vorbericht über die Grabungen des Deutschen Archäologischen Instituts in Dahschur, in: MDAIK 49, 1993, S. 259–294.

Stadelmann, R./Sourouzian, H., *Die Pyramiden des Snofru in Dahschur.* Erster Bericht über die Ausgrabungen an der nördlichen Steinpyramide, in: MDAIK 38, 1982, S. 379–393.

Stocks, D., *Sticks and Stones of Egyptian Technology*, in: Popular Archaeology Nr. 4/1986, S. 24–29

Swelin, N., *Some Problems on the History of the IIIrd Dynasty*, Kairo 1983.

Swelin, N., *The Brick Pyramid at Abu Roash*, Publications of the Archaeological Society of Alexandria, Alexandria 1987.

Tacke, N., *Die Entwicklung der Mumienmaske im Alten Reich*, in: MDAIK 52, 1996, S. 307–336.

Tyldesley, J., *Mumien. Die Geheimnisse der Mumiengräber*, Wien 1999.

Valloggia, M., *Fouilles Archéologiques à Abu Rawash. Rapport Préliminaire de la Campagne 1995, 1996, 1997*, in: Geneva, Nr. 43, 1995, S. 65–72; Nr. 44, 1996, S. 51-59 und Nr. 45, 1997, S. 125–132.

Varille, A., *A propos des pyramides de Snefrou*, Kairo 1947.

Verner, M., *Die Königsmutter Chentkaus von Abusir und einige Bemerkungen zur Geschichte der 5. Dynastie*, in: SAK 8, 1980, S. 243–268.

Verner, M., *Die Pyramiden*, Reinbek bei Hamburg 1998.

Verner, M., *Excavations at Abusir. Seasons of 1994/95 and 1995/96*, in: ZÄS 124, 1997, S. 71–83.

Verner, M., *Pyramid Lepsius no. XXIV. Notes on the Construction of the Pyramid's Core*, in: Stationen. Beiträge zur Kulturgeschichte Ägyptens, Festschrift Rainer Stadelmann, Mainz 1998, S. 145–150.

Verner, M., *Verlorene Pyramiden, Vergessene Pharaonen. Abusir*, Prag 1994.

Verner, M., *Zur Organisation der Arbeitskräfte auf den Großbaustellen der Alten Reichs-Nekropolen*, in: Endersfelder, E., Probleme der frühen Gesellschaftsentwicklung im Alten Ägypten, Berlin 1991, S. 63–91.

Vyse, H., *Operations carried out on the Pyramids of Gizeh*, 3 Bände, London 1840–1842.

Waerden, B.L. v.d., *Erwachende Wissenschaft. Ägyptische, Babylonische und Griechische Mathematik*, Stuttgart 1966.

Wildung, D., *Ägypten vor den Pyramiden*, München 1981.

Wildung, D., *Die Rolle ägyptischer Könige im Bewußtsein ihrer Nachwelt, Teil 1, Posthume Quellen über die Könige der ersten vier Dynastien*, in: MÄS 17, 1969.

Wildung, D., *Imhotep und Amenhotep. Gottwerdung im alten Ägypten*, in: MÄS 36, 1977.

Wildung, D., *Zur Deutung der Pyramide von Medum*, in: RdE 21, 1969, S. 135–145.

Wilkinson, R.H., *New Kingdom Astrononical Paintings and Methods of Finding an Extending Direction*, in: JARCE 28, 1991, S. 149–154.

Yoshimura, S./Hasegawa, S., *A Ramesside Sarcophagus at Dahshur*, in: EA 15, 1999, S. 5–7.

Danksagung

Von der Idee bis zur Realisierung dieses Buches war es ein weiter Weg. An dieser Stelle möchte ich allen Menschen danken, die mich ein Stück weit auf den Spuren der Dahschur-Pyramiden begleitet haben.

Großen Dank schulde ich vor allem den Berliner Ägyptologen Nicole Alexanian und Stephan Seidlmayer, die für Fragen und Diskussionen stets Interesse zeigten und weder Zeit noch Mühe scheuten, mir bei so mancher Recherche zur Seite zu stehen. Ihr großes Engagement drückt sich nicht zuletzt in den vielen persönlichen Kommentaren aus, die das Buch bereichern. Außerdem bin ich Dieter Arnold sowie Rosemarie und Dietrich Klemm zu Dank verpflichtet, die sich ebenfalls Zeit für Gespräche nahmen und mir wichtige Beiträge zu einigen Fachfragen lieferten.

Für Hinweise, Ratschläge und sonstige Hilfestellungen möchte ich außerdem folgenden Personen danken: Rosemarie Drenkhahn, Frank Werner, Rolf Krauss, Miroslav Verner, Ulrich Hartung, Ayman Gamal Frag Amer, Richard Bußmann, Nikolaus Tacke und Dietrich Wildung.

Den Verantwortlichen meines Verlages bin ich dankbar dafür, dass sie meine Buchidee aufgegriffen und realisiert haben. Thomas Rathnow und meiner Lektorin Henriette Zeltner, die mir bei der Überarbeitung des Buches wichtige Impulse und Hinweise gaben, gebührt ein dickes Lob für die professionelle Betreuung.

Zu guter Letzt ein ganz herzlicher, liebevoller Dank an meine Familie und auch an meine Freunde, vor allem aber an meine Frau Christine Mende, ohne deren Liebe, Verständnis und Hilfe ich meine Arbeit nicht hätte bewerkstelligen können. Sie gab mir die nötige Ruhe zum Schreiben und unterstützte mein Projekt in vielerlei Hinsicht, war stets Diskussionspartnerin wie auch kritische Beraterin.

Michael Haase,
im Sommer 2000

Register

Abu Roasch 46, 50
Abu Simbel 194
Abusir 40, 230, 239
Abydos 15, 19, 24ff., 263
achet 166ff.
Adjib 31
Ägyptisches Museum von
  Kairo 69, 71, 249
Aha 16, 29
Ahmose I. 263
Aldebaran 213
Alexanian, Nicole 143,
  191, 205f., 216ff.,
  221ff., 238
Altes Reich 11f.
Amenemhet I. 244ff.
Amenemhet II. 248ff.
Amenemhet III. 141, 254
Amenemhet IV. 260
Amun-Kult 244
Annalen 55, 75f.
Anorthositgneisbrüche bei
  Abu Simbel 195
Antef 243
Arnold, Dieter 20, 93f.,
  102, 195, 197f., 251,
  255ff., 260

Asklepios 38
Assuan 194
Atum 22
Auaris 262
Aufweg 90
Ausrichtung der Pyrami-
  denbezirke 48

backing stones 165ff.
Baka 228
Balsamierer 209f.
Balsamierungsstätte 208f.
Bauleiter 73, 217
Baurampen 47
Baustellenlogistik 86ff.
Beamtengräber von Sak-
  kara 30ff.
Beamtenversorgung 237
Begräbnis des Snofru
  207ff.
Begräbnisrampe 217f.
Beschränkung der Grab-
  dekoration 144f.
Blockiervorrichtungen
  112f., 133 f.
Bootsbestattungen 206f.
Borchardt, Ludwig 205

Bürgerkrieg 14ff., 242f.
Burton, Richard Francis
183
Buto 212

Capella 213
Chaba 36, 46
Chai Snofru 86
Chasechemui 18f., 27,
38f., 186
chentiu-sche 235f.
Cheops 54, 200, 207,
219, 245
Chephren 245
cheriu-heb 236
Chronologieprobleme
54ff.

Dahschur 75, 178
Dahschur-See 85ff.
Deir el-Bahari 243
Deir el-Medina 263
Dekret Pepi I. 239
Demokratisierung im Jen-
seitskult 232f.
Deutsches Archäologi-
sches Institut 19, 24,
150, 164, 190, 215,
220
Dewen 31
Dezentralisierung des
königlichen Totenkults
80ff.
Diamant 193f.

Die weißen Mauern 30
Djed Snofru 62, 154f.
Djedkare-Asosi 139
Djer 31
Domänenarbeiter 236
Dorner, Josef 95, 117,
121, 180
Dra Abu'l-Naga 263f.
Dreyer, Günter 19, 24,
50, 79
Dübel, schwalben-
schwanzförmige 247

Einführung der echten
Pyramidenform 94
El-Qurn 264
Emery, Walter 39
Epoche der Sonnenkönige
230

Fakhry, Ahmed 133ff.,
139

Gänse von Meidum 75
Gaue 81, 189
Gauliste 189
Gefäßbearbeitung 192
Geologischer Defekt
105ff.
Gisr el-Mudir 38f
Goneim, Zakaria 45
Gottesdiener 235f.
Grab »U-j« 25ff.
Grabbeigaben 33f.

Großer Stern 213
Grubengräber 24
Gründungsgrube 92
Gundlach, Rolf 52

Hartgesteinbearbeitung
   193
Haus des Snofru 75
Hawara-Pyramide 258f.
Hawaret el-Makta 258
Hebsed 185
Helck, Wolfgang 51,
   218f.
Heliopolis 93, 212, 230
Hemaka 31
hemu-ka 235
hemu-netjer 235f.
Herakleopolis 242
Hetepheres I. 53
Hetepsechemui 33
Hierakonpolis 15, 21f.
Hoherpriester von Helio-
   polis 35, 72
Hornung, Erik 186
Hügel von Hierakonpolis
   21f.
Huni 36, 51, 78, 81
Hyksos 262f.

Ibu 208
Iinefer 143f., 238
Illahun 251
Imeni-Qemau 141
Imhotep 35ff., 94

Imhotep-Kult 36f.
Inebu Hedj 30
Ipi 143, 238
Iripat 35
Ischmes 40
Ity-tawi 244f.

Jahreszählung 55
Jánosi, Peter 139, 202
Jenseitsvorstellungen 213

Ka 233
Kaiser, Werner 79
Kalksteingerippe 247
Kamose 263
Kanefer 217ff.
Kanopen 210
Ka-Priester 235
Kartusche 135
Ka-Statue 131f.
Keramikbrennöfen 191
Kernbau der Djoser-Pyra-
   mide 28
Kernbohrungen 193
Klemm, Dietrich 116f.,
   193, 195, 255f.
Klemm, Rosemarie 106,
   116f., 193ff.
Knick-Pyramide 84ff.
   Aufgabe 126ff.
   Aufweg 90, 137, 187
   Baukatastrophe 104ff.
   Baurampenmodell
   102ff.

Erste Bauplanung 91ff.
Kultstätte 136ff.
Steinbruch 99f.
Stelenheiligtum 137f.
Tempel am Aufweg
187ff.
Unteres Kammersystem
96f.
Verbindungskorridor
122f., 128
Zweites Kammersystem
110ff.
Königskult 80ff.
Königsliste 55
Königstitulatur des
Snofru 135f.
Korund 193
Kraggewölbe 63ff., 96,
110f., 181ff.
Krauss, Rolf 95, 167
Kultbetrieb im Totentem-
pel 236f.
Kultnische 144, 162, 219
Kultpyramide 131ff.,
204f.
Kupfer 193ff.
Kupfermeißel 194
Kupferminen auf dem
Sinai 89

Lehmziegelbauweise 247,
252f.
Lehner, Mark 22, 94,
103

Lepsius, Karl Richard
238
Lepsius-Friedhof 215ff.
Libanon 59, 89
Lischt 244ff.

Manetho 57
Mariette, Auguste 70
Mastaba 30ff., 66f.
Mastaba des Nefermaat
73ff.
Mastaba el-Faraun 240
Mazghuna 260
Meidum 46, 61
Meidum-Pyramide
Datumsinschriften 153
Erscheinungsbild 154f.
Umbau 152ff., 158ff.
Memphis 20, 77
Menes 16
Menkauhor 239
Mentuhotep II. 243
mer 200
Mercha 32
Merikare 242
Metropolitan Museum of
Art 253
Mittleres Reich 12, 243
Morgan, Jaques de
217ff., 249
Mumien 209
Mumifizierung 209ff.
Mundöffnungsritual 212f.
My_liwiec, Karol 40

Natron 210
Nebitka 31
Nebka(re) 19, 36, 50,
   81
Nechen 15
Neferirkare 58, 236
Nefermaat 67f., 73ff.,
   142, 161f.
Nefrusobek 260
Nekropole von Dahschur
   83ff., 220ff.
Nekropole von Meidum
   66ff.
Nekropole von Sakkara
   29ff.
Neues Reich 263
Ninetjer 33, 38
Nitokris 241f.
Nofret 70
Nordkapelle 139
Nubien 59
Nullte Dynastie 15, 21,
   24f

O'Connor, David 28
Oase Faijum 61, 78, 244,
   258
Obelisk 231
Opferstiftungen 60, 234f.
Organentnahme 209f.
Osiris 232f.
Osiris-Grab 252
Osiris-Kult 231, 241,
   248

Palastfassade 135
Palästina 26, 262
Palermo-Stein 55, 58f.,
   75f., 171
Papyrus-Archive 236
Pepi I. 237
peret 166ff.
Perring, John Shae
   183
Petrie, Flinders 63, 156,
   162
Privatgräber von Dah-
   schur 140ff.
Protopyramide 28
Pyramide des
   Amenemhet I. 246
   Amenemhet II. 217,
   248ff.
   Amenemhet III. 141,
   198, 254ff.
   Chendjer 261
   Cheops 103, 119, 134
   Chephren 119, 184,
   247
   Ibi 240
   Imeni-Qemau 261
   Mykerinos 228
   Pepi II. 240
   Sesostris I. 102, 247
   Sesostris II. 250f.
   Sesostris III. 219f.,
   252f.
Pyramide von Meidum
   61ff.

Pyramide
»L 1« 50
»L 29« 50, 242
»L 50« 238f.
Pyramidenarbeiter 88
Pyramidennamen 200
Pyramidenstädte des
Snofru 237f.
Pyramidentexte 213,
231f.

Qa 32
Quarz 193ff.

Rahotep 68ff., 142, 162
Ramessiden 156, 264
Reaktivierung des Königs-
friedhofs von Dahschur
248ff.
Reinigungspriester 236
Reinigungszelt 208
Rote Pyramide 149ff.,
199ff.
Arbeiterbedarf 196ff.
Aufweg 206
Baudatierungen 151,
167f.
Baufortschritt 167ff.
Baurampenmodell
172ff.
Bauzeit 199
Grabkammer 183f.
Gründungsgrube 150
Kammersystem 179ff.

Logistikkonzept 148f.
Pyramidion 203f.
Setzungen 180
Taltempel 205f.
Totentempel 164,
200ff.
Transportstraßen 149f.,
174f.
Werkstätte 190ff.

Saïs 212
Sakkara-Liste 50
Scheingräber 79
Scheintür 162, 202
schemu 166ff.
Schepseskaf 240
Schicksal der verklärten
Könige 213
Schleifmittel 193ff.
Schwarze Pyramide 198,
257
Sechemchet 36, 45
Sed-Fest 185ff.
Seidlmayer, Stephan 79ff.,
205f., 221ff., 238
Seked 92
Seqenenre Ta'a II. 263
Sesostris I. 244, 247
Sesostris II. 250f.
Sesostris III. 252
Sitzstatue des Rahotep
70ff.
Snofru 52ff.
Snofru-Tal 85ff., 215

Sohn des Ptah 36
Sonnengott Re 93, 144,
  213, 232
Sonnenheiligtümer 231,
  239
Sonnenkult 144, 230f.
Spiralrampe 103f.
Staatsbegräbnis 211f.
Stabilisierungsmantel
  114ff.
Stadelmann, Rainer 51,
  93, 122, 144, 150,
  157f., 165, 172f., 184,
  197, 205, 217f., 246
Steinbrucharbeiten 99f.
Steuerzählungen 55
Strenger Stil der frühen 4.
  Dynastie 144f., 161f.
Stufen-Pyramide des
  Chaba 46ff., 81
  Djoser 11ff., 20ff.
  Sechemchet 45f.
Stufen-Pyramide von Ele-
  phantine 78
Stufen-Pyramide von Seila
  78
System von landesweiten
  Wirtschaftsanlagen
  80ff.

Tal der Könige 264
Talbezirke 27f., 38
Taltempel 90, 187, 208f.
Tell el-Daba 262

Teti 242
Theben 243
Tor des Imhotep 39
Totenkult 233f.
Totenopferkapelle 201ff.
Totenopferstiftung 189
Totenpriester des Snofru
  217
Totenpriesterdienste
  235ff.
Totentempel 90, 212
Tura-Kalkstein 115ff.,
  143
Turiner Königspapyrus
  36, 55, 57

Umlaufopfer 237
Umm el-Qaab 24f.
Unas 245
Unermüdliche Sterne 213
Uni 39
Untergang des Altes Rei-
  ches 241f.
Unvergängliche Sterne
  202, 213
Urhügel 22, 32
Ut-Priester 209

Verner, Miroslav 154f.
Vorlesepriester 208, 236

Wabet 208f.
wabu 236
Wadi Maghara 71

Wildung, Dietrich 37, 39f.

Zawjet el-Aryan 47, 228
Zedernholz 59, 89

Zirkumpolarsterne 213, 251
Zweite Baukatastrophe von Dahschur 254ff.
Zwischenzeiten 227, 242f., 260f.